Schwerpunktbereich Heiderhoff/Skamel · Zwangsvollstreckungsrecht

Schwerpunkte

Eine systematische Darstellung der wichtigsten Rechtsgebiete anhand von Fällen
Begründet von Professor Dr. Harry Westermann †

Zwangsvollstreckungsrecht

von

Dr. Bettina Heiderhoff
Professorin an der Universität Münster

und

Dr. Frank Skamel, LL.M. (Duke)
Akademischer Rat an der Universität Leipzig

2., völlig neu bearbeitete Auflage

 C.F. Müller

Bibliografische Informationen der Deutschen Nationalbibliothek
Die Deutsche Nationalbibliothek verzeichnet diese Publikation in der Deutschen Nationalbibliografie; detaillierte bibliografische Daten sind im Internet über <http://dnb.d-nb.de> abrufbar.

Bei der Herstellung des Werkes haben wir uns zukunftsbewusst für umweltverträgliche und wiederverwertbare Materialien entschieden. Der Inhalt ist auf elementar chlorfreies Papier gedruckt.

ISBN 978-3-8114-3625-1

E-Mail: kundenservice@hjr-verlag.de
Telefon: +49 6221/489-555
Telefax: +49 6221/489-410

© 2013 C.F. Müller, eine Marke der Verlagsgruppe Hüthig Jehle Rehm GmbH
Heidelberg, München, Landsberg, Frechen, Hamburg

www.cfmueller-campus.de
www.hjr-verlag.de

Dieses Werk, einschließlich aller seiner Teile, ist urheberrechtlich geschützt. Jede Verwertung außerhalb der engen Grenzen des Urheberrechtsgesetzes ist ohne Zustimmung des Verlages unzulässig und strafbar. Dies gilt insbesondere für Vervielfältigungen, Übersetzungen, Mikroverfilmungen und die Einspeicherung und Verarbeitung in elektronischen Systemen.

Satz: preXtension GbR, Grafrath
Druck: Kessler Druck + Medien, Bobingen

Vorwort

Das vorliegende Buch richtet sich an Studierende der mittleren Semester und in der Examensvorbereitung. Es sieht bewusst von einer vollständigen Gesamtdarstellung des Zwangsvollstreckungsrechts ab; hierzu gibt es andere, ebenso hervorragende wie umfangreiche Werke. Vielmehr beschränkt sich dieses Buch auf diejenigen Schwerpunkte, deren Verständnis eine eigene methodische Weiterarbeit ermöglicht und deren Kenntnis für die Bearbeitung von Klausuren unentbehrlich ist. Besonders gekennzeichnete Abschnitte vertiefen den Pflichtfachstoff und bieten ergänzende Hinweise für Studierende des Schwerpunktbereichs.

Nachweise aus Rechtsprechung und Literatur sind auf das Nötigste beschränkt. Das Buch gibt den Gesetzesstand vom 1.5.2013 wieder.

Bearbeitet haben *Bettina Heiderhoff* die §§ 1–6 und 11, *Frank Skamel* die §§ 7–10, 12 und 13.

Leipzig und Münster, im Mai 2013

Bettina Heiderhoff

Frank Skamel

Inhaltsverzeichnis

	Rn.	Seite
Vorwort		V
Literaturverzeichnis		XV
Zur Arbeit mit diesem Buch		XVII

§ 1 Überblick 1

	Rn.	Seite
I. Zwangsvollstreckungsverfahren	1	1
1. Begriff der Zwangsvollstreckung	2	1
2. Gläubiger und Schuldner	7	2
3. Voraussetzungen und Ablauf der Zwangsvollstreckung ...	8	2
a) Anspruch auf eine Geldzahlung?	8	2
b) Voraussetzungen des Vollstreckungsverfahrens	10	3
c) Ablauf des Vollstreckungsverfahrens	11	3
aa) Vollstreckung wegen einer Geldforderung in bewegliche Sachen (§§ 802a ff ZPO)	13	4
bb) Vollstreckung wegen einer Geldforderung in eine Forderung	15	4
cc) Vollstreckung aus Titeln, die nicht auf eine Geldforderung gerichtet sind	16	6
4. Die Rechtsbehelfe und ihre Abgrenzung voneinander	18	7
a) Welcher Rechtsbehelf ist statthaft?	18	7
b) Die Rechtsbehelfe des Gläubigers	19	7
c) Die Rechtsbehelfe des Schuldners	20	8
d) Die Rechtsbehelfe Dritter	21	9
e) Abgrenzungsprobleme	22	9
aa) Genaue Verortung des Fehlers	23	9
bb) Fehler, die sich mehrfach auswirken	24	9
cc) Weitere Abgrenzungsprobleme	25	10
II. Zwangsvollstreckungsrecht als Prüfungsgegenstand	26	10
1. Typische Anforderungen	26	10
2. Klausurtechnik	28	10

§ 2 Grundsätze des Vollstreckungsverfahrens 12

	Rn.	Seite
I. Verhältnis des Vollstreckungsverfahrens zu anderen Verfahren		
1. Erkenntnisverfahren und Zwangsvollstreckung	32	12
2. Zwangsvollstreckung und Insolvenzverfahren	36	13
II. Verfahrensgrundsätze	40	13
III. Verhältnis zum Verfassungsrecht	41	14
IV. Vollstreckungsschutz nach § 765a ZPO	50	17
V. Systematik der zwangsvollstreckungsrechtlichen Regelungen	55	20
1. Aufbau des Gesetzes	55	20
2. Arten der Zwangsvollstreckung	56	20
3. Beteiligte und Organe der Zwangsvollstreckung	60	21
a) Beteiligte	60	21
b) Organe	61	21

	VI. Stoffzusammenfassung: Grundsätze des Vollstreckungsverfahrens	65	23
§ 3	**Voraussetzungen der Zwangsvollstreckung**		24
	I. Allgemeine Verfahrensvoraussetzungen	67	24
	II. Sonderproblem: Prozessstandschaft in der Zwangsvollstreckung	69	24
	III. Allgemeine Vollstreckungsvoraussetzungen	72	25
	1. Titel	73	25
	a) Allgemeines	73	25
	aa) Endurteile	74	26
	bb) Vergleich	78	27
	cc) Notarielle Unterwerfungserklärung	79	27
	dd) Vollstreckungsbescheid	82	28
	ee) Ausländische Vollstreckungstitel	84	28
	b) Anforderungen an den Titel	87	29
	c) Sonderfall: Vollstreckung gegen nicht im Titel genannte Personen	91	31
	2. Klausel	100	33
	a) Einfache Klausel	104	34
	b) Qualifizierte Klausel	106	35
	aa) Titelergänzende Klausel	107	35
	bb) Titelumschreibende Klausel	113	38
	3. Zustellung	118	39
	4. Nichtigkeit oder nur Anfechtbarkeit?	122	40
	IV. Besondere Vollstreckungsvoraussetzungen	123	40
	V. Stoffzusammenfassung: Voraussetzungen der Zwangsvollstreckung	130	43
§ 4	**Klauselrechtsbehelfe**		45
	I. Überblick und Lernhinweise	131	45
	1. Interessenlage von Gläubiger und Schuldner	131	45
	2. Die sofortige Beschwerde im Klauselverfahren	135	46
	II. Rechtsbehelf des Gläubigers, der eine qualifizierte Klausel braucht: Klauselerteilungsklage (§ 731 ZPO)	139	46
	1. Zielrichtung	140	47
	2. Allgemeines	143	47
	3. Zulässigkeit	146	48
	a) Statthaftigkeit	146	48
	b) Zuständigkeit	147	48
	c) Rechtsschutzbedürfnis	149	48
	4. Begründetheit	152	49
	III. Das Gegenstück: Rechtsbehelf des Schuldners gegen die Erteilung einer qualifizierten Klausel – Klauselgegenklage (§ 768 ZPO)	154	50
	1. Zielrichtung	154	50
	2. Zulässigkeit	157	51
	a) Statthaftigkeit	157	51
	b) Zuständigkeit	158	51

	c)	Keine entgegenstehende Rechtskraft	159	51
	d)	Rechtsschutzbedürfnis	160	52
3.	Begründetheit		161	52
4.	Einstweilige Anordnungen		166	53
IV. Klauselerinnerung (§ 732 ZPO)			167	53
1.	Zielrichtung.		167	53
2.	Zulässigkeit		170	54
	a)	Zuständigkeit	170	54
	b)	Statthaftigkeit	171	55
	c)	Rechtsschutzbedürfnis	180	57
3.	Begründetheit		181	57
4.	Einstweilige Anordnungen		184	58
V. Stoffzusammenfassung: Klauselrechtsbehelfe			186	62

§ 5 Vollstreckungsabwehrklage (§ 767 ZPO) 64

I. Zielrichtung.			187	64
1.	Materiell-rechtliche Einwendungen gegen die Zwangsvollstreckung		187	64
2.	Klageziel		190	65
	a)	Allgemeines	190	65
	b)	Abgrenzung zur Klage auf Titelherausgabe nach § 826 BGB	192	65
	c)	Abgrenzung zur Berufung	194	66
II. Zulässigkeit			198	67
1.	Statthaftigkeit		199	67
2.	Abgrenzungsprobleme		200	67
	a)	Abgrenzung zur Vollstreckungserinnerung (§ 766 ZPO)	200	67
	b)	Abgrenzung zur Klauselgegenklage (§ 768 ZPO)	204	69
	c)	Abgrenzung zur Abänderungsklage (§ 323 ZPO)	206	69
3.	Zuständigkeit		207	69
4.	Rechtsschutzbedürfnis		211	70
III. Begründetheit			215	71
1.	Einwendungen		216	71
2.	Präklusion		219	72
	a)	Normzweck	219	72
	b)	Einfache Einwendungen	222	73
	c)	Gestaltungsrechte	226	73
		aa) Relevanter Zeitpunkt	226	73
		bb) Sonderfall Aufrechnung	234	75
		cc) Andere Sonderfälle	239	76
3.	„Doppelte Vollstreckungsabwehrklage" (§ 767 III ZPO) . .		244	77
4.	Sonderfall: Rücktritt durch Pfändung beim Verbraucherkreditgeschäft?		247	78
IV. Einstweilige Anordnungen			252	80
V. Sonderformen der Vollstreckungsabwehrklage			253	80
VI. Stoffzusammenfassung: Vollstreckungsabwehrklage (§ 767 ZPO)			257	83

§ 6	**Titelgegenklage (Klage sui generis analog § 767 ZPO)**		85
	I. Zielrichtung	258	85
	II. Hauptanwendungsfall: Die notarielle Unterwerfungs-erklärung	261	86
	1. Typischer Umfang	261	86
	2. Materielle und verfahrensrechtliche Unwirksamkeitsgründe der notariellen Urkunde	265	87
	a) Fehler der vollstreckbaren Urkunde selbst	267	88
	b) Fehlen der gesicherten Forderung	274	90
	III. Zulässigkeit	283	92
	IV. Begründetheit	285	93
	V. Stoffzusammenfassung: Titelgegenklage (Klage sui generis analog § 767 ZPO)	287	96
§ 7	**Durchführung der Zwangsvollstreckung wegen einer Geldforderung**		98
	I. Systematik	288	98
	a) Vollstreckungsgegenstand	293	100
	b) Pfändung	303	102
	aa) Pfändung zur rechten Zeit	304	102
	bb) Pfändung am rechten Ort: Gewahrsam an den zu pfändenden Sachen	305	103
	cc) Pfändung in rechter Art und Weise	315	105
	dd) Pfändung im rechten Umfang	318	105
	c) Verstrickung, Pfändungspfandrecht	326	107
	aa) Pfandrechtstheorien	328	108
	bb) Praktische Bedeutung des Pfändungspfand-rechts	332	109
	cc) Aufhebung der Pfändung	339	111
	d) Verwertung	340	111
	aa) Öffentliche Versteigerung	340	111
	bb) Andere Verwertungsarten	348	113
	e) Erlösauskehr	350	114
	f) Stoffzusammenfassung: Zwangsvollstreckung in körperliche Sachen	355	117
	2. Die Zwangsvollstreckung in Forderungen und andere Ver-mögensrechte	356	119
	a) Zwangsvollstreckung in Geldforderungen	356	119
	aa) Vollstreckungsgegenstand	361	120
	bb) Pfändungsschutz	369	121
	cc) Antrag	372	122
	dd) Pfändung	373	123
	ee) Überweisung	379	125
	ff) Rechtsstellung und Schutz des Drittschuldners . . .	383	126
	(1) Leistung des Drittschuldners an Schuldner und Gläubiger	383	126
	(2) Einreden und Einwendungen des Dritt-schuldners	390	128
	gg) Besondere Formen der Forderungspfändung	396	130

		b)	Zwangsvollstreckung in andere Vermögensrechte	403	131
			aa) Zwangsvollstreckung in Herausgabe- und Leistungsansprüche........................	403	131
			bb) Zwangsvollstreckung in sonstige Rechte	412	133
			(1) Rechte an Grundstücken	415	134
			(2) Anteilsrechte	423	136
			(3) Immaterialgüterrechte	426	137
			(4) Anwartschaftsrechte	427	137
		c)	Stoffzusammenfassung: Zwangsvollstreckung in Forderungen und andere Vermögensrechte	429	139
	III.	Zwangsvollstreckung in das unbewegliche Vermögen	430	141
		1.	Allgemeines	430	141
		2.	Zwangshypothek.................................	435	143
		3.	Zwangsversteigerung	442	144
			a) Antrag, Titel, Beschlagnahme	442	144
			b) Rechte Dritter	445	145
			c) Ausführung der Versteigerung	449	146
			d) Versteigerungstermin, Zuschlag................	454	147
			e) Wirkungen des Zuschlags	455	148
			f) Ablösungsrecht	461	149
			g) Rechtsbehelfe	470	151
		4.	Zwangsverwaltung	471	152
		5.	Stoffzusammenfassung: Zwangsvollstreckung in das unbewegliche Vermögen	475	155
	IV.	Regelbefugnisse des Gerichtsvollziehers, Schuldnerverzeichnis	476	157
		1.	Gütliche Erledigung	476	157
		2.	Vermögensauskunft und Vermögensverzeichnis	478	157
		3.	Schuldnerverzeichnis	482	158

§ 8 Vollstreckungserinnerung (§ 766 ZPO) 160

I.	Zielrichtung...................................	483	160
II.	Zulässigkeit	485	160
	1. Statthaftigkeit	485	160
	2. Erinnerungsbefugnis	494	162
	3. Zuständigkeit	500	164
	4. Rechtsschutzbedürfnis	501	164
III.	Begründetheit	505	165
	1. Allgemeine Verfahrensvoraussetzungen	508	166
	2. Allgemeine und besondere Vollstreckungsvoraussetzungen	509	166
	3. Durchführung der Zwangsvollstreckung	511	166
IV.	Einstweilige Anordnungen	512	166
V.	Stoffzusammenfassung: Vollstreckungserinnerung (§ 766 ZPO)	514	169
VI.	Anhang: Andere Rechtsbehelfe bei formellen Einwendungen .	515	170
	1. Sofortige Beschwerde (§ 793 ZPO)	515	170
	a) Zulässigkeit	515	170
	b) Begründetheit	520	171

	2. Rechtsbehelfe gegen Entscheidungen des Rechtspflegers (§ 11 RPflG)	522	171
	3. Grundbuchbeschwerde (§ 71 GBO)	524	172

§ 9 Drittwiderspruchsklage (§ 771 ZPO) ... 173

I. Zielrichtung		527	173
II. Zulässigkeit		530	174
1. Statthaftigkeit		530	174
2. Zuständigkeit		537	176
3. Rechtsschutzbedürfnis		538	176
III. Begründetheit		543	177
1. Interventionsrecht des Klägers		544	178
a) Sicherungseigentum		545	178
aa) Vollstreckung durch Gläubiger des Sicherungsgebers		546	178
bb) Vollstreckung durch Gläubiger des Sicherungsnehmers		549	179
b) Vorbehaltseigentum		557	181
aa) Vollstreckung durch Gläubiger des Vorbehaltskäufers		559	181
bb) Vollstreckung durch Gläubiger des Vorbehaltsverkäufers		561	182
c) Treuhand		562	182
aa) Vollstreckung durch Gläubiger des Treugebers		565	183
bb) Vollstreckung durch Gläubiger des Treuhänders		566	183
d) Beschränkte dingliche Rechte		569	184
e) Schuldrechtliche Ansprüche		576	185
aa) Forderungsinhaberschaft		576	185
bb) Verschaffungs- und Herausgabeansprüche		579	186
f) Besitz		582	187
g) Leasingverträge		584	187
h) Anfechtungsrechte		588	188
i) Veräußerungsverbot nach §§ 135, 136 BGB		590	189
2. Keine Einwendungen des Beklagten		592	190
a) Anfechtbarkeit des Rechtserwerbs		594	190
b) Haftung des Klägers		595	190
c) Rechtsmissbrauch		596	191
3. Darlegungs- und Beweislast		597	191
IV. Einstweilige Anordnungen		600	192
V. Stoffzusammenfassung: Drittwiderspruchsklage (§ 771 ZPO)		602	197

§ 10 Klage auf vorzugsweise Befriedigung (§ 805 ZPO) ... 199

I. Zielrichtung	603	199
II. Zulässigkeit	607	200
1. Statthaftigkeit	607	200
2. Zuständigkeit	613	202
3. Rechtsschutzbedürfnis	614	202

III. Begründetheit	615 203
1. Pfand- oder Vorzugsrecht des Klägers	616 203
2. Vorrang	620 204
3. Keine Einwendungen des Beklagten	624 205
IV. Einstweilige Anordnungen	625 206
V. Stoffzusammenfassung: Klage auf vorzugsweise Befriedigung (§ 805 ZPO)	627 209

§ 11 Rechtsschutz nach Beendigung der Zwangsvollstreckung . . . 211

I. Interessenlage	628 211
II. „Verlängerte Vollstreckungsabwehrklage"	631 212
1. Zielrichtung	631 212
2. Mögliche Anspruchsgrundlagen	634 213
a) Vollstreckungsschuldner gegen Vollstreckungsgläubiger	634 213
b) Vollstreckungsschuldner gegen den Ersteher	638 214
III. „Verlängerte Drittwiderspruchsklage"	640 214
1. Zielrichtung	640 214
2. Mögliche Anspruchsgrundlagen	642 215
a) Eigentümer (oder sonst nach § 771 ZPO berechtigter Dritter) gegen den Gläubiger	642 215
b) Eigentümer gegen den Ersteher	647 216
IV. Ansprüche gegen dritte Personen	648 216
V. Stoffzusammenfassung: Rechtsschutz nach Beendigung der Zwangsvollstreckung	650 221

§ 12 Zwangsvollstreckung wegen sonstiger Ansprüche 223

I. Systematik	651 223
II. Zwangsvollstreckung zur Erwirkung der Herausgabe von Sachen	653 224
1. Herausgabe einer bestimmten beweglichen Sache	654 224
2. Herausgabe einer bestimmten Menge vertretbarer Sachen	659 226
3. Herausgabe von Grundstücken	664 227
4. Übereignung	670 230
III. Zwangsvollstreckung von Handlungs-, Duldungs- und Unterlassungsansprüchen	674 231
1. Vertretbare Handlungen	676 231
2. Unvertretbare Handlungen	680 232
3. Zwangsvollstreckung von Unterlassungsansprüchen	686 233
IV. Erwirken einer Willenserklärung	690 234
V. Stoffzusammenfassung: Zwangsvollstreckung wegen sonstiger Ansprüche	696 239

§ 13 Einstweiliger Rechtsschutz 240

I. Einstweiliger Rechtsschutz im Zwangsvollstreckungsverfahren	698 240
1. Allgemeines	698 240
2. Einstweilige Anordnung	701 241

II. Einstweiliger Rechtsschutz im Erkenntnisverfahren: Arrest und einstweilige Verfügung	703	241
1. Allgemeines	703	241
2. Arrest	705	242
a) Arrestanspruch, Arrestgrund	705	242
b) Verfahren	713	244
c) Vollziehung	717	245
3. Einstweilige Verfügung	721	245
a) Verfügungsarten	722	245
b) Verfahren	727	247
c) Vollziehung	729	247
4. Schadensersatzpflicht	730	247
III. Stoffzusammenfassung: Arrest und einstweilige Verfügung	733	250
Sachverzeichnis		253

Literaturverzeichnis

Bamberger/Roth/*Bearbeiter*	Kommentar zum Bürgerlichen Gesetzbuch, 3. Aufl. 2012
Baumbach/*Lauterbach*/ *Albers*/*Hartmann*	Kommentar zur Zivilprozessordnung, 71. Aufl. 2013
Baur/Stürner/Bruns	Zwangsvollstreckungsrecht, 13. Aufl. 2006
Berger/*Bearbeiter*	Einstweiliger Rechtsschutz im Zivilrecht, 2006
Böttcher	Gesetz über die Zwangsversteigerung, 5. Aufl. 2010
Brox/Walker	Zwangsvollstreckungsrecht, 9. Aufl. 2011
Gaul/Schilken/ Becker-Eberhard	Zwangsvollstreckungsrecht, 12. Aufl. 2010
Grunsky	Grundzüge des Zwangsvollstreckungs- und Insolvenzrechts, 5. Aufl. 1996
Jauernig/*Bearbeiter*	Kommentar zum Bürgerlichen Gesetzbuch, 14. Aufl. 2011
Jauernig/Berger	Zwangsvollstreckungs- und Insolvenzrecht, 23. Aufl. 2010
Jauernig/Hess	Zivilprozessrecht, 30. Aufl. 2011
Kaiser/Kaiser/Kaiser	Die Zwangsvollstreckungsklausur im Assessorexamen, 4. Aufl. 2012
Lackmann	Zwangsvollstreckungsrecht mit Grundzügen des Insolvenzrechts, 10. Aufl. 2013
Lippross	Vollstreckungsrecht, 10. Aufl. 2011
Lüke/Hau	Zwangsvollstreckungsrecht (Prüfe dein Wissen), 3. Aufl. 2008
Medicus/Petersen	Bürgerliches Recht, 23. Aufl. 2011
MünchKommBGB/*Bearbeiter*	Münchener Kommentar zum Bürgerlichen Gesetzbuch, 6. Aufl. 2012 f
MünchKommInsO/*Bearbeiter*	Münchener Kommentar zur Insolvenzordnung, 2. Aufl. 2007 f
MünchKommZPO/*Bearbeiter*	Münchener Kommentar zur Zivilprozessordnung, 4. Aufl. 2012 ff
Musielak/*Bearbeiter*	Kommentar zur Zivilprozessordnung, 9. Aufl. 2012
Muthorst	Grundzüge des Zwangsvollstreckungsrechts, 2012
Palandt/*Bearbeiter*	Kommentar zum Bürgerlichen Gesetzbuch, 72. Aufl. 2013
Reischl	Insolvenzrecht, 2. Aufl. 2011
Schilken	Zivilprozessrecht, 6. Aufl. 2010
Schuschke/Walker/*Bearbeiter*	Vollstreckung und Vorläufiger Rechtsschutz, 5. Aufl. 2011
Schwab	Zivilprozessrecht, 4. Aufl. 2012
Soergel/*Bearbeiter*	Kommentar zum Bürgerlichen Gesetzbuch, 13. Aufl. 1999 ff
Staudinger/*Bearbeiter*	Kommentar zum Bürgerlichen Gesetzbuch, 13. Bearbeitung, 1993 ff
Stein/Jonas/*Bearbeiter*	Kommentar zur Zivilprozessordnung, 22. Aufl. 2002 ff
Thomas/Putzo/*Bearbeiter*	Kommentar zur Zivilprozessordnung, 33. Aufl. 2012
Zöller/*Bearbeiter*	Kommentar zur Zivilprozessordnung, 29. Aufl. 2012

Zur Arbeit mit diesem Buch

Das Zwangsvollstreckungsrecht ist in allen Bundesländern (außer in Bremen) Pflichtgegenstand der Ersten Juristischen Prüfung. Allerdings werden überall nur Grundzüge oder einzelne, in den Prüfungsordnungen benannte Gegenstände erfasst. Gelegentlich dienen vollstreckungsrechtliche Klausuren nur der Einkleidung materiell-rechtlicher Fragen; regelmäßig aber haben sie einen vollstreckungsrechtlichen Rechtsbehelf zum Gegenstand. Von besonderer Bedeutung sind hier die Vollstreckungsabwehrklage (§ 767 ZPO), die Drittwiderspruchsklage (§ 771 ZPO) und am Rande auch die Klage auf vorzugsweise Befriedigung (§ 805 ZPO). Diese drei Rechtsbehelfe eignen sich besonders für Pflichtfachklausuren, da ihre Begründetheitsprüfung stets materiell-rechtliche Fragen aufwirft. Namentlich bei der Vollstreckungserinnerung (§ 766 ZPO) stellen sich dagegen auch im Rahmen der Begründetheitsprüfung spezifisch zwangsvollstreckungsrechtliche Fragen. Als wesentlicher Stoff für die Klausuren stehen die Rechtsbehelfe im Mittelpunkt dieses Buchs.

Eine effektive Prüfungsvorbereitung setzt nicht die Kenntnis des gesamten Zwangsvollstreckungsrechts und aller seiner Streitfragen voraus. Für eine erfolgreiche Klausurbearbeitung ist es vielmehr erforderlich und ausreichend, die Systematik dieses Rechtsgebiets zu verstehen und sich mit den wesentlichen Schwerpunkten vertraut zu machen. Das vorliegende Buch erfasst diese Schwerpunkte des Pflichtfachstoffs und orientiert sich bei ihrer Darstellung am typischen Klausuraufbau. Hierzu werden die Rechtsfragen abstrakt behandelt und ihre Lösung an konkreten **Beispielen** illustriert. Zu jedem Rechtsbehelf sind kurze, den klausurtypischen **Aufbau** erläuternde Schemata eingefügt; sie dienen lediglich dem Überblick und werden gelegentlich ergänzt durch Formulierungshilfen, die namentlich bei unproblematischen Prüfungspunkten die klausurmäßige Bearbeitung erleichtern können. Im gesamten Text werden **Hinweise** auf typische Klausurprobleme gegeben und in **Klausurhinweisen** erläutert, an welcher Stelle der Klausur diese Probleme gelöst werden können. Jedem Kapitel sind **Stoffzusammenfassungen** angefügt; sie orientieren sich am klausurmäßigen Aufbau und sollen der raschen Wiederholung dienen. Schließlich wird jedes Kapitel mit einem **Fall** abgeschlossen, der mit einer ausformulierten Lösung versehen ist; es fördert den Lernerfolg, sich nach der Lektüre des Kapitels zunächst selbst an der Lösung des Falls zu versuchen.

Zur Vertiefung des Pflichtfachstoffs ergänzt wird die Darstellung durch Hinweise an Studierende des Schwerpunktbereichs, an die sich im Wesentlichen auch die Ausführungen zu den Klauselrechtsbehelfen (§§ 731, 732, 768 ZPO) richten.

§ 1 Überblick

I. Zwangsvollstreckungsverfahren

Es ist unbedingt sinnvoll, sich vor der Erarbeitung der prüfungsrelevanten Einzelprobleme des Zwangsvollstreckungsrechts einen groben Überblick über das Verfahren und die Interessenlagen zu verschaffen. Nur so wird die Einordnung der jeweiligen Probleme später gleich gelingen.

1. Begriff der Zwangsvollstreckung

Das Zwangsvollstreckungsrecht regelt das Verfahren der staatlichen Durchsetzung von gerichtlich oder anderweitig in ausreichender Weise festgestellten Gläubigerrechten. Man kann bei der Rechtsdurchsetzung letztlich drei Phasen unterscheiden. Während das Zivilrecht bestimmt, ob ein bestimmtes Recht einem Rechtssubjekt zusteht, ist es die erste wesentliche Aufgabe des Zivilprozessrechts, das Recht gerichtlich oder durch einen förmlich dokumentierten Titel festzustellen (Erkenntnisverfahren). Als zweite Aufgabe des Zivilprozessrechts kommt dem Zwangsvollstreckungsrecht die Funktion zu, den festgestellten Anspruch mithilfe staatlichen Zwangs durchzusetzen. Ein Zwangsvollstreckungsverfahren ist notwendig, weil die Rechtsordnung – mit nur engen Ausnahmen, wie § 858 II BGB – keine Selbstjustiz erlaubt, der Bürger also aufgrund des staatlichen Zwangsmonopols sein Recht nicht selbst durchsetzen kann und zwar auch dann nicht, wenn ein Gericht es bereits rechtskräftig festgestellt hat[1].

Der Gläubiger ist daher zur Verwirklichung seines Anspruchs auf die Hilfe des Staats angewiesen. Er hat bei Vorliegen der erforderlichen Voraussetzungen sogar einen verfassungsrechtlich geschützten Anspruch gegen den Staat auf Vollstreckung gegen den Schuldner, der Teil des Justizgewährungsanspruchs aus Art. 101 I 2, 103 I GG ist[2].

Um die Hilfe des Staats bei der Vollstreckung erhalten zu können, muss der Gläubiger anspruchsberechtigt sein. Dabei reicht nicht die vermeintliche materielle Berechtigung aus, sondern erst der Vollstreckungstitel gibt dem Gläubiger die nötige Legitimation. Einen Vollstreckungstitel kann der Gläubiger auf vielfältige Weise erlangen. Der typische Weg ist das zivilprozessuale Erkenntnisverfahren. Wenn der materielle Anspruch streitig ist, muss der Gläubiger seinen Anspruch im Wege des Erkenntnisverfahrens gerichtlich titulieren lassen, um dessen Vollstreckung zu ermöglichen. Daneben aber kann der Gläubiger einen materiellen Anspruch auch einvernehmlich mit dem Schuldner und ohne Inanspruchnahme eines Erkenntnisverfahrens titulieren lassen. Dies ist etwa bei einer notariellen Unterwerfungserklärung in die Zwangsvollstreckung nach § 794 I Nr. 5 ZPO der Fall. Der zu vollstreckende Anspruch braucht übrigens materiell-rechtlich nicht zu bestehen. Vielmehr genügt es, dass sich der Anspruch aus dem Titel ergibt. Die Geltendmachung materiell-rechtlicher Einwendun-

---
1 Weitere Ausnahmen sind z.B. §§ 229, 562b, 859 BGB.
2 *Gaul/Schilken/Becker-Eberhard*, § 1 Rn. 16.

gen gegen den dem Titel zugrunde liegenden Anspruch kann nur in bestimmten Fällen mithilfe der zwangsvollstreckungsrechtlichen Rechtsbehelfe (insbesondere § 767 ZPO) erfolgen und die Zwangsvollstreckung infolgedessen eingestellt werden.

5 Ein wesentlicher rechtlicher Konflikt besteht darin, dass der Staat bei der Durchsetzung des Vollstreckungsanspruchs in die verfassungsrechtlich geschützten Rechtspositionen des Vollstreckungsschuldners eingreift (z.B. Art. 2 II, Art. 13, Art. 14 GG). Der Grundrechtsschutz des Schuldners ist aber stark geschmälert, weil der Eingriff letztlich auf einem gesicherten Recht des Gläubigers basiert. Man spricht von einem Dreiecksverhältnis (Rn. 41).

6 Aufgrund des öffentlich-rechtlichen Charakters des Vollstreckungsauftrags handeln die jeweiligen Vollstreckungsorgane bei der Vollstreckung in Ausübung von hoheitlicher Gewalt. Bei einer Pflichtverletzung der Vollstreckungsorgane kommen daher Amtshaftungsansprüche der Beteiligten gegen den Staat in Betracht (dazu unten Rn. 342, 669).

2. Gläubiger und Schuldner

7 Während die Parteien im Erkenntnisverfahren als Kläger und Beklagter bezeichnet werden, spricht man im Vollstreckungsverfahren von „Vollstreckungsgläubiger" und „Vollstreckungsschuldner". Der Vollstreckungsgläubiger wird im Normalfall der Kläger sein, der den Prozess insgesamt oder teilweise gewonnen hat. Es kann aber auch der Beklagte sein, der im Fall der Klageabweisung seine Prozesskosten vom Kläger zurückverlangen kann. Im Folgenden wird vereinfachend nur von „Gläubiger" und „Schuldner" die Rede sein.

3. Voraussetzungen und Ablauf der Zwangsvollstreckung

a) Anspruch auf eine Geldzahlung?

8 Meist will der Gläubiger gegen den Schuldner einen Anspruch auf eine *Geldzahlung* vollstrecken. Dies kann die erfolgreich eingeklagte Forderung sein oder auch ein bloßer Anspruch auf Ersatz der Prozesskosten. Die Vollstreckung wegen solcher „Geldforderungen" macht daher den Löwenanteil der vollstreckungsrechtlichen Vorschriften aus. Davon völlig getrennt finden sich die Regelungen über die Vollstreckung sonstiger Ansprüche.

9 Wie sich aus der folgenden Grafik entnehmen lässt, kann die Vollstreckung wegen einer Geldforderung auf unterschiedliche Art erfolgen: Durch Pfändung von beweglichen Sachen des Schuldners, die dann verwertet werden (z.B. wertvolle technische Geräte), durch Pfändung von Forderungen des Schuldners, die der Gläubiger dann einziehen darf (z.B. Lohnzahlungsansprüche) oder durch den Zugriff auf Immobilien des Schuldners.

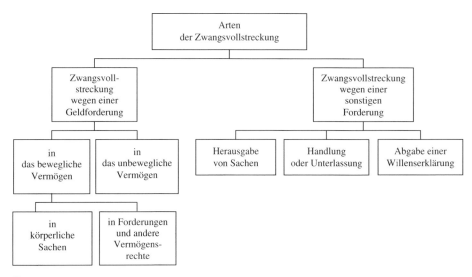

Übersicht 1: Arten der Zwangsvollstreckung

b) Voraussetzungen des Vollstreckungsverfahrens

Regelmäßig wird das vermeintlich Wichtigste zum Zwangsvollstreckungsrecht mit den Stichworten „Titel, Klausel, Zustellung" zusammengefasst. Hierbei handelt es sich um die wesentlichen allgemeinen Voraussetzungen der Zwangsvollstreckung. Sie zu kennen, bringt für die Prüfungsvorbereitung aber äußerst wenig. Hilfreicher ist es, sich den Ablauf des Verfahrens bildlich zu machen. Der Gläubiger muss in der Tat zu allererst einen **Titel** gegen den Schuldner haben. Ohne einen Titel braucht er an die Zwangsvollstreckung noch gar nicht zu denken. Wenn der Gläubiger einen solchen Titel – im gesetzlichen Regelfall ist das ein Urteil – gegen den Schuldner hat, kann er immer noch nicht unmittelbar den Gerichtsvollzieher beauftragen. Er braucht vielmehr nun noch eine **Klausel**. Diese Klausel ist letztlich nicht viel mehr als ein Stempel, aber sie wird normalerweise nur auf einer einzigen Ausfertigung des Titels erteilt und kann so verhindern, dass der Gläubiger mit dem Titel Missbrauch treibt, in dem er beispielsweise an mehreren Orten gleichzeitig in das Vermögen des Schuldners vollstreckt, obwohl seine Forderung leicht durch eine einzige Pfändung befriedigt werden kann. Titel und Klausel müssen schließlich zwar auch **zugestellt** werden – aber darin liegt kein studienrelevantes Problem. Überdies darf der Gerichtsvollzieher die Dokumente dem Schuldner auch noch bei Beginn der Vollstreckung überreichen (§ 750 ZPO).

c) Ablauf des Vollstreckungsverfahrens

Mit Erteilung der Klausel beginnt das eigentliche Vollstreckungsverfahren. Nun kann der Gläubiger ein Organ der Rechtspflege beauftragen, eine bestimmte Pfändungsmaßnahme für ihn durchzuführen. Für die vollständige Durchführung der Vollstreckung muss er in der Regel wenigstens noch einmal einige Monate einplanen. Besonders die Gerichtsvollzieher sind meist überlastet und haben viele Wochen Vorlauf.

12 Für die Durchführung und den Fortgang des Verfahrens kommt es darauf an, worauf der Titel gerichtet ist (Geldzahlung oder etwas anderes) und welche Art der Vollstreckung der Gläubiger durchführen möchte. Die folgenden Beispiele sollen die Unterschiede illustrieren:

13 **aa) Vollstreckung wegen einer Geldforderung in bewegliche Sachen (§§ 802a ff ZPO).** Angenommen, der Gläubiger hat einen Titel auf Zahlung von Geld (das Gesetz spricht in der Überschrift zu §§ 802a ff ZPO von der „Zwangsvollstreckung wegen Geldforderungen") erwirkt, und er hat bereits mit Erfolg eine Klausel beantragt. Nun kann er wählen, ob er in das bewegliche oder das unbewegliche Vermögen des Schuldners vollstrecken will. Wählt er das bewegliche Vermögen, so hat er dann noch zu entscheiden, ob er in bewegliche Sachen (§§ 808 ff ZPO), in Forderungen (§§ 828 ff ZPO) oder in andere Vermögensrechte (§ 857 ZPO) vollstreckt.

Wählt er die Vollstreckung in bewegliche Sachen, so wird er den Gerichtsvollzieher mit der Pfändung beauftragen. Dieser begibt sich zum Schuldner und darf dort Gegenstände pfänden, die sich im Gewahrsam des Schuldners befinden. Ob der Schuldner Eigentümer ist, prüft der Gerichtsvollzieher nicht. Die Pfändung besteht aus zwei Akten: Das Aufkleben der Pfandmarke („Kuckuck") bewirkt die Verstrickung. Durch diese entsteht kraft Gesetzes das Pfändungspfandrecht. Dieses Pfändungspfandrecht berechtigt den Gläubiger (nach herrschender Ansicht, näher Rn. 326 ff), den Erlös aus der Verwertung des gepfändeten Gegenstands zu behalten. Einige Zeit nach der Verstrickung kommt der Gerichtsvollzieher erneut, dann gegebenenfalls mit einem Transportunternehmer, um die gepfändeten Gegenstände abzutransportieren. Er bringt sie in ein Lager, wo sie auf die Verwertung warten. Diese kann der Gerichtsvollzieher durch eine öffentliche Versteigerung der Güter betreiben. Bei der Versteigerung muss der Erwerber sofort in bar bezahlen. Von dem eingenommenen Erlös zieht der Gerichtsvollzieher seine Kosten und seine Gebühren ab (soweit er sie nicht bereits als Vorschuss vom Gläubiger erhalten hatte[3]) und übergibt den Rest dem Gläubiger. Mit der Auskehr des Erlöses an den Gläubiger ist die Zwangsvollstreckung in den Gegenstand beendet.

14 Das Vollstreckungsverfahren endet aber nicht selten schon früher: Der Gläubiger kann die Vollstreckung abbrechen, zum Beispiel, weil sie ihm aussichtslos erscheint. § 775 ZPO enthält zudem eine ganze Anzahl von Gründen für die Einstellung der Vollstreckung. Diese erfolgt beispielsweise, wenn das Urteil, auf dem die Vollstreckung beruht, aufgehoben wird oder wenn der Schuldner den Gläubiger doch noch freiwillig befriedigt hat. § 776 ZPO bestimmt, wann bereits erfolgte Maßnahmen der Vollstreckung aufzuheben sind. Schließlich kann die Zwangsvollstreckung auch enden, weil der Schuldner sich mit einem Rechtsbehelf erfolgreich gegen diese gewehrt hat.

15 **bb) Vollstreckung wegen einer Geldforderung in eine Forderung.** Für den Gläubiger, der von dem Schuldner Geld verlangen kann, ist es allerdings viel günstiger, wenn er eine Forderung des Schuldners – wie z.B. dessen Anspruch auf Lohn oder ein Kontoguthaben – pfänden kann. Bei der Pfändung einer solchen Forderung wird nicht der Gerichtsvollzieher beauftragt, sondern der Gläubiger stellt einen Antrag

---

3 Nach § 4 GvKostG ist der Gläubiger in der Regel zur Zahlung eines Vorschusses verpflichtet.

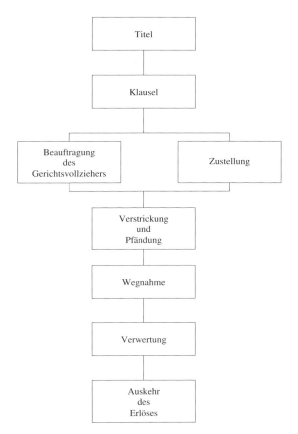

Übersicht 2: Chronologie der Zwangsvollstreckung wegen einer Geldforderung in bewegliche Sachen

beim Vollstreckungsgericht. Das Vollstreckungsgericht erlässt dann zwei Beschlüsse: Den Pfändungsbeschluss und den Überweisungsbeschluss. Beide werden meist in einem Akt erlassen, dem Pfändungs- und Überweisungsbeschluss (häufig findet man die Abkürzung PfÜB). Dieser muss dem Drittschuldner zugestellt werden, um wirksam zu werden. Der Drittschuldner ist die Person, gegen die der Schuldner eine Forderung hat. Also ein Schuldner des (Vollstreckungs-) Schuldners, etwa sein Arbeitgeber oder seine Bank. Dem Drittschuldner wird durch diesen Beschluss verboten, an den Schuldner zu leisten und der Schuldner darf über die Forderung nicht mehr verfügen (sie z.B. abtreten). Die eigentliche „Überweisung" der Forderung an den Gläubiger gibt diesem das Recht, die Forderung einzuziehen. Letztlich muss also der Drittschuldner an den Gläubiger bezahlen: Der Arbeitgeber bezahlt beispielsweise den Lohn nicht mehr an seinen Arbeitnehmer (den Schuldner), sondern an den Gläubiger. Man kann sich leicht vorstellen, dass hierbei viele regulierende Vorschriften nötig sind, die den Schuldner schützen, insbesondere wenn es um die Pfändung von Arbeitslohn geht. Aber auch der Drittschuldner gerät durch die Pfändung und Überweisung in eine belastende Situation. Sie gleicht zum einen der Lage jedes Schuldners bei einer Abtretung, so dass die §§ 404 ff BGB angewendet werden müssen. Sie umfasst aber auch Auskunftpflichten und schließlich ist es der Drittschuldner, der berechnen muss, in welcher genauen Höhe die Forderung (etwa der Lohnanspruch) überhaupt pfändbar ist (§§ 850 ff ZPO).

Für die Beendigung der Zwangsvollstreckung in die Forderung kommt es auf den Zeitpunkt an, zu dem der Drittschuldner an den Gläubiger geleistet hat. Damit ist freilich die Zwangsvollstreckung nicht unbedingt auch als Ganze schon vorbei. Denn der Gläubiger wird solange weitere Vollstreckungsmaßnahmen beantragen, bis er in voller Höhe befriedigt ist.

16 **cc) Vollstreckung aus Titeln, die nicht auf eine Geldforderung gerichtet sind.** Titel sind jedoch nicht immer auf eine Geldzahlung gerichtet. Der Schuldner kann z.B. auch zu einer Herausgabe, zu einer Handlung oder zu einer Unterlassung verurteilt worden sein. Solche Titel sind viel seltener und hier seien nur einige erste Anmerkungen dazu gemacht, wie man aus ihnen vollstreckt. Wichtig ist, dass dabei nicht die §§ 803 ff ZPO gelten, da der Titel ja nun nicht auf eine Geldforderung gerichtet ist. Vielmehr gibt es eigenständige Regeln in §§ 883 ff ZPO[4].

Bei den Urteilen auf **Herausgabe einer Sache** kommt es besonders häufig vor, dass der Schuldner eine unbewegliche Sache, nämlich eine Wohnung „herausgeben" muss (Räumungsklage). Aber ganz gleich, ob es eine bewegliche oder eine unbewegliche Sache ist, auf deren Herausgabe der Titel lautet: Wenn der Schuldner nicht freiwillig leistet, muss der Gläubiger auch hier den Gerichtsvollzieher beauftragen, damit er dem Schuldner die Sache wegnimmt (§ 883 ZPO, bei beweglichen Sachen), oder ihn aus dem Besitz setzt (§ 885 ZPO, bei unbeweglichen Sachen). Von den sonstigen nicht auf eine Geldleistung gerichteten Titeln seien im Rahmen dieser einführenden Übersicht nur die Unterlassungstitel etwas näher betrachtet.

17 Wenn man sich selbst überlegt, wie die Vollstreckung einer **Unterlassungspflicht** erfolgen kann, kommt man schnell darauf, dass der Schuldner unter Druck gesetzt werden muss, damit er die unerwünschte Handlung (z.B. eine verleumdende Aussage in der Öffentlichkeit) nicht mehr vornimmt. So regelt es auch die ZPO. Wiederum gelten nicht die §§ 803 ff ZPO, da es ja nicht um die Vollstreckung einer Geldforderung geht, sondern es gibt eine eigenständige Regelung in § 890 ZPO. Die Unterlassungspflicht wird danach in der Regel durch Verhängung von Ordnungsgeld erzwungen. Dafür ist das Prozessgericht zuständig (näher Rn. 686 ff).

In jedem Fall muss die eigentliche Verhängung des Ordnungsgelds angedroht werden. Die Androhung darf allerdings bereits im Urteilstenor selbst erfolgen. Soweit der Schuldner nun nach der Androhung des Zwangsgelds weiterhin schuldhaft dem Titel zuwiderhandelt, wird durch Beschluss das Ordnungsgeld verhängt. Das Ordnungsgeld wird von Amts wegen beigetrieben. Damit ist die Vollstreckungsmaßnahme beendet. Handelt aber der Schuldner in Zukunft wieder dem Titel zuwider, kann erneut ein Ordnungsmittel angedroht und verhängt werden.

---

4 Eine grafische Übersicht zu den Arten der Zwangsvollstreckung, den möglichen Vollstreckungshandlungen und den jeweils zuständigen Organen gibt *Muthorst*, § 3 Rn. 4.

4. Die Rechtsbehelfe und ihre Abgrenzung voneinander

a) Welcher Rechtsbehelf ist statthaft?

Im Vollstreckungsverfahren können beide Parteien – und manchmal auch Dritte – Grund dazu haben, Rechtsschutz zu suchen. Dazu stehen ihnen die zwangsvollstreckungsrechtlichen Rechtsbehelfe und Rechtsmittel zur Verfügung. Diese machen den Kern des vollstreckungsrechtlichen Prüfungsstoffs aus[5]. Im Folgenden wird ein kurzer und vereinfachter Überblick über alle wichtigen Rechtsbehelfe und ihre Zielrichtung gegeben, damit die schwierigen und detaillierten Fragen der Statthaftigkeit (das ist die Frage, welcher Rechtsbehelf der richtige ist) und die Abgrenzung der Rechtsbehelfe später sofort richtig eingeordnet werden können.

b) Die Rechtsbehelfe des Gläubigers

Nur wenige Schwierigkeiten entstehen auf Seiten des Gläubigers. Der Gläubiger braucht Rechtsbehelfe, wenn die Organe der Zwangsvollstreckung seine Anträge nicht oder nicht in der beantragten Weise befolgen. In der Klausur von Bedeutung sind dabei regelmäßig nur drei Fälle:

aa) Wenn während der Vollstreckung ein Organ der Rechtspflege entweder etwas gar nicht tut, das der Gläubiger beantragt (also z.B. der Gerichtsvollzieher sich weigert, beim Schuldner zu pfänden), oder wenn es einen Antrag auf eine Art und Weise ausführt, die dem Gläubiger nicht zusagt (also z.B. das Vollstreckungsgericht eine andere Forderung pfändet, als der Gläubiger beantragt hat), kann der Gläubiger **Vollstreckungserinnerung nach § 766 I oder II ZPO** einlegen (Rn. 483 ff).

bb) Wird dem Gläubiger keine Klausel erteilt, gibt es zwei unterschiedliche Rechtsbehelfe, die passen können. Die **Klauselklage nach § 731 ZPO** (Rn. 139 ff) ist sehr eng im Anwendungsbereich. Der Gläubiger kann sie erheben, wenn er für die Klauselerteilung bestimmte zusätzliche Tatsachen beweisen muss und diesen Beweis nicht durch öffentliche Urkunden erbringen kann.

Wenn der Urkundsbeamte oder der Rechtspfleger sich aus sonstigen Gründen weigern, die Klausel zu erteilen, kann der Gläubiger die gewöhnliche **Erinnerung nach § 573 ZPO** (bei Untätigkeit des Urkundsbeamten, Rn. 136) oder **sofortige Beschwerde nach § 567 ZPO** (bei Untätigkeit des Rechtspflegers, Rn. 137) einlegen.

cc) Schließlich ist es noch denkbar, dass der Gläubiger gegen eine so genannte „Entscheidung" eines Vollstreckungsorgans vorgehen will. Dafür ist die **sofortige Beschwerde nach § 793 ZPO** der richtige Rechtsbehelf (Rn. 515 ff). Wann eine „Entscheidung" nach § 793 ZPO und nicht eine bloße Vollstreckungsmaßnahme nach § 766 ZPO vorliegt, ist sehr streitig. Meist wird angenommen, dass es darauf ankommt, ob das Vorbringen beider Parteien berücksichtigt wurde (dazu Rn. 516 f).

---

5 Die unterschiedlichen zwangsvollstreckungsrechtlichen Klausurtypen darstellend *Kaiser/Kaiser/Kaiser*, Rn. 3.

c) Die Rechtsbehelfe des Schuldners

20 Der Schuldner ist derjenige, in dessen Rechte durch die Vollstreckung massiv eingegriffen wird. Zwar geschieht dies letztlich meist zu Recht, weil der Gläubiger sich nur dasjenige holt, was der Titel ihm zuspricht. Dennoch wird der Schuldner sich häufig und aus den verschiedensten Gründen gegen Vollstreckungsakte des Gläubigers wehren wollen.

aa) Der wichtigste und prüfungsrelevanteste Rechtsbehelf des Schuldners ist die **Vollstreckungsabwehrklage nach § 767 ZPO** (Rn. 187 ff). Sie passt allerdings nur für einen ganz bestimmten Fall. Der Schuldner kann sie dann erheben, wenn er gegen den *titulierten Anspruch* Einwendungen hat. Ein Verkäufer, der ein Gemälde übereignen soll, will also zum Beispiel sagen, dass der Anspruch auf Leistung untergegangen ist, weil das Bild inzwischen verbrannt ist und Unmöglichkeit eingetreten ist. Beachten muss man hier Rechtskraftwirkung und Präklusionswirkung des Titels. Nur „neue Einwendungen" iSd. § 767 II ZPO können die Einstellung der Zwangsvollstreckung begründen. Der Schuldner kann sich im Beispiel also nicht mit Erfolg darauf stützen, dass das Bild schon während des Erkenntnisverfahrens verbrannt sei.

bb) Die **Vollstreckungserinnerung nach § 766 I ZPO** (Rn. 483 ff) ist statthaft, wenn Schuldner (oder der Gläubiger, Rn. 19) rügen wollen, dass das Vollstreckungsorgan (meist der Gerichtsvollzieher) bei der Vollstreckung Vorschriften verletzt hat, wenn also die „Art und Weise" der Zwangsvollstreckung nicht in Ordnung war. Die Rechtsprobleme bei der Prüfung des § 766 ZPO liegen oft darin, zu erkennen, ob der Fehler, der bei der Zwangsvollstreckung unterlaufen ist, überhaupt in den Pflichtenkreis des Gerichtsvollziehers gehörte: Der Gerichtsvollzieher hat – im Sinne der Formalisierung und Effizienz des Verfahrens – immer nur relativ einfache Tatbestände und Rechtsfragen zu prüfen bzw. zu beachten.

cc) Die **Klauselerinnerung nach § 732 ZPO** (Rn. 167 ff) ist ein Rechtsbehelf aus dem Klauselverfahren. Sie ist in erster Linie dazu da, formale Fehler, die der Rechtspfleger/der Urkundsbeamte bei der Erteilung der Klausel gemacht hat, zu rügen. Der BGH steht auf dem Standpunkt, dass § 732 ZPO nicht statthaft ist, wenn der Schuldner vorträgt, dass der Titel rechtlich fehlerhaft sei und deshalb auf seiner Basis keine Klausel habe erteilt werden dürfen (Rn. 171 ff). Denn in der genauen Prüfung des Titels liege keine Pflicht des Rechtspflegers/Urkundsbeamten, so dass sich darauf auch keine Erinnerung stützen könne.

dd) Einen ganz engen Anwendungsbereich hat die **Klauselgegenklage nach § 768 ZPO** (Rn. 154 ff). Diese Norm ist leicht zu prüfen, weil der Tatbestand klar formuliert ist. § 768 ZPO greift ein, wenn der Gläubiger sich eine qualifizierte Klausel hat erteilen lassen und der Schuldner meint, die Bedingung im Sinne des § 726 ZPO oder die Rechtsnachfolge im Sinne des § 727 ZPO sei nicht wirklich eingetreten.

ee) Seit vielen Jahren ist schließlich die **Titelgegenklage analog § 767 ZPO** anerkannt (Rn. 258 ff). Sie wird gebraucht, wenn der Titel, auf den sich die Zwangsvollstreckung stützt, nichtig ist. Das könnte man zwar mit § 732 ZPO rügen, aber nur wenn die Nichtigkeit offen erkennbar war (Rn. 176 ff). § 732 ZPO allein bietet also keinen ausreichenden Rechtsschutz. Die Nichtigkeit des Titels kann daher, egal ob sie offen erkennbar ist oder nur aufgrund einer ausführlichen Rechtsprüfung festgestellt werden kann, mit einer Titelgegenklage gerügt werden, die der BGH auf eine analoge Anwendung des § 767 ZPO stützt.

ff) Wenn gar kein Rechtsbehelf passt, aber der Schuldner trotzdem erheblich in seinen Rechten beeinträchtigt ist, gibt es den Auffangschutz durch **§ 765a ZPO** (Rn. 50 ff).

d) Die Rechtsbehelfe Dritter

Dritte können auf unterschiedliche Weise von einem Zwangsvollstreckungsverfahren betroffen sein. Am wichtigsten ist der Fall, dass der Gerichtsvollzieher eine schuldnerfremde Sache pfändet, also eine Sache, die nicht dem Schuldner, sondern einem Dritten gehört. Für den Eigentümer der Sache (genauer spricht man von dem berechtigten Dritten) besteht ein besonderer Rechtsbehelf, die **Drittwiderspruchsklage nach § 771 ZPO** (Rn. 527 ff), mit der er die „Freigabe" von Sachen bewirken kann, die der Gerichtsvollzieher (der die Eigentumslage nicht prüft, Rn. 305, 314) gepfändet hat. Bei der Drittwiderspruchsklage liegt das wesentliche Problem darin, die im Tatbestand von § 771 I ZPO genannten „die Veräußerung hindernden Rechte" zu kennen. 21

Bei der Forderungspfändung ist stets der Drittschuldner betroffen. Ihm steht vor allen Dingen die **Vollstreckungserinnerung nach § 766 ZPO** zu (Rn. 483 ff), wenn das Vollstreckungsgericht beim Pfändungs- und Überweisungsbeschluss einen Fehler gemacht hat.

e) Abgrenzungsprobleme

Die Abgrenzung der genannten Rechtsbehelfe ist nicht immer leicht zu verstehen. 22

aa) Genaue Verortung des Fehlers. Es ist ganz wichtig, präzise zu fragen, wogegen der Rechtsbehelfsführer sich genau wendet. Welcher ist der Schritt der Vollstreckung, den er für rechtswidrig hält und anfechten will? 23

Wenn ein Schuldner (wie soeben beschrieben) die Klauselerteilung für rechtswidrig hält, kann er unterschiedliche Gründe dafür haben. (1) Es kann sein, dass er sie für rechtswidrig hält, weil kein Titel vorliegt. (2) Es kann aber auch sein, dass er sie für rechtswidrig hält, weil eine Bedingung für die Erteilung der Klausel (§ 726 ZPO) noch nicht eingetreten ist. (3) Oder er meint, eine materielle Einwendung gegen den Titel selbst zu haben, zum Beispiel hat er inzwischen aufgerechnet. (4) Schließlich kann er finden, dass eine unzuständige Person sie erteilt hat. Jedes Mal greift ein anderer Rechtsbehelf.

bb) Fehler, die sich mehrfach auswirken. Manchmal kann ein Fehler auch so erheblich sein, dass der Schuldner an ganz vielen Stellen einhaken könnte. 24

Das sei an dem wichtigsten Beispiel gezeigt: Wenn der Schuldner meint, es liege kein wirksamer Titel vor, dann kann er trotzdem noch die unterschiedlichsten Ziele haben.

Will er, dass die Zwangsvollstreckung nach § 767 ZPO analog (Titelgegenklage) insgesamt eingestellt wird? Will er geltend machen, dass die Klausel zu Unrecht erteilt wurde, weil das Fehlen des Titels offen erkennbar war (Klauselerinnerung, § 732 ZPO)? Oder will er sagen, dass der Gerichtsvollzieher bei der Vollstreckung einen Fehler gemacht hat, weil er vollstreckt hat, obwohl er gar keinen Titel in den Händen hielt (Vollstreckungserinnerung, § 766 ZPO)?

Ist die Fallfrage offen, können in der Falllösung alle möglicherweise passenden Rechtsbehelfe geprüft werden, und am Ende kann ein Rat dazu geäußert werden, was die günstigste Vorgehensweise ist.

25   cc) Weitere Abgrenzungsprobleme. In den einzelnen Kapiteln finden sich noch weitere Abgrenzungsprobleme, die meist den genauen Normtatbestand betreffen. Ein Beispiel dafür ist die Abgrenzung von §§ 771 und 805 ZPO. Auch §§ 767 und 323 ZPO müssen auseinander gehalten werden. Nicht ganz einfach ist die Abgrenzung von den §§ 732 und 767 ZPO analog (Titelgegenklage).

II. Zwangsvollstreckungsrecht als Prüfungsgegenstand

1. Typische Anforderungen

26   In der zwangsvollstreckungsrechtlichen **Pflichtfachklausur** liegt der Schwerpunkt meist gar nicht, oder jedenfalls nicht allein, im Bereich des Vollstreckungsrechts. Vielmehr machen oft materiell-rechtliche Fragen, und zwar vor allem Fragen des allgemeinen Schuldrechts sowie des Sachenrechts, einen Großteil der Lösung aus. Erwartet wird von den Prüflingen, dass sie es schaffen, die materiell-rechtlichen und die zwangsvollstreckungsrechtlichen Fragen miteinander zu verknüpfen.

27   In der **Schwerpunktklausur** ist dies deutlich anders. Hier geht es darum, gerade die verfahrensrechtlichen Kenntnisse vertieft abzuprüfen. In vielen Bundesländern liegt die Schwerpunktprüfung zudem zeitlich deutlich vor der Staatsexamensprüfung. Den Prüfern ist meist klar, dass die Studierenden das materielle Recht, und insbesondere das Sachenrecht, noch nicht auf Staatsexamensniveau beherrschen. Dennoch sollte man hier nicht zu sehr auf Risiko setzen. Aufrechnung, Abtretung, Sicherungseigentum und Eigentumsvorbehalt (Anwartschaftsrecht) sind materiell-rechtliche Probleme, die man unbedingt beherrschen sollte.

2. Klausurtechnik

28   Ganz gleich, ob man einen Rechtsbehelf prüfen (wie es im Pflichtfach üblich ist) oder die Voraussetzungen der Vollstreckung feststellen muss (wie es im Wahlfach vorkommen kann), wird der Aufgabensteller regelmäßig einen bestimmten Klausuraufbau erwarten, den jeder Prüfling kennen und bei der Klausurbearbeitung einhalten sollte. Als Hilfestellung liefert das vorliegende Werk zu allen Rechtsbehelfen Aufbauschemata, die alle diejenigen Prüfungspunkte benennen, die problematisch sein können und jedenfalls gedanklich geprüft werden sollten. Die erfolgreiche Klausurbearbeitung wird sich freilich dadurch auszeichnen, dass sie nicht jeden dieser potentiell problematischen Prüfungspunkte behandelt, sondern sich auf die tatsächlichen Probleme konzentriert und mit angemessener Schwerpunktsetzung löst. Ebenso wie

in einer materiell-rechtlichen Klausur etwa das Zustandekommen des Vertrags nur dann näher auszuführen ist, wenn der Aufgabentext (z.B. wegen der Minderjährigkeit eines Beteiligten oder einer in fremdem Namen abgegebenen Willenserklärung) Anhaltspunkte für die Unwirksamkeit des Vertragsschlusses liefert, sind auch in einer zwangsvollstreckungsrechtlichen Klausur etwa die Fragen der Zulässigkeit eines Rechtsbehelfs nur dann zu erörtern, wenn der Sachverhalt entsprechende Hinweise enthält. Ein schwerer Fehler liegt darin, die Zulässigkeitsvoraussetzungen anhand sämtlicher Punkte des Prüfungsschemas auch dann durchzuprüfen, wenn im Bereich der Zulässigkeit keine Probleme liegen und gar der Sachverhalt keinerlei Angaben mitteilt, die subsumiert werden könnten.

Im Zwangsvollstreckungsrecht reicht es im Grunde oft aus, nur die Statthaftigkeit zu prüfen. Eine weit verbreitete Praxis besteht darin, zusätzlich regelmäßig die Zuständigkeit des Gerichts und das Rechtsschutzbedürfnis kurz anzusprechen – selbst dann, wenn der Sachverhalt zu diesen Fragen nichts hergibt. Wenn der Sachverhalt gar keine Angaben (etwa zum Ort des Streits; zum Gericht, das entscheidet; zum Alter der Parteien; zur Vertretung durch einen Anwalt) enthält, kann die Zulässigkeitsprüfung mit wenigen Worten zusammengefasst und etwa wie folgt formuliert werden:

„I. Zulässigkeit der Vollstreckungsabwehrklage (§ 767 ZPO)
1. Statthaftigkeit: Nach § 767 ZPO ist eine Vollstreckungsabwehrklage statthaft, wenn der Schuldner Einwendungen gegen den titulierten Anspruch erhebt. Hier behauptet S, dass er mit einer Gegenforderung aufgerechnet habe. Da eine Aufrechnung nach § 389 BGB zum Erlöschen des Anspruchs führt, besteht darin eine Einwendung gegen den titulierten Anspruch. Hier ist also die Vollstreckungsabwehrklage statthaft.
2. Sonstige Zulässigkeitsvoraussetzungen: Am Vorliegen aller sonstigen Zulässigkeitsvoraussetzungen bestehen hier keine Zweifel, da der Sachverhalt dazu keine Angaben enthält."

Wenn im Sachverhalt Angaben enthalten sind, dann müssen diese in jedem Fall genutzt und im Gutachtenstil wenigstens knapp verarbeitet werden. Die Lösung klänge dann (für die Zuständigkeit) etwa wie folgt:

„1. Zuständigkeit: Zuständig ist nach § 731 ZPO das Prozessgericht des ersten Rechtszugs. Hier hat S beim Landgericht Lindau Klage eingereicht. Dieses war laut Sachverhalt das Prozessgericht erster Instanz, so dass die Zuständigkeit zu bejahen ist."

Manchmal gehört es zur Aufgabe, den Antrag zu formulieren oder wenigstens grob zu skizzieren. Wenn die Fragestellung offen ist („Was kann S beantragen?"), sollte man darauf achten, dass man den wesentlichen Punkt richtig trifft. Geht es darum, jede Zwangsvollstreckung aus dem Titel für unzulässig zu erklären (§ 767 ZPO), oder nur darum, eine bestimmte Vollstreckungsmaßnahme zu beenden (§ 766 ZPO)? Auch hierzu werden im Folgenden konkrete Formulierungsvorschläge geliefert.

§ 2 Grundsätze des Vollstreckungsverfahrens

Studienliteratur: *Brehm*, Zum Vollstreckungsschutz nach § 765a ZPO bei drohender zwangsvollstreckungsbedingter Sozialhilfebedürftigkeit des Schuldners, JZ 2005, 525; *Fischer*, Die unverhältnismäßige Zwangsvollstreckung, Rpfleger 2004, 599; *Kaiser*, Räumung und Vollstreckungsschutz bei Suizidgefahr, NJW 2011, 2412; *Schreiber*, Die Rechtsschutzmöglichkeiten des Vollstreckungsschuldners, Jura 2011, 110; *Schuschke*, Lebensschutz contra Eigentumsgarantie – Zu den Grenzen des § 765a ZPO in der Räumungsvollstreckung, NJW 2006, 874; *Wißmann*, Grundfälle zu Art. 13 GG, JuS 2007, 324.

I. Verhältnis des Vollstreckungsverfahrens zu anderen Verfahren

1. Erkenntnisverfahren und Zwangsvollstreckung

32 Das Zwangsvollstreckungsverfahren ist die zum Erkenntnisverfahren notwendige Ergänzung, falls der Schuldner dem Richterspruch oder dem förmlich dokumentierten Anspruch nicht freiwillig nachkommt. Insofern ist das Zwangsvollstreckungsrecht mit dem Zivilprozessrecht eng verbunden und ist deshalb sachgerecht (zumindest im Wesentlichen) in der ZPO geregelt.

33 Das Verhältnis von Zwangsvollstreckungs- und Erkenntnisverfahren ist insbesondere durch ihre organisatorischen und verfahrensmäßigen Unterschiede gekennzeichnet: Organisatorisch ist die Zwangsvollstreckung zunächst anderen Organen anvertraut als das Erkenntnisverfahren. Zudem dient das Erkenntnisverfahren der Rechtsfindung und ist daher regelmäßig der Durchsetzung des Rechts im Wege der Zwangsvollstreckung zeitlich vorgelagert. Daraus folgt aber nicht, dass dem Zwangsvollstreckungsverfahren zwingend ein Erkenntnisverfahren vorausgehen muss. Insbesondere bei notariellen Urkunden ist das nicht der Fall. In der Praxis wird das Vollstreckungsverfahren zudem regelmäßig bereits betrieben, während das Erkenntnisverfahren noch nicht seinen formellen Abschluss gefunden hat. Die Vollstreckung kann etwa aus einem für vorläufig vollstreckbar erklärten Urteil (§§ 708, 709 ZPO) erfolgen, auch wenn gegen das Urteil noch ein Berufungsverfahren anhängig ist. Das Erkenntnisverfahren findet seinen Abschluss erst mit der formellen Rechtskraft des Urteils (§ 705 ZPO).

34 Das Zwangsvollstreckungsverfahren wird durch einen Antrag des Vollstreckungsgläubigers in Gang gesetzt. Es ist im Gegensatz zum Erkenntnisverfahren kein (typisches) kontradiktorisches Verfahren[1]. Das Verfahren wird einseitig vom Vollstreckungsgläubiger betrieben, ohne dass der Vollstreckungsschuldner der (Zwangsvollstreckungs-)Gegner des Gläubigers wäre. Der Gläubiger kann deshalb als „Herr des Vollstreckungsverfahrens" bezeichnet werden. Anders als im Erkenntnisverfahren, wo die Klage nur unter bestimmten Voraussetzungen zurückgenommen werden kann (§ 269 I ZPO), steht es ihm etwa frei, seinen Vollstreckungsantrag einseitig zurückzunehmen und dadurch das Verfahren zu beenden[2].

---

1 Die Frage ist im Detail umstritten. Wie hier *Gaul/Schilken/Becker-Eberhard*, § 5 Rn. 17; eher die Parallelen zum Erkenntnisverfahren betonend *Lackmann*, Rn. 3.
2 Vgl. *Brox/Walker*, Rn. 5.

Der Schuldner wird im Vollstreckungsverfahren in vielen Fällen zunächst nicht einmal gehört. Das ist notwendig, um den Erfolg der Vollstreckungsmaßnahme nicht zu gefährden. Nur durch Rechtsbehelfe kann der Vollstreckungsschuldner aktiv in das Verfahren eingreifen und sich rechtliches Gehör verschaffen. Erst dadurch wird das Vollstreckungsverfahren kontradiktorisch. 35

2. Zwangsvollstreckung und Insolvenzverfahren

Das Zwangsvollstreckungsrecht ist als Einzelvollstreckung ausgestaltet: Jeder einzelne Gläubiger versucht, seinen titulierten Anspruch – etwa durch Pfändung und Versteigerung von beweglichen Sachen – mit staatlichem Zwang durchzusetzen. Pfänden mehrere Gläubiger dieselbe Sache des Schuldners, gilt das Prioritätsprinzip (§ 804 III ZPO). Der früher pfändende Schuldner wird vor einem später pfändenden Schuldner befriedigt. Wenn das Vermögen des Schuldners zur Befriedigung der Gläubiger nicht ausreicht, kann das Prioritätsprinzip zu einem Wettlauf der Gläubiger und dadurch zu einer möglicherweise ungerechten Verteilung des Vermögens führen. 36

Das Insolvenzverfahren versucht diesen Wettlauf der Gläubiger zu vermeiden, indem alle Gläubiger in einem einheitlichen Verfahren gegen den Schuldner vorgehen und anteilig befriedigt werden können. Diese Art der Zwangsvollstreckung wird auch Gesamtvollstreckung genannt. Die Gesamtvollstreckung erfolgt durch ein zu diesem Zweck bestelltes Organ (Insolvenzverwalter) und nicht durch die Gläubiger selbst. 37

> **Beispiel 1** (Insolvenzeröffnung während der laufenden Zwangsvollstreckung, vgl. auch Rn. 336): Gläubiger G hat bei Schuldner S vor sieben Wochen und noch einmal vor drei Wochen einige wertvolle Gegenstände pfänden lassen. Nun wird über das Vermögen des S die Insolvenz eröffnet. Was kann S tun, wenn G weiterpfändet? 38

Mit Eröffnung des Insolvenzverfahrens ist nach § 89 InsO jede Maßnahme der Einzelzwangsvollstreckung unzulässig. In **Beispiel 1** darf G deshalb keine weiteren Pfändungen durchführen lassen. Tut er es doch, kann der Insolvenzverwalter die Vollstreckungserinnerung nach § 766 ZPO einlegen (beachte die besondere Zuständigkeit des Insolvenzgerichts nach § 89 III InsO). Die Insolvenzeröffnung wirkt außerdem zurück: Pfändungspfandrechte erlöschen rückwirkend, wenn sie weniger als einen Monat vor dem Antrag auf Insolvenzeröffnung entstanden sind (§ 88 InsO, Rn. 335). Für die Wirksamkeit der vor sieben Wochen erfolgten Pfändungen kommt es darauf an, ob sie mehr als einen Monat vor dem Antrag auf Insolvenzeröffnung erfolgt waren. Selbst wenn das der Fall ist, darf nach § 89 I InsO keine vollstreckungsrechtliche Verwertung mehr erfolgen. Vielmehr greift § 50 I InsO: G hat einen Anspruch auf abgesonderte Befriedigung aus dem Pfandgegenstand. 39

II. Verfahrensgrundsätze

Trotz der Vielgestaltigkeit des Vollstreckungsverfahrens und der Verfahrensziele lassen sich für sämtliche Abschnitte geltende Verfahrensgrundsätze zusammenfassen[3]. 40

---
3 *Stürner*, ZZP 99 (1986), 291; Übersicht bei Thomas/Putzo/*Seiler*, ZPO, Vorbem. § 704 Rn. 30 ff.

Sich diese deutlich zu machen, ist vor allem vor einer mündlichen Prüfung zu empfehlen. Verfahrensgrundsätze können aber auch angeführt werden, um Streitfragen in Klausuren zu lösen. Darauf ist die folgende Zusammenstellung ausgerichtet.

- Die Zwangsvollstreckung ist die Ausübung staatlicher Gewalt zur Durchsetzung privater Rechte. (Wie jedes Verfahrensrecht ist auch das Zwangsvollstreckungsrecht öffentliches Recht.)
- Die Zwangsvollstreckung steht im Spannungsfeld von (überwiegendem) Gläubigerrecht und Schuldnerschutz und unterliegt verfassungsrechtlichen Schranken.
- Die Zwangsvollstreckung setzt stets einen **Titel** voraus.
- Das Vollstreckungsverfahren unterliegt nur einer eingeschränkten Parteienherrschaft. Zwar erfolgt die Zwangsvollstreckung nur auf Antrag des Gläubigers (**Dispositionsmaxime**), der Gläubiger kann aber nur Vollstreckungsarten wählen, die ihm das Gesetz zur Verfügung stellt. Der Schuldner nimmt nur durch Rechtsbehelfe Einfluss auf das Verfahren. Zudem können die Parteien nur vereinzelt von den zwangsvollstreckungsrechtlichen Regelungen abweichende Vereinbarungen treffen, da die Mehrzahl der Schuldnerschutzvorschriften (vgl. etwa § 811 ZPO) dem öffentlichen Interesse dienen und daher unabdingbar sind.
- Die Zwangsvollstreckung folgt dem **Prioritätsprinzip**. Das bedeutet, dass die Befriedigung der Gläubiger nacheinander erfolgt, und zwar in der Reihenfolge, in welcher sie die jeweilige Vollstreckungsmaßnahme bewirkt haben.
- Das Vollstreckungsverfahren ist ein streng **formalisiertes** Verfahren. Dadurch soll eine möglichst schnelle und effiziente Durchsetzung des titulierten Anspruchs gewährleistet werden. Die Vollstreckungsorgane sind deshalb grundsätzlich davon befreit, materiell-rechtliche Fragen zu prüfen (Ausnahme: Evidenz). Materielle Einwendungen muss der Schuldner vielmehr im Rahmen der zwangsvollstreckungsrechtlichen Rechtsbehelfe vor dem Prozessgericht geltend machen[4].
- Eine Besonderheit gibt es beim Grundrecht auf **rechtliches Gehör** aus Art. 103 I GG. Es gilt (selbstverständlich) auch im Zwangsvollstreckungsrecht. Wo durch die Gewährung des Gehörs der Vollstreckungserfolg gefährdet würde, wird das Gehör jedoch nicht vorgelagert gewährt, sondern der Schuldner ist darauf verwiesen, einen Rechtsbehelf einzulegen (so ausdrücklich § 834 ZPO).

III. Verhältnis zum Verfassungsrecht

41 Da dem Vollstreckungsgläubiger im Wege der Zwangsvollstreckung Rechtsschutz gewährt wird, indem durch staatliche Organe in grundrechtlich geschützte Rechte des Vollstreckungsschuldners eingegriffen wird, kommt es im Bereich des Zwangsvollstreckungsrechts häufig zu Berührungen mit dem Verfassungsrecht. Es ist aber zu beachten, dass im Zwangsvollstreckungsrecht – anders als etwa im Bereich der öffentlich-rechtlichen Eingriffsverwaltung – nicht allein das Verhältnis zwischen Staat und Bürger betroffen ist, sondern Schuldner, Gläubiger und Staat beteiligt sind. Da der Staat handelt, um die privaten Ansprüche des Gläubigers durchsetzen, sind die Rechte des Schuldners deutlich weniger rücksichtsbedürftig. Der Gläubiger selbst ist allen-

---
4 Einführend dazu etwa *Munthorst*, § 1 Rn. 11 ff.

falls mittelbar und in eingeschränktem Maß an die Grundrechte gebunden (Stichwort: Drittwirkung von Grundrechten) und hat ansonsten nur eine allgemeine Rücksichtnahmepflicht.

Beispiel 2a (Verfassungsmäßigkeit der Zwangsvollstreckung): Gläubiger G hat gegen Schuldner S ein Urteil auf Zahlung von 5 Euro erstritten. G will nun die Yacht des B pfänden lassen, um sich daraus zu befriedigen.

Beispiel 2b G hat gegen B ein Urteil auf Zahlung von 25 000 Euro erstritten. Nachdem B nicht zahlen kann, will G in das gesamte Arbeitseinkommen des B vollstrecken. B verdient monatlich 2800 Euro brutto und hat vier Kinder, um die sich seine Frau kümmert.

Beispiel 2c Der Gerichtsvollzieher will bei S in der Wohnung einige Gegenstände pfänden. Als er klingelt, öffnet ihm ein Kind, das erklärt, es sei allein zu Hause. Der Gerichtsvollzieher sieht im Flur ein schönes altes Kruzifix hängen. Er betritt kurz die Wohnung und pfändet es.

Zuerst fällt auf, dass die Pfändung und Verwertung (z.B. §§ 808, 829, 836 ZPO) des Schuldnervermögens durch den Staat den Schutzbereich des **Art. 14 I GG** berührt. Es handelt sich allerdings nicht um eine Enteignung, sondern um eine Inhalts- und Schrankenbestimmung. Dabei ist es unerheblich, ob in bewegliche Gegenstände oder in Forderungen vollstreckt wird. Denn der verfassungsrechtliche Eigentumsbegriff umfasst alle vermögenswerten Rechte[5]. Aber man darf sich gerade in Hinblick auf Art. 14 I GG nicht irreführen lassen: Bei der Vollstreckung besteht ein Dreiecksverhältnis (Gläubiger – Schuldner – Staat) und der Gläubiger hat einen materiellen Anspruch gegen den Schuldner. Er versucht nur, diesen durchzusetzen. Ein Eingriff durch eine rechtmäßige Zwangsvollstreckung ist als Schrankenbestimmung, die der Durchsetzung der Forderung des Gläubigers dient, daher zunächst stets gerechtfertigt[6]. Er darf allerdings nicht unverhältnismäßig sein. Das berücksichtigt grundsätzlich auch die ZPO, indem in § 803 I 2 ZPO ausdrücklich bestimmt ist, dass die Vollstreckung nicht über das Vollstreckungsziel hinausgehen kann. Diese Norm erfasst aber nicht alle denkbaren Fälle unverhältnismäßiger Pfändungen.

Vgl. zur Zwangsversteigerung einer Immobilie BVerfG NJW 2009, 1259:

„(12) (...) Dies [gemeint ist die Garantiefunktion der Grundrechte] gilt auch für die Durchführung von Zwangsversteigerungen, bei denen der Staat im Interesse des Gläubigers schwerwiegende Eingriffe in das verfassungsrechtlich geschützte Eigentum des Schuldners vornimmt. Ein solcher Eingriff erscheint zwar gerechtfertigt, wenn und soweit er dazu dient, begründete Geldforderungen des Gläubigers zu befriedigen. Zugleich sind aber auch die Belange des Schuldners zu wahren, für den zumindest die Möglichkeit erhalten bleiben muss, gegenüber einer unverhältnismäßigen Verschleuderung seines Grundvermögens um Rechtsschutz nachzusuchen."

„(17) Das Grundeigentum verlangt bei jeder Anwendung von Maßnahmen der Zwangsverwaltung darüber hinaus insofern Beachtung, als es, wie bei jedem der anderen Grundrechtseingriffe auch, nur den Einsatz des bei gleicher Eignung jeweils mildesten und ge-

---

5 BVerfG NJW 1977, 2024.
6 BVerfG NJW 2009, 1259.

messen an sonst zur Verfügung stehenden Maßnahmen verhältnismäßigen Zwangsmittels gestattet."

44 In den Beispielsfällen werden mehrere Grundrechte des Schuldners berührt. In **Beispiel 2a** ist das Eigentumsrecht aus Art. 14 I GG betroffen, da die Yacht zum geschützten Vermögen des Schuldners gehört. Gleich auf den ersten Blick drängt sich auf, dass die Pfändung hier unverhältnismäßig sein könnte. Bei einer Forderung von 5 Euro mag man auch am Rechtsschutzbedürfnis für eine Vollstreckung zweifeln. Schließlich könnte das Verbot der Übermaßpfändung eingreifen, da es ganz übertrieben erscheint, eine wertvolle Yacht zu pfänden und zu versteigern, um eine Forderung von 5 Euro zu befriedigen. Aber alle diese Argumente sind wenig schlagkräftig. Denn B hat nun einmal eine Forderung von 5 Euro hartnäckig nicht bezahlt. Er hat sich deswegen sogar verurteilen lassen und selbst nach dem Prozessverlust sitzt er die Sache weiter aus. Man darf nicht übersehen, dass B sich durch die Zahlung der 5 Euro vor jeglicher Vollstreckungsmaßnahme sofort und endgültig schützen könnte. Deswegen muss man sehr genau überlegen, ob G auch mit einer für ihn zumutbaren, sicheren, sonstigen Vollstreckungsmaßnahme an sein Ziel kommen kann. Hat B neben der Yacht keine anderen pfändbaren Gegenstände, so greift das Überpfändungsverbot des § 803 I ZPO nicht ein[7]. Nur wenn andere Gegenstände (z.B. eine Lohnforderung) zugänglich sind, kommt es in Betracht. Damit bleibt nur die allgemeine Verhältnismäßigkeitsprüfung. Hierbei kann es auch beachtlich sein, welche Umstände dazu führen, dass der Schuldner eine kleine Forderung nicht bezahlt. Bei einer unverschuldeten Zahlungsunfähigkeit kann eher Zurückhaltung mit harten Pfändungsmaßnahmen geboten sein, als bei bloß fehlender Leistungswilligkeit.

45 Anders ist es, wenn G die Yacht leichtfertig für sehr wenig Geld verkauft, weil er ja nur 5 Euro (alternativ kann hier auch eine etwas höhere, und damit realistischere Summe stehen) plus die Gebühren erlösen muss. Dann liegt auf jeden Fall eine Eigentumsverletzung vor, es ist das Verschleuderungsverbot verletzt[8].

46 In **Beispiel 2b** ist – mit dem Lohnanspruch – wiederum das Eigentum im Sinne des Art. 14 I GG tangiert. Aber diesen Eingriff muss S hinnehmen, da er zunächst rechtmäßig ist. Allerdings sind darüber hinaus die **Menschenwürde** (Art. 1 GG) und das **Sozialstaatsprinzip** (Art. 20 I, 28 I GG) von Relevanz: Jeder Bürger hat einen Anspruch auf ein ihm verbleibendes Existenzminimum. Daraus resultiert das auch einfach gesetzlich normierte Verbot der Kahlpfändung, das zum Beispiel in den Pfändungsgrenzen bei Arbeitseinkommen zum Ausdruck kommt (§§ 850 ff ZPO). Diese Pfändungsgrenzen sind stets zu beachten. A kann daher nur so viel von dem Arbeitseinkommen des B pfänden, wie dies die Pfändungsgrenzen in den §§ 850 ff ZPO zulassen.

47 Wenn bei der Vollstreckung die Schuldnerwohnung durchsucht oder auch einfach gegen den Willen des Schuldners betreten werden muss, ist Art. 13 GG betroffen[9]. Dennoch darf der Gerichtsvollzieher nach § 758 ZPO Wohnungen durchsuchen. Allerdings verlangt Art. 13 II GG in der Regel eine richterliche Durchsuchungsanordnung. Darauf nimmt § 758a ZPO Bezug, der die Notwendigkeit und die Voraussetzungen der Durchsuchungsanordnung näher regelt. In **Beispiel 2c** betritt der Gerichtsvollzieher die Wohnung des S ohne dessen Einwilligung. Er hat keine Durchsuchungsanordnung. Also sind § 758a ZPO, Art. 13 I GG verletzt.

---

7 Schuschke/Walker/*Walker*, § 803 Rn. 2.
8 Vgl. z.B. BVerfGE 46, 325, 333 ff.
9 Zu § 758a ZPO siehe BVerfGE 51, 97.

Viele weitere Grundrechte des Schuldners können durch Akte der Zwangsvollstreckung 48
berührt sein. In **Beispiel 2c** kommt eine Verletzung der **Religionsfreiheit** in Betracht,
wenn der Schuldner das Kruzifix zur „häuslichen Andacht" (§ 811 Nr. 10 ZPO) verwendet. Der Zwang zur Abgabe einer Vermögensauskunft durch Haftanordnung (§§ 802e,
802g ZPO) oder die Erzwingung von Handlungen und Unterlassungen durch Beuge- oder
Ordnungshaft führt zu einem Eingriff in das Recht der **persönlichen Freiheit** nach Art. 2
II 2 GG. Sogar das **Leben** des Schuldners kann betroffen sein, wenn er durch die Vollstreckungsmaßnahme in Suizidgefahr gerät (dazu Rn. 54).

Zusammenfassend lässt sich sagen, dass auch im Rahmen der Zwangsvollstreckung jeder 49
hoheitliche Eingriff in die Rechte und geschützten Rechtsgüter der Verfahrensbeteiligten
einer speziellen Ermächtigungsgrundlage bedarf und dem allgemeinen Verhältnismäßigkeitsgrundsatz genügen muss (Art. 20 III GG). Einfachgesetzlich kommt der Grundrechtsschutz in vielen Normen, z.B. in §§ 803 I 2, II, 777 ZPO (Rn. 366) sowie in den §§ 811,
850 ff ZPO zum Ausdruck (Rn. 320, 369).

IV. Vollstreckungsschutz nach § 765a ZPO

> **Beispiel 3a** (Subsidiarität des § 765a ZPO): Als der Gerichtsvollzieher bei Ehepaar S klin- 50
> gelt, um zu pfänden, taucht Herr S mit ganz zerzausten Haaren auf. Bevor er dem Gerichtsvollzieher noch erklären kann, dass seine Frau im Schlafzimmer gerade ihr erstes Kind bekommt, stürmt dieser schweigend an ihm vorbei, weil er durch den Spalt der offenen Schlafzimmertür eine Geldkassette gesehen hat. Der Gerichtsvollzieher nimmt die Kassette an
> sich, öffnet noch einige Schubladen und verschwindet dann mit der Kassette und etwas
> Schmuck beinahe so schnell, wie er gekommen war. Kann das Ehepaar S sich auf § 765a
> ZPO berufen?

> **Beispiel 3b** (Gefahr für die Gesundheit, nach BGH NJW 2008, 1000): Schuldnerin S wehrt
> sich gegen die Räumung ihrer Wohnung durch G. Nach Sachverständigengutachten leidet S
> an einer durch Insektizide verursachten chronischen neurotoxischen Schädigung sämtlicher
> Organsysteme sowie allergischen Reaktionen im Sinne eines MCS-Syndroms (Multiple Chemical Sensitivity). Dies führte zum Verlust der Sprechfähigkeit, dem teilweise vollständigen
> Verlust des Hörvermögens, Polyneuropathien, Dysästhesien, Parästhesien, Trigeminusneuralgie und starken, sehr schmerzhaften Myopathien am gesamten Körper. Die Krankheit ist von
> einer derartigen Schwere, dass ein Umzug ohne gesundheitlich nachteilige Folgen für S nur
> aufgrund gründlicher medizinischer Vorbereitung durchführbar ist. Eine solche Vorbereitung
> sei ihr bei einer Zwangsräumung durch den Gerichtsvollzieher und der damit verbundenen
> Einweisung in eine Notunterkunft nicht möglich. Kann sie die Räumung abwehren?

Es kann Fälle geben, in denen die Zwangsvollstreckung gänzlich unverhältnismäßig 51
oder unbillig erscheint, aber kein spezielles Vollstreckungsverbot eingreift. Gerade
wegen der soeben besprochenen typischen Grundrechtsrelevanz der Vollstreckungsmaßnahmen muss es zum Schutz des Schuldners eine Auffangregelung für solche
Fälle geben. Diese findet sich in § 765a ZPO. Die Standardfälle des § 765a ZPO sind
die Fälle, in denen beim Schuldner durch die Räumungsvollstreckung Suizidgefahr
ausgelöst wird – oder er eine solche zumindest vorgibt. Für die Klausur darf man
nicht übersehen, dass es auch sonstige Fälle unverhältnismäßiger Härten gibt. Immer
aber ist zu beachten, dass § 765a ZPO subsidiär gegenüber § 766 ZPO ist, der bei je-

dem Verstoß gegen eine vollstreckungsrechtliche Vorschrift (also z.B. §§ 803 oder 811 ZPO) eingreift. Diese Subsidiarität führt dazu, dass in **Beispiel 3a** § 765a ZPO gar nicht eingreift. Vielmehr greift § 766 ZPO, weil der Gerichtsvollzieher ohne Durchsuchungsanordnung und ohne Einwilligung des Schuldners in die Wohnung gestürmt ist und damit einen Verfahrensfehler begangen hat.

Klausurhinweis: Die Subsidiarität ist Bestandteil der Statthaftigkeit des Antrags auf Vollstreckungsschutz und wird nicht erst beim Rechtsschutzbedürfnis geprüft.

52 Zuständig für die Entscheidung ist das Vollstreckungsgericht. Der Antrag folgt den Regeln des § 569 II, III ZPO, kann also auch zu Protokoll der Geschäftsstelle erklärt werden. Er unterliegt folglich selbst dann nicht dem Anwaltszwang, wenn (in der Beschwerdeinstanz) das Landgericht als Vollstreckungsgericht tätig wird (§ 78 III ZPO).

53 Die Praxis bis hin zum Bundesverfassungsgericht hat bei § 765a ZPO insgesamt seit Jahren große Schwierigkeiten mit der Abwägung im Einzelfall: Wie groß muss die (Schein-)Gefahr sein, wie lange dauert sie an, ist sie wirklich nachgewiesen oder nur vorgeschoben?

54 In **Beispiel 3b** ist an der ausführlichen Beschreibung der Krankheit (die im originalen Urteil noch länger ist) zunächst zu erkennen, dass es nur um extreme und ganz konkrete gesundheitliche Nachteile gehen kann, wenn Vollstreckungsschutz gewährt werden soll. Dennoch reichen diese nicht ohne weiteres aus, die Vollstreckung zu verhindern. Hier ist es entscheidend, dass die Schuldnerin den Umzug, anders als sie vorträgt, sehr wohl vorbereiten und dann durchführen könnte. Sie kann daher allenfalls verlangen, dass ihr nochmals eine Frist eingeräumt wird, um diese Vorbereitungen zu treffen. Die Einstellung der Zwangsvollstreckung auf unbestimmte Zeit ist auf absolute Ausnahmefälle zu beschränken[10] und scheint auch hier vermeidbar.

Zur Abwägung im Falle der Suizidgefahr des Schuldners auch BGH NJW 2005, 1859:

„1. Besteht im Fall einer Zwangsräumung bei einem nahen Angehörigen des Schuldners eine Suizidgefahr, ist diese bei der Anwendung des § 765a ZPO in gleicher Weise wie eine beim Schuldner selbst bestehende Gefahr zu berücksichtigen.

2. Selbst dann, wenn mit einer Zwangsvollstreckung eine konkrete Gefahr für Leben und Gesundheit des Schuldners oder eines nahen Angehörigen verbunden ist, kann eine Maßnahme der Zwangsvollstreckung nicht ohne weiteres einstweilen eingestellt werden. Erforderlich ist stets die Abwägung der – in solchen Fällen ganz besonders gewichtigen – Interessen der Betroffenen mit den Vollstreckungsinteressen des Gläubigers. Es ist deshalb auch dann, wenn bei einer Räumungsvollstreckung eine konkrete Suizidgefahr für einen Betroffenen besteht, sorgfältig zu prüfen, ob dieser Gefahr nicht auch auf andere Weise als durch Einstellung der Zwangsvollstreckung wirksam begegnet werden kann. Auch der Gefährdete selbst ist gehalten, das ihm Zumutbare zu tun, um die Risiken, die für ihn im Fall der Vollstreckung bestehen, zu verringern."

Sehr problematisch ist in den „Suizidfällen" schon die Feststellung, dass tatsächlich eine konkrete Suizidgefahr vorliegt. Wenngleich die Suizidgefahr sicherlich oft bloß vorgespiegelt wird, ist eine entsprechende Aussage des Schuldners ernst zu nehmen, und notfalls

---

10 BGH NJW 2008, 1000.

eine gerichtliche Beweisaufnahme erforderlich[11]. Zu prüfen ist auch, ob Alternativen zur Einstellung der Zwangsvollstreckung bestehen, die von der Hinzuziehung eines Arztes bis zur privat- oder öffentlich-rechtlichen Unterbringung des Schuldners reichen können[12].

Zur Vertiefung *BGH NJW 2008, 1678:*

„Pfändet der Gläubiger den einer Mitschuldnerin und Ehefrau zustehenden Auszahlungsanspruch aus Girokontovertrag gegen einen Drittschuldner, können die Schuldner und Eheleute zwar nicht nach § 850k ZPO, jedoch unter den Voraussetzungen des § 765a ZPO Vollstreckungsschutz beanspruchen, soweit das Guthaben auf dem Girokonto aus der Überweisung von unpfändbarem Arbeitseinkommen des Ehemannes herrührt."

BGH NJW 2009, 78:

„Im eröffneten Insolvenzverfahren kann dem Schuldner, der eine natürliche Person ist, bei Vollstreckungsmaßnahmen des Insolvenzverwalters nach § 148 II InsO auf Antrag Vollstreckungsschutz nach § 765a ZPO gewährt werden, jedenfalls soweit dies zur Erhaltung von Leben und Gesundheit des Schuldners erforderlich ist."

BGH NJW 2009, 444:

„Die Zwangsverwaltung eines mit einem Einfamilienhaus bebauten Grundstücks ist unzulässig, wenn sie nur dazu dient, dem im Haus wohnenden Schuldner den Bezug von Sozialleistungen zu ermöglichen, damit er an den Zwangsverwalter ein Entgelt für die Nutzung der Räume entrichten kann, die ihm nicht nach § 149 I ZVG zu belassen sind."

Aufbau: Vollstreckungsschutzantrag (§ 765a ZPO)

I. Zulässigkeit
1. Zuständigkeit: Vollstreckungsgericht, § 765a I 1 ZPO
2. Statthaft ist der Antrag gegen alle Maßnahmen irgendeines Vollstreckungsorgans. Es muss eine Rechtsverletzung der in der Norm genannten Art behauptet werden. Aber: Subsidiarität – der Antrag darf nicht auf Einwendungen gestützt werden, für die ein anderer Rechtsbehelf statthaft ist.
3. Antrag: (teilweise) Untersagung der Maßnahme, (einstweilige) Einstellung oder Aufhebung der Zwangsvollstreckung
4. Rechtsschutzbedürfnis: fehlt nur, wenn die Vollstreckung vollständig beendet ist

II. Begründetheit

Der Antrag ist nur begründet, wenn die angegriffene Maßnahme aufgrund einer Interessenabwägung für den Schuldner eine besondere und sittenwidrige Härte bedeutet: „Untragbares Ergebnis" (Grundrechte beachten!)

---

11 BGH NJW-RR 2011, 423.
12 BGH NJW 2007, 3719; *Kaiser,* NJW 2011, 2412; die Unterbringung (der Begriff steht für eine zwangsweise Einweisung in eine geschlossene Anstalt) hat hohe Voraussetzungen und kann nur in einem gesonderten Verfahren nach den §§ 312 ff FamFG angeordnet werden.

V. Systematik der zwangsvollstreckungsrechtlichen Regelungen

1. Aufbau des Gesetzes

55 Das Zwangsvollstreckungsrecht ist im Buch 8 der ZPO geregelt. Systematisch stehen am Anfang die allgemeinen Vollstreckungsvorschriften (1. Abschnitt), die für das gesamte Verfahren gelten.

Die Abschnitte 2–4 befassen sich mit den unterschiedlichen Vollstreckungsarten. Diese unterscheiden sich nach dem Inhalt des titulierten Anspruchs. Des Weiteren wird hinsichtlich des Zugriffsobjekts der Vollstreckung unterschieden (z.B. Titel 1 und 3 des 2. Abschnitts).

Im 5. Abschnitt sind (eher systemwidrig) die einstweilige Verfügung und der Arrest geregelt. Systemwidrig, weil die Rechtsinstitute gerade nicht der Durchsetzung, sondern der bloßen Sicherung von privatrechtlichen Leistungsansprüchen dienen.

2. Arten der Zwangsvollstreckung

56 Von außerordentlicher Wichtigkeit ist es, sich zu verdeutlichen, dass das Zwangsvollstreckungsrecht zunächst danach differenziert, worauf der Titel gerichtet ist (vgl. Rn. 8 f). Der **2. Abschnitt** (§§ 802a–882a ZPO) betrifft nur die Zwangsvollstreckung „wegen Geldforderungen". Gemeint ist damit die Vollstreckung aus **Titeln, die auf eine Geldzahlung gerichtet** sind. Die Normen des 2. Abschnitts gelten deshalb nicht, wenn der Titel auf etwas anderes als auf eine Geldzahlung, etwa auf eine Unterlassung oder auf eine Herausgabe gerichtet ist. Wird der Schuldner verurteilt, sein Bett an den Gläubiger herauszugeben, kann der Schuldner sich nicht auf § 811 Nr. 1 ZPO berufen, weil kein Titel auf Geldzahlung, sondern ein Titel auf Herausgabe einer Sache vorliegt (Rn. 653 ff). Innerhalb der Vollstreckung aus einer Geldforderung wird weiter unterschieden nach dem jeweiligen Vollstreckungsgegenstand. Den größten Erfolg verspricht die Pfändung und Verwertung einer Forderung, die der Vollstreckungsschuldner selbst gegen einen Dritten (Drittschuldner), etwa in Form einer Lohnforderung hat (Rn. 356).

57 Im Gesetz – und in Klausuren – ist allerdings die Vollstreckung in bewegliche Sachen der Regelfall, obwohl bei dieser kaum größere Summen erbracht werden können. In der Praxis von großer Bedeutung, aber nur am Rande Prüfungsstoff, ist die Zwangsvollstreckung in unbewegliche Sachen. Hier ist die Kenntnis weniger Standardprobleme ausreichend.

58 Im **3. Abschnitt** (§§ 883–898 ZPO) ist die Vollstreckung **aus (allen) anderen Titeln** geregelt. Der Gläubiger hat dann nicht auf Geldzahlung geklagt, sondern auf eine *andere ganz bestimmte Leistung* (z.B. Herausgabe von Unterlagen, Unterlassung von nächtlichem Lärmen). Dann muss er im Zwangsvollstreckungsverfahren genau diese Leistung erhalten. Entsprechend wird im 3. Abschnitt die Herausgabe von beweglichen Sachen (§ 883 ZPO) und von Grundstücken (§ 885 ZPO) geregelt. Zur Erzwingung von Handlungen wird, soweit sie nicht vertretbar sind (sie also nicht gegen Geld von einer anderen Person erbracht werden können), ein Beugemittel (Zwangsgeld,

Zwangshaft) verhängt (§ 888 ZPO), während umgekehrt ein Ordnungsmittel festgesetzt werden kann, wenn der Schuldner zu einer Unterlassung verurteilt wurde und dem Titel zuwiderhandelt.

Um die richtige Vollstreckungsart zu ermitteln, sind zwei gedankliche Schritte erforderlich: Zunächst ist in einem ersten Schritt der Inhalt des Vollstreckungstitels festzustellen. Innerhalb desjenigen Abschnitts, der die Vollstreckung aus diesem Titel regelt, ist dann in einem zweiten Schritt nach dem Vollstreckungsgegenstand zu differenzieren, auf den im Wege der Zwangsvollstreckung zugegriffen werden soll. 59

3. Beteiligte und Organe der Zwangsvollstreckung

a) Beteiligte

Das Zwangsvollstreckungsverfahren ist ein Zweiparteienverfahren. Der Gläubiger (**Vollstreckungsgläubiger**), setzt seinen titulierten Anspruch gegen den Schuldner (**Vollstreckungsschuldner**) durch. Zwischen dem Vollstreckungsgläubiger und dem Vollstreckungsschuldner besteht ein (privatrechtliches!) Vollstreckungsverhältnis[13]. Sie sind an jedem Vollstreckungsverfahren beteiligt. 60

Daneben können auch **Dritte** am Vollstreckungsverfahren beteiligt sein. Das ist zum Beispiel dann der Fall, wenn eine Sache des Schuldners gepfändet wird, die sich im Gewahrsam eines Dritten befindet (§ 809 ZPO, Rn. 305 ff). Der praktisch häufigste Fall der Drittbeteiligung ist die Vollstreckung in eine Forderung. Dann wird der Schuldner der Forderung (z.B. der Arbeitgeber des Vollstreckungsschuldners) am Verfahren beteiligt, ohne ursprünglich Schuldner des Vollstreckungsgläubigers gewesen zu sein. Weil er Dritter, und zugleich Schuldner des Schuldners ist, wird er als Drittschuldner bezeichnet.

b) Organe

Die Durchführung des Vollstreckungsverfahrens obliegt den staatlichen Vollstreckungsorganen: Der **Gerichtsvollzieher** ist das zuständige Organ, wenn die Vollstreckung nicht den Gerichten zugewiesen ist (§ 753 I ZPO). Deshalb führt er insbesondere die Vollstreckung in bewegliche Sachen wegen Geldforderungen (Rn. 293 ff) und die Herausgabevollstreckung (Rn. 653 ff) durch. Die am 1.1.2013 in Kraft getretenen §§ 802a ff ZPO enthalten die Regelbefugnisse des Gerichtsvollziehers[14]: So ist er nach § 802b I ZPO gehalten, stets auf eine gütliche Einigung hinzuwirken. Er darf insbesondere einen Zahlungsplan mit dem Schuldner vereinbaren oder diesem einen Vollstreckungsaufschub gewähren, ohne dass der Gläubiger ihn dazu beauftragt hat. Der Gläubiger kann dem allerdings von Anfang an (§ 802b II ZPO) oder nachträglich (§ 802b III ZPO) widersprechen. Darüber hinaus ist der Gerichtsvollzieher für das Verfahren auf Abgabe der Vermögensauskunft des Schuldners (§ 802c ZPO) zuständig (Rn. 478 ff) und kann Auskünfte Dritter über das Vermögen des Schuldners einholen (§ 802l ZPO). 61

---

13 *Brox/Walker*, Rn. 9.
14 Dazu übersichtlich *Vollkommer*, NJW 2012, 3681.

Der Gerichtsvollzieher ist ein selbstständiges Organ der Rechtspflege. Er ist weder Vertreter des Gläubigers noch dessen Erfüllungsgehilfe. Der Gläubiger haftet daher nicht für eine Pflichtverletzung des Gerichtsvollziehers.

62 Das **Vollstreckungsgericht** ist das Amtsgericht, in dessen Bezirk die Vollstreckung stattfindet (§ 764 II ZPO). Das Vollstreckungsgericht ist (funktionell der Rechtspfleger nach § 20 Nr. 17 RPflG) für die Zwangsvollstreckung wegen Geldforderungen in Geldforderungen (Rn. 293) und andere Vermögensrechte (Rn. 403) sowie für die Zwangsvollstreckung in das unbewegliche Vermögen zuständig (§§ 828, 869 ZVG; Rn. 430 ff), soweit die Zwangsversteigerung und Zwangsverwaltung betroffen ist (§ 869 ZPO, § 1 ZVG).

63 Das **Prozessgericht** bewirkt die Vollstreckung von Handlungen, Duldungen oder Unterlassen nach §§ 887 ff ZPO (Rn. 674 ff). Das Prozessgericht ist das Gericht des ersten Rechtszugs, unabhängig davon, ob der Prozess beim Amtsgericht oder Landgericht anhängig war.

64 Das **Grundbuchamt** ist zuständig für die Eintragung von Zwangshypotheken in ein Grundstück (§ 1 I 1 ZVG, §§ 866 ff ZPO; Rn. 435).

VI. Stoffzusammenfassung: Grundsätze des Vollstreckungsverfahrens

I. **Verfahrensgrundsätze** 65
   - Die Zwangsvollstreckung ist die Ausübung staatlicher Gewalt zur Durchsetzung privater Rechte eines Gläubigers. Sie steht deshalb in einem Spannungsfeld zwischen dem Rechtsdurchsetzungsanspruch des Gläubigers und dem grundrechtlichen Schutz des Schuldners.
   - Die Zwangsvollstreckung setzt stets einen Titel voraus.
   - Die Zwangsvollstreckung folgt dem Prioritätsprinzip (§ 804 III ZPO). Der zuerst (rechtmäßig) pfändende Gläubiger wird voll befriedigt, erst danach kommen weitere Gläubiger zum Zuge.
   - Das Vollstreckungsverfahren ist ein streng formalisiertes Verfahren. Die Vollstreckungsorgane sind deshalb grundsätzlich davon befreit, materiell-rechtliche Fragen zu prüfen (Ausnahme: Evidenz).

II. **Verhältnis zum Verfassungsrecht**
   - Die Zwangsvollstreckung ist sehr grundrechtsintensiv (z.B. Art. 1, 13, 14 I, 20 I, 28 I GG), wobei die Eingriffe, vereinfacht gesagt, durch den titulierten Anspruch des Gläubigers gegen den Schuldner gerechtfertigt sind. Vor diesem Hintergrund muss dennoch der allgemeine Verhältnismäßigkeitsgrundsatz (Art. 20 III GG) beachtet werden.
   - Die Grundrechte des Schuldners werden in vielen einfachgesetzlichen Regelungen des Zwangsvollstreckungsrechts berücksichtigt, so z.B. in §§ 803 I 2, II, 777, 758a, 811, 850 ff ZPO.

III. **Systematik der zwangsvollstreckungsrechtlichen Regelungen**
   - Das Zwangsvollstreckungsrecht ist im 8. Buch der ZPO geregelt.
   - Es wird zwischen der Vollstreckung aus Titeln „wegen Geldforderung" (2. Abschnitt) und allen sonstigen Titeln (3. Abschnitt) unterschieden.

IV. **Verhältnis des Vollstreckungsverfahrens zum Insolvenzrecht**
   - Das Zwangsvollstreckungsverfahren kennt den Grundsatz der Einzelvollstreckung: Jeder einzelne Gläubiger versucht, seinen titulierten Anspruch mit staatlichem Zwang durchzusetzen. Nach dem Prioritätsprinzip kommt der erste voll zum Zuge.
   - Das Insolvenzverfahren kennt den Grundsatz der Gesamtvollstreckung: Die vorhandene Vermögensmasse wird zwischen allen Gläubigern möglichst gleichmäßig verteilt. Dieses Verfahren ist für den Fall gedacht, dass das Vermögen des Schuldners nicht mehr für alle reicht (vgl. §§ 17 ff InsO: Zahlungsunfähigkeit, drohende Zahlungsunfähigkeit oder Überschuldung sind Voraussetzung einer Insolvenzeröffnung).
   - Im Insolvenzverfahren ist die Einzelvollstreckung ausgeschlossen, § 89 InsO.
   - Die Insolvenzeröffnung wirkt teilweise sogar auf schon erworbene Pfändungspfandrechte zurück, §§ 88, 89 I InsO.

V. **Vollstreckungsschutz nach § 765a ZPO**
   - § 765a ZPO schafft einen *subsidiären* Rechtsbehelf für Fälle, in denen eine schwere und unverhältnismäßige Härte gegenüber dem Schuldner vorliegt und kein vollstreckungsrechtlicher Rechtsbehelf eingreift.

§ 3 Voraussetzungen der Zwangsvollstreckung

Studienliteratur: *Becker-Eberhard*, Die nicht erledigende Vollstreckung aus vorläufig vollstreckbarem Titel, JuS 1998, 884; *Maihold*, Zwangsvollstreckungsrecht – Vollstreckung fremder Titel, JA 2000, 841; *Nöhre*, Der Ausspruch zur vorläufigen Vollstreckbarkeit – eine Aktualisierung, JA 2004, 644; *Schreiber*, Allgemeine Voraussetzungen der Zwangsvollstreckung: Titel, Klausel, Zustellung, Jura 2005, 670.

66 Vor jeder Art der Zwangsvollstreckung muss das zuständige Vollstreckungsorgan zunächst die Voraussetzungen der Zwangsvollstreckung überprüfen, bevor es die Vollstreckung beginnt. Zu diesen Voraussetzungen gehören die allgemeinen Verfahrens-, die allgemeinen Vollstreckungs- und die besonderen Vollstreckungsvoraussetzungen.

I. Allgemeine Verfahrensvoraussetzungen

67 Auf das Vollstreckungsverfahren sind zunächst die Vorschriften der ZPO über das Erkenntnisverfahren anzuwenden. Die prozessualen Verfahrensvoraussetzungen der Zwangsvollstreckung gleichen daher im Wesentlichen den Voraussetzungen im Erkenntnisverfahren[1]. Auch im Zwangsvollstreckungsrecht gilt grundsätzlich die Dispositionsmaxime, so dass ohne Antrag des Gläubigers keine Vollstreckung aus dem Titel erfolgt. Der Antrag ist formfrei und es besteht kein Anwaltszwang nach § 78 ZPO. Etwas anderes gilt nur ausnahmsweise dann, wenn das Landgericht Prozessgericht erster Instanz und als solches Vollstreckungsgericht ist (z.B. §§ 888, 890 ZPO; näher Rn. 675). Die Vollstreckung kommt durch den Antrag des Gläubigers in Gang; der Antrag ist an das zuständige Vollstreckungsorgan zu richten.

68 Im Übrigen müssen Gläubiger und Schuldner partei- und prozessfähig sein. Es müssen die deutsche Gerichtsbarkeit gegeben und der Rechtsweg eröffnet sein. Des Weiteren müssen die Parteien prozessführungsbefugt sein. Die Prozessführungsbefugnis ist in der ZPO nicht geregelt. Man versteht darunter die Befugnis, als Partei über ein Recht im eigenen Namen einen Rechtsstreit führen zu können (parallel zur materiellrechtlichen Geschäftsfähigkeit). Letztlich ist auch das Vorliegen eines allgemeinen Rechtsschutzinteresses erforderlich. Es besteht auch, wenn wegen einer Minimalforderung vollstreckt wird (Rn. 44). Sein Fehlen kommt eher bei Rechtsbehelfen des Schuldners in Betracht, etwa dann, wenn dieser sich gegen eine bereits beendete Maßnahme wenden möchte.

II. Sonderproblem: Prozessstandschaft in der Zwangsvollstreckung

69 Im Erkenntnisverfahren kann eine Person auch dann prozessführungsbefugt sein, wenn sie nicht ein eigenes, sondern ein fremdes Recht im eigenen Namen geltend macht (sog. Prozessstandschaft). Dazu muss sie nur von dem eigentlichen Rechtsin-

---
1 Dazu *Grunsky*, Rn. 130 ff.

haber zur gerichtlichen Geltendmachung des Rechts ermächtigt werden und die Prozessstandschaft muss nach ganz herrschender Ansicht im Prozess offen gelegt werden[2]. Man spricht von „gewillkürter Prozessstandschaft".

Im Vollstreckungsverfahren muss man dagegen differenzieren. Wenn das Erkenntnisverfahren in Prozessstandschaft geführt wurde, dann kann auch die Zwangsvollstreckung von dem Prozessstandschafter betrieben werden. Anders ist es, wenn das Erkenntnisverfahren nicht in Prozessstandschaft, sondern vom Anspruchsinhaber selbst geführt wurde. Dann wird eine gewillkürte Prozessstandschaft nur für die Vollstreckung (man spricht von einer isolierten Vollstreckungsstandschaft) von der herrschenden Ansicht als unzulässig angesehen. Formal wird dies damit begründet, dass diese mit der in §§ 727, 750 ZPO niedergelegten Systematik des Zwangsvollstreckungsrechts nicht vereinbar sei[3]. Aber es gibt auch ein starkes inhaltliches Element. Man sieht nämlich eine Missbrauchsgefahr, da es üblich werden könnte, die Vollstreckung in die Hände von rabiaten Spezialisten zu legen. Wer nicht selbst vollstrecken möchte, muss also entweder schon das Erkenntnisverfahren von Dritten durchführen lassen oder diesen die titulierte Forderung abtreten. 70

Bei allem ist zu beachten, dass Vollstreckungsgläubiger nur derjenige sein kann, der im Titel als Gläubiger vermerkt ist. Eine Vollstreckungsermächtigung an einen nicht im Titel genannten Dritten ist unzulässig. Wechselt der Inhaber der Forderung nach dem Ende des Verfahrens, so braucht der neue Inhaber für die Vollstreckung eine titelübertragende Klausel (Rn. 113). 71

III. Allgemeine Vollstreckungsvoraussetzungen

Neben den „normalen" allgemeinen *Verfahrens*voraussetzungen müssen die **allgemeinen** und die **besonderen Vollstreckungsvoraussetzungen** vorliegen. Die allgemeinen Vollstreckungsvoraussetzungen werden mit Titel, Klausel und Zustellung bezeichnet. 72

1. Titel

a) Allgemeines

Der Titel gibt dem Vollstreckungsgläubiger die Berechtigung, den staatlichen Vollstreckungsanspruch geltend zu machen. Der Titel ist eine öffentliche Urkunde, aus der kraft ausdrücklicher Vorschriften die Zwangsvollstreckung betrieben werden darf. Es gibt verschiedene Arten von Titeln. § 704 ZPO kann man entnehmen, dass das Endurteil den typischen Fall des vollstreckbaren Titels darstellt. Weitere Titel sind in § 794 I ZPO aufgezählt. 73

Hinweis: Nicht für alle Titel gelten die Vorschriften über die Vollstreckung eines Endurteils unverändert. Nach § 795 ZPO gelten vielmehr die in den §§ 795a ff ZPO für die jeweilige Art

---

[2] So BGH NJW 1985, 1826; Musielak/*Weth,* ZPO, § 51 Rn. 30; Zöller/*Vollkommer*, ZPO, Vorbem. § 50 Rn. 47; a.A. *Grunsky*, Festgabe 50 Jahre BGH, Bd. 3 (2000), S. 113.
[3] BGH NJW 1985, 809.

des Titels bestimmten Besonderheiten. Man sollte daher immer in den §§ 795a ff ZPO nachsehen, ob es eine solche Abweichung gibt, wenn man in der Klausur die Vollstreckung aus einem sonstigen Titel prüft.

Hier seien einige wichtige Titelarten näher vorgestellt.

74 **aa) Endurteile.** Hervorzuheben sind die vollstreckungsfähigen Endurteile nach § 704 ZPO. Unter die „Endurteile" nach § 704 ZPO fallen die Urteile der §§ 300, 301, 330, 331, 307, 306 ZPO. Zur Vollstreckung müssen die Endurteile entweder rechtskräftig oder vorläufig vollstreckbar sein[4]. Formell rechtskräftig sind Urteile nach § 705 ZPO erst mit Ablauf der Rechtsmittel- oder Einspruchsfrist. Im Übrigen kann aus dem Urteil nur vollstreckt werden, wenn das Gericht die **vorläufige** (vor Eintritt der formellen Rechtskraft) **Vollstreckbarkeit** gegen (§ 709 ZPO) oder ohne Sicherheitsleistung (§ 708 ZPO) angeordnet hat[5]. Die Anordnung erfolgt im Erkenntnisverfahren. Wenn der Schuldner gegen das vorläufig vollstreckbare Urteil ein Rechtsmittel einlegt, kann der Gläubiger gleichwohl die Vollstreckung betreiben. Dann verlaufen das Vollstreckungs- und das Erkenntnisverfahren ausnahmsweise parallel.

Hinweis: Wenn der Gläubiger aus einem vorläufig vollstreckbaren Urteil vollstreckt, und das Urteil später aufgehoben wird, ist er dem Schuldner nach Maßgabe von § 717 II ZPO zum Schadensersatz verpflichtet[6]. Dabei handelt es sich um eine Gefährdungshaftung. § 717 III ZPO sieht allerdings wichtige Ausnahmen vor.

75 **Zur Vertiefung:** Die vorläufige Vollstreckbarkeit von Urteilen ist in der ZPO recht kompliziert geregelt. Man muss wissen, dass es bei allem um eine möglichst faire Verteilung der Lasten der „vorzeitigen" Vollstreckung auf den Gläubiger und den Schuldner geht.

Zunächst gibt es eine Gruppe von Urteilen, die ohne Sicherheitsleistung vorläufig vollstreckbar sind (§ 708 ZPO). Bei all diesen Urteilen gibt es Gründe, aus denen der Schuldner weniger schutzwürdig erscheint. So sind in § 708 Nr. 1 und Nr. 2 ZPO etwa das Anerkenntnis- und das Versäumnisurteil genannt. Beim Anerkenntnisurteil wäre es geradezu widersprüchlich, den Schuldner, der seine Leistungspflicht soeben eingeräumt hat, vor Vollstreckungsmaßnahmen noch besonders zu schützen. Beim Versäumnisurteil wird der Schuldner, der sich am Prozess nicht beteiligt hat, ebenfalls weniger rücksichtsvoll behandelt. Aber auch bei Urteilen über insgesamt niedrige Forderungen (bis 1250 Euro) ist die Schutzbedürftigkeit des Schuldners niedrig (§ 708 Nr. 11 ZPO). In den Fällen des § 708 Nrn. 4–11 ZPO hat der Schuldner nach § 711 ZPO die Möglichkeit, die Vollstreckung doch noch herauszuzögern, indem er seinerseits Sicherheit leistet (Abwendungsbefugnis). Auch dagegen kann sich dann wiederum der Gläubiger durchsetzen, indem er selbst, anders als in § 708 ZPO zunächst vorgesehen, die erforderliche Sicherheit leistet. Systematisch stellt § 708 ZPO die Ausnahmevorschrift dar.

76 Der Normalfall der vorläufigen Vollstreckbarkeit ist in § 709 ZPO geregelt. Alle nicht in § 708 ZPO genannten Urteile sind nur vollstreckbar, wenn der *Gläubiger* vor Beginn der Vollstreckung Sicherheit leistet. Diese Sicherheit soll gewährleisten, dass alle Schäden, die der Schuldner durch die Vollstreckung erleidet, ausgeglichen werden können, wenn das Urteil später doch noch aufgehoben wird (vgl. zu § 717 ZPO schon soeben Rn. 74). Nur in Ausnahmefällen kann der Schuldner sich dagegen wehren, nämlich wenn er einen nicht ersetzbaren Schaden zu erleiden droht (§ 712 ZPO).

---

4 Ausnahmen gelten für Arrest und einstweilige Verfügung (Rn. 703 ff).
5 Dazu sogleich Rn. 76; näher *Nöhre*, JA 2004, 644 ff; *Brox/Walker*, Rn. 53 ff.
6 Dazu *Lüke/Hau*, PdW, Fälle 253–260.

Eine Sonderregelung zum Schutz des Gläubigers findet sich noch in § 710 ZPO. Wenn der Gläubiger nicht in der Lage ist, die Sicherheit zu erbringen, kann das Gericht das Urteil auch ohne Sicherheitsleistung für vollstreckbar erklären, soweit dem Gläubiger sonst ein schwer zu ersetzender oder schwer abzusehender Nachteil entstehen würde.

Ganz allgemein gilt, dass der Gläubiger einige sichernde Maßnahmen auch schon vor der Erbringung der Sicherheitsleistung durchführen lassen darf. Dazu gehört z.B. die bloße Pfändung (aber nicht Wegnahme) von beweglichen Sachen durch den Gerichtsvollzieher (§ 720a ZPO). **77**

bb) Vergleich. Des Weiteren sind der Prozessvergleich nach § 794 I Nr. 1 ZPO sowie der Anwaltsvergleich nach den besonderen Vorschriften der §§ 796a ff ZPO vollstreckungsfähige Titel. **78**

Hinweis: Beim Prozessvergleich gibt es einige grundlegende Dinge, die man sich klarmachen sollte, damit man in der Klausur mit ihm umgehen kann.

(1) Der Prozessvergleich beendet das Verfahren und stellt den Titel dar, aus dem die Vollstreckung erfolgt. Wird nun der Vergleich widerrufen, oder ist er aus anderen Gründen nicht wirksam, könnte man denken, dass vollstreckungsrechtliche Rechtsbehelfe (z.B. § 767 ZPO) eingreifen würden. Das ist aber nicht der Fall. Vielmehr lebt das ursprüngliche Verfahren wieder auf und muss fortgeführt werden. Bei der sich so ergebenden Prüfung der Begründetheit der Ausgangsklage trifft man in diesem Fall auf das berühmte Problem, ob durch den Widerruf oder die Nichtigkeit des Vergleichs auch die privatrechtliche Vereinbarung (§ 779 BGB) unwirksam geworden ist, die in jedem Prozessvergleich steckt, oder ob diese nach dem (mutmaßlichen) Willen der Parteien gleichwohl bestehen bleiben sollte[7] (sog. Doppelnatur).

(2) Es gibt aber auch Fälle, in denen die „ganz normalen" zwangsvollstreckungsrechtlichen Rechtsbehelfe für den Vergleich eingreifen. Wenn etwa der Schuldner behauptet, er habe die im Vergleich vereinbarte Summe sogleich bezahlt, kann er gegen Vollstreckungsmaßnahmen des Gläubigers die Vollstreckungsabwehrklage nach § 767 ZPO erheben.

(3) Einige weitere Sonderprobleme bei der Vollstreckung aus Vergleichen werden bei den jeweiligen Rechtsfragen mit abgehandelt (Rn. 109, 210 ff).

cc) Notarielle Unterwerfungserklärung. Eine wichtige Art des vollstreckungsfähigen Titels ist die notarielle Unterwerfungserklärung (§ 794 I Nr. 5 ZPO)[8]. Gemäß § 794 I Nr. 5 ZPO können die Parteien einen vollstreckungsfähigen Titel ohne gerichtliches Verfahren privat vereinbaren. Dies geschieht, indem der Schuldner sich durch notarielle Erklärung der sofortigen Zwangsvollstreckung für eine Forderung „unterwirft". Die Unterwerfungserklärung ist nicht lediglich materiell-rechtliche Willenserklärung, sondern Prozesshandlung[9]. Daraus folgt, dass die allgemeinen Prozessvoraussetzungen bei Abgabe der Erklärung vorliegen müssen und dass sie nicht nach §§ 119 ff BGB wegen Willensmängeln anfechtbar ist. Die Unterwerfungserklärung muss in einer notariellen Urkunde festgehalten werden, Stellvertretung ist möglich. **79**

Beispiel 4 (Bedeutung der Unterwerfungserklärung): S schuldet der B-Bank einen Geldbetrag in Höhe von 200 000 Euro. Schuldner S zahlt bei Fälligkeit nicht. Welcher Vorteil be- **80**

---

7 Zu allem näher *Schwab*, Rn. 323 ff.
8 Dazu Thomas/Putzo/*Seiler*, ZPO, § 794 Rn. 52 ff.
9 Thomas/Putzo/*Seiler*, ZPO, § 794 Rn. 52.

steht, wenn S sich wegen der Forderung der sofortigen Zwangsvollstreckung unterworfen hat?

81 Wenn S in **Beispiel 4** sich *nicht* der sofortigen Vollstreckung unterworfen hat, muss die B-Bank ihn vor einem Gericht verklagen. Erst nach der Durchführung eines – möglicherweise langen und teuren Prozesses – wird der Anspruch der B-Bank gerichtlich festgestellt. Dadurch hat sie ihr Geld jedoch noch nicht erhalten. Vielmehr muss sie den Titel auch durchsetzen. Diese Durchsetzung erfolgt im Wege der Zwangsvollstreckung z.b. durch Eintragung einer Sicherungshypothek oder durch Zwangsversteigerung des Grundstücks. Hat allerdings der Schuldner während des langwierigen Gerichtsverfahrens bereits wesentliche Vermögensgegenstände verloren oder veräußert, wird der Vollstreckungserfolg der B-Bank gering sein. Zudem besteht die Gefahr, dass andere Gläubiger der B-Bank bei der Vollstreckung zuvorgekommen sind. Deshalb besteht aus Sicht der B-Bank ein großes Interesse daran, sofort nachdem die Schuld des S fällig geworden ist, in sein Vermögen zu vollstrecken. Dieses Interesse wird durch eine notarielle Unterwerfungserklärung befriedigt. Die Erklärung ersetzt ein Gerichtsurteil. Die B-Bank kann sofort aus der notariellen Unterwerfungserklärung die Zwangsvollstreckung in das Grundstück des S betreiben. Will sich der Schuldner gegen die Vollstreckung mit Einwendungen gegen den Schuldgrund wehren, muss er Vollstreckungsabwehrklage gegen die Vollstreckung erheben (§ 767 I ZPO). Es drängt sich auf, dass der (verhandlungsstarke) Gläubiger hier einen großen Vorteil gegenüber anderen Gläubigern und erst recht gegenüber dem Schuldner erhält. Aber man muss auch die andere Seite bedenken: Die dadurch eintretende Ersparnis der Bank und der Zuwachs an Verwertungssicherheit führt regelmäßig zu günstigeren Zinskonditionen, was wiederum dem S zugutekommt.

Hinweis: Bei der notariellen Unterwerfungserklärung häufen sich verfahrensrechtliche und materiell-rechtliche Probleme, so dass sie sich sehr gut für Klausuren eignet (ausführlich dazu und zu den passenden Rechtsschutzmöglichkeiten Rn. 261 ff).

82 **dd) Vollstreckungsbescheid.** Ein praktisch bedeutsamer Titel ist auch der Vollstreckungsbescheid. Der Gläubiger erlangt ihn im Rahmen des Mahnverfahrens nach §§ 688 ff ZPO, wenn der Schuldner nicht rechtzeitig Widerspruch gegen den Mahnbescheid einlegt (§§ 699, 700 ZPO)[10].

83 Der Vollstreckungsbescheid ist mit dem Einspruch nach § 338 ZPO anfechtbar und gleicht auch sonst teilweise einem Versäumnisurteil (vgl. § 700 I ZPO). Insbesondere ist die Vollstreckung, ebenso wie bei einem für vorläufig vollstreckbar erklärten Versäumnisurteil, ohne Sicherheitsleistung möglich (§ 708 Nr. 2 ZPO). Für die Vollstreckung gelten einige Besonderheiten. Vor allen Dingen ist die Vollstreckung aus einem Vollstreckungsbescheid grundsätzlich ohne Klausel möglich (§ 796 I ZPO).

84 **ee) Ausländische Vollstreckungstitel.** Bei ausländischen Titeln gilt als Grundregel, dass sie in Deutschland erst vollstreckbar sind, wenn sie durch Urteil für vollstreckbar erklärt wurden. Dieser Grundsatz ist in § 722 ZPO enthalten. Wie sich aus § 723 ZPO

---

10 Näher *Schwab*, Rn. 581 ff.

ergibt, wird dabei das ausländische Urteil nicht inhaltlich überprüft, sondern es kommt nur auf die Anerkennungsfähigkeit des Urteils nach § 328 ZPO an.

Im internationalen Rechtsverkehr ist aber immer zu beachten, dass die ZPO nur subsidiär nach den Europäischen Verordnungen gilt. Insbesondere gehen die Brüssel-I- und Brüssel-II-Verordnungen (EuGVVO und EheGVO) der ZPO vor.

Auch im europäischen Rechtsverkehr wird generell noch eine Vollstreckbarerklärung benötigt, um in einem anderen Mitgliedstaat vollstrecken zu können. Das Verfahren richtet sich in allgemeinen Zivilsachen nach Art. 38 ff EuGVVO. Der wichtigste Unterschied zur Vollstreckbarerklärung nach der ZPO besteht darin, dass sie ohne Prüfung der Anerkennungsvoraussetzungen erfolgt. Die Anerkennungsvoraussetzungen werden erst geprüft, wenn der Schuldner nach Art. 43 EuGVVO gegen die Vollstreckbarerklärung vorgeht. 85

Jedoch gibt es innerhalb der EU inzwischen auch Titel, die unmittelbar in allen Mitgliedstaaten vollstreckbar sind. Dies sind insbesondere die Titel nach der europäischen TitelVO (VO (EG) Nr. 805/2004), nach der europäischen MahnVO (VO (EG) Nr. 1896/2006) und nach der VO für geringfügige Forderungen (VO (EG) Nr. 861/2007). Die Durchführungsbestimmungen für die Vollstreckung von Titeln nach diesen Verordnungen sind in §§ 1079 ff ZPO enthalten. Auch die EU-UnterhaltsVO (VO (EG) Nr. 4/2009) sieht einen europäischen Titel vor (Ausführungsgesetz ist das AUG), und die am 7.12.2012 verabschiedete Neufassung der EuGVVO (VO (EU) Nr. 1215/2012), die am 10.1.2015 in Kraft treten wird, schafft für alle zivilrechtlichen Titel das Verfahren der Vollstreckbarerklärung ab. 86

b) Anforderungen an den Titel

Der Titel ist nur vollstreckungsfähig, wenn er bestimmte Anforderungen erfüllt. Zunächst muss ein vollstreckungsfähiger Inhalt gegeben sein. Vollstreckbar sind – das ist eigentlich selbstverständlich – nur Titel, die auf eine Leistung des Schuldners gerichtet sind. Des Weiteren muss der Titel **bestimmt** genug sein. Er muss aus sich heraus verständlich sein und für jeden Dritten erkennen lassen, was der Gläubiger vom Schuldner verlangen kann[11]. Das Vollstreckungsorgan muss ohne Probleme, und ohne in eine Überforderungssituation zu kommen, aus dem Titel selbst erkennen können, weswegen und in was vollstreckt werden kann. Ferner müssen die Parteien im Titel bezeichnet werden (§ 750 I ZPO). Will ein Rechtsnachfolger des Gläubigers aus dem Titel vollstrecken, muss dieser erst auf den Rechtsnachfolger umgeschrieben werden (§ 727 ZPO), da eine Vollstreckungsstandschaft unzulässig ist (Rn. 69). Schwierigkeiten können entstehen, wenn der Vollstreckungsschuldner nicht genau bezeichnet ist oder wenn weitere Personen von der Vollstreckung unmittelbar betroffen sind. 87

Bei der Räumung von **besetzten Häusern** hat sich die Frage gestellt, ob man gegen Personen vollstrecken darf, deren Identität man nicht kennt. Die Diskussion ist etwas theoretisch, weil der Gläubiger in der Regel schon kein Erkenntnisverfahren durchführen kann und so nie einen Titel erhalten wird. Ganz vereinzelt ist davon ausgegan- 88

---

11 Dazu mit einem Beispielsfall auch *Muthorst*, § 5 Rn. 38 ff.

gen worden, dass ein Titel gegen unbekannte Personen ergehen und vollstreckt werden kann, wenn diese Personen mit Hilfe von anderen Konkretisierungsmerkmalen hinreichend identifizierbar sind[12]. Das kann aber nicht überzeugen. Die Vollstreckung als öffentlich-rechtlicher Eingriff bedarf einer ausreichenden Legitimation. Eine solche ist nicht gewährleistet, wenn vor dem Eingriff der Vollstreckungsschuldner nicht feststeht und er daher auch an keinem Verfahren beteiligt werden konnte (man denke nur an das rechtliche Gehör). Anders kann es aber sein, wenn der Gläubiger einen Titel gegen einen bestimmten Schuldner hat und bei der Vollstreckung auf einmal weitere Personen vor Ort sind (dazu sogleich Rn. 91).

89 Rechtsprobleme gibt es auch bei der Vollstreckung gegen eine **Gesellschaft bürgerlichen Rechts** (GbR). Hier gibt es einen Konflikt zwischen den gesetzlichen Regelungen und der Rechtsprechung zur Teilrechtsfähigkeit der GbR. § 736 ZPO verlangt nämlich eigentlich, dass der Gläubiger wegen einer Forderung gegen die Gesellschaft einen Titel gegen *alle Gesellschafter* erlangen muss. Die Rechtsprechung des Bundesgerichtshofs aber gewährt der GbR seit dem Jahre 2001 die sog. Teilrechtsfähigkeit. Deshalb ist die Vorschrift des § 736 ZPO – in einer mit dem Wortlaut kaum zu vereinbarenden Weise – nun so zu verstehen, dass *neben* einem Titel gegen die GbR (dessen Möglichkeit sich aus der nun anzunehmenden Rechtsfähigkeit selbst ergibt und deshalb ungeschrieben ist) *auch* ein Titel gegen die Gesellschafter ausreicht, um in das Gesellschaftsvermögen zu vollstrecken[13].

BGH NJW 2001, 1056 = BGHZ 146, 341:

„Die (Außen-)Gesellschaft bürgerlichen Rechts besitzt Rechtsfähigkeit, soweit sie durch Teilnahme am Rechtsverkehr eigene Rechte und Pflichten begründet. (…)

Erkennt man die Fähigkeit der Gesellschaft bürgerlichen Rechts an, Träger von Rechten und Pflichten zu sein, kann ihr die Parteifähigkeit im Zivilprozess, die gemäß § 50 ZPO mit der Rechtsfähigkeit korrespondiert, nicht abgesprochen werden. (…)

Die Regelung des § 736 ZPO, wonach zur Zwangsvollstreckung in das Vermögen der Gesellschaft bürgerlichen Rechts ein gegen alle Gesellschafter ergangenes Urteil erforderlich ist, steht der Anerkennung der Parteifähigkeit nicht entgegen. Ein gegen die Gesamtheit der gesamthänderisch verbundenen Gesellschafter als Partei ergangenes Urteil ist ein Urteil „gegen alle Gesellschafter" im Sinne des § 736 ZPO. Die Vorschrift verlangt weder vom Wortlaut noch vom Zweck her ein Urteil gegen jeden einzelnen Gesellschafter. (…) Aus der Entstehungsgeschichte des § 736 ZPO folgt, dass Zweck dieser Regelung die Verhinderung der Vollstreckung von Privatgläubigern einzelner Gesellschafter in das Gesellschaftsvermögen, nicht aber der Ausschluss der Parteifähigkeit der Gesellschaft ist."

90 Daraus folgt aber auch, dass nicht in das Privatvermögen der jeweiligen Gesellschafter vollstreckt werden kann, wenn *nur* ein Titel gegen die Gesellschaft erlangt wurde. In der Praxis sollten deshalb immer die GbR und zugleich sämtliche dem Gläubiger bekannten Gesellschafter verklagt werden. Materiell-rechtlich ist die Haftung der Gesellschafter im Regelfall unproblematisch gegeben, weil § 128 HGB analog gilt[14]. Möglich ist außerdem stets auch, aus einem Titel gegen einen ganz bestimmten Gesellschafter zu vollstrecken.

---

12 Näher dazu MünchKommZPO/*Heßler*, § 750 Rn. 51 m.N.
13 Vgl. *Brox/Walker*, Rn. 33.
14 Dazu ebenfalls BGH NJW 2001, 1056.

Dann aber richtet sich die Vollstreckung (natürlich) auch nur gegen dessen Vermögen, zu dem nur sein Anteil an der Gesellschaft gehört.

c) Sonderfall: Vollstreckung gegen nicht im Titel genannte Personen

Die Frage, ob eine Vollstreckung gegen nicht im Titel genannte Personen erfolgen darf, stellt sich auch bei der Räumung von Wohnungen. Sie war in jüngerer Zeit Gegenstand zahlreicher Entscheidungen des BGH. 91

> **Beispiel 5** (Räumung gegenüber Lebensgefährten und Kindern): Der Gerichtsvollzieher will die Wohnung des Mieters M räumen, nachdem der Vermieter V gegen M ein vollstreckbares Räumungsurteil erlangt hat. Als der Gerichtsvollzieher die Wohnung räumen will, trifft er dort die Lebensgefährtin des M sowie drei gemeinsame minderjährige Kinder an, die alle in der Wohnung wohnen. Was wird der Gerichtsvollzieher tun?

Bei der Herausgabevollstreckung setzt der Gerichtsvollzieher den Vollstreckungsschuldner aus dem Besitz der Räumlichkeit (§ 885 ZPO, Rn. 664 ff). Die Vollstreckung ist nur möglich, wenn die Vollstreckungsvoraussetzungen vorliegen. In **Beispiel 5** ist die Vollstreckung gegen M als im Titel genannten Vollstreckungsschuldner ohne weiteres möglich. Problematisch ist aber, ob der Gerichtsvollzieher auch die Kinder und die Lebensgefährtin aus der Wohnung verweisen darf, da diese nicht im Titel als Vollstreckungsschuldner genannt sind. Denn eine Vollstreckung ist grundsätzlich nur möglich, wenn der Vollstreckungsschuldner im Titel genannt ist (§ 750 ZPO). 92

Es ist unstreitig, dass ein Dritter nicht ohne einen gerade gegen ihn gerichteten Titel aus einer Wohnung verwiesen werden darf, wenn der Dritte selbst einen Vertrag mit dem Gläubiger hat (also selbst **Mitmieter** ist). Unstreitig ist auch, dass bei **Ehegatten** ein Titel gegen Mann und Frau vorliegen muss, selbst wenn nur einer von ihnen Mieter der Wohnung ist. 93

Ob eine Vollstreckung gegen Dritte (Lebensgefährten, Kinder, Untermieter) aus einem Titel gegen den Schuldner möglich ist, wenn diese Personen dem Gläubiger gegenüber kein eigenständiges vertragliches Recht haben, wird dagegen sehr unterschiedlich beurteilt. 94

Teilweise wird vertreten, dass ein Vollstreckungstitel gegen den Schuldner immer ausreicht, wenn der Dritte sein Besitzrecht nicht von dem Vermieter ableitet[15]. Für **Ehegatten**, die nicht selbst Mieter sind, muss ein solches abgeleitetes Besitzrecht dann konstruiert werden. Das verursacht aber wegen Art. 6 I GG keine Schwierigkeiten[16].

Andere verfolgen einen restriktiveren Ansatz. Sie meinen aber dennoch, dass ein Vollstreckungstitel gegen den Schuldner allein wenigstens dann ausreichen müsse, wenn der Dritte den Mitbesitz *ohne oder gegen den Willen* des Vermieters begründet oder gegenüber dem Vermieter verheimlicht hat[17].

---

15 *Brox/Walker*, Rn. 1047a.
16 *Becker-Eberhard*, FamRZ 1994, 1296; Ehegatten sind schon nicht „Dritte" iSd. § 540 BGB, vgl. nur Palandt/*Weidenkaff*, BGB, § 540 Rn. 5.
17 Vgl. nur *Braun*, AcP 196 (1996), 557, 582 ff.

95 Dem BGH ist auch dieses Verständnis noch zu weit. Er meint, dass der Gläubiger aus einem Räumungstitel gegen den Mieter einer Wohnung nie gegen im Titel nicht aufgeführte Dritte vollstrecken könne, wenn diese dritten *Besitzer* (Allein- oder Mitbesitzer) der Wohnung seien. Dabei wird bei Ehegatten der erforderliche Mitbesitz grundsätzlich vermutet, bei nichtehelichen Lebensgefährten muss der Mitbesitz hingegen positiv festgestellt werden.

Grundsatz BGH NJW 2004, 3041 = BGHZ 159, 383:

„Aus einem Räumungstitel gegen den Mieter einer Wohnung kann der Gläubiger nicht gegen einen im Titel nicht aufgeführten Dritten vollstrecken, wenn dieser (wenigstens) Mitbesitzer ist."

Zur Feststellung des Mitbesitzes bei Lebensgefährten und Kindern BGH NJW 2008, 1959:

„Vielmehr muss anhand der tatsächlichen Umstände des jeweiligen Falles beurteilt werden, ob der nichteheliche Lebensgefährte Mitbesitzer oder nicht nur Besitzdiener ist. Die tatsächlichen Besitzverhältnisse hat der Gerichtsvollzieher als Vollstreckungsorgan zu prüfen. Die Einräumung des Mitbesitzes an den nichtehelichen Lebensgefährten muss durch eine von einem entsprechenden Willen getragene Handlung des zuvor alleinbesitzenden Mieters nach außen erkennbar sein."

96 Minderjährige Kinder hingegen können an der Wohnung keinen Besitz begründen, so dass ein Räumungstitel gegen diese nicht erforderlich ist. In **Beispiel 5** kann der Gerichtsvollzieher die Vollstreckung gegen die Lebensgefährtin daher nicht durchführen, bis ein Räumungstitel gegen diese vorliegt. Die Kinder hingegen können aus der Wohnung verwiesen werden, da diese nicht Besitzer nach § 885 ZPO sind. Sie erlangen in der Regel auch dann keinen eigenen Mitbesitz, wenn sie erwachsen werden[18].

97 **Beispiel 6** (Räumung bei Untervermietung): Vermieter V hat einen Räumungstitel gegen Mieter M erwirkt. Als der Gerichtsvollzieher die Vollstreckung durchführen will, wird ersichtlich, dass M die Wohnung nach Erlass des Räumungsurteils an U untervermietet hat. Gegen U liegt kein Vollstreckungstitel vor. Kann der Gerichtsvollzieher vollstrecken?

98 Problematisch ist in **Beispiel 6** wiederum, dass gegen U kein Vollstreckungstitel vorliegt (§ 750 ZPO) und daher eine wesentliche Vollstreckungsvoraussetzung nicht gegeben ist. Der BGH meint auch hier, dass eine Vollstreckung gegen U nicht möglich sei, wenn sein Besitz an der Wohnung festgestellt werde (§ 885 ZPO). Da dies hier der Fall sei, könne der Gerichtsvollzieher nicht vollstrecken. Ob der Dritte nach materiellem Recht zur Herausgabe der Mietsache an den Gläubiger verpflichtet sei, sei nach Ansicht der Rechtsprechung nicht im formalisierten Zwangsvollstreckungsverfahren zu prüfen, sondern einer Beurteilung im Erkenntnisverfahren vorbehalten.

99 Selbst wenn dem Vollstreckungsschuldner und dem Dritten ein kollusives Zusammenwirken vorgeworfen werden kann, indem die Untervermietung absichtlich erst nach Erlass des Räumungstitels abgeschlossen wurde, um eine Vollstreckung zu verhindern, ändert dies nach Ansicht des BGH nichts daran, dass die Vollstreckung gegen U nicht möglich sei[19]. Der materielle Einwand des Zusammenwirkens (§ 242

---

18 BGH NJW 2008, 1959, 1960.
19 A.A. *Brox/Walker*, Rn. 1047a.

BGB) könne vom Vollstreckungsorgan wegen des Grundsatzes des formalisierten Zwangsvollstreckungsverfahrens nicht ausreichend während der Zwangsvollstreckung geprüft werden, da der Gerichtsvollzieher bei einer solchen Prüfung überfordert sei.

BGH NJW 2008, 3287:

„Die Räumungsvollstreckung darf nicht betrieben werden, wenn ein Dritter, der weder im Vollstreckungstitel noch in der diesem beigefügten Vollstreckungsklausel namentlich bezeichnet ist, im Besitz der Mietsache ist. Dies gilt selbst dann, wenn der Verdacht besteht, dem Dritten sei der Besitz nur eingeräumt worden, um die Zwangsräumung zu vereiteln."

Diese Rechtsprechung orientiert sich konsequent am Gesetzeswortlaut der zwangsvollstreckungsrechtlichen Vorschriften (§§ 750, 885 ZPO) und baut auf dem Formalisierungsgedanken auf. Wenn man in der Klausur oder Hausarbeit die Gegenposition vertreten möchte, so reicht es daher nicht aus, allein auf das Argument der Missbrauchsgefahr abzustellen. Auch das praktische Problem der Überprüfung der Missbräuchlichkeit außerhalb eines Gerichtsverfahrens müsste dafür mit angesprochen und gelöst werden.

2. Klausel

Eine Klausel ist der amtliche Vermerk auf einer als vollstreckbar ausgefertigten und beglaubigten Abschrift des Titels, mit der Erklärung, dass die Ausfertigung dem Vollstreckungsgläubiger zum Zwecke der Zwangsvollstreckung erteilt wurde. (*„Vorstehende Ausfertigung wird dem [Gläubiger] zum Zweck der Zwangsvollstreckung erteilt"*, § 725 ZPO). Der zuständige Rechtspfleger oder Notar bescheinigt mit der Klausel dem Gläubiger, dass der Titel vollstreckbar ist. Ohne eine solche Klausel darf der Titel grundsätzlich nicht vollstreckt werden. Das Vollstreckungsorgan muss dann die Vollstreckung ablehnen.

100

Die Klausel hat zwei Funktionen. Zum einen wird das Vollstreckungsorgan so von der Prüfung befreit, ob wirklich ein wirksamer, vollstreckbarer Titel vorliegt, ob alle eventuellen Bedingungen eingetreten sind und ob es mit rechtlichen Veränderungen (z.B. Tod des Schuldners und Rechtsnachfolge einer bestimmten Person als Erben) seine Richtigkeit hat. Zum anderen dient die Klausel als eine Art Quittung. Es soll (im Regelfall) nur eine Klausel pro Titel gleichzeitig im Umlauf sein, und alle Zahlungen des Schuldners werden darauf vermerkt. So wird verhindert, dass der Gläubiger zu viel pfändet[20].

101

Doch bedarf nicht jede Vollstreckung der vorherigen Einholung einer Klausel. Ausnahmen gelten zum einen für den Arrest und die einstweilige Verfügung. Wichtiger für die Klausur ist die besondere Regelung für den Vollstreckungsbescheid in § 796 I ZPO. Der Vollstreckungsbescheid ist, soweit nicht bestimmte, in der Norm genannte Umstände vorliegen, ohne Klausel vollstreckbar. Er dient selbst als „Quittung" in dem oben beschriebenen Sinn.

102

Es gibt mehrere **Arten von Klauseln**. Diese unterscheiden sich durch die Umstände, unter denen die Vollstreckung erfolgen darf. Wenn die Vollstreckbarkeit des Titels

103

---
20 *Brox/Walker*, Rn. 104.

von keinerlei Bedingungen abhängt und es zu keinem Wechsel von Gläubiger oder Schuldner gekommen ist, kann eine **einfache Klausel** erteilt werden (Rn. 104). Hängt die Vollstreckbarkeit dagegen noch „von dem Eintritt einer Tatsache" ab oder hat sich auf Seiten des Gläubigers oder des Schuldners eine Rechtsnachfolge ereignet, so ist eine genauere Prüfung nötig. Die vom Gläubiger vorgetragenen Umstände werden dann vom Rechtspfleger geprüft, der gegebenenfalls eine **qualifizierte Klausel** erteilt (§§ 726 ff ZPO, Rn. 106).

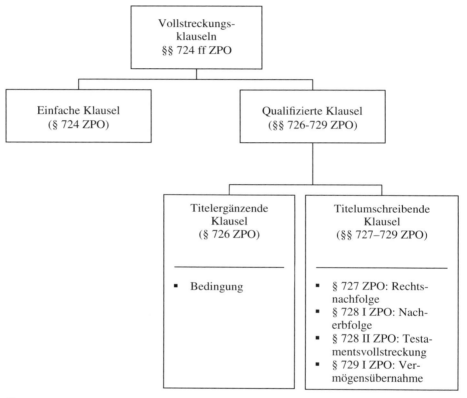

Übersicht 3: Klauselarten

a) **Einfache Klausel**

104 Bei der „einfachen Klausel" nach § 724 ZPO werden von demjenigen, der die Klausel erteilt, keine weiteren Umstände geprüft, die für die Vollstreckbarkeit des Titels notwendig sind. Die einfache Klausel *muss* erteilt werden, wenn die Vollstreckung aus dem Titel nicht unter einer Bedingung steht und der Titel auch nicht mehr (z.B. wegen einer Rechtsnachfolge und der fehlenden Möglichkeit der Vollstreckungsstandschaft) auf eine andere Person umgeschrieben werden muss. Zuständig ist für ihre Erteilung in der Regel der Urkundsbeamte der Geschäftsstelle, nur bei der notariellen Unterwerfungserklärung wird die Klausel nach § 797 II ZPO unmittelbar von dem Notar erteilt.

105 Des Weiteren wird die einfache Klausel erteilt, wenn die Vollstreckung von sehr einfachen zusätzlichen Voraussetzungen abhängt. Z. B. wenn es noch auf eine Sicherheitsleistung ankommt (das ist in § 726 I ZPO ausdrücklich erwähnt), wenn die Vollstreckung vom Eintritt eines Kalendertags abhängig ist (§ 751 I ZPO) oder wenn die Vollstreckung von einer Zug um Zug zu bewirkenden Leistung des Gläubigers an den Schuldner abhängt (§ 726 II ZPO). Die Prüfung solcher Bedingungen (Sicherheitsleistung/Eintritt Kalendertag/Zug um Zug) ist zum einen einfach, zum anderen ist es effizienter, wenn sie direkt vor der Vollstreckung erfolgt. Sie obliegt daher dem jeweiligen Vollstreckungsorgan.

b) Qualifizierte Klausel

106 Die „qualifizierten Klauseln" sind in §§ 726–729 ZPO geregelt. Sie werden durch den Rechtspfleger (§ 20 Nr. 12 RPflG) oder vom zuständigen Notar (§ 797 II ZPO) erteilt. Eine qualifizierte Klausel wird erteilt, wenn die Vollstreckung aus einem bedingten Titel (Rn. 107) oder die Umschreibung eines Titels wegen einer Rechtsnachfolge verlangt wird. Zur Vollstreckung aus einem solchen Titel bedarf es zuvor der Überprüfung, ob die Bedingung oder die Rechtsnachfolge eingetreten ist. Diese erfolgt nicht durch das Vollstreckungsorgan, sondern in einem formalisierten Verfahren im Rahmen der Erteilung der Klausel. Dem Vollstreckungsorgan wird der Eintritt der Bedingung oder der Rechtsnachfolge bindend bescheinigt. Die qualifizierten Klauseln werden in titelergänzende und titelumschreibende Klauseln unterteilt.

107 **aa) Titelergänzende Klausel.** Die „titelergänzende Klausel" nach § 726 I ZPO muss beantragt werden, wenn zwei Voraussetzungen vorliegen:

(1) Aus dem Titel selbst ergibt sich, dass die Vollstreckbarkeit noch von dem Eintritt einer Tatsache abhängt. Dabei reicht es nicht aus, dass die Vollstreckung von der Leistung einer Sicherheit (§ 726 I ZPO), dem Eintritt eines Kalendertags (§ 751 I ZPO) oder einer Zug um Zug zu bewirkenden Leistung (§ 726 II ZPO) abhängt. Vielmehr genügt dann eine einfache Klausel. Die Vollstreckung könnte also zum Beispiel noch davon abhängen, dass der vorleistungspflichtige Gläubiger seinerseits geleistet hat (das ist selten)[21], oder dass der Gläubiger dem Schuldner zunächst noch eine Kündigung aussprechen oder eine Gesamtrechnung stellen muss.

108 Zu beachten ist, dass die qualifizierte Klausel nach § 726 ZPO nur dann erteilt werden kann, wenn der Eintritt der Bedingung durch öffentliche (§§ 415, 417, 418 ZPO) oder öffentlich beglaubigte Urkunden (§ 129 BGB, § 40 BeurkG) nachgewiesen werden kann (§ 726 I a.E. ZPO)[22]. Falls dies nicht möglich ist, weil eine diesbezügliche Urkunde nicht existiert oder der Gläubiger eine solche nicht beschaffen kann, muss er auf Erteilung der Klausel klagen (sog. Klauselerteilungsklage nach § 731 ZPO, Rn. 139 ff). Entbehrlich ist der Nachweis durch Urkunden nur, wenn die Tatsache offenkundig ist (§§ 291, 727 II ZPO analog)[23] oder ausdrücklich vom Gegner zugestanden wurde (§ 288 ZPO analog)[24].

---

21 Wird zur Leistung Zug um Zug verurteilt, greift dagegen § 756 ZPO ein.
22 Zu den Möglichkeiten eine solche Urkunde zu erhalten *Muthorst*, § 6 Rn. 24.
23 *Münzberg*, NJW 1992, 201, 203 m.N.
24 BGH WM 2005, 1914; Thomas/Putzo/*Seiler*, ZPO, § 726 Rn. 6.

109 (2) Der Gläubiger braucht die titelergänzende Klausel nur, wenn die Bedingung oder Befristung nach den allgemeinen Beweislastregeln von ihm (also dem Vollstreckungsgläubiger) zu beweisen ist. Muss der Schuldner hingegen das Nichtvorliegen der Umstände beweisen, ist ohne ihre Prüfung im Rahmen des einfachen Klauselerteilungsverfahrens eine einfache Klausel iSd. § 724 I ZPO zu erteilen. Dabei ist es mit großer Vorsicht zu behandeln, wenn die Parteien eine Verschiebung der Beweislast vertraglich vereinbart haben. Sind sie in AGB enthalten, müssen sich solche Beweislastvereinbarungen an § 309 Nr. 12 BGB messen lassen[25].

Hinweis: Die bei notariellen Unterwerfungserklärungen anzutreffende Beweislastumkehr beruht dagegen darauf, dass in der Unterwerfungserklärung stets ein Schuldanerkenntnis enthalten ist, und ist nach Auffassung des BGH nur an § 307 BGB zu messen (Rn. 264, 267 ff).

Trägt der Schuldner die Beweislast, so muss der Gläubiger eine einfache Klausel beantragen (§ 724 ZPO)[26]. Ein typischer Fall ist der Eintritt einer auflösenden Bedingung.

Zur Vertiefung: Die Abgrenzung von §§ 724 und 726 ZPO ist besonders bei widerruflichen Vergleichen problematisch und streitig. Wenn aus einem widerruflichen Vergleich vollstreckt wird, ist Voraussetzung zunächst, dass *nicht* der Widerruf erklärt wurde. Die herrschende Ansicht steht auf dem Standpunkt, dies sei eine vom Gläubiger zu beweisende Tatsache:

OLG Saarbrücken NJW 2004, 2908 (mit der h.A.):

Aus dem Sachverhalt: „Mit Beschluss vom 22.4.2004 hat die Rechtspflegerin den Antrag zurückgewiesen und die Auffassung vertreten, dass die vollstreckbare Ausfertigung nicht nach Maßgabe des § 726 I ZPO, sondern nach § 724 ZPO zu erteilen sei, da die betreibende Gläubigerin nicht selbst beweisen müsse, keinen Widerruf eingelegt zu haben."

Aus den Gründen: „Die Erteilung einer vollstreckbaren Ausfertigung eines Widerrufsvergleichs unterfällt dem Anwendungsbereich des § 726 ZPO.

a) Nach dieser Vorschrift hat der Rechtspfleger (§ 20 Ziff. 12 RPflG) die vollstreckbare Ausfertigung unter den dort genannten Beweisanforderungen dann zu erteilen, wenn die Vollstreckung nach ihrem Inhalt von dem durch den Gläubiger zu beweisenden Eintritt einer anderen Tatsache als einer dem Gläubiger obliegenden Sicherheitsleistung abhängt. Damit erfasst § 726 ZPO alle Titel, deren Vollstreckbarkeit nach Maßgabe einer aufschiebenden Bedingung oder ungewissen Befristung vom Eintritt einer bestimmten Tatsache abhängt, die vom Gläubiger zu beweisen ist.

b) Der Widerrufsvergleich unterfällt dem Anwendungsbereich des § 726 ZPO, da der in einem Prozessvergleich aufgenommene Vorbehalt, den Vergleich bis zum Ablauf einer bestimmten Frist zu widerrufen, die Wirksamkeit des Vergleichs im Regelfall aufschiebend bedingt. Wenngleich sich der Rechtscharakter der aufschiebenden Bedingung nicht unmittelbar aus dem Wortlaut erschließt, entspricht es im Zweifel der Interessenlage der Parteien, aus dem Vergleich bindende Rechtswirkungen erst dann entstehen zu lassen, wenn der Bestand des Vergleichs nach dem ungenutzten Ablauf der Widerrufsfrist feststeht."

110 Der Gesetzgeber hat in diesen Streit nun eingegriffen, indem durch § 795b ZPO bestimmt wird, dass der Urkundsbeamte für die Erteilung der Vollstreckungsklausel zuständig ist, wenn sich die erforderlichen Bedingungen (wie etwa der fehlende Widerruf) aus der Verfahrensakte selbst ergeben. Die ganz herrschende Auffassung geht

---

25 Vgl. auch BGH NJW 2001, 2096.
26 OLG Koblenz WM 2003, 405.

aber davon aus, dass es sich dabei nur um eine besondere Zuständigkeitsregel handelt und daher trotzdem weiterhin von einer qualifizierten Klausel auszugehen ist.

In Vergleichen können zudem Abreden vorkommen, die sich auf den ersten Blick sehr ähneln, auf den zweiten Blick aber gerade eine umgekehrte Beweislastverteilung mit sich bringen, so dass im einen Fall eine qualifizierte Klausel notwendig ist, im anderen dagegen nicht. Das sei am folgenden Beispiel verdeutlicht.

Beispiel 7 (Verfallklausel): Schuldner S schuldet Gläubiger G ausstehende Werklohnforderungen über 50 000 Euro. S beruft sich jedoch auf eine mangelhafte Ausführung der Werkarbeiten und verweigert beharrlich die Bezahlung. Nach einem jahrelangen Rechtsstreit schließen die Parteien schließlich vor dem Oberlandesgericht Hamburg einen Prozessvergleich. In dem Vergleich vereinbaren die Parteien, dass sämtliche Forderungen aus dem Vertragsverhältnis zwischen G und S durch eine Zahlung von 10 000 Euro durch S abgegolten sind. Zur Zahlung dieser 10 000 Euro wird eine spezielle Ratenzahlung vereinbart:

a) Die Parteien vereinbaren, dass S die 10 000 Euro in monatlichen Raten in Höhe von 1000 Euro zahlen kann. Wenn S mit einer Rate in Verzug kommt, soll die gesamte Restsumme sofort fällig werden.
b) Die Parteien vereinbaren, dass S die 10 000 Euro in monatlichen Raten in Höhe von 1000 Euro zahlen kann, wobei insgesamt nur 9000 Euro getilgt werden müssen. Wenn S aber mit einer Ratenzahlung in Verzug kommt, lebt die Gesamtsumme von 10 000 Euro wieder auf und wird sofort fällig.
c) Die Parteien vereinbaren, dass S die 10 000 Euro in monatlichen Raten in Höhe von 1000 Euro zahlen kann. Wenn er 5000 Euro ordnungsgemäß und pünktlich gezahlt hat, reduziert sich die fällige Gesamtschuld auf 9000 Euro.

S kommt gleich mit der Zahlung der ersten Rate in Verzug. G will seinen Anspruch in Höhe von 10 000 Euro vollstrecken. Welche Klausel soll G beantragen?

111

In allen drei Varianten des **Beispiels 7** soll die Restzahlung erst dann fällig werden, wenn der Schuldner mit einer Rate in Verzug kommt (sog. Verfallklausel). Die Vollstreckbarkeit ist daher von einem zukünftigen ungewissen Ereignis abhängig. Eine Bedingung nach § 726 ZPO liegt vor. Fraglich ist aber jeweils, ob G die Beweislast für die Fälligkeit der Gesamtforderung trägt. Trägt G diese, so muss er eine qualifizierte Klausel nach § 726 ZPO beantragen und deren Voraussetzungen mit Hilfe einer öffentlichen Urkunde beweisen. Auch hier sind die allgemeinen Beweislastregeln anzuwenden. Danach trägt jede Partei, soweit nicht das Gesetz eine günstigere Regelung trifft, die Behauptungs- und Beweislast dafür, dass der Tatbestand einer ihr günstigen Rechtsnorm erfüllt ist. In **Variante a)** haben G und S eine echte **Verfallklausel** gewählt. Bei der Verfallklausel handelt es sich um eine ratenweise Stundung bzw. einen Vollstreckungsaufschub der geschuldeten Gesamtsumme. Nur wenn der Verzug eintritt, ist die Gesamtsumme sofort vollstreckbar. Der Tatbestand der Stundung bzw. des Vollstreckungsaufschubs ist für den Schuldner eine günstige Tatsache. Daher muss er auch selbst die Tatsachen behaupten und beweisen, die den Nichteintritt des Verzugs begründen[27]. Somit trägt der Gläubiger nicht die Beweislast. Eine qualifizierte Klausel ist nicht erforderlich.

112

In **Variante b)** soll die Gesamtsumme dagegen erst wieder aufleben und vollstreckbar sein, wenn der Schuldner mit einer Rate in Verzug kommt (sog. **Wiederauflebensklausel**). Bei der Wiederauflebensklausel hat der Gläubiger dem Schuldner zunächst einen Teilbetrag erlassen. Erst der Verzug des Schuldners lässt den erlassenen Betrag wieder aufleben. Deshalb ist der

---

27 Thomas/Putzo/*Seiler*, ZPO, § 724 Rn. 8; Zöller/*Stöber*, ZPO, § 726 Rn. 14.

Verzug eine für den Gläubiger günstige Tatsache, für die er die allgemeine Beweislast trägt. Daher muss G eine qualifizierte Klausel nach § 726 ZPO beantragen.

In **Variante c)** soll sich nach der im Vergleich getroffenen Vereinbarung die Gesamtsumme nur dann reduzieren, wenn der Schuldner einen Teilbetrag ordnungs- und fristgerecht bezahlt hat. Kommt er hingegen in Verzug, tritt keine Reduzierung der Restschuld ein (sog. **Wegfallklausel**). Die Reduzierung ist eine für den Schuldner günstige Tatsache, so dass er auch die Umstände beweisen muss, die eine Reduzierung begründen. Er muss also das Nichtvorliegen des Verzugs darlegen und beweisen. G trägt keine Beweislast und kann eine einfache Klausel nach § 724 ZPO beantragen.

113 bb) **Titelumschreibende Klausel.** In den §§ 727–729 ZPO sind die „titelumschreibenden Klauseln" geregelt. Eine titelumschreibende Klausel – man spricht auch von „titelübertragender Klausel" – ist notwendig, wenn eine Rechtsnachfolge (§ 727 ZPO), eine Nacherbfolge (§ 728 I ZPO), eine Testamentsvollstreckung (§ 728 II ZPO) oder eine Vermögensübernahme (§ 729 I ZPO) stattgefunden hat.

114 Auch eine titelumschreibende Klausel kann nur dann im Klauselverfahren vom Rechtspfleger erteilt werden, wenn die Rechtsnachfolge bzw. der Klauseltatbestand durch öffentliche oder öffentlich beglaubigte Urkunden nachgewiesen wird. Ist das nicht der Fall, steht dem Vollstreckungsgläubiger auch hier nur der Weg offen, auf Erteilung der Klausel zu klagen (§ 727 I a.E. ZPO, §§ 728 I, 729 I iVm. § 727 I a.E. ZPO). Entbehrlich ist der Nachweis durch Urkunden wiederum, wenn die zu beweisende Tatsache offenkundig ist oder vom Gegner zugestanden wurde.

115 **Zur Vertiefung:** § 727 ZPO gilt bei Rechtsnachfolge auf Seiten des Schuldners ebenso wie bei Rechtsnachfolge auf Seiten des Gläubigers. Erfasst ist also z.B. der Fall, dass der Gläubiger die Forderung inzwischen an einen Dritten abgetreten hat, und dieser Dritte nun vollstrecken möchte. Erfasst ist aber auch der Fall, dass der Schuldner inzwischen verstorben ist, und der Gläubiger gegen die Erben vollstrecken will.

Die Norm nimmt Bezug auf die in § 325 ZPO bestimmte subjektive Rechtskraftwirkung des Titels. Sie erfasst daher nur die Fälle, in denen die Rechtsnachfolge nach Rechtshängigkeit eingetreten ist[28]. Darauf kommt es im folgenden Beispiel an:

116 **Beispiel 8** (Klauselerteilung bei gutgläubigem Erwerb): Gläubiger G hat gegen die Fabrikantin F einen komplizierten Prozess auf Herausgabe einer Maschine gewonnen. F verkauft die Maschine kurz vor der Verkündung des Urteils an den gutgläubigen S. G ist sehr erzürnt und beantragt eine Klausel nach § 727 ZPO. Muss der Rechtspfleger diese erteilen?

117 Der Wortlaut des § 727 ZPO scheint anzudeuten, dass in **Beispiel 8** eine Klausel gegen S nicht erteilt werden kann, weil er die Maschine gutgläubig erworben hat und daher das Urteil nach § 325 I, II ZPO nicht gegen ihn wirkt. Allgemein wird jedoch anders herum vorgegangen. Da der Erwerber (also der S) beweisen muss, dass er gutgläubig war, weil § 325 II ZPO eine Ausnahmenorm zu seinen Gunsten ist, kann die Klausel zunächst erteilt werden. S muss dann mit der Vollstreckungsabwehrklage nach § 767 ZPO gegen die Vollstreckung vorgehen[29].

---

28 BGH NJW 1993, 1396.
29 MünchKommZPO/*Wolfsteiner*, § 727 Rn. 43.

3. Zustellung

Da der Vollstreckungsschuldner während des Vollstreckungsverfahrens nicht angehört wird, soll ihm zumindest vor Beginn der Zwangsvollstreckung eröffnet werden, warum gegen ihn vollstreckt wird. Zudem soll ihm ein letztes Mal die Möglichkeit eingeräumt werden, den Gläubiger zu befriedigen (Warnfunktion). Deshalb ordnet § 750 I ZPO an, dass die Zwangsvollstreckung erst nach der Zustellung des Urteils beginnen darf.

118

Aus praktischen Erwägungen heraus, und um die Zwangsvollstreckung so schnell und effektiv wie möglich durchführen zu können, reicht es nach § 750 I 1 ZPO aber aus, wenn die Zustellung gleichzeitig mit dem Beginn der Vollstreckung erfolgt. Der Gerichtsvollzieher kann also den Titel selbst dem Schuldner übergeben.

Hinweis: Die Zustellung kann von Amts wegen erfolgen (diese ist für Urteile nach § 317 ZPO vorgeschrieben und erfolgt daher ohnehin). Nach § 750 I 2 Halbs. 1 ZPO genügt aber als Voraussetzung für den Beginn der Zwangsvollstreckung auch die Zustellung im Parteibetrieb, also durch den Gläubiger. Diese führt aber der Gläubiger nicht etwa selbst durch, sondern sie muss nach § 192 ZPO durch den Gerichtsvollzieher erfolgen.

In der Regel muss nur der Titel zugestellt werden. Die einfache Klausel enthält keine für den Schuldner wichtigen Informationen. Anders ist das, wenn eine qualifizierte Klausel erteilt wurde (vgl. § 751 II ZPO). Dann müssen sogar die beglaubigten Urkunden beigefügt sein, auf deren Basis die Klausel erteilt wurde.

119

Umstritten ist, ob der Schuldner auf die Zustellung des Titels im Voraus verzichten kann[30]. Richtigerweise ist zumindest ein vorheriger Verzicht auf die Zustellung nicht möglich[31]. Die Vorschrift des § 750 I ZPO steht nicht zur Disposition der Parteien, da das Vollstreckungsorgan nicht qualifiziert überprüfen kann, ob der Verzicht überhaupt wirksam erteilt wurde oder nicht (Grundsatz des formalisierten Verfahrens). Ein nachträglicher Verzicht hingegen ist zulässig. Wenn schon das vollständige Fehlen der Zustellung nicht die Wirksamkeit des Vollstreckungsaktes berührt, sondern mit den zwangsvollstreckungsrechtlichen Rechtsbehelfen geltend gemacht werden muss, muss der Schuldner auf die Zustellung auch verzichten können. Immerhin kann er darauf verzichten, Rechtsbehelfe gegen eine fehlende Zustellung zu erheben.

120

Der Titel muss an den in ihm genannten Schuldner zugestellt werden. War der Schuldner schon im Erkenntnisverfahren durch einen Rechtsanwalt vertreten, so muss der Titel an den Bevollmächtigten zugestellt werden (§ 172 ZPO).

121

Wenn der Schuldner prozessunfähig ist, muss die Zustellung nach § 170 I ZPO an den gesetzlichen Vertreter erfolgen. Eine an einen Geschäftsunfähigen erfolgte Zustellung ist unwirksam (§ 170 I 2 ZPO)[32].

---

30 Dafür *Brox/Walker*, Rn. 155.
31 Vgl. nur Musielak/*Lackmann*, ZPO, § 750 Rn. 15.
32 Die Rechtsmittel- und Einspruchsfrist beginnt gleichwohl zu laufen; vgl. BGH NJW 2008, 2125.

4. Nichtigkeit oder nur Anfechtbarkeit?

122 Bei schweren Fehlern im Zwangsvollstreckungsverfahren ist häufig streitig, ob diese zur **Nichtigkeit** des Verfahrensakts oder nur zu dessen **Anfechtbarkeit** führen. Man sollte mit der Nichtigkeit sehr vorsichtig sein, denn sie führt zu Intransparenz und Unsicherheit. Hat der Gerichtsvollzieher also gepfändet und sein Pfandsiegel auf den alten Rokokotisch des Schuldners geklebt, so sollte man im Zweifel von einer Wirksamkeit der Pfändung ausgehen. Als nach außen gar nicht sichtbare Fehler führen jedenfalls Zustellungsmängel oder das Fehlen der Zustellung nicht zur Nichtigkeit des nachfolgenden Vollstreckungsakts, sondern nur zur Anfechtbarkeit[33]. Zustellungsmängel können zudem nach § 189 ZPO, der auch im Vollstreckungsverfahren gilt, geheilt werden. Anders ist es z.B., wenn ein verkleideter Beamter ein nicht amtliches Pseudopfandsiegel verklebt. Hier sind die Fehler so schwer und zugleich so offenkundig, dass allgemein Nichtigkeit angenommen wird.

IV. Besondere Vollstreckungsvoraussetzungen

123 Zusätzlich zu den allgemeinen müssen auch die so genannten besonderen Vollstreckungsvoraussetzungen vorliegen. Hierbei handelt es sich zum einen um die in den §§ 751 und 756 ZPO genannten, unmittelbar vom Vollstreckungsorgan zu prüfenden „Bedingungen". Dazu gehören der Eintritt eines bestimmten Kalendertags sowie der Nachweis, dass die für die vorläufige Vollstreckung erforderliche Sicherheit geleistet wurde (§ 751 II ZPO). Bedeutsam ist auch das Angebot der Gegenleistung bei einer Verurteilung zur Leistung „Zug um Zug"[34].

Die Verurteilung „Zug um Zug" erfolgt immer dann, wenn der Beklagte ein Zurückbehaltungsrecht hat. Das ist bei vertraglichen Schuldverhältnissen wegen § 320 BGB (Einrede des nicht erfüllten Vertrags) der Normalfall.

124 **Beispiel 9** (Leistungspflicht Zug um Zug): Schuldner S hat von G einen Gartenpavillon gekauft. Dieser steht bei G zur Anlieferung bereit, aber S hat bisher nicht gezahlt. G verklagt S auf Bezahlung. Was für einen Titel wird er erhalten? Wie kann er daraus vollstrecken?

125 In **Beispiel 9** wird G nur ein Urteil auf Zahlung Zug um Zug gegen Übereignung des Pavillons erhalten. Denn die Pflicht auf Bezahlung aus § 433 II BGB ist nach § 320 BGB nur im Austausch gegen die Übereignung des Pavillons geschuldet. Dies wirkt sich auch in der Vollstreckung aus. Nach § 756 ZPO muss der Gerichtsvollzieher dem Schuldner die Leistung (wenigstens wörtlich, § 756 II ZPO) anbieten, wenn er bei ihm vollstreckt. So bleibt bis zuletzt für beide Parteien das Risiko einer Vorleistungspflicht ausgeschlossen.

126 Zu den Vollstreckungshindernissen, die unmittelbar vom Vollstreckungsorgan geprüft werden, gehören aber auch die in § 775 ZPO genannten **Einstellungsgründe**. § 775 Nr. 1 ZPO enthält die wichtigsten Tatbestände. Danach ist die Vollstreckung

---
33 BGH NJW 1976, 851, 852.
34 Näher *Muthorst*, § 8 Rn. 3 ff.

einzustellen, wenn die vollstreckbare Ausfertigung einer Entscheidung vorgelegt wird, welche (1) das zu vollstreckende Urteil aufhebt, (2) die vorläufige Vollstreckbarkeit des Urteils aufhebt, (3) die Zwangsvollstreckung für unzulässig erklärt oder (4) die Einstellung der Zwangsvollstreckung anordnet.

Wichtig ist, dass die Einstellung nicht schon dann erfolgt, wenn der Schuldner ein Rechtsmittel gegen das vorläufig vollstreckbare Urteil einlegt. Um die Einstellung der Vollstreckung zu erreichen, ist vielmehr ein gesonderter Antrag nötig, auf den das Gericht die Einstellung der Zwangsvollstreckung gegen oder ohne Sicherheitsleistung anordnen kann (§§ 719, 707, 775 Nr. 2 ZPO). 127

Ein weiteres Hindernis für die Vollstreckung besteht, wenn die Bezahlung der Forderung bzw. der Gläubiger bereits anderweitig befriedigt wurde. Nach § 775 Nrn. 4 und 5 ZPO führt auch dies (bei ordnungsgemäßem Nachweis) zur Einstellung der Vollstreckung. 128

Schließlich besteht bei Eröffnung der Insolvenz über das Schuldnervermögen das Vollstreckungshindernis des § 89 InsO.

> **Fall 1** (Voraussetzungen der Klauselerteilung): 129
> Die G, eine Bauträgerin, verkaufte der S mit notariellem Vertrag eine noch zu errichtende Eigentumswohnung zum Preis von 500 000 Euro. Die Parteien vereinbaren eine Zahlung nach Baufortschritt. Die letzte Ratenzahlung in Höhe von 100 000 Euro sollte nach vollständiger Fertigstellung erfolgen. Die Parteien vereinbaren individuell, dass die Fertigstellung durch eine gutachterliche Fertigstellungsbescheinigung und nicht durch die Abnahme eintreten sollte, weil S sich längerfristig im Ausland aufhielt. Wegen der Zahlungsverpflichtungen unterwarf sich die S in dem notariellen Bauträgervertrag der sofortigen Zwangsvollstreckung. G zeigte der S in der Folgezeit die Fertigstellung der Eigentumswohnung wie vereinbart durch Fertigstellungsbescheinigung an. S zahlt die letzte Rate trotzdem nicht, weil sie sich auf Baumängel beruft. Wie kann G gegen S den noch ausstehenden Betrag vollstrecken?
>
> **Lösungshinweise:**
> *Vorüberlegung: Vorliegend begehrt die G die Vollstreckung aus einer Geldforderung. Sie wird also nach den §§ 803 ff ZPO vorgehen. Aber an diesem Punkt ist sie derzeit noch nicht. Sie muss zunächst dafür sorgen, dass überhaupt die Voraussetzungen der Zwangsvollstreckung vorliegen.*
>
> G kann gegen S den noch ausstehenden Betrag vollstrecken, wenn die allgemeinen Verfahrensvoraussetzungen sowie die allgemeinen und die besonderen Voraussetzungen der Zwangsvollstreckung vorliegen.
>
> **A. Allgemeine Verfahrensvoraussetzungen**
>
> Von dem Vorliegen der allgemeinen Verfahrensvoraussetzungen ist auszugehen (Schwerpunktsetzung!).
>
> **B. Allgemeine Vollstreckungsvoraussetzungen**
>
> Es müssen aber auch die allgemeinen Vollstreckungsvoraussetzungen vorliegen (Titel, Klausel, Zustellung).

1. Titel

Die notarielle Unterwerfungserklärung stellt einen Titel nach § 794 I Nr. 5 ZPO dar. Unwirksamkeitsgründe sind hier nicht erkennbar.

2. Klausel

Eine Klausel hat die G derzeit noch nicht. Zu prüfen ist, wie sie die Klausel erfolgreich beantragen kann.

a) Zuständigkeit

Nach § 724 ZPO ist der Antrag beim Urkundsbeamten der Geschäftsstelle zu stellen, wenn es sich um eine einfache Klausel nach § 724 ZPO handelt, nach § 726 ZPO ist dagegen der Rechtspfleger (§ 20 Nr. 12 RPflG) zuständig, wenn es sich um eine qualifizierte Klausel nach § 726 ZPO handelt. Hier greift allerdings die Sonderregelung in § 797 II ZPO ein. Da es sich bei dem Titel in diesem Fall um eine notarielle Urkunde handelt, die der ausführende Notar in Verwahrung hält, muss der Notar nach § 797 I ZPO auch die vollstreckbare Ausfertigung des Titels erteilen. Das gilt ohne Unterschied für einfache und qualifizierte Klauseln.

b) Einfache oder qualifizierte Klausel

Gleichwohl unterscheidet der Notar bei der Erteilung zwischen einer einfachen und qualifizierten Klausel. Denn die qualifizierte Klausel darf er nur unter den Voraussetzungen der §§ 726 ff ZPO erteilen.

Fraglich ist hier, ob eine Klausel nach § 726 ZPO erforderlich ist, für die dann noch die in § 726 ZPO genannten besonderen Nachweise vorgelegt werden müssten. Das ist der Fall, wenn die Vollstreckung von dem Eintritt einer vom Gläubiger zu beweisenden Bedingung abhängt.

Vorliegend ist die Zahlung der letzten Rate erst fällig, wenn das Werk vollständig fertiggestellt ist. Die Vollstreckung der Ratenzahlung steht daher unter der Bedingung, dass das Werk vollständig fertiggestellt wurde. § 726 ZPO setzt aber auch voraus, dass der Vollstreckungsschuldner die Beweislast für den Bedingungseintritt trägt. Wann dies der Fall ist, beurteilt sich nach den allgemeinen Beweislastregeln. Da die Fertigstellung des Werks eine Voraussetzung des Zahlungsanspruchs ist, trägt der Bauträger nach den allgemeinen Regeln die Beweislast dafür, dass das Werk ordnungsgemäß erstellt wurde. Die Beweislast geht erst auf den Besteller über, wenn dieser das Werk abgenommen hat (§ 640 BGB).

G muss also eine qualifizierte Klausel nach § 726 ZPO beantragen. Da die Fertigstellung hier auch weder offenkundig ist, noch von S zugestanden wird, muss G dazu eine öffentliche oder öffentlich beglaubigte Urkunde vorlegen.

Möglicherweise könnte G dazu eine öffentlich beglaubigte Fassung der Fertigstellungsbescheinigung vorlegen, die der Gutachter ausgestellt hat. Dann müsste dies eine den Anforderungen des § 726 ZPO genügende öffentlich beglaubigte Urkunde sein.

Das könnte man eindeutig bejahen, wenn die Beglaubigung der Bescheinigung einen Nachweis *über die Fertigstellung selbst* enthalten würde. Daran kann man allerdings Zweifel haben. Denn die öffentliche Beglaubigung bestätigt nur die Echtheit der Unterschrift und den Zeitpunkt der Beglaubigung, nicht aber die Fertigstellung des Werkes[35].

---

[35] So etwa Zöller/*Stöber*, ZPO, § 726 Rn. 6.

Man könnte aber auch Argumente dafür finden, dass eine beglaubigte Fertigstellungsbescheinigung hier als Urkunde iSd. § 726 I ZPO genügt. Das könnte man insbesondere aus dem Willen der Parteien ableiten, welche die Abnahme bewusst durch die Fertigstellungsbescheinigung ersetzen wollten. Nimmt man dies ernst, dann sollte mit Ausstellung der Bescheinigung die Beweislast umgekehrt sein, ebenso, wie es durch eine Abnahme geschehen wäre. Folglich braucht wirklich nur die Echtheit der Fertigstellungsbescheinigung bestätigt zu sein und nicht die tatsächliche fehlerfreie Fertigstellung des Werkes. Eine beglaubigte Fassung der Fertigstellungsbescheinigung reicht bei einem solchen Verständnis also als Nachweis aus.

Folgt man dieser letztgenannten Argumentation, so muss der Notar die qualifizierte Klausel erteilen.

Zum Hintergrund: Die Fertigstellungsbescheinigung war bis zum 1.1.2009 in § 641a BGB eine gesetzlich vorgesehene Alternative zur Abnahme. Obwohl die Norm abgeschafft wurde, bestehen keine Bedenken dagegen, dass die Vertragsparteien die Vorlage einer solchen Bescheinigung hier privatautonom vereinbart haben. Da es sich um eine individuelle Absprache handelt, erfolgt auch keine Kontrolle nach §§ 305 ff BGB. Als § 641a BGB noch in Kraft war, hätte man zusätzlich noch mit dem Normzweck argumentieren können: Der Gesetzgeber wollte nämlich insbesondere, dass die Erklärung im Urkundenprozess verwendbar sein sollte. Das legt den Schluss nahe, dass dieselbe beglaubigte Erklärung auch genügen sollte, um eine Klauselerteilung durch einen Notar zu erwirken[36].

3. Zustellung

Des Weiteren müssen Titel und Klausel wirksam zugestellt werden (§ 750 I ZPO).

C. Besondere Verfahrensvoraussetzungen

Zu den besonderen Verfahrensvoraussetzungen ist dem Sachverhalt nichts zu entnehmen. G kann in jedem Fall im Anschluss an die Klauselerteilung die Vollstreckung beginnen, da die besonderen Voraussetzungen erst vom Vollstreckungsorgan geprüft werden.

V. Stoffzusammenfassung: Voraussetzungen der Zwangsvollstreckung

I. **Allgemeine *Verfahrens*voraussetzungen**   130
   - Vorliegen der allgemeinen prozessualen Verfahrensvoraussetzungen (Antrag, Prozessfähigkeit, Zuständigkeit usw.)
   - wichtigstes Problem: Prozessstandschaft in der Zwangsvollstreckung
     Nach h.M. ist es nicht zulässig, das Zwangsvollstreckungsverfahren in Prozessstandschaft (also im eigenen Namen für eine dritte Person) durchzuführen („isolierte Vollstreckungsstandschaft"), wenn nicht auch schon das Erkenntnisverfahren in Prozessstandschaft durchgeführt wurde.

---

36 OLG Bamberg NJW 2008, 2928; Thomas/Putzo/*Seiler*, ZPO, § 726 Rn. 5.

§ 3 Voraussetzungen der Zwangsvollstreckung

II. Allgemeine *Vollstreckungs*voraussetzungen
  1. **Titel:** Öffentliche Urkunde, aus der kraft ausdrücklicher Vorschriften die Zwangsvollstreckung betrieben werden darf
     a) Titelarten
        – Endurteile iSd. § 704 ZPO, die entweder rechtskräftig (§ 705 ZPO) oder vorläufig vollstreckbar (§§ 708 ff ZPO) sind
        – sonstige Titel nach § 794 ZPO, u.a. Prozessvergleich, notarielle Unterwerfungserklärung
     b) Anforderungen an den Titel
        – vollstreckungsfähiger Inhalt (Bestimmtheitsgrundsatz!)
        – Sonderaspekt: Die Außen-GbR ist teilrechtsfähig und damit parteifähig, gegen sie kann auch vollstreckt werden, § 736 ZPO.
     c) Sonderfall: Vollstreckung gegen nicht im Titel genannte Dritte
        – insbesondere bei Wohnungsräumungen: Eigener Titel ist erforderlich bei Ehegatten, nach BGH auch bei Lebensgefährten sowie Untermietern; nicht bei Kindern. Aspekt: eigenständiger Besitz des Dritten
  2. **Klausel:** amtlicher Vermerk auf einer als vollstreckbar ausgefertigten und beglaubigten Abschrift des Titels (§ 725 ZPO); Ausnahme vom Klauselerfordernis: insbesondere bei Vollstreckungsbescheid (§ 796 I ZPO)
     a) einfache Klausel (§ 724 ZPO)
        – Zuständigkeit: Urkundsbeamter der Geschäftsstelle (§ 725 ZPO) bzw. Notar (§ 797 II ZPO)
        – bei Vollstreckung ohne Bedingungen oder mit sehr einfacher Bedingung (Bsp.: Eintritt Kalendertag, § 751 I ZPO; Erbringung der Sicherheitsleistung, § 726 ZPO)
     b) qualifizierte Klausel (§§ 726–729 ZPO)
        – Zuständigkeit: Rechtspfleger (§ 20 Nr. 12 RPflG; Ausnahme § 795b ZPO), Notar (§ 797 II ZPO)
        – titelergänzende Klausel (§ 726 I ZPO): Erforderlich, wenn die Vollstreckbarkeit vom Eintritt einer Tatsache abhängt, für die der Gläubiger die Beweislast trägt
        – titelumschreibende Klausel (§§ 727–729 ZPO): Erforderlich insbesondere bei Rechtsnachfolge (§ 727 ZPO)
  3. **Zustellung:** vor oder zugleich mit der Durchführung der Zwangsvollstreckungsmaßnahme ist das Urteil sowie ggf. die qualifizierte Klausel zuzustellen, § 750 I, II ZPO

III. Besondere *Vollstreckungs*voraussetzungen
  – unmittelbar vom Vollstreckungsorgan zu prüfende Bedingungen (z.B. Eintritt eines bestimmten Kalendertags/Angebot der Gegenleistung bei Verurteilung nur „Zug um Zug", §§ 751, 756 ZPO)

§ 4 Klauselrechtsbehelfe

Studienliteratur: *Hoffmann*, Die Rechtsbehelfe während des Klauselerteilungsverfahrens, Jura 1995, 411; *Jäckel*, Rechtsbehelfe im Klauselverfahren, JuS 2005, 610.

I. Überblick und Lernhinweise

1. Interessenlage von Gläubiger und Schuldner

Im vorstehenden Kapitel wurde dargestellt, dass ohne vollstreckbare Ausfertigung des Titels (Klausel) keine Vollstreckung beginnen kann. Die Klausel ist, wie gezeigt, (soweit nicht aus einer einstweiligen Verfügung, dazu Rn. 721 ff, oder aus einem Vollstreckungsbescheid vollstreckt wird) eine unverzichtbare Voraussetzung der Vollstreckung. Das Vollstreckungsorgan wird ohne eine Klausel nicht tätig. Daher hat der Gläubiger ein großes Interesse daran, die Klausel zügig zu erhalten. Wenn das zuständige Klauselerteilungsorgan die Erteilung der Klausel ablehnt, muss dem Gläubiger daher eine Rechtsschutzmöglichkeit gegen die Ablehnung gewährt werden. 131

Der Schuldner hingegen hat ein Interesse daran, dass die Klausel gar nicht erst erteilt wird, wenn irgendwelche Gründe die Vollstreckung ausschließen. Falls z.B. der Schuldner inzwischen bezahlt hat, sollte eine Klausel gar nicht erst ausgestellt werden. Wird sie erteilt, muss sie korrekt sein. So darf auf jeden Fall nur der wahre Gläubiger die Klausel erhalten, und sie muss dem Titel genau entsprechen. Es kann für ihn wichtig sein, außer materiell-rechtlichen Einwendungen gegen die Klausel auch formelle Einwendungen, die das Erteilungsverfahren betreffen, im Wege eines Rechtsbehelfs geltend zu machen. 132

Die Interessen von Schuldner und Gläubiger spiegeln sich zum Teil in den speziellen **Klauselrechtsbehelfen** der §§ 731, 732, 768 ZPO wider. Diese sind unten (Rn. 139 ff) näher erläutert. Sie helfen den Beteiligten aber nicht in allen Fällen. Um die Lücken zu schließen, wird auch die allgemeine **Beschwerde** nach § 567 ZPO benötigt. Sie ist im Klauselverfahren insbesondere dann der passende Rechtsbehelf, wenn der Rechtspfleger die Klausel nicht erteilt, obwohl alle Nachweise vorliegen (dazu auch Rn. 137). 133

Es wurde bereits eindringlich darauf hingewiesen, dass die wichtigste Kunst in der vollstreckungsrechtlichen Klausur darin besteht, den richtigen Rechtsbehelf zu erkennen. Die Rechtsbehelfe im Bereich der Klauselerteilung machen dabei gewisse Schwierigkeiten. Während einige (§ 768 ZPO) sehr deutlich abgrenzbar sind, treten bei anderen unübersichtliche Abgrenzungsprobleme auf. Wichtig ist es vor allem, die Abgrenzung von § 732 ZPO (Rn. 172 ff) und der so genannten Titelgegenklage analog § 767 ZPO zu beherrschen (Rn. 283 ff). 134

2. Die sofortige Beschwerde im Klauselverfahren

135 **Beispiel 10** (Zuständigkeit für die Klauselerteilung und passender Rechtsbehelf):
a) Der Urkundsbeamte weigert sich, dem Gläubiger G eine einfache Klausel zu erteilen, weil die Leistung vom Eintritt eines Kalendertags abhänge, der noch in der Zukunft liege.
b) G beantragt unter Vorlage aller Nachweise eine qualifizierte Klausel für einen Herausgabetitel, der noch eine Kündigung und den Ablauf der Kündigungsfrist verlangt. Der Rechtspfleger weigert sich, dem G eine Klausel zu erteilen, weil er meint, es handele sich um eine einfache Klausel und er sei nicht zuständig.

136 Bei der Suche nach dem richtigen Rechtsbehelf gibt es einen wichtigen Grundsatz: Hat man die Klausel noch nicht, weil das zuständige Organ sich weigert, sie zu erteilen, gelten noch die allgemeinen Rechtsbehelfe – die Zwangsvollstreckung hat noch nicht angefangen, § 793 und § 766 ZPO passen noch nicht.

a) Wenn der Gläubiger wie in **Beispiel 10a** eine einfache Klausel beantragt hat und ihm diese durch den Urkundsbeamten der Geschäftsstelle nicht erteilt wird, kann der Gläubiger Erinnerung gegen die Entscheidung nach § 573 I ZPO einlegen. Die Erinnerung ist innerhalb einer Notfrist von zwei Wochen nach der Entscheidung schriftlich oder zu Protokoll der Geschäftsstelle einzulegen. Die übrigen Voraussetzungen und der Verfahrensgang ergeben sich aus den §§ 569 I 1, 2, II und 570, 572 ZPO. Im Beispiel ist die Erinnerung auch begründet, denn für die Prüfung des Eintritts des Kalendertags ist der Gerichtsvollzieher zuständig.

137 b) Wenn der Gläubiger, wie in **Beispiel 10b**, eine qualifizierte Klausel beantragt hat und der Rechtspfleger sich weigert, diese zu erteilen, weil er meint, er sei *nicht zuständig*, ist die sofortige Beschwerde nach § 567 I ZPO, § 11 RPflG statthaft. Im Beispiel ist diese auch begründet. Denn die Kündigung ist eine echte Bedingung – es geht nicht nur um den Eintritt eines Kalendertags. Dagegen greift nicht § 793 ZPO (die zwangsvollstreckungsrechtliche Beschwerde), weil das Klauselerteilungsverfahren nicht zum Vollstreckungsverfahren gehört. Die Klausel ist ja erst Voraussetzung der Zwangsvollstreckung.

138 c) Hat der Notar die einfache Klauselerteilung verweigert (§ 797 III ZPO) steht dem Gläubiger der Rechtsweg nach § 54 BeurkG offen. Ergänzend gelten die §§ 58 f FamFG.

Die allgemeinen Rechtsbehelfe (Beschwerde) sind jedoch von eher geringer Prüfungsrelevanz. Die Klausuren werden meistens so gebildet, dass die besonderen Rechtsbehelfe eingreifen, die im Folgenden ausführlich dargestellt werden.

II. Rechtsbehelf des Gläubigers, der eine qualifizierte Klausel braucht: Klauselerteilungsklage (§ 731 ZPO)

139 **Beispiel 11** (Fehlen öffentlicher Urkunden): Erblasser E erwirkt ein Urteil gegen seinen Schuldner S. Wenig später verstirbt E und wird von dem Erben G beerbt. G verlangt die Erteilung einer titelumschreibenden Klausel nach § 727 ZPO. Der zuständige Rechtspfleger lehnt die Erteilung ab, weil G seine Erbschaft nicht in der erforderlichen Form nachweisen kann. Wie wird G nun vorgehen?

1. Zielrichtung

Die Klauselerteilungsklage ist ein spezieller, gerade auf die Erteilung einer Klausel gerichteter Rechtsbehelf. Sie passt nur dann, wenn der Gläubiger die Erteilung einer qualifizierten Klausel begehrt und den für die Erteilung erforderlichen Nachweis nicht in der erforderlichen Form erbringen kann.

140

> **Aufbau: Klauselerteilungsklage (§ 731 ZPO)**
> I. Zulässigkeit
>   1. Zuständigkeit: Prozessgericht der ersten Instanz – § 731 iVm. § 767 I ZPO
>   2. Statthaftigkeit: Der Kläger muss behaupten, dass die Voraussetzungen für die Erteilung einer qualifizierten Klausel vorliegen, insbesondere, dass eine Bedingung iSd. § 726 ZPO oder eine Rechtsnachfolge iSd. § 727 ZPO eingetreten ist.
>   3. Antrag und Form nach den allgemeinen Vorschriften über die Klageerhebung, insbesondere § 253 ZPO
>   4. Rechtsschutzbedürfnis (hier Feststellungsinteresse nach § 256 ZPO, sollte stets kurz angesprochen werden)
> II. Begründetheit
>   1. Vorliegen der Voraussetzungen der Klauselerteilung nach §§ 726, 727 ff ZPO
>   2. Keine sonstigen Einwendungen des Schuldners

Eine qualifizierte Klausel darf nur erteilt werden, wenn die Bedingung oder die Rechtsnachfolge durch öffentliche oder öffentlich beglaubigte Urkunde nachgewiesen wird (das steht ausdrücklich in § 726 I ZPO) bzw. wenn die Rechtsnachfolge oder das Besitzverhältnis nach § 727 ZPO offenkundig ist oder als allgemein zugestanden gilt. Es gibt aber Situationen, in denen der Vollstreckungsgläubiger den Nachweis nicht in der erforderlichen Form erbringen kann und der Nachweis zugleich auch nicht entbehrlich ist. Das kommt vor, wenn dies mangels Urkunden objektiv nicht möglich ist, oder wenn der Gläubiger subjektiv dazu nicht in der Lage ist, weil er die Urkunden nicht besitzt.

141

Stehen dem Gläubiger andere Beweismöglichkeiten zur Verfügung, kann er auf Klauselerteilung nach § 731 ZPO klagen. In dem Klageverfahren ist es dann möglich, mit Hilfe der allgemeinen Beweismittel den behaupteten Umstand zu beweisen.

In **Beispiel 11** kann G nicht durch öffentliche Urkunden nachweisen, dass er E beerbt hat. Dieser Nachweis wäre für eine Klauselerteilung nach § 727 ZPO jedoch notwendig. Es besteht für G daher nur die Möglichkeit, Klauselerteilungsklage nach § 731 ZPO zu erheben und den Nachweis der Erbschaft im Verfahren mit anderen Beweismitteln (z.B. durch ein privatschriftliches Testament) zu erbringen. Die Klauselerteilungsklage nach § 731 ZPO ist hier also statthaft (und begründet).

142

2. Allgemeines

Beklagter der Klauselerteilungsklage ist der Vollstreckungsschuldner, obwohl der zuständige Rechtspfleger die Erteilung der Klausel abgelehnt hat. Dies liegt darin begründet, dass das Vollstreckungsverfahren ein Zweiparteienverfahren ist. Vollstreckungsschuldner und Vollstreckungsgläubiger stehen sich als Parteien gegenüber,

143

auch wenn die Parteiherrschaft zugunsten des Vollstreckungsgläubigers begrenzt ist. Die Vollstreckungsorgane und die für die Klauselerteilung zuständigen Organe hingegen sind nur Beteiligte des Verfahrens.

144 Die Klage ist keine Leistungsklage, weil der beklagte Schuldner die Klausel nicht erteilen kann. Sie ist aber auch keine Gestaltungsklage, weil das Prozessgericht für die Erteilung der Klausel nicht zuständig ist. Vielmehr geht die herrschende Ansicht davon aus, dass die Klage nach § 731 ZPO eine prozessuale **Feststellungsklage** darstellt. Der Antrag und die Urteilsformel lauten daher: „Die Vollstreckungsklausel zum (näher bezeichneten Titel) ist für (oder gegen) den Kläger (oder Beklagten) zu erteilen."

145 § 731 ZPO gilt unmittelbar nur für die Klauselerteilung durch Urteile. Über § 795 ZPO ist die Vorschrift aber auch auf die anderen Titel der ZPO und insbesondere die notariellen Urkunden nach § 794 I Nr. 5 ZPO anwendbar.

3. Zulässigkeit

a) Statthaftigkeit

146 Die Klage ist, wie in § 731 ZPO deutlich erkennbar wird, nur statthaft, wenn die Erteilung einer qualifizierten Klausel nach §§ 726–729 ZPO begehrt wird und der Nachweis nicht in der nach diesen Normen erforderlichen Form erfolgen kann. Die Erteilung einer einfachen Klausel nach § 724 ZPO kann folglich *nicht* gemäß § 731 ZPO verlangt werden (zur Abgrenzung von einfacher und qualifizierter Klausel schon Rn. 103 ff).

b) Zuständigkeit

147 Örtlich und sachlich zuständig ist (bei Urteilen und Vergleichen) das Prozessgericht des ersten Rechtszugs[1]. Aus Gründen der Effizienz soll derjenige Spruchkörper entscheiden, der die Sache in der ersten Instanz schon vorliegen hatte. Die Zuständigkeit ist ausschließlich (§ 802 ZPO). Eine rügelose Einlassung ist daher nicht möglich (§ 39 ZPO).

148 Bei Vollstreckungsbescheiden ist § 796 III ZPO zu beachten. Bei gerichtlichen und notariellen Urkunden gilt § 797 V ZPO. Danach ist das Gericht örtlich zuständig, bei dem der Vollstreckungsschuldner seinen allgemeinen Gerichtsstand hat. Sachlich gelten in diesem Fall §§ 23, 71 GVG.

c) Rechtsschutzbedürfnis

149 Hinsichtlich des allgemeinen Rechtsschutzbedürfnisses ist aufgrund der feststellenden Rechtsnatur der Klage nach § 731 ZPO auf das Feststellungsinteresse nach § 256 I ZPO zurückzugreifen.

Ein solches Feststellungsinteresse ist nach § 731 ZPO gegeben, wenn der für die Klausel notwendige Urkundennachweis nicht geführt werden kann. Die Klage ist des-

---

[1] Thomas/Putzo/*Seiler*, ZPO, § 731 Rn. 4.

halb unzulässig, wenn öffentliche oder öffentlich beglaubigte Urkunden nicht erforderlich sind oder der Kläger die erforderlichen Urkunden ohne unzumutbaren Aufwand beschaffen kann[2]. Zu beachten sind diesbezüglich insbesondere § 792 ZPO, § 13 III FamFG, § 9 II HGB, § 12 II GBO, die einen Anspruch auf Ausstellung bestimmter öffentlicher Urkunden vermitteln. In **Beispiel 11** könnte es dem Erben daher möglicherweise obliegen, sich zunächst einen Erbschein nach § 792 ZPO iVm. § 2353 BGB zu beschaffen, mit dem er den erforderlichen Nachweis nach § 727 ZPO erbringen kann. Das wäre dann der Fall, wenn die Beantragung eines Erbscheins deutlich einfacher wäre als die Klage nach § 731 ZPO. Die herrschende Ansicht verneint dies. Danach kann G also ohne den Versuch der Beantragung eines Erbscheins direkt nach § 731 ZPO auf Erteilung der Klausel klagen[3].

Das Rechtsschutzbedürfnis liegt ferner nur vor, wenn der Kläger die Klauselerteilung vor Erhebung der Klage beim zuständigen Organ erfolglos beantragt hat. Dies soll nach herrschender Meinung auch dann gelten, wenn die Tatsachen nicht durch Urkunden bewiesen werden können oder der Kläger die Urkunden nicht besitzt[4]. Der Nachweis der Tatsachen durch Urkunden könnte nämlich wegen Offenkundigkeit (§ 291 ZPO analog) oder eines Zugeständnisses des Schuldners im Rahmen der Anhörung (§ 288 ZPO analog) entbehrlich sein. Dann wäre das Klauselerteilungsverfahren erfolgreich. Auch nach herrschender Ansicht ist aber der Antrag nicht erforderlich, wenn erkennbar ist, dass das Verfahren keinen Erfolg haben kann[5].

150

Umstritten ist weiterhin, inwieweit der Kläger nach Ablehnung der Klauselerteilung durch den Rechtspfleger zunächst erfolglos Beschwerde nach § 567 ZPO bzw. § 54 BeurkG (für Titel nach § 794 I Nr. 5 ZPO) eingelegt haben muss. Die wohl herrschende Meinung lehnt dies ab, da weder der Wortlaut des § 731 I ZPO ein solches Erfordernis erwähne, noch die Prozessökonomie ein solches rechtfertige[6].

151

Klausurhinweis: Da die Klauselklage eine Feststellungsklage ist, sollte das Rechtsschutzbedürfnis in der Zulässigkeit selbst in einfach gelagerten Fällen etwa wie folgt kurz angesprochen werden:

„G benötigt die Klausel für die Vollstreckung. Da er sie nicht nach § 726 ZPO erhalten hat, weil er laut Sachverhalt den Bedingungseintritt nicht mit öffentlichen Urkunden nachweisen konnte, hat er ein Feststellungsinteresse im Sinne des § 731 ZPO."

4. Begründetheit

Die Klage ist begründet, wenn die Voraussetzungen für die Klauselerteilung vorliegen. Das ist der Fall, wenn zum einen die formellen Voraussetzungen gegeben sind, also ein Antrag an den Rechtspfleger gestellt wurde und ein formell wirksamer vollstreckbarer Titel besteht[7]. Es müssen aber auch die speziellen materiellen Voraussetzungen der §§ 726 ff ZPO vorliegen. Diesbezüglich muss also über den Eintritt

152

---

2 Thomas/Putzo/*Seiler*, ZPO, § 731 Rn. 6.
3 Wie hier VGH Mannheim NJW 2003, 1203.
4 Letzteres ist wiederum umstritten; für die Antragspflicht Thomas/Putzo/*Seiler*, § 731 Rn. 6.
5 Schuschke/Walker/*Schuschke*, § 731 ZPO Rn. 6.
6 *Brox/Walker*, Rn. 133; differenzierend Schuschke/Walker/*Schuschke*, § 731 Rn. 6.
7 Thomas/Putzo/*Seiler*, ZPO, § 731 Rn. 7.

einer Tatsache (§ 726 I ZPO) oder die Rechtsnachfolge (§ 727 ZPO) Beweis erhoben werden. Als Beweismittel wird regelmäßig der Zeugen- oder aber Sachverständigenbeweis in Betracht kommen.

153 Von Bedeutung ist in der Begründetheit weiterhin, dass sich der Beklagte im Rahmen des § 731 ZPO auch mit materiell-rechtlichen Einwendungen gegen den dem Titel zugrunde liegenden Anspruch verteidigen kann (also mit den Einwendungen, zu deren Geltendmachung er ansonsten die Vollstreckungsabwehrklage aus § 767 I ZPO erheben müsste)[8]. Allerdings greift auch § 767 II ZPO. Der Schuldner ist also bei der Klauselerteilungsklage mit solchen Einwendungen präkludiert, die er schon im Ausgangsrechtsstreit hätte geltend machen können (näher Rn. 219 ff). Wenn etwa der Erbe eine Klausel nach § 727 ZPO als Rechtsnachfolger des Erblassers im Wege der Klauselerteilungsklage nach § 731 ZPO beantragt, kann der Beklagte in diesem Prozess geltend machen, dass dem zu vollstreckenden Anspruch des Erben materielle Einwendungen (etwa Erfüllung, Aufrechnung, Stundung) entgegenstehen. Diese Einwendungen müssen sich wegen § 767 II ZPO aber neu (d.h. vereinfacht gesagt: nach dem Ende des ersten Verfahrens) ergeben haben.

Hinweis: Zu beachten ist, dass sich dies wiederum auswirkt, wenn der Schuldner später seinerseits eine Vollstreckungsabwehrklage erheben will. Die Präklusionsvorschrift des § 767 II ZPO greift nämlich dann mit einer veränderten Perspektive ein. Der relevante Zeitpunkt für die Präklusion ist nicht mehr der Ausgangsrechtsstreit, sondern nunmehr das Verfahren über die Klauselerteilungsklage. Wenn der Beklagte also bereits zurzeit des Klauselerteilungsverfahrens materielle Einwendungen gegen den Anspruch hat und es unterlässt, diese Einwendungen im Klauselerteilungsverfahren geltend zu machen, dann ist er bei einer späteren Vollstreckungsabwehrklage nach § 767 I ZPO mit diesen Einwendungen ausgeschlossen (§ 767 II ZPO).

III. Das Gegenstück: Rechtsbehelf des Schuldners gegen die Erteilung einer qualifizierten Klausel – Klauselgegenklage (§ 768 ZPO)

1. Zielrichtung

154 Die Klauselgegenklage nach § 768 ZPO stellt das prozessuale Gegenstück zur Klauselerteilungsklage nach § 731 ZPO dar[9]. Ist eine *qualifizierte* Klausel nach den in § 768 ZPO genannten Vorschriften erteilt worden, kann der Vollstreckungsschuldner den Eintritt der materiellen Voraussetzungen für die Klauselerteilung bestreiten und gegen die Klausel mit der Klage nach § 768 ZPO vorgehen.

> **Aufbau: Klauselgegenklage (§ 768 ZPO)**
>
> **I. Zulässigkeit**
>   1. Zuständigkeit: Prozessgericht der ersten Instanz – § 768 iVm. § 767 I ZPO
>   2. Statthaftigkeit: der Kläger muss behaupten, dass die Bedingung nach § 726 ZPO oder die Rechtsnachfolge nach § 727 ZPO nicht eingetreten ist

---

8 Thomas/Putzo/*Seiler*, ZPO, § 731 Rn. 7.
9 *Kaiser/Kaiser/Kaiser*, Rn. 117.

> 3. Antrag und Form nach den allgemeinen Vorschriften über die Klageerhebung, insbesondere § 253 ZPO
> 4. Allgemeines Rechtsschutzbedürfnis
>
> **II. Begründetheit**
>
> Fehlen der Voraussetzungen der §§ 726, 727 ff ZPO

Im Gegensatz zur Klauselerteilungsklage nach § 731 ZPO ist die Klauselgegenklage eine prozessuale **Gestaltungsklage**[10]. Das Gericht stellt nicht deklaratorisch fest, dass die Klausel nicht erteilt werden durfte, sondern erklärt die Zwangsvollstreckung aus der Klausel rechtsgestaltend für unzulässig. Dementsprechend lautet der Antrag bzw. die Urteilsformel: „Die Zwangsvollstreckung gegen den Kläger aus der (hinreichende Beschreibung mit Datum) vollstreckbaren Ausfertigung wird für unzulässig erklärt."

155

§ 768 ZPO ist auch auf die Titel nach § 794 ZPO anwendbar (vgl. § 795 ZPO). Außerdem wird § 768 ZPO dann analog angewendet, wenn sich der „richtige" Gläubiger dagegen wehren will, dass einem anderen Gläubiger eine Klausel erteilt wurde[11].

156

2. Zulässigkeit

a) Statthaftigkeit

Die Klauselgegenklage ist nur dann statthaft, wenn sich der Vollstreckungsschuldner mit materiell-rechtlichen Einwendungen gegen die Erteilung einer qualifizierten Klausel wehrt. Etwaige formelle Fehler (wenn etwa das unzuständige Organ die Klausel erteilt hat) können mit § 768 ZPO nicht gerügt werden. Hat der Kläger nur solche vorzubringen, ist die Klauselgegenklage unstatthaft und als unzulässig abzuweisen. Der Kläger muss die Klauselerinnerung einlegen. Dem Schuldner steht die Klage nach § 768 ZPO grundsätzlich auch neben einer Klauselerinnerung nach § 732 ZPO zu (arg. ex § 768 ZPO a.E.)[12].

157

b) Zuständigkeit

Ausschließlich zuständig ist wiederum das Prozessgericht erster Instanz (§§ 768, 802 ZPO). Bei notariellen und gerichtlichen Urkunden sowie bei Vollstreckungsurkunden sind die Vorschriften der §§ 796 III, 797 V ZPO zu beachten.

158

c) Keine entgegenstehende Rechtskraft

Die Klage ist wegen entgegenstehender Rechtskraft unzulässig, wenn die anzugreifende Klausel aufgrund eines nach § 731 ZPO ergangenen rechtskräftigen Urteils erteilt worden ist und die Klage nicht auf neue Tatsachen gestützt wird, die zeitlich nach Abschluss des Vorprozesses entstanden sind[13].

159

---

10 Musielak/*Lackmann*, ZPO, § 768 Rn. 1.
11 Schuschke/Walker/*Raebel*, § 768 Rn. 9 m.N.
12 MünchKommZPO/*K. Schmidt/Brinkmann*, § 768 Rn. 4.
13 Thomas/Putzo/*Seiler*, ZPO, § 768 Rn. 5; zu den zeitlichen Grenzen der Rechtskraft vgl. Thomas/Putzo/*Reichold*, ZPO, § 322 Rn. 41, 43.

d) Rechtsschutzbedürfnis

160 Es handelt sich um eine Gestaltungsklage und nicht um eine Feststellungsklage (Rn. 155); ein besonderes Feststellungsinteresse analog § 256 ZPO ist daher entbehrlich. Vielmehr liegt das allgemeine Rechtsschutzbedürfnis vor, sobald der Vollstreckungsgläubiger einen wirksamen Titel in der Hand hält. Die Zwangsvollstreckung muss nicht bereits begonnen haben, sie muss nicht einmal angedroht worden sein. Das Rechtsschutzbedürfnis endet erst, wenn die Zwangsvollstreckung vollständig beendet, der Gläubiger also vollständig befriedigt worden ist.

3. Begründetheit

161 Die Klage ist begründet, wenn die Voraussetzungen zur Erteilung der Klausel nach den §§ 726–729 ZPO nicht vorgelegen haben und daher die Klausel zu Unrecht erteilt wurde. Es muss daher geprüft werden, ob materiell-rechtlich die behauptete Bedingung oder die behauptete Rechtsnachfolge stattgefunden hat.

Im Rahmen der Begründetheit ist auf mehrere Besonderheiten hinzuweisen:

162 a) Zunächst ist es fraglich, ob ein nachträglicher Eintritt der nach §§ 726–729 ZPO erforderlichen materiellen Voraussetzungen beachtlich ist und dazu führt, dass die Klage unbegründet ist.

> **Beispiel 12** (Zeitpunkt für die Begründetheitsprüfung): Gläubiger G erwirkt durch einen falschen Erbschein als Scheinerbe eine Klausel nach § 727 ZPO gegen S. S erhebt Klauselgegenklage nach § 768 ZPO. Noch vor der mündlichen Verhandlung erlangt G die zu vollstreckende Forderung aber durch Abtretung von dem echten Erben, so dass die Rechtsnachfolge auf diesem Wege eingetreten ist. S fürchtet nun, den Prozess zu verlieren.

163 Ursprünglich hätte in **Beispiel 12** die Klage nach § 768 ZPO Erfolg haben können, weil die Voraussetzungen des § 727 ZPO (Rechtsnachfolge durch Erbfall) bei Klauselerteilung nicht vorlagen. Durch die Abtretung liegen aber jetzt die materiellen Voraussetzungen des § 727 ZPO doch vor, so dass die Klage nach § 768 ZPO unbegründet sein müsste.

Die ganz herrschende Meinung geht davon aus, dass der maßgebende Zeitpunkt für die rechtliche Beurteilung der Klauselerteilungsvoraussetzungen die letzte mündliche Verhandlung ist[14]. Dem ist zu folgen, da sich § 768 ZPO gerade nicht gegen die (in der Vergangenheit liegende) Klauselerteilung als solche richtet, sondern gegen die Vollstreckung aus einer zu Unrecht bestehenden Klausel. S wird den Prozess somit verlieren. Um dies zu verhindern, sollte sie die Erledigung der Hauptsache erklären und beantragen, dass die Kosten dem G auferlegt werden (näher *Schwab*, Zivilprozessrecht, Rn. 293 ff).

164 b) Im Rahmen der Klauselerteilungsklage wurde darauf hingewiesen, dass sich der Beklagte gegen die Klauselerteilung mit materiell-rechtlichen Einwendungen wehren kann (Rn. 153). Wurde über diese Einwendungen in dem Verfahren nach § 731 ZPO

---

14 RGZ 134, 156, 160; Thomas/Putzo/*Seiler*, ZPO, § 768 Rn. 8.

rechtskräftig entschieden, führt die Rechtskraftwirkung der Entscheidung nach § 731 ZPO dazu, dass er mit diesen Einwendungen im Rahmen der Klage nach § 768 ZPO ausgeschlossen ist.

Hat dagegen der Kläger solche Einwendungen im Verfahren nach § 731 ZPO nicht geltend gemacht, obwohl er sie rechtzeitig hätte geltend machen können, so wird § 767 III ZPO analog angewendet. Der Schuldner ist also präkludiert[15].

Hinweis: In § 768 ZPO wird auf § 767 III ZPO, und nicht auf § 767 II ZPO, verwiesen. Wenn also der Schuldner mehrere Klauselgegenklagen nacheinander erhebt, weil ihm immer wieder neue Einwendungen einfallen, die er vorbringen könnte, so kommt es für die Begründetheit der neuen Einwendung darauf an, ob er die Einwendungen auch schon in der ersten Klauselgegenklage hätte einbringen können (subjektiver Maßstab des § 767 III ZPO, dazu Rn. 245). So kommt es, dass auch dann, wenn der Schuldner im Rahmen der vom Gläubiger erhobenen Klauselerteilungsklage Einwendungen nicht eingelegt hat, für die neue Klage § 767 III ZPO und nicht, wie man sonst leicht meinen könnte, § 767 II ZPO angewendet wird.

c) Problematisch ist zudem die Beweislast im Verfahren nach § 768 ZPO. Nach herrschender Ansicht trifft die Beweislast für das Vorliegen der materiellen Voraussetzungen (etwa der Erbfall im Anwendungsbereich von § 727 ZPO) grundsätzlich denjenigen, der auch bei der Erteilung der Klausel die Beweislast trägt. Da im Rahmen der qualifizierten Klauseln die Beweislast regelmäßig den Vollstreckungsgläubiger trifft (sonst müsste eine Klausel nach § 724 ZPO beantragt werden!), muss der Gläubiger also auch im Verfahren nach § 768 ZPO die streitigen Tatsachen beweisen[16]. Das hat zur Folge, dass der Kläger nach § 768 ZPO nur behaupten muss, dass eine bestimmte materielle Voraussetzung der Klauselerteilung nicht eingetreten ist (etwa ein Erbfall iSd. § 727 ZPO). Der Beklagte hingegen muss beweisen, dass der Erbfall tatsächlich vorliegt und er Rechtsnachfolger des Erblassers geworden ist.

4. Einstweilige Anordnungen

Nach §§ 769, 770 ZPO kann das Prozessgericht anordnen, dass die Zwangsvollstreckung schon vor Rechtskraft der Entscheidung gegen oder ohne Sicherheitsleistung einstweilen eingestellt wird.

IV. Klauselerinnerung (§ 732 ZPO)

1. Zielrichtung

In seiner Zielrichtung ist § 732 ZPO eng verwandt mit § 768 ZPO. Denn beide Rechtsbehelfe geben dem Kläger die Möglichkeit, sich gegen die Klauselerteilung zu wehren. § 732 ZPO ist allerdings – im Gegensatz zu § 768 ZPO (Rn. 154) – nicht nur auf die qualifizierten Klauseln anwendbar. Vielmehr ist die Klauselerinnerung dem Schuldner auch möglich, wenn dem Gläubiger eine einfache Klausel nach § 724 ZPO

---

15 Schuschke/Walker/*Raebel*, § 768 Rn. 7; offen gelassen in BGH NJW-RR 2006, 567.
16 Stein/Jonas/*Münzberg*, ZPO, § 768 Rn. 7; *Brox/Walker*, Rn. 145; a.A. MünchKommZPO/*K. Schmidt/Brinkmann*, § 768 Rn. 10.

erteilt wurde. Des Weiteren können mit der Erinnerung – im Gegensatz zu § 768 ZPO – formelle Einwendungen gegen die Klauselerteilung erhoben werden (fehlender Titel; Unwirksamkeit des Titels wegen Unbestimmtheit).

168 Formal betrachtet ist die Erinnerung ein ganz anderer Rechtsbehelf als eine Klage. Sie führt im Grunde nur dazu, dass das Verfahren der Klauselerteilung vor Gericht fortgesetzt wird[17]. Mit der Erinnerung kann daher nur die Verletzung von Vorschriften gerügt werden, die auch vom Klauselerteilungsorgan im Rahmen der Klauselerteilung beachtet werden müssen (näher Rn. 171 ff).

> **Aufbau: Klauselerinnerung (§ 732 ZPO)**
> **I.** **Zulässigkeit**
>   1. Zuständigkeit: Gericht, von dessen Geschäftsstelle die Vollstreckungsklausel erteilt wurde, § 732 I 1 ZPO
>   2. Statthaftigkeit: der Antragsteller muss behaupten, dass bei der Erteilung der Klausel vom erteilenden Organ ein Fehler gemacht wurde (es können also nur Dinge vorgebracht werden, die das Klauselerteilungsorgan beachten musste)
>   3. Antrag form- und fristlos
>   4. Rechtsschutzbedürfnis (solange Klausel existiert)
> **II.** **Begründetheit**
>   Fehler bei Klauselerteilung

169 Die Erinnerung ist ein besonderer Rechtsbehelf gegen eine fehlerhafte Klauselerteilung und geht dem § 573 ZPO (Beschwerde gegen die Erteilung bzw. Nichterteilung der einfachen Klausel durch den Urkundsbeamten) und den § 11 RPflG, § 567 ZPO (Beschwerde gegen die Erteilung bzw. Nichterteilung der qualifizierten Klausel durch den Rechtspfleger) vor[18].

Antrag und Urteilsformel lauten: „Die vom (Gericht) am (Datum) gegen den Erinnerungsführer erteilte vollstreckbare Ausfertigung zum (näher bezeichneten) Titel und die Zwangsvollstreckung aus ihr sind unzulässig."

2. Zulässigkeit

a) Zuständigkeit

170 Ausschließlich zuständig zur Entscheidung über die Erinnerung ist das Prozessgericht, von dessen Geschäftsstelle oder Rechtspfleger die Klausel erteilt worden ist (§§ 802, 732 I ZPO). Wurde die Klausel durch einen Notar erteilt, ist nach § 797 III ZPO das Amtsgericht berufen, in dessen Bezirk der Notar seinen allgemeinen Sitz hat.

Hinweis: Die Erinnerung ist an keine Frist gebunden. Sie kann schriftlich eingelegt oder zu Protokoll der Geschäftsstelle erklärt werden. Ein Anwaltszwang besteht wegen § 78 III ZPO nicht.

---

17 MünchKommZPO/*Wolfsteiner*, § 732 Rn. 3.
18 Thomas/Putzo/*Seiler*, ZPO, § 732 Rn. 1.

b) Statthaftigkeit

Die Erinnerung ist statthaft, wenn die Erteilung einer einfachen oder qualifizierten Klausel gerügt wird. Dabei ist die Statthaftigkeit völlig unstreitig, wenn bei der Erteilung ein **formeller Fehler** vorliegt. Denn es ist der eigentliche Gegenstand dieses Rechtsbehelfs, Verstöße des Urkundsbeamten, Rechtspflegers oder Notars gegen die für ihn geltenden Verfahrensnormen „zu erinnern".

171

Schwierig und streitig ist dagegen, inwieweit mit der Klauselerinnerung auch **materiell-rechtliche Gründe**, die gegen die Klauselerteilung sprechen, geltend gemacht werden dürfen. Hier ergeben sich Begrenzungen daraus, dass die Erinnerung wie eine Fortsetzung des Klauselerteilungsverfahrens vor Gericht zu verstehen ist. Anders ausgedrückt können im Erinnerungsverfahren nur solche Dinge vorgebracht werden, die auch der Urkundsbeamte, Rechtspfleger oder Notar bei der Erteilung der Klausel beachten müssen hätte. Da der Streit recht komplex ist, seien noch etwas genauere Ausführungen dazu gemacht.

172

aa) Wenn auch § 768 ZPO statthaft ist, also wenn der Schuldner sich darauf beruft, dass die Voraussetzungen für die Erteilung einer qualifizierten Klausel fehlten, dann besteht eigentlich kein Bedürfnis für eine Klauselerinnerung. Jedoch findet sich im letzten Halbsatz des § 768 ZPO der ausdrückliche Hinweis, dass § 732 ZPO nicht ausgeschlossen sei. Teils wird daraus geschlossen, es müsse eine parallele Anwendbarkeit der Normen geben. Der Schuldner soll zwischen beiden Rechtsbehelfen wählen können[19]. Die herrschende Gegenauffassung meint, die gleichzeitige Anwendbarkeit beider Normen sei nur gegeben, soweit der Schuldner sich auf einen materiellen Fehler (das Fehlen der Voraussetzung für die Erteilung der qualifizierten Klausel) und zugleich auf einen Verfahrensfehler (etwa unzureichende Prüfung oder fehlerhafte Deutung der vorgelegten Urkunden durch den Rechtspfleger) berufe[20].

173

Hinweis: Soweit beide Rechtsbehelfe parallel greifen, gilt: Wenn der Schuldner zuerst Erinnerung einlegt, darf er danach nach herrschender Ansicht noch klagen – auch wenn die Erinnerung abgewiesen worden ist. Wenn der Schuldner allerdings geklagt hat, darf er danach nicht noch Erinnerung einlegen[21].

bb) Nun kann es aber auch sein, dass der Schuldner eine Einwendung hat, die dem materiellen Bereich zuzuordnen ist, für die aber § 768 ZPO nicht statthaft ist. Der Schuldner wendet also nicht ein, dass eine Voraussetzung für die Erteilung einer qualifizierten Klausel nach den §§ 726 ff ZPO fehlt, sondern er möchte sich beispielsweise darauf berufen, dass schon der Titel nichtig sei. Das kann besonders bei der notariellen Unterwerfungserklärung vorkommen. Vielleicht möchte der Schuldner vorbringen, dass diese nach den §§ 307 ff BGB unwirksam sei. Hier ist problematisch, dass es im Gesetz keinen einzigen Rechtsbehelf gibt, der für diese Fälle wirklich passt. Es liegt insofern nahe, doch auf § 732 ZPO zurückzugreifen, obwohl eine materiell-rechtliche Frage betroffen ist.

174

---

19 Thomas/Putzo/*Seiler*, ZPO, § 732 Rn. 8.
20 Musielak/*Lackmann*, ZPO, § 732 Rn. 5; Schuschke/Walker/*Raebel*, § 768 Rn. 2.
21 *Brox/Walker*, Rn. 143.

Früher wurde daher tatsächlich häufiger vertreten, dass § 732 ZPO insbesondere dann anwendbar sein sollte, wenn das Gesetz keinen anderen Rechtsbehelf vorsehe[22]. Die inzwischen ganz herrschende Auffassung lehnt dies aber ab. Danach passt § 732 ZPO für solche materiellen Einwendungen nicht, da die Erinnerung (auch wenn der Richter entscheidet) eben immer nur auf eine formelle Kontrolle ausgerichtet ist[23].

BGH NJW 2009, 1887:

„… im Verfahren nach § 732 ZPO kann der Schuldner in begründeter Weise grundsätzlich nur Einwendungen gegen eine dem Gläubiger erteilte Klausel erheben, die Fehler formeller Art zum Gegenstand haben. Die Einwendung, die Unterwerfungserklärung sei nach § 307 I 1 BGB unwirksam, ist keine derartige Einwendung."

Die Rechtsschutzlücke, die das Gesetz in Hinblick auf solche schon im Bereich des Titels angesiedelten Fehler aufweist, wurde inzwischen auf andere Art geschlossen. Heute ist nämlich allgemein anerkannt, dass der Schuldner sich bei materiell-rechtlichen Einwendungen gegen den Titel mit einer Klage analog § 767 ZPO zur Wehr setzen kann (sog. Titelgegenklage, Rn. 258 ff).

175 **Beispiel 13** (Abgrenzung von materiellen und formellen Fehlern): Schuldner S hat durch notariellen Vertrag eine Immobilie gekauft. In dem notariellen Vertrag hat sich S der sofortigen Zwangsvollstreckung unterworfen. S bezahlt nicht. Gläubiger G hat von Notar N eine Klausel erhalten und beantragt die Zwangsvollstreckung gegen S. S will sich gegen die Erteilung der Klausel wehren.
a) S hat den Vertrag nie unterschrieben.
b) S hat den Vertrag nicht unterschrieben, aber seine Unterschrift wurde gut gefälscht.
c) Laut Vertrag darf die Vollstreckung nur erfolgen, wenn der Gläubiger (G) die Fälligkeit nachgewiesen hat. G erhält irrtümlich eine qualifizierte Klausel, obwohl noch keine Fälligkeit vorliegt.
Wie kann S sich jeweils gegen die Erteilung einer Klausel wehren?

176 In **Beispiel 13a** liegt kein wirksamer Titel nach § 794 I Nr. 5 ZPO vor, da die notarielle Unterwerfungserklärung in dem Vertrag mangels Unterschrift nicht wirksam abgegeben worden ist. Das Fehlen des Titels ist hier **offensichtlich** und wird daher vom Klauselerteilungsorgan – hier also nach § 797 II ZPO vom Notar – überprüft. Wenn das Organ dies nicht überprüft oder wenn es trotz Prüfung eine Klausel erteilt, macht es einen Fehler. Gegen die Erteilung der Klausel ist daher die Erinnerung nach § 732 ZPO statthaft. Ein ähnlicher Fall ist gegeben, wenn die Unterwerfungserklärung zwar eine Unterschrift trägt, diese aber von einer offensichtlich nicht bevollmächtigten Person geleistet wurde (näher auch noch Rn. 271, 272, 274).

177 In **Beispiel 13b** hingegen liegt zwar mangels eigener Unterschrift ebenfalls kein Titel vor. Jedoch ist das nunmehr nicht offensichtlich. Der Notar kann die Fälschung nicht oder nur nach eingehender Prüfung erkennen. Nach herrschender Ansicht darf eine detaillierte Prüfung bei der Erteilung einer einfachen Klausel nicht vorgenommen werden (Formalisierungsgedanke). Die Klausel *muss* erteilt werden, wenn der Titel

---

[22] BGH NJW-RR 1987, 1149 m.N.
[23] Schuschke/Walker/*Schuschke*, § 732 Rn. 2.

wirksam scheint – eine nähere rechtliche Prüfung durch den Notar ist nicht zulässig[24]. Hier hat also der Notar bei der Klauselerteilung keinen Fehler gemacht. S wird mit einer Erinnerung nach § 732 ZPO daher jedenfalls keinen Erfolg haben.

Auch § 768 ZPO kann nicht eingreifen. Es handelt sich hier um eine einfache Klausel, für die § 768 ZPO ohnehin nie passt. Es wurde aber außerdem keiner der dort genannten Fehler gemacht. Keiner der kodifizierten Rechtsbehelfe passt also, wenn S die (versteckte) *Unwirksamkeit des Titels* geltend machen will (zur passenden Klage analog § 767 ZPO unten § 6).

In **Beispiel 13c** ist dagegen alles ganz einfach. Laut Sachverhalt liegen die Voraussetzungen für die Erteilung der qualifizierten Klausel nicht vor. Daher ist die Klauselgegenklage aus § 768 ZPO statthaft. Aber es muss hier offenbar auch ein „einfacher" Fehler bei der Erteilung der Klausel gemacht worden sein, denn der Rechtspfleger hätte einen Nachweis für die Fälligkeit von G verlangen müssen. Also greift auch § 732 ZPO ein. S kann wählen, welchen Rechtsbehelf er einlegt. 178

Klausurhinweis: Es handelt sich bei diesen Abgrenzungsfragen um hoch aktuelle Probleme, deren Kenntnis in der Klausurbearbeitung unentbehrlich ist. Zuletzt hat der BGH auch mehrmals zur Abgrenzung zwischen Klauselerinnerung (§ 732 ZPO) und Vollstreckungserinnerung (§ 766 ZPO) entschieden[25]. Dabei handelt es sich um eine für Klausuren besonders gut geeignete Konstellation. Während die Klauselerinnerung bei einem Fehler des „Klauselorgans" passt, greift die Vollstreckungserinnerung bei einem Fehler des Vollstreckungsorgans (Rn. 483). Bei der Prüfung der Statthaftigkeit muss also genau geprüft werden, in wessen Aufgabenbereich der gerügte Fehler gehört. Der BGH meinte dazu insbesondere, das Vorliegen einer Vollmacht zur Erklärung der Unterwerfung unter die Zwangsvollstreckung sei nur im Klauselerteilungsverfahren, nicht aber im Zwangsvollstreckungsverfahren zu prüfen (näher dazu Beispiel 30 Rn. 272). Offengelassen hat der BGH nur, wie zu entscheiden wäre, wenn der Fehler bei der Erteilung der Klausel so erheblich ist, dass dies auch dem Vollstreckungsorgan gleich hätte auffallen müssen. 179

c) Rechtsschutzbedürfnis

Das Rechtsschutzbedürfnis liegt vor, sobald die Klausel erteilt worden ist und entfällt wieder, wenn die Vollstreckung vollständig beendet ist. Die Klage ist unzulässig, wenn die Rechtmäßigkeit der Klauselerteilung bereits durch ein Urteil nach § 731 ZPO rechtskräftig festgestellt worden ist. 180

3. Begründetheit

Die Erinnerung ist begründet, wenn die Voraussetzungen für die Erteilung der Klausel nicht vorliegen. Diesbezüglich werden insbesondere formelle Einwendungen relevant, z. B. die völlige Unbestimmtheit des Titels, die Unwirksamkeit des Titels wegen fehlender Vertretungsmacht, die fehlende Vollstreckbarkeit nach § 704 ZPO oder § 794 ZPO. Nicht geprüft werden dürfen wiederum Einwendungen, die bereits in einem Verfahren nach § 731 ZPO (Rn. 153) oder aber § 768 ZPO geprüft wurden (Rn. 154). 181

---

[24] BGH NJW-RR 2004, 1718; NJW 2009, 1887.
[25] BGH NJW 2012, 3518; NJW-RR 2012, 1146.

182 **Zur Vertiefung:** Wie sich Veränderungen auswirken, die während des Verfahrens eintreten, ist bei der Klauselerinnerung in noch größerem Umfang umstritten als bei der Klauselgegenklage. Vielfach wird differenziert: Wenn eine Klausel erteilt wurde, obwohl eine Vollstreckungsvoraussetzung noch fehlte (insbesondere ein vollstreckbarer Titel), dann kann keine „Heilung" eintreten. Der wesentliche Grund dafür liegt darin, dass sonst dem Gläubiger ein ungerechtfertigter Vorteil gegenüber möglichen anderen Gläubigern, die kurz nach ihm in die Vollstreckung gegangen sind, erhalten bliebe. Er könnte diese mit einem verfrüht gestellten Antrag letztlich endgültig „überholen". Für andere Mängel bei der Erteilung gibt es diese Problematik nicht. Sie sollen nach dieser differenzierenden Ansicht daher „heilbar" sein[26].

183 Urkundsbeamter und Rechtspfleger dürfen der Erinnerung in analoger Anwendung des § 572 I ZPO abhelfen[27]. Im Fall der Abhilfe gilt die Klausel als verweigert. Dem Vollstreckungsgläubiger stehen dann die Rechtsbehelfe zur Verfügung, mit denen die Klauselerteilung erzwungen werden kann (insbesondere § 573 ZPO, § 54 BeurkG, § 731 ZPO; Rn. 140).

4. Einstweilige Anordnungen

184 Nach § 732 II ZPO kann das Gericht (nicht das Klauselerteilungsorgan selbst) vor der Entscheidung anordnen, dass die Zwangsvollstreckung gegen oder ohne Sicherheitsleistung einstweilen einzustellen ist oder nur gegen Sicherheitsleistung fortgesetzt werden darf.

185 **Fall 2** (Klauselerteilung bei Gesamtschuld und bei Abtretung):
Die Gläubigerin G_1 hat beim Landgericht Leipzig ein Urteil über die Zahlung von 12 000 Euro Schadensersatz gegen S_1 aus Hamburg und S_2 aus Leipzig als Gesamtschuldner erstritten. S_1 zahlt die Gesamtforderung in bar an die Gerichtsvollzieherin, was diese nach § 757 ZPO quittiert. Nun beantragt S_1 die Erteilung einer Klausel nach § 727 ZPO, um wegen seines Rückgriffsanspruchs aus §§ 426 I, II BGB selbst gegen S_2 vollstrecken zu können.
a) Die zuständige Rechtspflegerin erteilt die Klausel nicht, weil sie meint, die Zahlungsbestätigung der Gerichtsvollzieherin reiche als Nachweis nach § 727 ZPO nicht aus. Kann S_1 die Erteilung durchsetzen?
b) Abwandlung: Kurz nach Ende des Erkenntnisverfahrens beantragt der Gläubiger G_2 beim zuständigen Rechtspfleger die Erteilung zweier Klauseln. Er legt als Nachweis seiner Berechtigung eine notarielle Abtretungsbestätigung nach § 403 BGB vor, wonach G_1 die titulierte Forderung an G_2 abgetreten habe. Der Rechtspfleger erteilt die Klauseln und setzt S_1 und S_2 davon gemäß § 733 II ZPO in Kenntnis. S_2 will sich dagegen wehren. Sie meint, dass die notarielle Abtretungsbestätigung keine ausreichende Urkunde iSd. § 727 ZPO sei und dass ohnehin nicht zwei Klauseln zugleich erteilt werden dürften. Außerdem behauptet sie, eine Abtretung sei nie erfolgt. Es sei zu einer Personenverwechslung gekommen. Einen Beweis bietet sie nicht an, allerdings ist die Abtretungsbestätigung bei genauer Prüfung an diesem Punkt in der Tat unklar. G_2 bietet auch keinen Beweis für das Gegenteil an. Die erforderlichen Hinweise nach § 139 ZPO wurden erteilt. Kann S_2 sich gegen die Erteilung der Klauseln wehren?

---

26 MünchKommZPO/*Wolfsteiner*, § 732 Rn. 4.
27 OLG Koblenz FamRZ 2003, 108; Thomas/Putzo/*Seiler*, ZPO, § 732 Rn. 1.

Lösungshinweise zu Variante a):

Vor Beginn der prozessualen Überlegungen muss man sich klar machen, dass ein Gesamtschuldner in dem Moment, in dem er an den Gläubiger bezahlt, Inhaber der Forderung wird (in der Höhe, in der er im Innenverhältnis Ausgleichung verlangen kann – § 426 II iVm. § 426 I BGB). Es liegt also ein Fall der Rechtsnachfolge vor.

G kann die Erteilung einer Klausel erzwingen, wenn er den statthaften Rechtsbehelf einlegt und die Voraussetzungen der Erteilung vorliegen.

I. Sofortige Erinnerung (§ 573 ZPO)

Gegen die Verweigerung der Erteilung einer einfachen Klausel nach § 724 ZPO stünde S_1 nach § 573 ZPO die Erinnerung offen, wenn der Urkundsbeamte der Geschäftsstelle die Klausel hätte erteilen müssen. Hier wurde aber die Rechtspflegerin tätig, so dass § 573 ZPO nicht passt.

II. Sofortige Beschwerde (§ 567 I ZPO, § 11 RPflG)

1. Statthaftigkeit

Da die Rechtspflegerin die Erteilung einer Klausel abgelehnt hat, kann S_1 nach § 567 I ZPO, § 11 RPflG Beschwerde einlegen. Allerdings lässt sich damit nur rügen, dass die Rechtspflegerin bei der Erteilung einen formellen Fehler gemacht hat.

2. Begründetheit

Die Beschwerde führt zum Erfolg, wenn die durch die Gerichtsvollzieherin auf die Klausel gesetzte Bescheinigung der Zahlung ein ausreichender Nachweis für eine Erteilung der Klausel an S_1 war.

Daran, dass es sich bei der Zahlungsbestätigung durch die Gerichtsvollzieherin um eine öffentliche Urkunde handelt, kann man nicht zweifeln. Aus ihr lässt sich (in Verbindung mit dem gegen S_1 und S_2 als Gesamtschuldner gerichteten Titel) auch klar die Rechtsnachfolge ablesen. Denn diese ist in § 426 II BGB gesetzlich vorgesehen, wenn ein Gesamtschuldner die Forderung des Gläubigers erfüllt. Jedoch ist zu bedenken, dass ein Gesamtschuldner meist nicht in vollem Umfang Ausgleich von dem anderen erlangen kann, sondern nur anteilig. Die Quote bestimmt sich nach dem individuellen Fall. Diese Quote, die sich im Innenverhältnis ergibt, wird aus den hier vorgelegten Unterlagen nicht erkennbar. Daher hat die Rechtspflegerin sich zu Recht geweigert, den Titel zu erteilen.

Die Beschwerde des S_1 ist unbegründet.

III. Klauselerteilungsklage (§ 731 ZPO)

1. Zulässigkeit

Die Klage müsste zulässig sein.

a) Statthaftigkeit

Die Klage ist der statthafte Rechtsbehelf, wenn es sich vorliegend um eine qualifizierte Klausel handelt, deren Erteilung vom zuständigen Rechtspfleger mangels ausreichender Nachweise verweigert wurde. Da hier der Rechtsnachfolger des Gläubigers den Eintritt der Rechtsnachfolge beweisen muss, bevor er vollstrecken darf, handelt es sich um eine qualifizierte Klausel nach § 727 ZPO. Daher ist die Klage gemäß § 731 ZPO der richtige Rechtsbehelf.

b) Zuständigkeit

Zuständig ist nach § 731 ZPO das Prozessgericht des ersten Rechtszugs, hier also das LG Leipzig.

c) Rechtsschutzbedürfnis

Da S_1 vorher erfolglos einen Antrag bei der zuständigen Rechtspflegerin auf Erteilung einer Klausel gestellt hat, liegt das Rechtsschutzbedürfnis unproblematisch vor.

d) Vom Vorliegen aller weiteren Zulässigkeitsvoraussetzungen ist hier auszugehen.

2. Begründetheit

Die Klage müsste auch begründet sein. Das ist der Fall, wenn die materiellen Voraussetzungen für die Klauselerteilung vorliegen.

Vorliegend ist Voraussetzung der Klauselerteilung neben dem Vorliegen eines wirksamen Titels auch der Nachweis der Rechtsnachfolge. Problematisch ist hierbei wieder die Klärung des Innenverhältnisses zwischen S_1 und S_2. Teils wird eine Anwendung der §§ 727, 731 ZPO deswegen ganz abgelehnt. Das geht jedoch zu weit. Wenn die Quote unstreitig ist, bestehen keine Bedenken gegen die Klauselerteilung an S_1 als Rechtsnachfolger. Ob allerdings S_1 im Klauselklageverfahren auch die Möglichkeit erhalten sollte, das Innenverhältnis zwischen sich und der S_2 klären zu lassen, ist zweifelhaft. Andererseits ist dieses Verfahren gerade dazu da, Einzelheiten der Rechtsnachfolge zu klären, ganz gleich ob sie das Innenverhältnis von Gesamtschuldnern oder die Erbfolge zwischen zwei Personen betreffen[28].

IV. Ergebnis: Die Klage nach § 731 ZPO ist zulässig. Begründet ist die Klage nur soweit, wie die Forderung tatsächlich auf S_1 übergegangen ist.

Lösungshinweise zu Variante b):

I. Klauselerinnerung (§ 732 ZPO)

1. Statthaftigkeit

Die Klauselerinnerung ist statthaft, wenn S_2 Einwendungen gegen die Klauselerteilung hat. Sie greift unproblematisch, wenn diese Einwendungen formaler Art sind. Hier hat S_2 drei Einwendungen. Wenn sie meint, es liege kein ausreichender urkundlicher Nachweis vor und es dürften nicht zwei Klauseln zugleich erteilt werden, handelt es sich um formelle Einwendungen, die mit der Erinnerung geltend gemacht werden können. Sie will allerdings auch vorbringen, dass die Abtretung nicht erfolgt sei. Das ist ein materieller Einwand. Auf diese dritte Behauptung kann S_2 die Erinnerung also nicht stützen.

2. Begründetheit

Die Erinnerung ist begründet, wenn einer der formellen Einwände von S_2 durchgreift. Dabei kann der erste Einwand, die notarielle Erklärung reiche als Nachweis nicht aus, nicht durchdringen, da diese Form des Nachweises in § 403 BGB gerade vorgesehen ist. Auch dass der Erklärung laut Sachverhalt bei näherer Analyse eine Personenverwechslung zu entnehmen ist, begründet keinen formellen Fehler des Rechtspflegers. Er führt nur eine kursorische Prüfung durch.

S_2 bringt außerdem vor, dass der Rechtspfleger zu Unrecht zwei Klauseln ausgestellt habe. Dieses Vorbringen hat zunächst schon die Schwäche, dass sie damit nicht beide Klauseln,

---

28 Wie hier Schuschke/Walker/*Schuschke*, § 727 Rn. 8 m.N.

sondern nur die zweite Klausel angreifen kann. Nach allgemeiner Ansicht dürfen außerdem mehrere Klauseln dann gleichzeitig ausgestellt werden, wenn der Gläubiger dafür ein besonderes Bedürfnis hat. Ob ein solches sich bei der Vollstreckung gegen Gesamtschuldner automatisch ergibt, ist umstritten. Hier leben aber S_1 und S_2 in weit auseinander liegenden Städten, so dass jedenfalls von einem Bedürfnis für zwei Ausfertigungen ausgegangen werden kann. Der Rechtspfleger hat also keinen formalen Fehler gemacht. Die Klauselerinnerung ist unbegründet.

II. Klauselgegenklage (§ 768 ZPO)

1. Zulässigkeit

Die Klage müsste zunächst zulässig sein.

a) Statthaftigkeit: Da S_2 hier behauptet, dass die Voraussetzungen der Klauselerteilung nach § 727 ZPO nicht vorlagen, weil die Abtretung – trotz Vorlage der Urkunde darüber – gar nicht erfolgt sei, fällt sein Vorbringen genau in den Geltungsbereich des § 768 ZPO. Die Klauselgegenklage ist statthaft.

b) Zuständigkeit: Zuständig ist nach § 768 iVm. § 767 I ZPO das Gericht des ersten Rechtszugs, hier also das LG Leipzig.

c) Das **Rechtsschutzbedürfnis** ist ebenfalls gegeben, da die Zwangsvollstreckung bereits droht und noch nicht beendet ist.

2. Begründetheit

Die Klage müsste auch begründet sein. Das ist der Fall, wenn die Voraussetzungen zur Erteilung der Klausel wirklich zu Unrecht angenommen wurden.

Vorliegend wäre das der Fall, wenn die Abtretung trotz der notariellen Urkunde nicht erfolgt wäre.

S_2 hat dies bestritten, aber keinen Beweis für die streitige Tatsache angeboten. Grundsätzlich muss jede Partei die für sie günstigen Tatsachen darlegen und beweisen (allgemeine Beweislastregelung). Das hätte zur Folge, dass S_2 als Klägerin nunmehr beweisen müsste, dass die Abtretung *nicht* erfolgt ist. Richtigerweise sollte die Beweislast aber auch im Streit um die Klauselerteilung von demjenigen getragen werden, der auch beim Antrag auf Erteilung der Klausel den Nachweis für das Vorliegen der materiellen Voraussetzungen tragen muss (regelmäßig also der Gläubiger, der nunmehr Beklagter ist)[29]. Sonst würde die Beweislast in der Klauselgegenklage umgekehrt[30]. Falls das erteilende Organ die Klausel zu Unrecht erteilt hat, würde also ein staatlicher, dem Schuldner nicht anzulastender Fehler Auswirkungen auf die Beweisverteilung zwischen den Parteien haben. Das kann aber nicht sein. Daher trägt G_2 die Beweislast für die Abtretung. G_2 hat hier allerdings immerhin die notarielle Abtretungsurkunde vorgelegt. Der Richter muss in freier Beweiswürdigung darüber entscheiden, ob diese als Nachweis ausreicht. Da im Sachverhalt angegeben ist, dass die Urkunde bei genauer Analyse eine Personenverwechslung in Betracht kommen lässt, ist nicht davon auszugehen, dass sie als ausreichender Beweis angesehen wird. Darüber hinaus hat G_2 keinen Beweis angeboten. Da ein richterlicher Hinweis im Hinblick auf die Beweislastverteilung als erteilt gilt (§ 139 ZPO), ist die Klage der S_2 begründet.

III. Ergebnis: Die Erinnerung sollte nicht eingelegt werden, da sie unbegründet ist. Dagegen hat eine Klauselgegenklage Erfolg.

---

29 So MünchKommZPO/*K. Schmidt/Brinkmann*, § 768 Rn. 10.
30 So OLG Köln NJW-RR 1994, 893; *Lackmann*, Rn. 774.

> *Hinweis: Soweit bei § 731 ZPO eine Urkunde nach § 727 ZPO vorgelegt wird, liegen die beiden Ansichten über die Beweislast im Ergebnis nicht so weit auseinander. Meist wird die Urkunde als Beweis zunächst ausreichen, der Schuldner muss diesen Beweis erschüttern. Anders ist es aber, wenn der Gläubiger gar keinen urkundlichen Nachweis über die Rechtsnachfolge besitzt. Dann macht es einen großen Unterschied, ob der Gläubiger die Beweislast trägt oder nicht.*

V. Stoffzusammenfassung: Klauselrechtsbehelfe

186   I. **Klauselerteilungsklage (§ 731 ZPO)**
   1. **Wichtigste Punkte der Zulässigkeit**
      a) **Statthaftigkeit:** Der Gläubiger braucht eine qualifizierte Klausel nach den §§ 726 ff ZPO, kann aber die erforderlichen Nachweise nicht durch öffentliche Urkunde erbringen.
      b) **Zuständigkeit:** Zuständig ist
         – nach § 731 ZPO bei Urteilen und Vergleichen das Prozessgericht des ersten Rechtszuges und zwar örtlich und sachlich
         – bei Vollstreckungsbescheiden § 796 III ZPO; bei notariellen Urkunden § 797 V ZPO: Gericht am allgemeinen Gerichtsstand des Schuldners; sachlich gelten §§ 23, 71 GVG
      c) **Rechtsschutzbedürfnis:** Feststellungsinteresse, wenn der Urkundennachweis nicht geführt werden kann, so dass Rechtspfleger/Notar die Klausel nicht erteilen darf.
   2. **Typische Begründetheitsfragen**
      Denkbar sind insbesondere materiell-rechtliche Fragen zur Rechtsnachfolge: Ist der Antragsteller wirklich Rechtsnachfolger geworden? (Erbrecht, Gesellschaftsrecht, Gesamtschuld, Abtretung).

II. **Klauselgegenklage (§ 768 ZPO)**
   1. **Wichtigste Punkte der Zulässigkeit**
      a) **Statthaftigkeit:** Nur statthaft, wenn sich der Schuldner mit *materiell-rechtlichen* Einwendungen gegen die Erteilung einer *qualifizierten* Klausel wehrt.
      b) **Zuständigkeit:** §§ 768, 767 I ZPO (ansonsten wie Klauselerteilungsklage)
      c) **Rechtsschutzbedürfnis:** Liegt vor ab Titelerteilung bis zur vollständigen Beendigung der Zwangsvollstreckung
   2. **Typische Begründetheitsprobleme**
      Beweislast beachten: Nach h.A. dreht die Beweislast sich nicht um, der Gläubiger (jetzt Beklagter) muss die Voraussetzungen der Klauselerteilung beweisen. Dabei hilft ihm aber in der Regel die öffentliche Urkunde, die er für die Erteilung vorgelegt hatte.

III. **Klauselerinnerung (§ 732 ZPO)**
   1. **Wichtigste Punkte der Zulässigkeit**
      a) **Statthaftigkeit:** gegen Erteilung einer einfachen oder qualifizierten Klausel, aber nur bei formellen Fehlern bei der Erteilung (h.A.)
      b) **Zuständigkeit:** Prozessgericht, von dessen Geschäftsstelle oder Rechtspfleger die Klausel erteilt worden ist (§§ 802, 732 I ZPO). Bei notariellen Urkunden nach § 797 III ZPO das AG, in dessen Bezirk der Notar seinen allgemeinen Sitz hat.

c) **Rechtsschutzbedürfnis:** Das Rechtsschutzbedürfnis liegt ab Klauselerteilung bis zur vollständigen Beendigung der Vollstreckung vor.

2. **Typische Begründetheitsprobleme**
   - Zuständigkeit von Urkundsbeamten oder Rechtspfleger (dahinter steht die Abgrenzung zwischen qualifizierter und einfacher Klausel)
   - *Offenkundigkeit* des Fehlens einer Erteilungsvoraussetzung. Materiell-rechtliche Probleme können nur mit der Klauselgegenklage (§ 768 ZPO) oder mit der Titelgegenklage (analog § 767 ZPO) geltend gemacht werden.
   - Klauselerinnerung kann auf Fehlen der Nachweise für die Erteilung einer qualifizierten Klausel nach §§ 726, 727 ff ZPO gestützt werden (dann parallel zu § 768 ZPO), aber nicht auf das Fehlen der materiellen Voraussetzungen selbst.

§ 5 Vollstreckungsabwehrklage (§ 767 ZPO)

Studienliteratur: *Fischer*, Vollstreckungsgegenklage bei Aufrechnung mit rechtswegfremder Forderung, JuS 2007, 921; *Gsell*, Zulässigkeit einer negativen Feststellungsklage nach Abweisung einer Vollstreckungsgegenklage, ZJS 2009, 296; *Kittner*, § 767 ZPO – § 767 ZPO analog – Tenor im Kollisionsfall, JA 2010, 811; *Leyendecker*, Grundfälle zur Vollstreckungsabwehrklage, JA 2010, 631 und 803; *Staufenbiel/Meurer*, Vollstreckungserinnerung und Vollstreckungsabwehrklage, JA 2005, 879.

Klausuren: *Lieder*, JenTranslation, Jura 2010, 926; *Reiner*, Vollstreckung aus einer Grundschuld, JA 2004, 617; *Weber*, Übungsfall: Immer Ärger mit dem Handy, ZJS 2009, 536; *Wittschier*, Die „drohende" Zwangsvollstreckung, JuS 1999, 804.

I. Zielrichtung

1. Materiell-rechtliche Einwendungen gegen die Zwangsvollstreckung

187 Im Erkenntnisverfahren kann sich der Schuldner gegen den Titel mit Rechtsmitteln (Berufung, Revision) oder Rechtsbehelfen (Einspruch) zur Wehr setzen. Am Beginn der Zwangsvollstreckung stehen dem Schuldner die Klauselrechtsbehelfe zu, mit denen er den Erlass einer vollstreckbaren Ausfertigung des Titels verhindern kann (Rn. 154 ff).

Manchmal besteht für den Schuldner jedoch ein Bedürfnis, sich noch im laufenden Vollstreckungsverfahren gegen die Vollstreckung aus dem Titel selbst zu wenden. Das kann insbesondere dann der Fall sein, wenn der Titel formell rechtskräftig ist und daher als solcher nicht mehr angefochten werden kann.

Der Schuldner kann also noch materiell-rechtliche Einwendungen gegen die Zulässigkeit der Vollstreckung geltend machen. Insbesondere kommt in Betracht, dass er sich auf nachträglich eingetretene Umstände beruft, die eine Vollstreckung aus dem Titel unzulässig machen (§ 767 ZPO).

Es kann übrigens auch sein, dass ein Dritter materiell-rechtliche Einwendungen gegen die Zwangsvollstreckung erhebt. Entweder weil die Vollstreckung in den konkreten Gegenstand ihn in seinen Rechten verletzt (§ 771 ZPO, Rn. 527 ff) oder aber ihm ein Recht auf vorzugsweise Befriedigung zusteht (§ 805 ZPO, Rn. 603 ff).

188 Es wurde bereits darauf hingewiesen, dass die Vollstreckungsorgane aufgrund des formalisierten Zwangsvollstreckungsverfahrens keine materiell-rechtliche Prüfungskompetenz innehaben. Sie sind vielmehr an den Titelinhalt gebunden, bis eine gerichtliche Entscheidung über die Zulässigkeit der Zwangsvollstreckung erwirkt wurde (Rn. 172 f). Materiell-rechtliche Einwendungen gegen den titulierten Anspruch (z.B. Erfüllung, Aufrechnung oder nachträglich vereinbarte Stundung des Anspruchs) können somit nur durch eine Vollstreckungsabwehrklage nach § 767 ZPO geltend gemacht werden. Die Klage ist als prozessuale Gestaltungsklage darauf gerichtet, dem Titel die Vollstreckbarkeit zu entziehen[1]. Sie leitet einen neuen Rechtsstreit ein und

---
1 Zöller/*Herget*, ZPO, § 767 Rn. 1.

setzt nicht lediglich den früheren, zur Erlangung des Vollstreckungstitels geführten Prozess fort[2].

Die Vollstreckungsabwehrklage kann nicht nur gegen Urteile, sondern auch gegen die Vollstreckung aus einem anderen der in § 794 ZPO aufgeführten Schuldtitel erhoben werden (§ 795 ZPO, Rn. 78 ff). 189

Hinweis: Richtet sich die Vollstreckungsabwehrklage gegen einen rechtskräftigen Titel (besonders gegen ein Urteil), so gibt es strenge Präklusionsvorschriften in § 767 II ZPO (Rn. 219). Denn es kann nicht sein, dass der Schuldner sich gegen die Vollstreckung gegen einen rechtskräftigen Titel erneut mit den Einwendungen wehren kann, die schon Gegenstand des streitigen Verfahrens waren – oder die es hätten sein können. Die Rechtskraft würde sonst ausgehöhlt.

Diese strengen Präklusionsvorschriften gelten (natürlich) nicht, wenn der Titel, wie z.B. eine notarielle Urkunde, gar keine Rechtskraft entfaltet.

2. Klageziel

a) Allgemeines

Entsprechend der vorstehenden Ausführungen kann die Klage nicht darauf gerichtet sein, die Rechtskraft des Urteils zu beseitigen. Vielmehr bleibt das Urteil bestehen, nur die Vollstreckung daraus wird (möglicherweise auch nur in bestimmtem Umfang) für unzulässig erklärt. 190

Grundlegend zur Dogmatik BGH NJW 1995, 3318:

„Ziel der Klage nach § 767 ZPO ist der Ausspruch, dass die Zwangsvollstreckung aus dem Urteil aufgrund von Einwendungen gegen die festgestellte Forderung fortan ganz, teil- oder zeitweise unzulässig ist, nicht dagegen die Aufhebung des Urteils oder die Feststellung, dass der Anspruch nicht oder nicht mehr bestehe. Das Urteil, das der Vollstreckungsabwehrklage stattgibt, lässt deshalb nach allgemeiner Meinung in Rechtsprechung und Literatur die materielle Rechtskraft der Verurteilung und die Kostenentscheidung des früheren Urteils unberührt (RGZ 75, 199, 201; BGH, NJW 1975, 539, 540 …)."

Der Klageantrag ist darauf gerichtet, die Zwangsvollstreckung aus einem genau bestimmten Titel im Urteil für unzulässig (oder für zulässig nur Zug um Zug gegen eine Leistung) zu erklären. Bei Vorlage einer vollstreckbaren Ausfertigung des stattgebenden Urteils wird die unzulässigerweise aus dem Titel des Beklagten betriebene Zwangsvollstreckung eingestellt (§ 775 Nr. 1 ZPO). 191

b) Abgrenzung zur Klage auf Titelherausgabe nach § 826 BGB

Abgrenzen muss man die Vollstreckungsabwehrklage daher gegen die äußerst umstrittene, auf eine Durchbrechung der Rechtskraft gerichtete Klage wegen vorsätzlicher sittenwidriger Schädigung aus § 826 BGB[3]. Will man diese Klage überhaupt anerkennen, so ist sie im Kern eine Leistungsklage, die nur unter den sehr engen Voraussetzungen des § 826 BGB zulässig ist. Sie ist nicht auf Einstellung der Zwangsvollstreckung gerichtet, sondern auf Unterlassung der Vollstreckung und Herausgabe 192

---
2 BGH NJW 2009, 1282.
3 Dazu näher *Schilken*, Rn. 1072 (den Anspruch letztlich ablehnend).

des Titels[4]. Die Klage auf Unterlassen der Zwangsvollstreckung aus § 826 BGB kann auch hilfsweise neben der Vollstreckungsabwehrklage erhoben werden[5].

193 Sie hat drei wesentliche Voraussetzungen: Das angegriffene Urteil muss unrichtig sein, der Gläubiger muss die Unrichtigkeit kennen; und es müssen besondere, die Sittenwidrigkeit begründende Umstände vorliegen. Vielfach wird die Existenz einer solchen Klage abgelehnt, obwohl sie letztlich der Durchsetzung eines Anspruchs auf Naturalrestitution dient (der „erschlichene" Titel wird herausgegeben). Denn man kann sich auch auf den Standpunkt stellen, dass die Restitutionsgründe in § 580 ZPO als *lex specialis* ein Eingreifen des § 826 BGB ausschließen[6].

c) Abgrenzung zur Berufung

194 **Beispiel 14** (Verhältnis zur Berufung): Schuldner S ist verurteilt worden, an Gläubiger G für den Guss eines großen Fundaments 100 000 Euro zu bezahlen. Eine Woche nach der letzten mündlichen Verhandlung bilden sich in dem Fundament große Risse, weil es aus ungeeignetem Beton gegossen wurde.

195 Die Vollstreckungsabwehrklage (§ 767 ZPO) und die Berufung (§§ 511 ff ZPO) sind meist beide statthaft und zulässig, wenn der Schuldner nach dem Ende der letzten mündlichen Verhandlung, aber noch innerhalb der Berufungsfrist eine Einwendung gegen den Titel erhält. Der Schuldner wird dann das für ihn günstigere Rechtsmittel auswählen. Will und kann er sich gegen den Anspruch insgesamt zur Wehr setzen, so wird er Berufung einlegen[7]. Er gewinnt dann nämlich den Ausgangsrechtsstreit, braucht keinerlei Kosten zu tragen und das Rechtsverhältnis ist rechtskräftig zu seinen Gunsten geklärt. Das ist typischerweise dann der Fall, wenn eine Einwendung nicht neu entstanden ist, sondern dem Schuldner neu bekannt geworden ist. In **Beispiel 14** wird S also Berufung einlegen.

Dagegen wird der Schuldner anstelle einer Berufung Vollstreckungsabwehrklage erheben, wenn ein neues Ereignis ihm eine Einwendung beschert hat, die aber das erstinstanzliche Urteil nicht erschüttert. Dann würde er nämlich mit der Berufung gar nicht zum Erfolg gelangen. So ist es im folgenden Beispiel.

196 **Beispiel 15** (Verhältnis zur Berufung): Schuldner S wurde verurteilt, 12 000 Euro an Gläubiger G zu bezahlen. Kurz nach Prozessende entsteht ihm eine Gegenforderung in Höhe von 15 000 Euro und er rechnet auf.

197 In **Beispiel 15** erlangt S zwar den Erlöschenseinwand (§§ 387, 389 BGB). Jedoch bleibt es dabei, dass der Anspruch des G zur Zeit der Klageerhebung begründet war. G würde im Falle einer Berufung durch S die Klage in Höhe der Gegenforderung für erledigt erklären und insoweit erfolgreich einen Kostenantrag stellen können[8] (vgl.

---

4 BGH NJW 1987, 3256, 3257 f.
5 BGH NJW 2002, 2940, 2943.
6 *Jauernig/Heß*, § 64 Rn. 12.
7 Dazu *Schwab*, Rn. 622 ff.
8 Näher *Schwab*, Rn. 293 ff.

auch Rn. 234 ff). Hier ist dem S deshalb zu raten, eine Vollstreckungsabwehrklage zu erheben, um allein die Zwangsvollstreckung des G abzuwenden.

Aufbau: Vollstreckungsabwehrklage (§ 767 ZPO)

I. **Zulässigkeit**
 1. Statthaftigkeit: Kläger muss behaupten, eine materiell-rechtliche Einwendung gegen den titulierten Anspruch zu haben.
 2. Zuständigkeit: Gericht des ersten Rechtszugs (§ 767 I ZPO); Sonderregelungen in §§ 796 III, 797 V ZPO für Vollstreckungsbescheid und notarielle Urkunde
 3. Antrag und Form: Es gelten die allgemeinen Regeln für Klagen, also insbesondere § 253 ZPO. Beantragt wird, die Zwangsvollstreckung aus dem Titel für unzulässig zu erklären.
 4. Allgemeines Rechtsschutzbedürfnis: Besteht sobald die Vollstreckung droht, also wenn ein Titel vorliegt, bis zur endgültigen Beendigung der Zwangsvollstreckung.

II. **Begründetheit**
 1. Bestehen einer Einwendung: Hier erfolgt die Prüfung des materiellen Zivilrechts (z.B. Aufrechnung, Rücktritt, Minderung, Anfechtung, Kündigung, Widerruf).
 2. Keine Präklusion nach § 767 II ZPO
 3. Keine Präklusion nach § 767 III ZPO

II. Zulässigkeit

Auch bei der Vollstreckungsabwehrklage darf bei der Zulässigkeit nichts Überflüssiges geprüft werden! Erforderlich ist immer die präzise Prüfung der Statthaftigkeit der Klage. Die Zuständigkeit des angerufenen Gerichts und das allgemeine Rechtsschutzbedürfnis sollten in der Regel ebenfalls – allerdings in unproblematischen Fällen ganz knapp – geprüft werden. Die weiteren Zulässigkeitsvoraussetzungen werden nur dann erwähnt, wenn hier Probleme liegen[9]. 198

1. Statthaftigkeit

Die Vollstreckungsabwehrklage gemäß § 767 ZPO ist statthaft, wenn der Kläger behauptet, dass ihm materiell-rechtliche Einwendungen gegen den dem Titel zugrunde liegenden Anspruch zustehen. 199

2. Abgrenzungsprobleme

a) Abgrenzung zur Vollstreckungserinnerung (§ 766 ZPO)

In einigen Fällen kann insbesondere die Abgrenzung zur Erinnerung nach § 766 ZPO problematisch sein. Bei der Erinnerung richten sich die Einwendungen des Schuldners (oder eines Dritten) nur gegen die Art und Weise der Zwangsvollstreckung (Rn. 483 ff). 200

---

9 Vgl. *Kaiser/Kaiser/Kaiser*, Rn. 7 mit beispielhafter Formulierung.

Beispiel 16 (Abgrenzung von Einwendung und Vollstreckungshindernis): Gläubiger G verkauft Schuldner S ein Reitpferd für 10 000 Euro. S bezahlt nicht. G erwirkt gegen S einen Zug-um-Zug-Titel auf Zahlung der 10 000 Euro gegen Übereignung des Pferds. G beauftragt die Gerichtsvollzieherin mit der Vollstreckung.
a) Die Gerichtsvollzieherin hat das Pferd beim Vollstreckungsakt nicht dabei.
b) S will das Pferd gar nicht mehr haben. Aber er zeigt der Gerichtsvollzieherin eine von S und G unterschriebene Vollstreckungsvereinbarung, nach der G erst in einem Monat mit der Vollstreckung beginnen darf.
Die Gerichtsvollzieherin vollstreckt gleichwohl. Wie kann S sich dagegen wehren?

201 In **Beispiel 16a** ist offensichtlich die Art und Weise der Zwangsvollstreckung betroffen, also die Erinnerung nach § 766 ZPO statthaft. Denn die Gerichtsvollzieherin missachtet die besondere Vollsteckungsvoraussetzung der Zug-um-Zug-Verurteilung nach §§ 756, 765 ZPO. Die Gerichtsvollzieherin darf hier nur vollstrecken, wenn sie die Gegenleistung (Pferd) bei der Vollstreckung anbietet.

202 In **Beispiel 16b** hingegen ist die Frage nicht so eindeutig zu beantworten. Zwischen den Parteien liegt eine sog. Vollstreckungsvereinbarung (dazu auch Rn. 493) vor. Solche Vereinbarungen sind zulässig[10]. Teilweise wird davon ausgegangen, dass der Gerichtsvollzieher eine solche Vereinbarung von sich aus beachten muss und dass daher ein formeller Fehler vorliegt, wenn er es nicht tut. Nach dieser Auffassung ist die Erinnerung iSd. § 766 ZPO statthaft (Rn. 485 ff), wenn die Gerichtsvollzieherin weiter vollstreckt, obwohl ihr die Vereinbarung vorliegt[11].

Es sprechen jedoch bessere Gründe gegen die Einordnung als formeller Fehler. Denkt man an den Grundsatz des formalisierten Zwangsvollstreckungsverfahrens, wird man die Befugnis des Gerichtsvollziehers, eine solche Vereinbarung zu beachten, eher ablehnen müssen. Denn es geht ja nicht um die bloße Wahrnehmung eines klaren und einfachen Tatbestands, sondern letztlich darum, ein unter Umständen recht kompliziertes Dokument rechtlich richtig einzuordnen. Zudem ist zu beachten, dass die Vereinbarung faktisch dem titulierten Anspruch nachträglich einen anderen Inhalt gibt (etwa durch die Stundung des Anspruchs) und daher der Anspruch selbst und nicht die Art und Weise der Vollstreckung betroffen ist. Daher sind solche Vereinbarungen in der Regel nicht auf einer formellen, sondern auf einer materiellen Ebene einzuordnen. S hat hier eine Einwendung gegen den Anspruch – dieser ist nämlich zurzeit gestundet – somit ist die Klage nach § 767 ZPO statthaft.

203 Die Abgrenzung zu § 766 ZPO ist auch dann problematisch, wenn der Schuldner bei der Zug-um-Zug-Vollstreckung nach §§ 756, 765 ZPO die Mangelhaftigkeit der Zug-um-Zug angebotenen Gegenleistung rügt[12]. Im Grundsatz kann diesbezüglich davon ausgegangen werden, dass der Einwand der Mangelhaftigkeit ein materiell-rechtlicher Einwand ist, den das Vollstreckungsorgan ohnehin nicht prüfen kann (Formalisierung des Zwangsvollstreckungsverfahrens) und deshalb auch nur mit der Klage nach § 767 ZPO geltend gemacht werden kann. Eine Ausnahme soll nur dann gelten, wenn die

---
10 *Brox/Walker*, Rn. 201 ff.
11 OLG Karlsruhe NJW 1974, 2242; Thomas/Putzo/*Seiler*, ZPO, § 766 Rn. 26.
12 Ausführlicher *Kaiser*, NJW 2010, 2330.

notwendige Beschaffenheit der Gegenleistung „ohne weiteres und eindeutig" aus dem Titel zu entnehmen ist. In diesem Fall ist das Vollstreckungsorgan zur Prüfung berechtigt und verpflichtet.

b) Abgrenzung zur Klauselgegenklage (§ 768 ZPO)

Die Klauselgegenklage und die Vollstreckungsabwehrklage können ausnahmsweise einen ähnlichen Gegenstand haben oder sogar nebeneinander eingreifen. 204

> **Beispiel 17** (Einwendung und Rechtsnachfolge): Kläger K hat einen Titel gegen Schuldner S in Höhe von 10 000 Euro erstritten. K tritt die titulierte Forderung an den Gläubiger G ab. G möchte den Titel auf sich umschreiben lassen und beantragt daher die Erteilung einer qualifizierten Klausel nach § 727 ZPO. Er beginnt die Vollstreckung gegen S. Nun macht S geltend, dass er die Forderung gleich nach Erlass des Titels, schon vor der Abtretung, in voller Höhe beglichen habe.

Wenn der Schuldner sich in **Beispiel 17** nur gegen die Erteilung der Klausel wenden will, kann er dies nach § 768 ZPO wirksam tun. Da die Forderung zur Zeit der Abtretung nicht mehr existierte, kam es nämlich nicht zur Rechtsnachfolge, die Voraussetzungen des § 727 ZPO fehlten, § 768 ZPO ist also statthaft. 205

Aber S kann sich auch mit der Vollstreckungsabwehrklage wehren. Denn er hat eine materiell-rechtliche Einwendung (§ 362 BGB) gegen die Forderung. Will S beide Arten von Einwendungen erheben, kann er die Klagen nach §§ 768, 767 ZPO in objektiver Klagenhäufung miteinander verbinden (§ 260 ZPO).

Hinweis: Abstrakt beschrieben liegt die Abgrenzung der beiden Klagen darin, dass sich der Schuldner bei der Klauselgegenklage, anders als bei der Vollstreckungsabwehrklage, nicht dagegen wehrt, dass der Anspruch so besteht, wie es im Titel ausgesprochen ist. Er bestreitet vielmehr nur den Eintritt der Bedingung (§ 726 ZPO) oder der Rechtsnachfolge (§§ 727 ff ZPO).

c) Abgrenzung zur Abänderungsklage (§ 323 ZPO)

Mit der Abänderungsklage wird die Rechtskraft des Titels aufgrund veränderter Umstände durchbrochen. Sie ist statthaft, wenn es um Veränderungen von typischerweise wandelbaren Verhältnissen geht. Diese müssen ein quantitatives Element haben[13]. Eine Überschneidung mit dem Anwendungsbereich der Vollstreckungsabwehrklage besteht nicht. 206

3. Zuständigkeit

Das Prozessgericht des ersten Rechtszugs ist nach §§ 767 I, 802 ZPO ausschließlich örtlich und sachlich zuständig. Das Prozessgericht ist das Gericht der ersten Instanz des Rechtsstreits, in dem der Titel geschaffen wurde[14]; folglich kann Prozessgericht auch das Familiengericht sein[15]. 207

---

13 BGH NJW 2005, 2313.
14 BGH NJW 1980, 188, 189.
15 BGH NJW 2002, 444.

208 Bei anderen Titeln als Urteilen ist wie immer zu prüfen, ob nicht die §§ 795a ff ZPO Sonderregeln enthalten (siehe § 795 ZPO): Richtet sich die Klage gegen den in einem **Vollstreckungsbescheid** titulierten Anspruch, muss § 796 III ZPO beachtet werden. Danach ist das Gericht zuständig, das für eine Entscheidung im Streitverfahren zuständig gewesen wäre.

209 Bei gerichtlichen oder notariellen **Urkunden** regelt § 797 V ZPO die örtliche Zuständigkeit der Vollstreckungsabwehrklage. Zuständig ist also das Gericht am allgemeinen Gerichtsstand des Schuldners. Die sachliche Zuständigkeit richtet sich nach dem Wert des zu vollstreckenden Anspruchs (§§ 23, 71 GVG).

210 Keine Besonderheiten gelten hingegen für **Prozessvergleiche**. Der Prozessvergleich ist zwar eine vollstreckbare Urkunde nach § 797 ZPO. Im Gegensatz zu den notariellen Urkunden existiert beim Prozessvergleich jedoch ein Prozessgericht erster Instanz. Deshalb spricht nichts dagegen, für die Klage nach § 767 ZPO auch dieses Gericht anzurufen. Im Ergebnis muss bei Prozessvergleichen § 797 V ZPO daher teleologisch reduziert werden. Die Zuständigkeit richtet sich vielmehr nach § 767 I ZPO.

4. Rechtsschutzbedürfnis

211 Das Rechtsschutzbedürfnis liegt vor, wenn die Zwangsvollstreckung droht und noch nicht beendet ist. Die Zwangsvollstreckung droht bereits, sobald ein Vollstreckungstitel vorliegt. Beendet ist die Zwangsvollstreckung erst, wenn der Gläubiger vollständig befriedigt wurde.

212 Die bloße Freigabe des gepfändeten Gegenstands oder der Verzicht auf die Zwangsvollstreckung lässt das Rechtsschutzbedürfnis grundsätzlich nicht entfallen (anders bei § 771 ZPO, Rn. 541).

Problematisch kann das Rechtsschutzbedürfnis sein, wenn sich der Kläger gegen die Vollstreckung aus einem **Prozessvergleich** wehrt.

213 **Beispiel 18** (Rechtsschutzbedürfnis bei Vergleich): A hat mit B einen gerichtlichen Vergleich abgeschlossen. Nun merkt er, dass B ihn getäuscht hat. Er will den Vergleich anfechten. B streitet die Täuschung ab und will aus dem Vergleich weiter vollstrecken.

214 In **Beispiel 18** verneint die herrschende Ansicht das Rechtsschutzbedürfnis für eine Klage nach § 767 ZPO[16]. Nach der Rechtsprechung kann der Vollstreckungsschuldner sich nur dann auf § 767 ZPO berufen, wenn er Einwendungen geltend macht, die eine nachträgliche Unwirksamkeit des Vergleichs oder der darin vereinbarten Forderung bedeuten. Der Vollstreckungsschuldner kann also z.B. dann die Vollstreckungsabwehrklage erheben, wenn er die Summe, die im Vergleich bestimmt wurde, danach bezahlt hat. Er kann dies auch tun, wenn ihm die Herausgabe der Leistung, die vereinbart wurde, nicht mehr möglich ist. Beruft er sich hingegen auf die anfängliche Unwirksamkeit oder auf formelle Mängel des Vergleichs (so wie im Beispiel) muss das alte Verfahren fortgesetzt werden[17]. Denn dann ist der Vergleich nicht mehr in der

---

16 Musielak/*Lackmann*, ZPO, § 794 Rn. 21.
17 BGH NJW 1996, 3345; näher Schuschke/Walker/*Raebel*, § 767 Rn. 28.

Welt, also ist das Verfahren gar nicht abgeschlossen. Die ursprüngliche Klage lebt gleichsam wieder auf und der Ausgangsrechtsstreit wird fortgesetzt.

Hinweis: Wenn der Vergleich *unwirksam* ist und der Gläubiger trotzdem daraus vollstreckt, dann ist die richtige Klage die Titelgegenklage analog § 767 ZPO[18] (dazu Rn. 286).

In der Klausur kann man die Problematik des Rechtsschutzes gegen einen Vergleich insgesamt auch gut bereits bei der Statthaftigkeit abhandeln.

III. Begründetheit

Für die Begründetheit der Vollstreckungsabwehrklage sind zwei Dinge wesentlich. Der Kläger (Schuldner) muss die behauptete Einwendung gegen den titulierten Anspruch wirklich haben und er darf mit dieser Einwendung nicht nach § 767 II oder III ZPO präkludiert sein. Bei der Präklusion muss man daran denken, dass diese (mit Abstand klausurrelevanteste) Voraussetzung nicht bei der Zulässigkeit eingeordnet werden darf. Der Wortlaut der Norm kann hier leicht irreführen. 215

1. Einwendungen

Grundsätzlich kann der Kläger jede erdenkliche materiell-rechtliche Einwendung (z.B. Stundung, Erfüllung, Aufrechnung, Rücktritt, Abtretung, Unmöglichkeit, Nichtigkeit usw.) geltend machen. Eine Änderung der Rechtsprechung zugunsten des Schuldners gibt ihm allerdings keine Einwendung[19]. 216

Als Einwendung kann auch die Verwirkung der Vollstreckung geltend gemacht werden. An die Voraussetzungen sind jedoch hohe Anforderungen zu stellen.

> **Beispiel 19** (Verwirkung): Vermieter V hat einen Räumungstitel gegen Mieter M erwirkt. Trotz des Titels bleibt M in der Wohnung und zahlt weiterhin die Miete. V vollstreckt gegen M nicht. Erst nach zwei Jahren beginnt V mit der Vollstreckung. M meint, die Vollstreckung aus dem Titel sei wegen Zeitablaufs und im Hinblick auf § 721 V ZPO nicht mehr möglich. Hätte eine Klage des M Erfolg? 217

Zunächst muss in **Beispiel 19** beachtet werden, dass ein titulierter Anspruch nach § 197 I Nr. 5 BGB erst in dreißig Jahren verjährt. Das bedeutet, dass auch bei einer möglichen Verwirkung zunächst hohe Anforderungen an das Zeitmoment gestellt werden müssen. Zudem geht der Hinweis des Mieters auf § 721 V ZPO fehl. Die Vorschrift muss nämlich im Zusammenhang mit § 721 I ZPO gelesen werden. Dann ergibt sich, dass § 721 V ZPO den Gläubiger schützt, indem verhindert wird, dass eine zu lange Räumungsschutzfrist angeordnet werden kann. Wenn die Vorschrift aber den Gläubiger schützt, kann sich der Schuldner nach § 767 ZPO nicht darauf berufen. Es könnte noch kurz an § 545 BGB gedacht werden, wonach die Kündigung unter bestimmten Umständen unwirksam werden kann. Hier ist aber zu beachten, dass die Erwirkung eines Räumungsurteils eindeutig einen Widerspruch nach § 545 BGB dar- 218

---

18 OLG Koblenz NJW-RR 2002, 1509.
19 MünchKommZPO/*K. Schmidt/Brinkmann*, § 767 Rn. 70.

stellt und daher die Voraussetzungen der Norm nicht vorliegen. Solange die Parteien auch keinen neuen Mietvertrag (§ 535 BGB) durch schlüssiges Verhalten geschlossen haben, kommt als letzte Einwendung daher nur die Verwirkung in Betracht (§ 242 BGB). Die Verwirkung ist ein Sonderfall der unzulässigen Rechtsausübung[20] und setzt tatbestandlich voraus, dass der Berechtigte das Recht längere Zeit nicht geltend gemacht hat (sog. Zeitmoment) und der Verpflichtete aufgrund des Verhaltens des Berechtigten davon ausgehen durfte, er werde das Recht auch nicht mehr ausüben (sog. Umstandsmoment)[21]. Vorliegend sind keine Anhaltspunkte ersichtlich, dass der Vermieter ein Verhalten an den Tag gelegt hat, aus dem der Mieter schlussfolgern konnte, dass eine Vollstreckung aus dem Titel nicht mehr droht. Die bloße passive Entgegennahme der Mietzinszahlungen dürfte im Hinblick auf die strengen Voraussetzungen der Rechtsprechung nicht ausreichen. Die Klage des M wäre daher unbegründet.

2. Präklusion

a) Normzweck

219 Die unter § 767 I ZPO fallenden Einwendungen sind nach § 767 II ZPO nur insoweit „zulässig", als die Tatsachen, auf denen sie beruhen, nach dem Schluss der letzten mündlichen Verhandlung entstanden sind.

Diese strengen Präklusionsvorschriften sollen die Rechtskraft des Vollstreckungstitels schützen. Wäre es für den Schuldner möglich, nach Abschluss eines Verfahrens noch alle möglichen Einwendungen gegen die Vollstreckung aus dem Titel vorzubringen, so käme der Gläubiger nie zu seinem Recht. Der Schuldner darf daher nur „neue" Tatsachen vorbringen. Gemeint sind damit die Tatsachen, die im ersten Verfahren nicht mehr vorgebracht werden konnten. Beim Versäumnisurteil und beim Vollstreckungsbescheid ist das Gesetz besonders streng und stellt für den relevanten Zeitpunkt nicht auf die letzte mündliche Verhandlung, sondern auf das Ende der Einspruchsfrist ab.

Hinweis: Eine nur vereinzelt vertretene Gegenmeinung meint demgegenüber, dass die Vollstreckungsabwehrklage auf alle Einwendungen gestützt werden könne, die am Schluss der letzten mündlichen Verhandlung über die Vollstreckungsabwehrklage nicht mehr mit Einspruch geltend gemacht werden könnten[22]. Damit wird aber zum einen § 767 II ZPO weitgehend bedeutungslos, zum anderen ist nicht erklärlich, wieso dem Schuldner gerade bei Versäumnisurteilen in erweiterter Art die Vollstreckungsabwehrklage zur Verfügung stehen sollte. Die Mindermeinung hat vor allem den Fall im Auge, dass der Schuldner noch vor Ablauf der Einspruchsfrist bezahlt und der Gläubiger nun trotzdem vollstreckt. Ein solcher Gläubiger würde aber vorsätzlich rechts- und sittenwidrig handeln. Das kommt selten vor und kann mit § 826 BGB abgewehrt werden.

220 Die Vorschriften über die Präklusion sind insgesamt nur auf rechtskraftfähige Titel anwendbar. Gemäß § 797 IV ZPO gilt § 767 II ZPO daher z.B. **nicht für notarielle Urkunden.**

---

20 BGH NJW 1993, 2178.
21 MünchKommBGB/*Grothe*, Vorbem. §§ 194 ff Rn. 13 m.N.
22 Stein/Jonas/*Münzberg*, ZPO, § 767 Rn. 40.

Die Norm gilt auch nicht für Prozessvergleiche, die der Rechtskraft nicht fähig sind (§ 797 IV ZPO analog)[23]. Für Kostenfestsetzungsbeschlüsse gilt § 767 II ZPO ebenfalls nicht, und zwar deshalb, weil gegen diese die Einwendung nicht auf anderem Weg vorgebracht werden könnte[24]. 221

b) Einfache Einwendungen

Bei einfachen Einwendungen, die ohne die Ausübung eines Gestaltungsrechts entstehen, ist der Zeitpunkt der Entstehung eindeutig. Sie sind dann entstanden, wenn sie erstmals geltend gemacht werden können. 222

> **Beispiel 20a** (Einfache, schon im Erkenntnisverfahren bestehende Einwendung): Schuldner S ist im Mai mit Versäumnisurteil zur Zahlung seiner Wohnungsmiete für die Monate Januar bis März verurteilt worden, da er diese nicht gezahlt hatte. Im Vollstreckungsverfahren beruft er sich erstmalig darauf, dass die Heizung nicht funktioniert habe und er die Miete nach § 536 I BGB daher gar nicht schulde. 223

In **Beispiel 20a** ist die Einwendung des S eindeutig nicht neu. Die Miete war gleich mit Ausfall der Heizung gemindert, S hätte das im Ausgangsrechtsstreit geltend machen müssen.

> **Beispiel 20b** (Neue Einwendung): Schuldner S ist in einem langwierigen streitigen Verfahren zur Herausgabe eines Gemäldes verurteilt worden. Zwei Wochen nach Ende des Rechtsstreits wird das Bild gestohlen. S erhebt Vollstreckungsabwehrklage, weil die Leistung objektiv unmöglich sei. 224

In **Beispiel 20b** beruft sich S auf die Unmöglichkeit der Erfüllung der titulierten Herausgabepflicht (§ 275 I BGB). Diese Einwendung greift durch, da er bei lebensnaher Sachverhaltsauslegung zur Herausgabe des Bildes objektiv nicht im Stande ist. Diese Einwendung ist auch neu, denn sie ist nach der letzten mündlichen Verhandlung eingetreten. Dass S noch Berufung einlegen könnte, ist für § 767 II ZPO unerheblich. 225

c) Gestaltungsrechte

aa) Relevanter Zeitpunkt. Bei den Gestaltungsrechten könnte auf zwei denkbare Zeitpunkte abgestellt werden. Zum einen ließe sich auf die Ausübung des Gestaltungsrechts abstellen, denn erst durch die Ausübung entsteht die Einwendung. Zum anderen aber ließe sich auch auf den Zeitpunkt abstellen, ab dem das Gestaltungsrecht frühestens ausgeübt werden konnte. 226

> **Beispiel 21** (Relevanter Zeitpunkt bei Gestaltungsrechten): Schuldner S hat eine Eigentumswohnung gekauft. Da diese in erheblichem Maße mit Mängeln behaftet ist, mindert S und zahlt den Kaufpreis nicht in voller Höhe. Er wird jedoch zur Bezahlung verurteilt, weil ein wirksamer Haftungsausschluss vorliegt und er die Voraussetzungen des § 444 BGB nicht beweisen kann. Einige Wochen später erfährt er von einem Zeugen, dass der Verkäu- 227

---

23 BGH NJW-RR 1987, 1022; dazu auch die Übungsklausur von *Wittschier*, JuS 1999, 804.
24 BGH NJW 1994, 3292.

fer G das Sachverständigengutachten über den Zustand der Wohnung, welches er dem S beim Verkauf vorgelegt hatte, eigenhändig verändert hatte, um die Mängel zu vertuschen. Als G vollstreckt, erklärt S den Rücktritt. Kann er sich gegen die Vollstreckung wehren?

228 S könnte in **Beispiel 21** Vollstreckungsabwehrklage mit dem Einwand erheben, dass der Kaufvertrag sich durch den Rücktritt nach § 349 BGB in ein Rückgewährschuldverhältnis nach §§ 346 ff BGB umgewandelt hat und damit der Anspruch des Verkäufers auf Zahlung des Kaufpreises erloschen sei.

229 Da S nach den §§ 444, 437 Nr. 2, 323 II Nr. 3 BGB wirklich ein Rücktrittsrecht hatte, steht ihm eine Einwendung zu. Problematisch ist allein, ob S mit diesem Einwand nicht bereits präkludiert ist, da die Möglichkeit des Rücktritts bereits vor Schluss der letzten mündlichen Verhandlung des Erkenntnisverfahrens bestanden hatte. Man könnte es also so sehen, dass „die Einwendung" schon damals bestand.

Man könnte es aber auch anders sehen: Die nachträgliche Umwandlung des Kaufvertrags in ein Rückgewährschuldverhältnis wurde ja erst durch die Ausübung des Gestaltungsrechts (Rücktrittserklärung) – also nach Schluss der letzten mündlichen Verhandlung – bewirkt. Die eigentliche Einwendung (Erlöschen des Zahlungsanspruchs) ist also erst nach dem entscheidenden Zeitpunkt entstanden.

230 Damit ist eine der wichtigsten und bekanntesten Streitfragen des Zwangsvollstreckungsrechts angesprochen: Für die Präklusion nach § 767 II ZPO ist streitig, ob es bei Gestaltungsrechten (Rücktritt, Widerruf, Aufrechnung usw.) auf die objektive Möglichkeit der Ausübung oder die tatsächliche Ausübung des Rechts ankommt.

231 Die Rechtsprechung und ein großer Teil der Literatur gehen davon aus, dass es für die Präklusion nur darauf ankomme, ob das Gestaltungsrecht *objektiv* vor Schluss der letzten mündlichen Verhandlung ausgeübt werden konnte. Kenntnis davon und die eigentliche Ausübung seien unerheblich[25]. Begründet wird dies zumeist mit dem Schutz der Rechtskraft und einem Vergleich zwischen § 767 I und II ZPO. Wenn das Gesetz in § 767 I ZPO von „Einwendungen" und in § 767 II ZPO von „Gründen der Einwendungen" spreche, so sei bewusst etwas Unterschiedliches gemeint. Demnach sei „Einwendung" die Erklärung des Gestaltungsrechts selbst, „Grund" hingegen die objektive Möglichkeit der Ausübung.

232 Die (wohl) herrschende Ansicht in der Literatur hingegen geht davon aus, dass es nur darauf ankomme, wann das Gestaltungsrecht ausgeübt worden sei[26]. Denn zum Entstehungstatbestand des Gestaltungsrechts gehöre die jeweilige Erklärung als dessen Ausübung. Es sei auch nicht einzusehen, warum der Beklagte im Prozess gezwungen sein soll, das Gestaltungsrecht zu erklären, obwohl es ihm nach materiellem Recht freistehe, wann er von seinem Recht Gebrauch machen will. Schließlich bestehe nicht die Gefahr einer „Bevorzugung" des Schuldners. Denn jeder Schuldner werde ein Gestaltungsrecht so früh ausüben, wie er nur könne. Das überzeugt. Kein Schuldner ist bereit, zunächst einen Prozess absichtlich zu verlieren (Kosten!), um dann erst hinter-

---

25 BGHZ 34, 274, 279 m. Anm. *Maihold,* JA 1995, 754; BGH NJW-RR 2006, 229; Thomas/Putzo/*Seiler*, ZPO, § 767 Rn. 22; Zöller/*Herget*, ZPO, § 767 Rn. 14.
26 Stein/Jonas/*Münzberg*, ZPO, § 767 Rn. 32 ff; *Gaul/Schilken/Becker-Eberhard*, § 40 Rn. 62.

her (quasi querulatorisch) noch ein Gestaltungsrecht auszuüben, was ihn von der Schuld befreit. Betroffen sind von der Streitfrage daher immer nur Schuldner, denen ihr Gestaltungsrecht im Ausgangsrechtsstreit unbekannt war. Diese sind im Regelfall schutzwürdig.

Vereinzelt wurde früher darauf abgestellt, wann der Kläger Kenntnis von der Möglichkeit der Ausübung des Gestaltungsrechts erhalten hat. Diese Meinung ist entschieden abzulehnen und wird soweit ersichtlich nicht mehr vertreten. Sie würde dazu führen, dass im Prozess Beweis darüber geführt werden müsste, wann der Schuldner „Kenntnis" von bestimmten Tatsachen erhalten hat. Das ist teuer, zeitaufwendig und kaum Erfolg versprechend. Zudem ist das taktische oder querulatorische Zurückhalten von Einwendungen, dem diese Ansicht entgegenwirken möchte, praktisch irrelevant. 233

bb) Sonderfall Aufrechnung

> **Beispiel 22** (Pflicht zur frühzeitigen Aufrechnung?): Gläubiger G und Schuldner S sind Bauunternehmer, die viel zusammenarbeiten. Nun kam es zu Schwierigkeiten. G hat den S erfolgreich auf Zahlung von Werklohn für Bauleistungen verklagt. Nach Ende des Prozesses erklärt nun S die Aufrechnung und legt Vollstreckungsabwehrklage ein. Er hatte nämlich inzwischen Mängel angezeigt, die an Bauwerken aufgetreten waren, die G vor vielen Monaten für den S errichtet hatte. Da G diese Mängel nicht fristgerecht beseitigte, machte er nun nach §§ 634 Nr. 4, 281 BGB Schadensersatz geltend und rechnete auf. 234

In **Beispiel 22** ist klar, dass die Aufrechnung sowie die Aufrechnungslage erst nach Verfahrensende entstanden sind, so dass an sich nach keiner Ansicht Präklusion eingetreten sein kann. Jedoch ist vertreten worden, dass es bei der Aufrechnung nicht auf die Aufrechnungslage ankommen solle, sondern darauf, wann der Schuldner diese Aufrechnungslage habe herbeiführen können[27]. Zu Recht folgt der BGH dem nicht[28]. 235

> **Beispiel 23** (Ausschluss der Aufrechnung im Erkenntnisverfahren): Schuldner S hat im Ausgangsrechtsstreit in der Berufungsinstanz hilfsweise die Aufrechnung mit einer Gegenforderung erklärt. Das Berufungsgericht hat diese nach § 533 ZPO zurückgewiesen, weil Gläubiger G das Bestehen der Gegenforderung bestritten hat. S legt nun unter Berufung auf die Aufrechnung mit genau dieser Gegenforderung Vollstreckungsabwehrklage ein. Wird er Erfolg haben? 236

Der BGH meint, dass die Aufrechnung auch in Fällen, in denen sie im Rechtsstreit aus prozessualen Gründen nicht geltend gemacht werden durfte, nach § 767 II ZPO ausgeschlossen sei. Anders ausgedrückt besteht also für solche Fälle *keine* Ausnahme. Das überzeugt vollkommen, denn die Präklusionsvorschriften des Erkenntnisverfahrens sollen der Prozessbeschleunigung dienen und würden ihren Sinn verlieren, wenn der Schuldner die zunächst ausgeschlossenen Tatsachen oder Verteidigungsmittel dann in der Zwangsvollstreckung doch noch geltend machen dürfte[29]. In **Beispiel 23** wird S also mit der Vollstreckungsabwehrklage keinen Erfolg haben. 237

---
27 OLG Koblenz OLGR 2001, 455 ff.
28 BGH NJW 2005, 2926.
29 BGH NJW 1994, 2769.

Hinweis: Wissen sollte man auch, wie sich die Aufrechnung in einem solchen Fall materiell-rechtlich auswirkt. Immerhin hat S sie materiell-rechtlich wirksam erklärt[30]. Jedoch wird allgemein angenommen, dass die fehlgeschlagene Prozessaufrechnung dazu führt, dass auch die Wirkung des § 389 BGB nicht eintritt und die Gegenforderung somit bestehen bleibt.

238 Wenn die Vollstreckungsabwehrklage damit begründet wird, dass der Anspruch durch Aufrechnung mit einer rechtswegfremden Gegenforderung erfolgt ist, kommt es auch im Rahmen des § 767 ZPO zu dem bekannten Streit, wie in solchen Verfahren vorzugehen ist, und ob das Gericht nach § 17 II 1 GVG auch über die Gegenforderung entscheiden darf[31].

239 **cc) Andere Sonderfälle.** Zu dem grundlegenden Streit über den relevanten Bezugspunkt bei Gestaltungsrechten kommt hinzu, dass nach allgemeiner Ansicht auch nach der **Art des Gestaltungsrechts** differenziert werden muss.

Beispiel 24 (Verbraucherschützendes Widerrufsrecht): Schuldner S hat im Internet einen Fernseher gekauft. Eine Widerrufsbelehrung wurde ihm dabei nicht erteilt. Da er den Apparat nicht bezahlen kann, ergehen gegen ihn Mahn- und Vollstreckungsbescheide. Erst jetzt erfährt er, dass man Verträge, die man im Internet abgeschlossen hat, widerrufen kann. Er widerruft den Kaufvertrag nach §§ 312d, 355 BGB und will gegen die Vollstreckung vorgehen.

240 Da S in **Beispiel 24** nicht über sein Widerrufsrecht belehrt wurde, war dies in der Tat nach § 355 IV 3 BGB noch nicht verfristet. Er konnte es also noch wirksam ausüben. Fraglich ist aber, ob er nach § 767 II ZPO mit dem Einwand, der Anspruch sei nach §§ 357, 346 BGB erloschen, präkludiert ist. Bei verbraucherschützenden Gestaltungsrechten (z.B. Widerruf) zwingt schon das europäische Richtlinienrecht dazu, § 767 II ZPO unangewendet zu lassen[32]. Denn der EuGH hat bereits mehrfach entschieden, dass das nationale Recht nicht Fristen abschneiden darf, die die Richtlinien vorsehen[33]. Und das Widerrufsrecht läuft in Fällen fehlender Belehrung nach den meisten verbraucherschützenden Richtlinien unbefristet.

Klausurhinweis: In **Beispiel 24** führen also letztlich sogar alle Ansichten zu demselben Ergebnis. Man sollte in der Klausur den Streit dennoch gründlich darstellen – und am besten sogar entscheiden – bevor man unter Verweis auf die richtlinienkonforme Auslegung von § 767 II ZPO den Knoten zerschlägt.

241 Anders ist es auch bei **vertraglich eingeräumten Gestaltungsrechten**, z. B. einem vertraglichen dreimonatigen Rücktrittsrecht oder einer Kündigungsoption bis zu einem bestimmten Tag. Denn diesen Rechten ist es – nach dem gemeinsamen Willen beider Parteien – immanent, dass sie bis zum Ablauf der vereinbarten Frist ausgeübt werden können. Ein Abstellen auf die objektive Möglichkeit der Ausübung hingegen würde gegen die Vereinbarung der Parteien verstoßen.

---

30 Auch *Lüke*, JuS 1995, 685.
31 Dazu *Fischer*, JuS 2007, 921.
32 Anders noch BGH NJW 1996, 57 – heute nicht mehr vertretbar. Ausführlich *Schwab*, JZ 2006, 170 (der außer der europarechtlichen Komponente weitere Argumente bringt); *Heiderhoff*, Europäisches Privatrecht, 3. Auflage 2012, Rn. 336.
33 Zur Klauselrichtlinie EuGH Slg. 2002, 10875 (Cofidis); Slg. 2006, 10421 (Claro).

Beispiel 25 (Präklusion bei vertraglich eingeräumten Ausübungsfristen): Vermieter V hat an Mieter M ein Lager vermietet. Der Mietvertrag läuft bis Ende 2012. M kann durch Ausübung einer Option vor dem 31.10.2012 den Mietvertrag um ein Jahr verlängern. Bereits im Mai 2012 erhebt V mit Erfolg Räumungsklage. Ende Oktober übt M die Option aus. Gegen die Räumungsvollstreckung wendet er sich mit der Vollstreckungsabwehrklage.

242

Rücktritts- und Optionsrechte sind ebenfalls Gestaltungsrechte. In **Beispiel 25** hätte M seine Option bereits vor Mai 2012 – also vor Schluss der letzten mündlichen Verhandlung – ausüben können. Daher stellt sich die Frage, ob er nunmehr mit der Ausübung nach § 767 II ZPO präkludiert ist. Grundsätzlich müsste auch hier auf die objektive Möglichkeit der Ausübung abgestellt werden (Rn. 230). Zu beachten ist aber, dass bei einem vertraglich eingeräumten Optionsrecht die Entscheidungsfreiheit des Berechtigten gerade zwischen den beiden Parteien vereinbart wurde und damit gewissermaßen in ihrem Wesen liegt. Deshalb ist in dieser Situation ausnahmsweise auf den Zeitpunkt der Ausübung des Rechts durch den Berechtigten abzustellen[34]. Der Einwand der Option ist daher nicht präkludiert.

243

3. „Doppelte Vollstreckungsabwehrklage" (§ 767 III ZPO)

Beispiel 26 (Präklusion nach § 767 III ZPO): Schuldnerin S hat sich eine neu zu errichtende Eigentumswohnung gekauft. Wegen des Kaufpreises in Höhe von 200 000 Euro hat sie sich gegenüber dem Bauträger B in einer notariellen Urkunde wirksam der sofortigen Zwangsvollstreckung in ihr gesamtes Vermögen unterworfen. Gezahlt werden soll (wie üblich) nach Bauabschnitten. Die letzte Rate in Höhe von 30 000 Euro bezahlt S dann aber wegen erheblicher Baumängel nicht. Als B aus der notariellen Urkunde gegen S vollstreckt, beruft sie sich erfolgreich auf die fehlende Fälligkeit der Forderung (wegen der Baumängel). Einige Tage nach ihrem Erfolg bei Gericht besichtigt sie erneut die Wohnung. Als sie all die schweren Baumängel sieht, entscheidet sie sich, nun doch von dem Kaufvertrag zurückzutreten. B ignoriert dies, repariert die Mängel, so wie es ihm im Urteil aufgegeben ist, und beginnt danach erneut, die Forderung zu vollstrecken. Kann S sich auf den (materiellrechtlich rechtmäßigen) Rücktritt berufen und sich damit erfolgreich gegen die Zwangsvollstreckung wegen der letzten Rate wehren?

244

Das Problem in **Beispiel 26** besteht darin, dass S bereits einmal (erfolgreich) Vollstreckungsabwehrklage eingelegt hat. Fristen waren dabei nicht zu beachten, da sie sich gegen die Vollstreckung aus einer notariellen Urkunde wendete (§ 797 IV ZPO, Rn. 220). Nunmehr möchte sie erneut Vollstreckungsabwehrklage gegen die Vollstreckung aus der gleichen Forderung einlegen – nur dass sie sich diesmal nicht auf die Einrede fehlender Fälligkeit, sondern auf die Einwendung beruft, der Anspruch auf Kaufpreiszahlung sei entfallen, als sich der Kaufvertrag durch Ausübung des Rücktritts in ein Rückgewährschuldverhältnis verwandelte (§§ 346 ff, 349 BGB). Grundsätzlich kann die Vollstreckungsabwehrklage wiederholt werden. Doch unterliegt die Wiederholungsmöglichkeit Grenzen.

245

---

34 BGH NJW 1994, 1225, 1226.

Nach herrschender Ansicht ist für die Trennung von zulässigen und unzulässigen Wiederholungen die Regelung in § 767 III ZPO gemacht. Die Norm soll dafür sorgen, dass der Schuldner alle Einwendungen, die er hat, so weit als möglich bündelt[35].

Hinweis: Wegen seines Wortlauts wird § 767 III ZPO von der herrschenden Meinung in der Literatur so verstanden, dass es auf die subjektive Möglichkeit der Geltendmachung der Einwendung schon im Rahmen der ersten Vollstreckungsabwehrklage ankommt[36]. Der BGH stellt dagegen auch hier auf die objektive Möglichkeit der Geltendmachung ab[37].

246   Somit scheint § 767 III ZPO genau zu passen. Bedenken gegen eine Anwendung von § 767 III ZPO könnten aber daraus folgen, dass auch das Rücktrittsrecht ein Gestaltungsrecht ist. Die Einwendung des Zurücktretenden entsteht erst mit Ausübung dieses Gestaltungsrechts durch Erklärung des Rücktritts (§ 349 BGB). S kannte ihr Rücktrittsrecht zwar bereits bei Klageerhebung. Sie hatte aber den Entschluss zum Rücktritt noch nicht gefasst und das Rücktrittsrecht noch nicht ausgeübt. Will man D diese materielle Möglichkeit, mit der Ausübung zuzuwarten, auch prozessual erhalten, ließe sich mit den Argumenten der zu § 767 II ZPO vertretenen Literaturauffassung eine Präklusion auch im Anwendungsbereich von § 767 III ZPO ablehnen. Jedoch wird diese Meinung (wegen des abweichenden Wortlauts) zu § 767 III ZPO kaum vertreten. In **Beispiel 26** kann daher S auch mit ihrer zweiten Vollstreckungsabwehrklage nicht durchdringen.

4.   Sonderfall: Rücktritt durch Pfändung beim Verbraucherkreditgeschäft?[38]

247   **Beispiel 27** (Rücktrittsfiktion durch Zwangsvollstreckung): Käufer K kauft ein Auto vom Autohändler V zum Preis von 24 000 Euro. V gewährte K Ratenzahlung zu monatlich 800 Euro. Anfänglich konnte K die Raten noch fristgerecht bezahlen. Als er dann seinen festen Arbeitsplatz verlor, kam er jedoch mit vier aufeinander folgenden Ratenzahlungen in Verzug. V setzte K erfolglos eine Frist zur Zahlung und verklagte daraufhin K erfolgreich auf Zahlung der noch ausstehenden Raten. V beauftragte sodann die Gerichtsvollzieherin mit der Pfändung des PKW. Kann K Vollstreckungsabwehrklage erheben?

248   In **Beispiel 27** wird auf den ersten Blick nicht ersichtlich, welche Einwendung K erheben könnte. Entscheidend ist hier jedoch, dass es sich um ein Teilzahlungsgeschäft nach § 506 I, III BGB handelt, weil eine Ratenzahlung für den Kaufpreis vereinbart worden ist. Von einem solchen Teilzahlungsgeschäft kann der Unternehmer grundsätzlich nach § 498 I iVm. § 508 II BGB zurücktreten, wenn ein Zahlungsverzug des Verbrauchers nach § 498 BGB vorliegt. Obwohl hier die Voraussetzungen des Rücktritts vorliegen, hat V das Teilzahlungsgeschäft aber nicht in Frage gestellt. Vielmehr hat er nur aus seiner titulierten Kaufpreisforderung in den Kaufgegenstand vollstreckt. Einer solchen Vollstreckung in die „eigene" Sache des Verkäufers steht im Allgemeinen nichts entgegen. Man muss aber, wegen der Besonderheiten des Ver-

---

35   BGH NJW 1994, 460; grundlegend anders MünchKommZPO/*K. Schmidt/Brinkmann*, § 767 Rn. 86; *K. Schmidt*, Festgabe 50 Jahre BGH, Bd. 3 (2000), S. 491 ff.
36   *Brox/Walker*, Rn. 1357.
37   BGH NJW-RR 1987, 59.
38   Ausführlich zu diesem Problem *Rahak*, JA 2011, 101 m.N.

braucherschutzes, doch genauer überlegen: Wäre V hier zurückgetreten, löste dies die Rechtsfolgen der §§ 346, 348 BGB aus. Der Verbraucher hätte einen Anspruch auf Rückzahlung der bisher geleisteten Raten nach § 346 I BGB abzüglich etwaiger Nutzungsersatzansprüche des Unternehmers (§§ 346 I, 347 BGB) Zug um Zug gegen Rückgabe des Kaufgegenstands. Nun liegt eine Rücktrittserklärung hier zwar gerade nicht vor. Aber das Verbraucherschutzrecht kennt zum Schutz des Kreditnehmers eine Rücktrittsfiktion (§ 508 II 5 BGB), die hier eingreifen könnte. Danach fingiert die Wegnahme des Kaufgegenstands durch den Unternehmer den Rücktritt vom zugrunde liegenden Teilzahlungsgeschäft. Sinn und Zweck der Vorschrift ist es, den säumigen Schuldner davor zu schützen, dass er Besitz und Nutzung der Kaufsache verliert und gleichwohl weiterhin (mangels Rücktritt) den Kaufpreis schuldet[39].

Allerdings liegt im Beispiel auch noch keine Wegnahme der Sache vor. Da aber vielleicht die Pfändung doch so etwas Ähnliches wie eine Wegnahme sein könnte, stellt sich die Frage, ob die Norm (§ 508 II 5 BGB) analog auf die Pfändung, oder jedenfalls auf die spätere Wegnahme oder die Verwertung der Sache durch die Gerichtsvollzieherin angewendet werden muss.

Schon zum früheren Recht (§ 5 AbzG) postulierte die herrschende Ansicht, dass nicht die Pfändung der Kaufsache, gleichwohl aber deren Wegnahme durch den Gerichtsvollzieher mit anschließender Verwertung durch Versteigerung die Rücktrittsfiktion auslöse[40]. Dem ist auch heute noch grundsätzlich zu folgen. Denn der Zweck des § 508 II 5 BGB liegt weiterhin darin, den Schuldner davor zu schützen, Besitz und Nutzung der Kaufsache zu verlieren und gleichwohl den Kaufpreis zahlen zu müssen.

249

Umstritten ist hingegen, zu welchem Zeitpunkt genau der Rücktritt gemäß § 508 II 5 BGB fingiert wird. Die Pfändung selbst, also das Anbringen des Pfandsiegels, ist noch zu früh, sie hat nur vorbereitenden Charakter[41]. In Betracht kommen jedoch die Wegnahme durch den Gerichtsvollzieher, die Anberaumung des Versteigerungstermins oder die abschließende Verwertung der Pfandsache. Gegen die ersten beiden Möglichkeiten spricht, dass der Schuldner zu diesen Zeitpunkten jeweils noch in der Lage ist, den endgültigen Verlust durch Bezahlen der Forderung zu verhindern, sodass der vollständige Verlust der Nutzungsmöglichkeit also noch nicht unmittelbar bevorsteht[42]. Der endgültige Besitzverlust tritt daher unzweifelhaft erst mit der abschließenden Verwertung ein. Sieht man erst hierin, also im Abschluss der Zwangsvollstreckung, den relevanten Zeitpunkt für die Rücktrittsfiktion, hilft das dem Schuldner jedoch wenig, da der Einwand der §§ 508 II 5, 346, 348, 320 BGB nun nicht mehr mit der Vollstreckungsgegenklage nach § 767 ZPO geltend gemacht werden kann[43].

Vorzugswürdig erscheint daher eine vermittelnde Lösung, die zwar den Rücktritt dogmatisch zutreffend erst im Zeitpunkt der abschließenden Verwertung fingiert, dem Vollstreckungsschuldner jedoch schon früher gestattet, die Einrede der §§ 348,

---

39 BGH NJW 2002, 133, 135.
40 BGHZ 39, 97, 100; 55, 59, 62.
41 BGHZ 39, 97, 101.
42 *Rahak*, JA 2011, 101, 103.
43 MünchKommBGB/*Schürnbrand*, § 508 Rn. 56, der daher auf die Wegnahme abstellt.

320 BGB im Wege der Vollstreckungsgegenklage nach § 767 ZPO geltend zu machen[44]. Zwar steht ihm materiell-rechtlich der Anspruch nach § 346 BGB dann noch gar nicht zu, aber so kann er erreichen, dass die Vollstreckung nur fortgesetzt wird, wenn ihm die gezahlten Raten Zug um Zug rückerstattet werden (§ 756 ZPO).

250 Sobald also die Gerichtsvollzieherin in **Beispiel 27** die Sache im Auftrag des V pfändet, kann K die Einrede nach §§ 348, 320 BGB gegenüber der Verwertung im Wege der Vollstreckungsabwehrklage geltend machen.

251 **Zur Vertiefung:** Schwierig zu beantworten ist die Frage, ob die Vollstreckung in sonstige Güter des Schuldners fortgesetzt werden darf, sobald das Auto wieder freigegeben ist[45]. Dogmatisch lässt sich das kaum konstruieren, denn einen Rücktritt vom Rücktritt gibt es nicht. Das Bedürfnis für eine solche „Heilung" ist ebenfalls nicht ganz so groß, wie man zunächst meinen könnte. Denn § 508 II 5 Halbs. 2 BGB erlaubt den Abschluss einer Vergütungsvereinbarung zwischen Gläubiger und Schuldner, durch welche die Rücktrittsfiktion verhindert werden kann. Nach herrschender Ansicht ist diese sogar nachträglich möglich, und der Eintritt der Rücktrittsfolgen ist durch den nachträglichen Abschluss einer entsprechenden Vereinbarung auflösend bedingt[46]. Eine solche auflösende Bedingung ließe sich dann allerdings unter Umständen auch in der Freigabe des Gegenstands durch den Gerichtsvollzieher erblicken.

IV. Einstweilige Anordnungen

252 Die Erhebung der Vollstreckungsabwehrklage beseitigt noch nicht die (vorläufige) Vollstreckbarkeit des Titels. Um diese zu erreichen, muss der Kläger einen Antrag nach § 769 ZPO stellen, über den das Prozessgericht (oder in Eilfällen das Vollstreckungsgericht, § 769 II ZPO) nach seinem Ermessen durch Beschluss entscheidet. Beschließt das Gericht, dass die Vollstreckung (ohne oder gegen) Sicherheitsleistung einzustellen ist, oder dass einzelne Vollstreckungsmaßnahmen aufzuheben sind, so besteht darin ein Vollstreckungshindernis, welches das Vollstreckungsorgan (also z.B. der Gerichtsvollzieher) zu beachten hat (§ 775 Nr. 2 ZPO).

V. Sonderformen der Vollstreckungsabwehrklage

253 Wenn der Schuldner nur mit einer bestimmten Vermögensmasse für einen Anspruch haftet (wie z.B. der Erbe bei einer Beschränkung der Haftung auf den Nachlass, §§ 1975 ff BGB; oder derjenige, der sich als Minderjähriger verpflichtet hat, nach § 1629a BGB), dann muss er sich wehren können, falls der Gläubiger in andere Vermögensgegenstände vollstreckt. Nach §§ 785 ff ZPO finden die §§ 767, 769 ZPO hier entsprechende Anwendung.

---

44 So *Brox/Walker*, Rn. 440; MünchKommZPO/*Gruber*, § 817 Rn. 25 (sogar u. U. schon vor der Pfändung der konkreten Sache); *Rahak*, JA 2011, 101, 104.
45 Dagegen etwa AG Gelsenkirchen-Buer DGVZ 1979, 75.
46 MünchKommBGB/*Schürnbrand*, § 508 Rn. 61.

Beispiel 28 (zur Abgrenzung des § 785 ZPO): Gläubiger G vollstreckt gegen Schuldner S, als dieser plötzlich verstirbt. G setzt die Vollstreckung fort und beauftragt den Gerichtsvollzieher, auch einige wertvolle Gegenstände aus dem Vermögen des Erben E zu pfänden.

In **Beispiel 28** greift nicht § 785 ZPO ein. Denn hier handelt es sich um die Fortsetzung einer Vollstreckung nach dem Tod des Schuldners nach § 779 ZPO. Diese darf zwar ebenfalls nur in den Nachlass erfolgen, aber das liegt daran, dass Titel und Klausel sich gegen den Erblasser (hier S) richten. Wenn Vermögen des E gepfändet wird, liegt ein Fall des § 771 ZPO vor, E kann Drittwiderspruchsklage einlegen (dazu unten Rn. 527 ff).

Fall 3 (Abtretung und Präklusion nach § 767 II ZPO):
Gläubiger G hat seine Forderungen gegen Schuldner S zur Sicherheit an die B-Bank abgetreten. Gleichwohl machte G die bereits abgetretene Forderung klageweise gegen S im eigenen Namen geltend. S wurde antragsgemäß verurteilt. G beginnt mit der Vollstreckung. Nun meldet sich auch die B-Bank und klärt den S über die bereits erfolgte Abtretung auf. Kann sich S gegen die Vollstreckung des G mit der Vollstreckungsabwehrklage wehren?

Lösungshinweise:
I. Zulässigkeit

Die Vollstreckungsabwehrklage ist zulässig. Insbesondere ist sie nach § 767 I ZPO statthaft, da sich S auf materiell-rechtliche Einwendungen gegen den titulierten Anspruch beruft. Er macht geltend, dass G aufgrund der Abtretung nicht mehr Inhaber der Forderung ist.

II. Begründetheit

Problematisch ist allerdings die Begründetheit der Klage.

1. Einwendung: Verlust der Aktivlegitimation

Zunächst könnte man daran denken, den Verlust der Aktivlegitimation als Einwendung iSd. § 767 ZPO zu verstehen. Dieser kann durchaus eine taugliche Einwendung nach § 767 I ZPO darstellen.

Hier ist diese Einwendung aber nach § 767 II ZPO jedenfalls ausgeschlossen, da die fehlende Aktivlegitimation bereits vor dem Schluss der letzten mündlichen Tatsachenverhandlung vorgelegen hat. Dass S von der Abtretung keine Kenntnis hatte, ist unbeachtlich.

2. Einwendung: § 407 I BGB

Möglicherweise kann hier aber § 407 I BGB als Einwendung vorgebracht werden. Nach § 407 BGB könnte ausnahmsweise doch auf die Kenntnis des S abzustellen sein. Danach verliert S nämlich erst durch die Kenntnis von der Abtretung die Möglichkeit, mit befreiender Wirkung an den Zedenten G leisten zu können. Hier hat S in der Tat erst nach Rechtskraft des gegen ihn ergehenden Urteils von der Abtretung der Forderung zwischen G und der B-Bank erfahren. § 407 I BGB greift also erst ab diesem Moment ein. Die Einwendung könnte „neu genug" sein.

In der Literatur, sowie früher auch in der Rechtsprechung, wird die Auffassung vertreten, dass die nachträgliche Kenntnis des Schuldners von der Zession eine beachtliche Tatsache

254

255

256

iSd. § 767 II ZPO darstelle[47]. Dies ließe sich damit begründen, dass für den Schuldner bis zum Zeitpunkt der Kenntnis objektiv kein Bedürfnis besteht, den Einwand der Abtretung geltend zu machen, da er ja gemäß § 407 I BGB noch mit befreiender Wirkung an den Zedenten leisten kann. Erst ab Kenntnis der Abtretung verändert sich seine Rechtsstellung nachteilig, da er ab diesem Zeitpunkt nur noch an den Zessionar mit befreiender Wirkung zahlen kann. Die Kenntniserlangung kann daher als subjektive Tatbestandsvoraussetzung des Einwands der fehlenden Aktivlegitimation gesehen werden. Da die Kenntnis hier nach dem Schluss der letzten mündlichen Verhandlung eintrat, wäre der Einwand nicht präkludiert.

Nach der vom BGH vertretenen Gegenansicht kann die Kenntniserlangung nach § 407 I BGB dagegen keine Auswirkungen auf den Entstehungszeitpunkt der Einwendung fehlender Aktivlegitimation haben[48]. Für die Sichtweise des BGH spricht insbesondere, dass im Anwendungsbereich von § 767 II ZPO zum Schutz der Rechtskraft auf die objektive Lage abzustellen ist und diese nicht davon abhängen kann, ob die Beteiligten von der Lage Kenntnis haben. Zudem verliert der Schuldner durch die Kenntniserlangung nur eine Verteidigungsmöglichkeit gegenüber dem Zessionar, während in dem Rechtsverhältnis zum Zedenten keine Änderungen eingetreten sind. Folgt man dem, so kann die Kenntnis bei einer Klage nach § 767 I ZPO auch keine Einwendung im Verhältnis zum Zedenten begründen[49].

Für die Auffassung des BGH streitet folgende weitere Überlegung: Die Versagung der Vollstreckungsabwehrklage belastet den Schuldner nicht unzumutbar, da für ihn die Möglichkeit besteht, den geschuldeten Betrag zu hinterlegen und auf die Rücknahme zu verzichten, um ein Erlöschen der Forderung zu bewirken (§§ 372 S. 2, 378 BGB). Geht er so vor, kann er mit einer erneuten Vollstreckungsabwehrklage das Erlöschen der Forderung durch Hinterlegung geltend machen. Diese Einwendung wäre nach Schluss der mündlichen Verhandlung entstanden und daher nicht nach § 767 II ZPO präkludiert.

III. Ergebnis: S kann gegen die Vollstreckung des G nicht dessen fehlende Aktivlegitimation einwenden. Hinterlegt er den Betrag, erwächst ihm der Erfüllungseinwand. Nur in diesem Fall hätte die Vollstreckungsabwehrklage des S Erfolg.

Hinweis: Bei Abtretungen vor oder während des Rechtsstreits muss man unbedingt § 407 II BGB beachten. Es macht einen wichtigen Unterschied, ob die Forderung vor Beginn des Verfahrens oder während des Verfahrens abgetreten wurde.

---

47 Zöller/*Herget*, ZPO, § 767 Rn. 14.
48 BGH NJW 2001, 231; *Jauernig/Berger*, § 12 Rn. 8; Thomas/Putzo/*Seiler*, § 767 Rn. 22.
49 BGH NJW 2001, 231, 232.

VI. Stoffzusammenfassung: Vollstreckungsabwehrklage (§ 767 ZPO)

Prozessuale Gestaltungsklage bei materiell-rechtlichen Einwendungen gegen die Zwangsvollstreckung. **Klageziel:** Unzulässigerklärung der Vollstreckung aus Urteilen sowie aus den weiteren der in § 794 I ZPO aufgeführten Titeln (vgl. § 795 ZPO). Der Titel selbst bleibt bestehen.

257

I. Zulässigkeit
  1. **Statthaftigkeit**
     – statthaft bei materiell-rechtlichen Einwendungen gegen den dem Titel zugrunde liegenden Anspruch
     – Abgrenzung möglicherweise erforderlich
     a) zur Vollstreckungserinnerung (§ 766 ZPO)
        Abgrenzung insbesondere problematisch beim Vorliegen einer sog. Vollstreckungsvereinbarung, sowie bei Mangelhaftigkeit der Zug-um-Zug angebotenen Gegenleistung im Rahmen der Zug-um-Zug-Vollstreckung nach § 756 ZPO.
     b) zur Klauselgegenklage (§ 768 ZPO)
        Klagegegenstand kann ähnlich sein oder sogar Eingreifen beider Klagen nebeneinander möglich (dann obj. Klagenhäufung).
     c) zur Drittwiderspruchsklage (§ 771 ZPO)
     d) zur Abänderungsklage (§ 323 ZPO)
        Anwendungsbereich überschneidet sich nicht mit dem von § 767 ZPO.
     e) zur (umstrittenen) Klage auf Titelherausgabe nach § 826 BGB
     f) und zur Berufung
        Vollstreckungsabwehrklage und Berufung sind meist beide statthaft und zulässig, wenn der Schuldner nach der letzten mündlichen Verhandlung, aber noch innerhalb der Berufungsfrist, eine Einwendung gegen den titulierten Anspruch erhält. Der Schuldner kann den günstigeren Rechtsbehelf wählen.
  2. **Zuständigkeit**
     Örtlich und sachlich ausschließlich das Prozessgericht des ersten Rechtszugs, also das Gericht, bei dem der Rechtsstreit, in welchem der Titel erwirkt wurde, in der ersten Instanz geführt worden ist (§§ 767 I, 802 ZPO); Sonderregeln in §§ 795 ff ZPO; § 796 III ZPO (Vollstreckungsbescheid): Gericht, das für eine Entscheidung im Streitverfahren zuständig gewesen wäre; § 797 III ZPO (notarielle Urkunde: Gericht am allgemeinen Gerichtsstand des Schuldners).
  3. **Rechtsschutzbedürfnis**
     – zeitlicher Rahmen: Zwangsvollstreckung droht und ist noch nicht beendet.
     – bei Klage gegen Vollstreckung aus einem Prozessvergleich muss geprüft werden, ob nicht Unwirksamkeit des Vergleichs zu einem Wiederaufleben des Ausgangsrechtsstreits führt

II. Begründetheit
  – Bestehen der Einwendung und keine Präklusion nach § 767 II oder III ZPO
  1. **Einwendungen**
     – jede materiell-rechtliche Einwendung, u.a. auch (unter strengen Voraussetzungen) die Verwirkung der Vollstreckung
     – nicht jedoch: Änderung der Rechtsprechung zugunsten des Schuldners
  2. **Präklusion**
     – Zweck der Präklusion: Schutz der Rechtskraft des Vollstreckungstitels, Rechtssicherheit

- Anwendbarkeit der Präklusionsvorschriften nur auf rechtskräftige Titel; daher nicht anwendbar bei vollstreckbaren Urkunden (§ 797 IV ZPO)
- maßgeblicher Zeitpunkt beim streitigen Urteil: Entstehung der Einwendung vor Schluss der letzten mündlichen Verhandlung
- maßgeblicher Zeitpunkt beim Versäumnisurteil und Vollstreckungsbescheid: Entstehung der Einwendung vor Ende der Einspruchsfrist
- Entstehung der Einwendung bedeutet bei einfachen Einwendungen: erstmalige Möglichkeit der Geltendmachung.
- Bei Gestaltungsrechten ist sehr streitig, auf welchen Zeitpunkt abzustellen ist (h.L.: tatsächliche Ausübung; Rspr.: früheste objektive Möglichkeit der Ausübung).
- Bei einzelnen Gestaltungsrechten kommt es (unstreitig) auf die tatsächliche Ausübung an; so bei vertraglich vereinbarten Ausübungsfristen oder beim Widerrufsrecht.

3. „Doppelte Vollstreckungsabwehrklage" (§ 767 III ZPO)
- Wiederholung der Vollstreckungsabwehrklage möglich, sofern nicht aufgrund von § 767 III ZPO wegen Präklusion (hier subjektiver Maßstab!) unzulässig.

§ 6 Titelgegenklage (Klage sui generis analog § 767 ZPO)

Studienliteratur: *Deubner*, Aktuelles Zivilprozessrecht, JuS 2008, 222; *Özen/Hein*, Die prozessuale Gestaltungsklage analog § 767 ZPO, JuS 2010, 124 ff; *K. Schmidt*, Vollstreckung aus abstraktem Schuldversprechen trotz Verjährung, JuS 2010, 263; *Socha*, Neues von der prozessualen Gestaltungsklage analog § 767 ZPO, JuS 2008, 794.

I. Zielrichtung

Die Klage nach § 767 ZPO ist nur statthaft, wenn der Kläger **Einwendungen** gegen den titulierten **Anspruch** geltend macht (Rn. 215 ff). Er trägt also nicht die **Fehlerhaftigkeit des Titels selbst** vor. Für Letzteres finden sich im Gesetz regelmäßig nur die §§ 732, 768 ZPO als statthafte Rechtsbehelfe. Diese passen aber längst nicht immer. § 768 ZPO greift ohnehin nur, wenn eine Voraussetzung für die Erteilung einer qualifizierten Klausel fehlt (Rn. 157). Und die Klauselerinnerung nach § 732 ZPO ist ihrer Stellung und eigentlichen Aufgabe entsprechend immer deutlicher als rein formaler Rechtsbehelf aufgefasst worden. Die Erinnerung greift ein, wenn der Titel offenkundig nichtig ist, so dass der Urkundsbeamte es bei der Erteilung der Klausel hätte erkennen müssen. Aber sie greift nicht, wenn die Nichtigkeit des Titels versteckt war oder gar auf komplizierten materiell-rechtlichen oder verfahrensrechtlichen Gründen beruht (Rn. 171 ff).

258

Daher besteht eine Regelungslücke, die der BGH in ständiger Rechtsprechung füllt, indem er § 767 ZPO analog anwendet, wenn es um Einwendungen gegen die **Wirksamkeit des Titels** an sich geht[1]. Man spricht von einer „Klage *sui generis*", einer „prozessualen Gestaltungsklage analog § 767 I ZPO" oder, klar und treffend, von einer Titelgegenklage. Es ist inzwischen ganz herrschende Ansicht, dass § 767 ZPO analog angewendet werden kann, wenn der Titel nichtig ist[2]. Darin kann man einen Erst-recht-Schluss sehen: Wenn der Schuldner schon bei materiell-rechtlichen Einwendungen gegen die im Titel enthaltene Forderung die Zwangsvollstreckung für unzulässig erklären lassen kann, muss er dies erst recht tun dürfen, wenn der ganze Titel nichtig ist.

259

Auch die Titelgegenklage ist eine prozessuale Gestaltungsklage. Im stattgebenden Urteil wird die Zwangsvollstreckung wegen Unwirksamkeit des Titels für unzulässig erklärt.

260

BGH NJW 1994, 460:

„Ist ein Zahlungstitel nicht der materiellen Rechtskraft fähig, weil nicht erkennbar ist, über welchen Anspruch das Gericht entschieden hat, kann der Schuldner mit einer prozessualen Gestaltungsklage analog § 767 I ZPO beantragen, dass die Zwangsvollstreckung aus dem Titel für unzulässig erklärt wird."

---

1 BGH NJW 1994, 460; NJW 2002, 138.
2 Thomas/Putzo/*Seiler*, ZPO, § 767 Rn. 8a; Musielak/*Lackmann*, ZPO, § 767 Rn. 9b; Schuschke/Walker/*Raebel*, § 767 Rn. 46.

Klausurhinweis: Die Vollstreckungsabwehrklage und die Titelgegenklage sollten nie in einer Prüfung „vermischt" werden. Man prüft zuerst die Vollstreckungsabwehrklage an, die aber schon in der Statthaftigkeit scheitert, und prüft dann separat die Titelgegenklage.

II. Hauptanwendungsfall: Die notarielle Unterwerfungserklärung

1. Typischer Umfang

261 Die Titelgegenklage wird besonders häufig gegen die Vollstreckung aus notariellen Unterwerfungserklärungen erhoben. Spätestens wenn einem ein solcher Fall begegnet, ist es nötig, die notarielle Unterwerfungserklärung gut zu kennen. Oben wurde schon die Funktion der notariellen Unterwerfungserklärung als Titel dargestellt (Rn. 79). Für die Zwangsvollstreckung sind weitere Einzelheiten wichtig. Zur Veranschaulichung dient zunächst das folgende typische Beispiel einer solchen Erklärung:

„Die Parteien schließen folgenden Kreditvertrag:

1. Der Kreditbetrag beträgt 100 000 Euro.

2. Der Kreditbetrag dient zur freien Finanzdisposition des Kreditnehmers.

3. Zinszahlungen (...)

4. Kündigungsrechte (...)

5. Sicherheiten

5.1. Wegen des Grundschuldkapitals nebst Zinsen unterwerfe ich, S, mich als Sicherungsgeberin der sofortigen Zwangsvollstreckung aus dieser Urkunde in das belastete Pfandobjekt in der Weise, dass die sofortige Zwangsvollstreckung in das Grundeigentum auch gegen den jeweiligen Eigentümer zulässig sein soll.

5.2. Für die Zahlung eines Geldbetrags, dessen Höhe der bewilligten Grundschuld – Kapital und Zinsen – entspricht, übernehme ich, S, die persönliche Haftung. Ich unterwerfe mich wegen dieser persönlichen Haftung der Gläubigerin gegenüber der sofortigen Zwangsvollstreckung aus dieser Urkunde in das gesamte Vermögen. Die Gläubigerin kann die persönliche Haftung unabhängig von der Eintragung der Grundschuld und ohne vorherige Zwangsvollstreckung in das belastete Pfandobjekt geltend machen.

6. Schlussbestimmungen/Salvatorische Klauseln (...)"

262 Von Bedeutung ist Ziffer 5 (Sicherheiten). Dort finden sich typische Unterwerfungserklärungen. Ziffer 5.1 enthält eine **dingliche Unterwerfungserklärung**. Diese Erklärung dient der sofortigen Zwangsvollstreckung der eingetragenen Grundschuld. Grundsätzlich müsste die B-Bank aus der Grundschuld auf Duldung der Zwangsvollstreckung klagen (§§ 1192, 1147 BGB). Erst nach dem Urteil könnte die Zwangsvollstreckung in das Grundstück beginnen. Die notarielle Unterwerfungserklärung in Ziffer 5.1 ersetzt dieses Gerichtsurteil. Es kann direkt aus der Erklärung in das Grundstück vollstreckt werden. Da die Erklärung ein Grundschuldurteil ersetzt, kann sie nicht weitergehen, als ein solches Urteil reichen würde. Deshalb ist der Zugriff auf das unbewegliche Vermögen (§§ 1192, 1147 BGB) beschränkt. Aus diesem Grund heißt diese Art der Unterwerfungserklärung *dingliche* Unterwerfungserklärung. Nach § 800 ZPO kann die dingliche Unter-

werfungserklärung (nach Erteilung einer qualifizierten Klausel iSd. § 727 ZPO) auch jeden Eigentümer des Grundstücks treffen. Diese Folge muss aber zum einen in der Unterwerfungserklärung ausdrücklich enthalten sein (vgl. Beispiel) und die Unterwerfung muss ins Grundbuch eingetragen werden.

Ziffer 5.2 hingegen enthält eine **persönliche Unterwerfungserklärung**. Diese Erklärung stellt nach der gefestigten Rechtsprechung des BGH ein abstraktes Schuldanerkenntnis nach § 780 BGB dar[3]. Dadurch wird vom Schuldner nochmals unabhängig (abstrakt) anerkannt, dass eine Schuld gegenüber der Bank in Höhe des Grundschuldbetrags besteht. Das Schuldanerkenntnis dient praktischen Zwecken. Das Anerkenntnis ist nämlich aufgrund der Rechtsnatur als notarielle Unterwerfungserklärung ebenfalls sofort vollstreckbar. Im Gegensatz zur dinglichen Unterwerfungserklärung ist die Zwangsvollstreckung nicht auf die Vollstreckung in das unbewegliche Vermögen beschränkt. Vielmehr kann die Bank auch in das gesamte persönliche Vermögen des Schuldners vollstrecken. Wird der Kredit notleidend, kann die Bank die Lohnansprüche des Schuldners oder aber bewegliche Vermögensgegenstände pfänden. Diese Erweiterung des Zugriffsbereichs der Zwangsvollstreckung hat insbesondere dann Bedeutung, wenn die Verwertung des Pfandgrundbesitzes zur Befriedigung der Bank nicht ausreicht oder aber eine Zwangsversteigerung des Grundstücks wirtschaftlich nicht zweckmäßig ist, zum Beispiel weil es sich um eine Gewerbeimmobilie handelt, deren Versteigerung den gesamten Betrieb des Schuldners lahm legen würde.

263

Zur Vertiefung: Durch die dingliche Unterwerfungserklärung tritt keine Beweislastumkehr ein, wenn darin kein abstraktes Schuldanerkenntnis liegt. Zwar muss der Schuldner Vollstreckungsabwehrklage erheben, um die Vollstreckung zu verhindern, aber der Gläubiger bleibt beweispflichtig für alle den Anspruch begründenden Umstände[4].

264

Dagegen tritt bei der persönlichen Unterwerfungserklärung eine Beweislastumkehr ein, da in ihr (nach Auffassung der Rechtsprechung) immer zugleich ein abstraktes Schuldanerkenntnis enthalten ist. Wegen dieser (versteckten) Beweislastumkehr muss man einen Verstoß gegen § 309 Nr. 12 BGB prüfen – die Frage, ob ein solcher anzunehmen ist, ist sehr streitig[5]. In der Praxis wird die Anwendbarkeit des § 309 Nr. 12 BGB verneint, weil das Schuldanerkenntnis als ein gesetzlich vorgesehenes Rechtsinstitut angesehen wird.

2. Materielle und verfahrensrechtliche Unwirksamkeitsgründe der notariellen Urkunde

Es kann (in der Klausur typischerweise) geschehen, dass die materiell-rechtlichen Voraussetzungen für die Errichtung der vollstreckbaren notariellen Urkunde fehlen. So unterliegt der notarielle Vertrag der AGB-Kontrolle nach §§ 305 ff BGB, die aus verschiedenen Gründen negativ ausfallen kann. Auch kann es sein, dass der Schuldner über bestimmte Tatsachen getäuscht wurde und den Vertrag anficht. Das ändert aber meist alles nichts an der Wirksamkeit der notariellen Urkunde selbst, da diese eine gewissermaßen isoliert zu betrachtende prozessuale Willenserklärung ist.

265

---

3 Die Literatur wendet sich teilweise vehement dagegen, etwa Staudinger/*Marburger*, BGB, § 780 Rn. 32 m.N.
4 BGH NJW 2001, 2096.
5 Näher dazu *Baur/Stürner/Bruns*, Rn. 16.19.

266 Es gibt hier wenigstens vier Konstellationen, die man erkennen können muss: Zunächst kann die Unterwerfungsurkunde selbst einen Fehler in sich tragen. Dann ist der Titel nichtig. Hierbei ist zwischen zwei Fällen zu unterscheiden: Der Titel ist offensichtlich nichtig (dann darf keine Klausel erteilt werden); der Titel ist zwar nichtig, aber dies ist erst bei näherer Prüfung der Rechtslage erkennbar (dann muss eine Klausel erteilt werden). Es kann aber auch sein, dass die Unterwerfungserklärung mit dem darin enthaltenen Schuldanerkenntnis wirksam ist und nur die zugrunde liegende materiell-rechtliche Verpflichtung nicht besteht. Dann muss man unterscheiden zwischen den Fällen, in denen der Schuldner sein Schuldanerkenntnis kondizieren kann und den Fällen, in denen die Abstraktheit des Schuldanerkenntnisses durchschlägt und der Gläubiger auf seiner Basis vollstrecken darf, obwohl die zugrunde liegende Forderung nicht (mehr) besteht. Das sei im Folgenden an Beispielen verdeutlicht.

a) Fehler der vollstreckbaren Urkunde selbst

267 Die notarielle Urkunde kann selbst Fehler aufweisen, so dass eine etwaige Vollstreckung ohne wirksamen Titel erfolgen würde.

> **Beispiel 29** (AGB-Verstoß in der Urkunde): Schuldner S hat von Gläubiger G eine neu zu errichtende Immobilie gekauft. In dem notariellen Vertrag hat S sich der sofortigen Zwangsvollstreckung unterworfen. Laut Vertrag darf die Vollstreckung erfolgen, ohne dass G die Fälligkeit nachweisen muss. Zum ersten im Vertrag enthaltenen Termin bezahlt S nicht, da die Bauarbeiten nicht vorangeschritten sind. G beantragt bei Notarin N eine Klausel und beginnt die Zwangsvollstreckung gegen S. S will sich dagegen wehren.

268 In **Beispiel 29** ist die Erinnerung nicht statthaft. Denn bei der Erteilung der Klausel ist kein Fehler geschehen. Die Frage, ob es zulässig ist, sich der Zwangsvollstreckung zu unterwerfen, ohne dass ein Fälligkeitsnachweis vorliegt, war *keine formelle* Voraussetzung der Klauselerteilung und wurde vom Klauselerteilungsorgan zu Recht nicht geprüft. Dass in dem notariellen Vertrag unter Umständen ein Verstoß gegen §§ 305 ff BGB liegt, und dass dadurch der Titel sogar nichtig sein könnte, darf bei der Klauselerteilung nicht überprüft werden (Rn. 172).

269 Fraglich ist allerdings, wie S dann geltend machen kann, dass die Vollstreckung unzulässig ist. S könnte hier Vollstreckungsabwehrklage einlegen und vorbringen, der materiell-rechtliche Anspruch sei noch nicht fällig. Damit wird er zunächst Erfolg haben. Aber letztendlich wird ihm das nur für kurze Zeit helfen. Spätestens bei der nächsten Rate kann G wieder eine Klausel beantragen und der Streit wird neu aufflammen.

S sollte daran gelegen sein, sich darauf zu berufen, dass ein Verzicht auf den Fälligkeitsnachweis die Unterwerfungserklärung nichtig macht. Der geeignete Rechtsbehelf dafür ist die **Titelgegenklage**. Diese wäre hier auch begründet. Denn der formularmäßige Verzicht auf den Fälligkeitsnachweis kann in der Tat eine Unwirksamkeit der Unterwerfungserklärung selbst begründen. Bei gewerblichen Bauträgern liegt ein Verstoß gegen § 134 BGB iVm. § 3 II, 12 MaBV[6] vor, wenn im Vertrag auf den be-

---
[6] Verordnung über die Pflichten der Makler, Darlehensvermittler, Bauträger und Baubetreuer.

sondern Nachweis der Fälligkeit verzichtet wird[7]. Greift die MaBV nicht ein (insbesondere weil der Bauträger nicht gewerblich tätig ist), so ist der Fälligkeitsverzicht und damit die notarielle Unterwerfungserklärung regelmäßig nach § 307 BGB wegen einer unangemessenen Benachteiligung unwirksam[8].

BGH NJW 2002, 138:

„Eine in einem notariellen Vertrag enthaltene Allgemeine Geschäftsbedingung, mit der sich der Erwerber eines noch zu errichtenden Hauses der sofortigen Zwangsvollstreckung in sein gesamtes Vermögen unterwirft, und der Unternehmer berechtigt ist, sich ohne weitere Nachweise eine vollstreckbare Ausfertigung der Urkunde erteilen zu lassen, verstößt gegen § 9 AGBG" [jetzt § 307 BGB].

Die Unterwerfungserklärung ist in diesen Fällen unwirksam. Gewissermaßen vereinfachend wird dann fast allgemein auch die Nichtigkeit der notariellen Urkunde angenommen[9]. Das Gericht wird die Zwangsvollstreckung also für unzulässig erklären. 270

Zur Vertiefung: Es gibt noch einige weitere Varianten, in denen eine Unterwerfungserklärung wegen Verstoß gegen die §§ 307 ff BGB unwirksam ist. So verstößt es gegen § 307 BGB, wenn der Grundschuldgeber nicht zugleich der Schuldner der gesicherten Forderung ist, aber in der formularmäßig verwendeten Urkunde dennoch eine persönliche Unterwerfungserklärung enthalten ist[10]. 271

Mit einem wichtigen Urteil hat der BGH zu der sehr streitigen Frage der Abtretbarkeit einer Grundschuld mit einer dinglichen Unterwerfungserklärung Stellung genommen[11].

Der BGH hat darin klargestellt, dass es nicht gegen § 307 I 1 BGB verstößt, wenn die Bank bei einer formularmäßigen Unterwerfung unter die sofortige Zwangsvollstreckung die Kreditforderung und die sie sichernde Grundschuld frei an einen beliebigen Dritten abtreten kann. Voraussetzung für die wirksame Rechtsnachfolge durch den Zessionar ist aber, dass der auch die Verpflichtungen aus dem Sicherungsvertrag übernommen hat. Der Zessionar wird also erst dann Rechtsnachfolger, wenn er auch in den Sicherungsvertrag eingetreten ist. Das bedeutet, dass eine Klausel nach § 727 ZPO nur erteilt werden darf, wenn dieser Eintritt nachgewiesen ist. Der Eintritt muss dabei nicht unbedingt eine Vertragsübernahme sein, sondern kann auch auf andere Weise, etwa durch Schuldbeitritt, erfolgen[12]. Wird die Klausel erteilt, obwohl kein Vertragseintritt stattfand, kann der Schuldner Klauselerinnerung einlegen.

Wenn der Fehler nicht die Verpflichtung und die Unterwerfungserklärung erfasst, sondern *nur* die Unterwerfungserklärung bzw. die notarielle Urkunde aus formalen Gründen nichtig ist, wirkt sich das dagegen häufig überhaupt nicht aus.

Beispiel 30 (Nichtigkeit nur der Unterwerfungserklärung): Schuldner S hat sich im Darlehensvertrag gegenüber der G-Bank verpflichtet, sich der sofortigen Zwangsvollstreckung in sein gesamtes Vermögen zu unterwerfen. 272

---

7 BGH NJW 1999, 51.
8 Dazu ausführlich *Kaiser/Kaiser/Kaiser*, Rn. 9.
9 Krit. MünchKommZPO/*Wolfsteiner*, § 794 Rn. 261: Leistungsklage auf Herausgabe der rechtsgrundlos erworbenen Urkunde.
10 BGH NJW 1991, 1677.
11 BGH NJW 2010, 2041 = BGHZ 185, 133; *Hinrichs/Jaeger*, NJW 2010, 2017; *Habersack*, NJW 2008, 3173.
12 Die Formulierung „Eintritt in den Sicherungsvertrag" sei nur plakativ zu verstehen, BGH NJW 2012, 2354.

§ 6   *Titelgegenklage (Klage sui generis analog § 767 ZPO)*

a) Beim Notar wird er allerdings von einem Vertreter mit einer Vollmacht vertreten, die wegen Verstoßes gegen ein gesetzliches Verbot nichtig ist.
b) S wird von einer Notariatsangestellten vertreten, die er nicht bevollmächtigt hat.

Als die G-Bank vollstreckt, will S sich wehren. Mit welchem Rechtsbehelf?

273   Der in **Beispiel 30a** geschilderte, in ähnlicher Form vom BGH entschiedene Fall gleicht dem obigen **Beispiel 13b** (Rn. 175), weil auch hier die Unterwerfungserklärung selbst unwirksam ist und dies wieder nicht auf den ersten Blick erkennbar ist. Der BGH entschied dementsprechend, dass eine Klauselerinnerung auf die Unwirksamkeit der Vollmacht wegen Verstoßes gegen ein Gesetz nicht gestützt werden könne[13]. Denn solche Verstöße sind bei der Klauselerteilung nicht zu prüfen. S kann also allenfalls die Titelgegenklage erheben. Der Fall muss jedoch fein von einer anderen, in **Beispiel 30b** beschriebenen, Konstellation unterschieden werden. In **Beispiel 30b** war das Fehlen der Vollmacht offensichtlich erkennbar. Der Notar oder der Rechtspfleger hätte bei der Erteilung der Klausel das Vorliegen einer Vollmacht prüfen und die Erteilung der Klausel verweigern müssen[14].

Fraglich ist in **Beispiel 30a** aber, ob S sich mit dem Einwand, die Unterwerfungserklärung sei nichtig, letztlich auch durchsetzen kann. Der BGH vertritt hierzu eine im Ergebnis sehr überzeugende Linie. Er meint, wenn der Schuldner sich materiell-rechtlich wirksam verpflichtet habe, eine Unterwerfungserklärung abzugeben, dann könne er sich auf die formale Nichtigkeit der Unterwerfungserklärung nicht berufen. Denn er wäre verpflichtet, sogleich eine neue, wirksame Unterwerfungserklärung abzugeben. Das ist die dolo-agit-Einrede aus § 242 BGB[15]. Anders entscheidet der BGH nur, wenn gleichzeitig die gesicherte Forderung nie entstanden ist (also z.B. das Darlehen nicht zur Auszahlung gekommen ist)[16].

b)   Fehlen der gesicherten Forderung

274   Enthält der Kreditvertrag (wie meist, Rn. 261) sowohl eine persönliche als auch eine dingliche Unterwerfungserklärung, ist es notwendig, hinsichtlich der möglichen Einwendungen zu differenzieren, da wie gezeigt nur bei der persönlichen Unterwerfungserklärung der besondere Charakter als abstraktes Schuldanerkenntnis vorliegt. Die **Beispiele 31 und 32** zeigen die beiden Situationen der Verständlichkeit halber getrennt voneinander auf.

275   **Beispiel 31** (Dingliche Unterwerfungserklärung und Unwirksamkeit der Grundschuld): Schuldner S schließt mit der B-Bank einen Kreditvertrag über 20 000 Euro ab und bestellt der B-Bank eine Grundschuld. Er unterwirft sich – in der üblichen Art und Weise – der sofortigen Zwangsvollstreckung in Höhe des Grundschuldbetrags in sein Grundstück. Die Grundschuldbestellung ist wegen formaler Fehler unwirksam. Die Bank fragt, ob sie aus der notariellen Unterwerfungsurkunde in das Grundstück vollstrecken kann?

---

13   BGH WM 2005, 1997.
14   BGH NJW 2012, 3518.
15   BGH NJW 2004, 59; ZIP 2004, 303.
16   BGH BKR 2005, 501.

In **Beispiel 31** muss man an Einwendungen nach § 767 I ZPO denken. Gegen die Vollstreckung aus der dinglichen Unterwerfungserklärung, die hier vorliegt, kann S sich nämlich mit der einfachen Vollstreckungsabwehrklage erfolgreich darauf berufen, dass die Sicherungsgrundschuld selbst unwirksam ist (sog. pfandrechtsbezogene Einwendungen). Die dingliche Unterwerfungserklärung ersetzt schließlich nur das Grundschuldurteil. Wenn die Grundschuld aber nicht besteht, kann aus der Unterwerfungserklärung nicht vollstreckt werden.

276

Beispiel 32 (Persönliche Unterwerfungserklärung und sittenwidriger Kreditvertrag): Schuldner S schließt mit der B-Bank einen Kreditvertrag über 20 000 Euro ab und unterwirft sich wegen des Rückzahlungsanspruchs der Zwangsvollstreckung in sein persönliches Vermögen. Es stellt sich heraus, dass der Kreditvertrag sittenwidrig ist. Die Bank vollstreckt dennoch aus der notariellen Unterwerfungsurkunde in das Vermögen des S. Wie kann S sich wehren?

277

Um gegen die Vollstreckung aus der persönlichen Unterwerfungserklärung Vollstreckungsabwehrklage einlegen zu können, müssten S in **Beispiel 32** materiell-rechtliche Einwendungen zustehen. In Betracht kommt die Sittenwidrigkeit des Kreditvertrags. Allerdings stellt die persönliche Unterwerfungserklärung einen abstrakten und damit zusätzlichen Schuldgrund dar, der unabhängig von der Wirksamkeit der zugrunde liegenden Verbindlichkeit besteht. Die persönliche Unterwerfungserklärung trägt ihren Rechtsgrund daher grundsätzlich „in sich selbst". Das macht sie für den Gläubiger gerade attraktiv.

278

Diese isolierte Betrachtung kann aber nicht immer richtig sein. Wie jede andere Leistung auch wird das Schuldanerkenntnis aus einem bestimmten rechtlichen Grund gewährt. Wenn dieser fehlt, muss man es nach §§ 812 ff BGB kondizieren können. Dies bestimmt § 812 II BGB für Schuldanerkenntnisse sogar ausdrücklich. Die Rechtsprechung hilft in Fällen wie **Beispiel 32** dem Schuldner daher, indem sie die Kondiktion des Schuldversprechens nach §§ 812 II, 817 S. 2, 821 BGB zulässt. Danach muss S hier die Vollstreckungsabwehrklage einlegen, falls die Bank vollstrecken sollte.

279

Eine Ansicht in der Literatur geht noch deutlich weiter. Danach sollen erhebliche materiell-rechtliche Fehler die Abstraktheit durchbrechen – das Schuldanerkenntnis ist dann also ebenfalls nach § 138 BGB nichtig[17]. Folgt man dieser Ansicht, kommt für den Schuldner die Geltendmachung der Unwirksamkeit des Titels in Betracht. Darauf könnte S eine Titelgegenklage nach § 767 ZPO analog stützen. Auch hinsichtlich der persönlichen Unterwerfungserklärung kann S danach die Unwirksamkeit des Titels geltend machen. Richtiger Rechtsbehelf wäre dann die Titelgegenklage.

In der Praxis sind die Fälle, in denen das Schuldanerkenntnis kondiziert werden kann, eher die Ausnahmefälle. Die meisten Fehler des gesicherten Geschäfts schlagen nicht auf das Anerkenntnis durch. Generalisierend kann man aber sagen: Wenn die gesicherte Schuld gar nicht besteht (also z.B. ein Darlehen nie ausgezahlt wurde) oder wenn sie schon (teilweise) durch Bezahlung erloschen ist, greift stets § 821 BGB durch und der Schuldner kann die Bereicherungseinrede erheben.

280

---

17 Staudinger/*Marburger*, BGB, § 780 Rn. 22 m.N.

Eine Kondiktion wird schließlich auch dann zugelassen, wenn die Partei nach dem Darlehensvertrag nur zu einer *dinglichen* Unterwerfungserklärung verpflichtet war, sich dann aber in den Klauseln des notariellen Vertrags eine *persönliche* Unterwerfungserklärung „verbirgt".

Wenn dagegen die Schuld in irgendeiner Form noch besteht, sei sie auch verjährt oder habe sich der Rechtsgrund für die Zahlungspflicht auch geändert, so hat der Schuldner meist keine Einrede[18]. Es kommt dabei auch auf den Zweck der Abrede und auf den Fehler des zugrunde liegenden Verpflichtungsgeschäfts im Einzelfall an.

281 **Beispiel 33** (Verjährung der gesicherten Forderung): Schuldner S hat sich gegenüber Gläubiger G wegen eines Darlehens wirksam der Vollstreckung in sein persönliches Vermögen unterworfen. Nun ist der Anspruch auf Rückzahlung des Darlehens verjährt. G vollstreckt dennoch gegen S. Kann S sich mit einer Vollstreckungsabwehrklage auf die Verjährung des Anspruchs berufen?

282 In **Beispiel 33** liegt ein typischer Fall dafür vor, dass das Schuldanerkenntnis unabhängig von der gesicherten Forderung weiter durchsetzbar bleibt[19].

BGH NJW 2010, 1144:

„*Das von einem Schuldner in einer notariellen Grundschuldbestellungsurkunde abgegebene abstrakte Schuldversprechen mit Vollstreckungsunterwerfung ist nicht deshalb nach § 812 II BGB kondizierbar, weil der durch die Grundschuld gesicherte Anspruch des Gläubigers verjährt ist. Die Vorschrift des § 216 II 1 BGB ist auf ein solches Schuldversprechen analog anwendbar.*"

Zu einem kleineren Mangel der rechtlichen Grundlage auch BGH NJW 2008, 3208:

„*Ein im Darlehensvertrag entgegen § 4 I 4 Nr. 1 lit. g VerbrKrG [jetzt § 492 II BGB, Art. 247 § 7 Nr. 2 EGBGB] nicht angegebenes, vom Verbraucher aber gleichwohl bestelltes vollstreckbares Schuldversprechen, das eine bestehende Verbindlichkeit sichert, muss der Kreditgeber nicht zurückgewähren.*"

III. Zulässigkeit

283 Die Zulässigkeit entspricht weitgehend der Vollstreckungsabwehrklage[20] (Rn. 198 ff). Nur die Statthaftigkeit weicht ab. Die Titelgegenklage ist statthaft, wenn der Schuldner sich auf die Nichtigkeit (Unwirksamkeit) des Titels berufen will.

Bei der Zuständigkeit gibt es eine kleine Besonderheit, wenn die Vollstreckung aus einer dinglichen Unterwerfungserklärung nach § 800 ZPO erfolgt. Dann ist für die Vollstreckungs- oder Titelgegenklage das Gericht am Belegenheitsort des Grundstücks nach § 800 III ZPO örtlich zuständig[21].

---

18 BGH NJW 2007, 1813; NJW 2008, 3208; anders BGH NJW-RR 1999, 573.
19 BGH NJW 2010, 1144, krit. *Kaiser*, NJW 2010, 1147.
20 Näher *Özen/Hein*, JuS 2010, 124; *Socha*, JuS 2008, 794.
21 Zöller/*Herget*, ZPO, § 767 Rn. 10.

Beim **Rechtsschutzbedürfnis** ist zu beachten, dass mit der Klauselerinnerung nach § 732 ZPO nicht das gleiche Ziel erreicht werden kann, wie mit der Titelgegenklage. Eine Klage aus § 767 I ZPO analog bleibt deshalb zulässig, auch wenn der Schuldner zuvor mit denselben Einwendungen Klauselerinnerung eingelegt hat[22].

284

Auch BGH FamRZ 2004, 1714:

„Liegen die Voraussetzungen einer Klauselerinnerung nach § 732 ZPO und einer Vollstreckungsabwehrklage in entsprechender Anwendung des § 767 ZPO vor, so hat der Schuldner ein Wahlrecht."

Da die Titelgegenklage und die Vollstreckungsabwehrklage ein unterschiedliches Rechtsschutzziel haben, können auch sie parallel eingelegt werden. Erhebt der Schuldner beide Klagen gleichzeitig, liegt ein Fall objektiver Klagenhäufung vor (§ 260 ZPO).

IV. Begründetheit

Die Titelgegenklage ist begründet, wenn der Titel nichtig ist. Wie schon oben in **Beispiel 30** gezeigt, kann es allerdings im Einzelfall treuwidrig sein, sich auf die Nichtigkeit des Titels zu berufen. Das ist dann der Fall, wenn der Gläubiger aufgrund der materiellen Rechtslage einen Anspruch auf den Titel hat (was freilich bei einem *Urteil* nicht der Fall sein kann!).

285

Fall 4 (Titelgegenklage bei Vergleich):

286

Gläubiger G hat gegen die Schuldnerin S ein Versäumnisurteil über 30 000 Euro erwirkt. Aufgrund des vorläufig vollstreckbaren Urteils hatte G die Gerichtsvollzieherin mit der Zwangsvollstreckung gegen S beauftragt. Die Gerichtsvollzieherin war gleich aktiv geworden. Sie hatte bei S ein hochwertiges Notebook gepfändet. Nach fristgerechtem Einspruch der S wurde das Verfahren dann vor dem Landgericht im Einspruchstermin durch Vergleich beendet. In diesem Vergleich verpflichtete sich S, an G 15 000 Euro zu zahlen. G verpflichtete sich seinerseits, sämtliche Pfändungsmaßnahmen unverzüglich einzustellen und dies der Gerichtsvollzieherin mitzuteilen. Trotz des Vergleichs vollstreckt G weiter. S erhebt gegen die Vollstreckung aus dem Versäumnisurteil Vollstreckungsabwehrklage. Nach der Erhebung der Vollstreckungsabwehrklage zahlt S die 15 000 Euro an G. Daraufhin gibt G die vollstreckbare Ausfertigung des Versäumnisurteils unter Verzicht auf die Rücknahme an S heraus.

Nun erklärt S den Rechtsstreit für erledigt. G schließt sich der Erledigung nicht an. Wer trägt die Kosten des Rechtsstreits?

Lösungshinweise:

Vorüberlegung: Die prozessuale Kostentragungspflicht richtet sich nach den §§ 91 ff ZPO. Nach § 91 I 1 ZPO trägt die unterlegene Partei grundsätzlich die Kosten des Rechtsstreits. Fraglich ist daher, welche Partei im vorliegenden Rechtsstreit „unterlegen" ist. Das muss man in zwei Schritten prüfen. Zunächst muss die Erledigungserklärung überhaupt als solche zulässig und begründet gewesen sein. „Begründet" ist sie dann, wenn wirklich eine Erledigung eingetreten ist. Erledigen kann sich eine Klage aber wiederum nur, wenn der An-

---

22 BGH NJW-RR 2007, 1724.

§ 6   *Titelgegenklage (Klage sui generis analog § 767 ZPO)*

spruch zuvor gegeben war – wenn also diese Ursprungsklage ihrerseits begründet war. Das ist also der zweite Schritt.

Der von S gestellte Antrag (einseitige Erledigungserklärung) müsste erfolgreich sein. Fraglich ist zunächst, was in dem Erledigungsantrag überhaupt zu sehen ist. Die einseitige Erledigungserklärung ist gesetzlich nicht geregelt. Sie wird aber allgemein (letztlich in analoger Anwendung der §§ 133, 157 BGB) dahingehend ausgelegt, dass der Kläger nunmehr den Antrag an das Gericht stellt, festzustellen, dass sich der Rechtsstreit in der Hauptsache erledigt hat. Es handelt sich also um nichts anderes als um eine Feststellungsklage. Diese Klage müsste daher hier zulässig und begründet sein.

1. Zulässigkeit

Die Klage (also die Klage auf Feststellung der Erledigung) müsste zulässig sein. Die in der einseitigen Erledigungserklärung liegende Klageänderung ist nach § 264 Nr. 2 Fall 2 ZPO auch ohne Zustimmung des Beklagten zulässig, weil die Erledigungserklärung lediglich eine Begrenzung des ursprünglichen Antrags darstellt, in diesem aber faktisch mit enthalten war.

(Örtlich und sachlich zuständig für die Feststellungsklage bleibt das Landgericht, da die Begrenzung des Klageantrags auf die Feststellung der Erledigung in analoger Anwendung des § 261 III Nr. 2 ZPO keine Auswirkungen auf die Zuständigkeit des Gerichts haben solle [perpetuatio fori].

Das Feststellungsinteresse des Klägers nach § 256 I ZPO ergibt sich daraus, dass er dem Beklagten zumindest die Kosten für den erledigten Rechtsstreit auferlegen lassen möchte [Kosteninteresse].)

Die Klage auf Feststellung der Erledigung ist zulässig.

2. Begründetheit

Die Klage müsste auch begründet sein. Das ist bei der einseitigen Erledigungserklärung dann der Fall, wenn sich der Rechtsstreit in der Hauptsache erledigt hat. Der Rechtsstreit ist in der Hauptsache erledigt, wenn die zunächst zulässige und begründete Klage durch ein nach Rechtshängigkeit eingetretenes Ereignis entweder unzulässig oder unbegründet geworden ist.

a) Vollstreckungsabwehrklage

Fraglich ist also, ob die ursprüngliche Vollstreckungsabwehrklage zulässig gewesen ist. Dazu müsste die Vollstreckungsabwehrklage statthaft gewesen sein. Das ist der Fall, wenn der Kläger materiell-rechtliche Einwendungen gegen den dem Titel zugrunde liegenden Anspruch erhebt.

Das ist vorliegend problematisch, weil sich S gegen die Vollstreckung aus dem Versäumnisurteil an sich richtet und nicht gegen den im Versäumnisurteil titulierten Anspruch. Er macht bei verständiger Auslegung seines Rechtsschutzbegehrens geltend, dass das Versäumnisurteil durch den zwischen den Parteien geschlossenen Vergleich unwirksam geworden und eine Zwangsvollstreckung aus diesem Titel deshalb unzulässig sei. Damit erhebt S Einwendungen gegen den Titel selbst. Einwendungen gegen die Wirksamkeit des Titels sind mit der Klage nach § 767 ZPO jedoch grundsätzlich nicht geltend zu machen. Die Klage nach § 767 ZPO ist in ihrer direkten Anwendung daher nicht statthaft.

Hinweis: Als Rechtsbehelf gegen die Wirksamkeit des Titels könnte der Kläger Klauselerinnerung eingelegt haben (§ 732 ZPO) – das ist aber hier nicht zu prüfen, weil es ja hier um das Rechtsmittel geht, das S wirklich bereits eingelegt hatte – nämlich die Vollstreckungs-

abwehrklage. Anders ist es mit der Titelgegenklage. Diese ähnelt ja der Vollstreckungsabwehrklage vollkommen – sie wird beim gleichen Gericht mit fast dem gleichen Antrag eingelegt – das Gericht legt den Antrag aus, um zu bestimmen, ob eine Vollstreckungsabwehrklage oder eine Titelgegenklage vorliegt. Daher kann nun einfach geprüft werden, ob die erste Klage des S als Titelgegenklage statthaft gewesen wäre.

Dazu BGH NJW 1994, 460:

„Allerdings hat der Beklagte einen (Widerklage-)Antrag ‚gemäß § 767 I ZPO' gestellt. Die Vollstreckungsabwehrklage und die prozessuale Gestaltungsklage analog § 767 ZPO haben einen verschiedenen Streitgegenstand (BGH, Urt. v. 14. Mai 1992 – VII ZR 204/90, a.a.O.). Es mag sein, dass die fehlende oder geminderte Wirksamkeit des Titels im Rahmen einer Vollstreckungsabwehrklage deshalb nicht geprüft werden kann (…). Dem Vorbringen des Beklagten kann aber entnommen werden, dass wegen der Unbestimmtheit des Titels die Unzulässigkeit der Zwangsvollstreckung ausgesprochen werden soll. Das Widerklagebegehren ist damit nicht als Vollstreckungsabwehrklage, sondern als Klage analog § 767 I ZPO auszulegen."

b) Titelgegenklage analog § 767 ZPO

aa) Herleitung der Titelgegenklage. Da die Titelgegenklage aus § 767 ZPO analog abgeleitet wird, muss eine Regelungslücke bestehen und sie muss dem Sinn und Zweck der Norm entsprechen.

(1) Regelungslücke: Für die Fälle, in denen der Schuldner die Nichtigkeit des Titels behauptet, passt allenfalls die Klauselerinnerung nach § 732 ZPO. Jedoch ist zu bedenken, dass mit der Erinnerung dann kein Rechtsschutz erreicht werden kann, wenn die Nichtigkeit des Titels nicht vollkommen offensichtlich ist. Daher besteht bei nichtigen Titeln eine Regelungslücke.

(2) Sinn und Zweck der Norm: Da § 767 ZPO dem Schuldner Rechtsschutz gewährt, wenn er Einwendungen gegen den Titel hat, wäre es widersprüchlich, ihm keinen Rechtsschutz zu gewähren, wenn der Titel (sogar) insgesamt nichtig ist. Ein Erst-Recht-Schluss muss vielmehr zu einer analogen Anwendbarkeit führen.

bb) Statthaftigkeit. Die Klage ist statthaft, wenn es um die Beseitigung der Vollstreckbarkeit eines vorläufig vollstreckbaren Titels geht, der infolge materiell-rechtlicher oder formeller Mängel als Ganzes seine Wirksamkeit verloren hat, aber weiterhin den Rechtsschein der Vollstreckbarkeit erzeugt.

Vorliegend haben die Parteien mit Abschluss des Vergleichs die Rechtswirksamkeit des Versäumnisurteils vollständig aufgehoben. Dadurch ist das Versäumnisurteil zwar nicht nichtig, aber unwirksam. Dennoch kann es weiterhin den Rechtsschein der Vollstreckungsfähigkeit erzeugen. Deshalb ist nach ständiger Rechtsprechung die analoge Anwendung des § 767 I ZPO gerechtfertigt, um die Vollstreckung aus dem Versäumnisurteil zu verhindern[23].

cc) Rechtsschutzbedürfnis. Fraglich ist, ob für die Klage das allgemeine Rechtsschutzbedürfnis gegeben ist. Grundsätzlich liegt das Rechtsschutzbedürfnis vor, wenn die Zwangsvollstreckung begonnen hat und noch nicht beendet ist. Diese Voraussetzung liegt hier vor. Das Rechtsschutzbedürfnis könnte jedoch entfallen, wenn dem Kläger auch ein anderer Rechtsbehelf zusteht, der die Vollstreckungsfähigkeit des Versäumnisurteils auf einfacherem und billigerem Wege bewirken kann. Ein solcher Weg könnte sich hier aus § 732 ZPO ergeben. Obwohl die Erinnerung in offenkundigen Fällen geeignet sein kann, die Vollstreckung aus einer Klausel zu beseitigen, ist ihr Ziel jedoch ein ganz anderes als das der Titelgegenklage. Durch sie werden letztlich nur formelle Fehler des die Klausel erteilenden Or-

---

23 BGH FamRZ 2007, 1881; NJW 1994, 460.

gans behoben. Es besteht daher für S ein Wahlrecht zwischen der Erinnerung nach § 732 ZPO und der Klage nach § 767 ZPO analog[24]. Die Titelgegenklage war demzufolge zulässig.

c) Begründetheit

Die Titelgegenklage war auch begründet, weil das Versäumnisurteil durch den im Einspruchstermin abgeschlossenen Vergleich seine Rechtswirkungen und damit seine Vollstreckungsfähigkeit verloren hatte.

d) Erledigung

Es müsste aber auch eine Erledigung eingetreten sein. Das ist dann der Fall, wenn die ursprüngliche Klage aufgrund eines nach Rechtshängigkeit eingetretenen Ereignisses unzulässig oder unbegründet geworden ist.

Vorliegend könnte die Klage unzulässig geworden sein, weil das Rechtsschutzbedürfnis entfallen ist. Das Rechtsschutzbedürfnis fehlt nur, wenn eine Vollstreckung aus dem Urteil nicht mehr droht. Das ist zumindest dann der Fall, wenn der Gläubiger den zu vollstreckenden Titel dem Vollstreckungsorgan aushändigt und auf die Rückgabe verzichtet[25]. Diese Voraussetzungen sind hier erfüllt. Daher liegt kein Rechtsschutzbedürfnis mehr vor. Da G den Titel erst nach Rechtshängigkeit an die Gerichtsvollzieherin zurückgegeben hat, ist die Erledigung auch nach Rechtshängigkeit eingetreten. Die Feststellungsklage (einseitige Erledigungserklärung) ist daher begründet.

3. Ergebnis: Da die Feststellungsklage begründet ist, trägt der G als unterlegene Partei die Kosten des Rechtsstreits nach § 91 I ZPO.

V. Stoffzusammenfassung: Titelgegenklage (Klage sui generis analog § 767 ZPO)

287 **Klageziel:** Unzulässigerklärung der Vollstreckung aus dem Titel.

Herleitung: Wenn der Schuldner sich nach § 767 ZPO gegen die Vollstreckung wehren kann, weil er eine Einwendung gegen den titulierten Anspruch hat, muss er sich erst recht wehren können, wenn der Titel aus dem vollstreckt wird als solcher unwirksam ist. Mit der Erinnerung aus § 732 ZPO kann dieses Rechtsschutzziel nur sehr eingeschränkt erreicht werden, so dass eine Schutzlücke besteht.

1. **Zulässigkeit**
   a) **Statthaftigkeit**
      Schuldner beruft sich auf die Nichtigkeit (Unwirksamkeit) des Titels. (Dies kann bei einem Urteil dadurch eingetreten sein, dass die Parteien sich verglichen haben.)
   b) **Zuständigkeit**
      Wie Vollstreckungsabwehrklage, also nach §§ 767 I, 802 ZPO das Gericht des ersten Rechtszugs, bei notariellen Urkunden nach § 797 V ZPO das AG oder LG (§§ 23 ff, 71 GVG) am allgemeinen Gerichtsstand des Schuldners

---

24 BGH NJW 2006, 695, 696.
25 Musielak/*Lackmann*, ZPO, § 767 Rn. 18.

c) Rechtsschutzbedürfnis
- Klauselerinnerung nach § 732 ZPO erreicht nicht das gleiche Ziel! Klage aus § 767 I ZPO analog deshalb neben Klauselerinnerung zulässig
- Auch Titelgegenklage und Vollstreckungsabwehrklage haben ein unterschiedliches Rechtsschutzziel und können parallel eingelegt werden, wenn der Schuldner *sowohl* geltend machen will, dass der Titel *nichtig* ist, *als auch* dass er eine *Einwendung* gegen den titulierten Anspruch hat (Klagenhäufung, § 260 ZPO).

2. Begründetheit
Die Titelgegenklage ist begründet, wenn der Titel nichtig ist. Bei der notariellen Unterwerfungserklärung kommt es jedoch häufig vor, dass die Nichtigkeit allein für die Begründetheit nicht ausreicht. Das liegt daran, dass die dolo-agit-Einrede zu beachten ist: Nach § 242 BGB darf die formale Nichtigkeit (z.B. wegen nichtiger Bevollmächtigung des Vertreters) nicht geltend gemacht werden, wenn der Gläubiger einen Anspruch auf die Abgabe einer Unterwerfungserklärung hatte (dann müsste der Schuldner diese Erklärung nämlich sogleich erneut in wirksamer Form abgeben).

3. Sonderwissen zur notariellen Unterwerfungserklärung
a) Die vollstreckbare Urkunde ist eine *prozessuale* Erklärung. Willensmängel sind daher unbeachtlich. Die vollstreckbare Urkunde ist aber so eng mit der Unterwerfungserklärung verbunden, dass Mängel der Unterwerfungserklärung die Wirksamkeit der Urkunde ausschließen. Solche Mängel werden daher mit der Titelgegenklage geltend gemacht.

b) In einer persönlichen Unterwerfungserklärung sieht die h.M. regelmäßig ein abstraktes Schuldanerkenntnis. Die Unterwerfungserklärung ist daher nicht automatisch unwirksam, nur weil der Kausalvertrag (z.B. der Kreditvertrag) nichtig ist.
- Will der Schuldner sich gegen die Vollstreckung wegen eines Fehlers des *Kausalgeschäfts* wehren, hat er deshalb allenfalls den Bereicherungseinwand aus § 821 BGB auf Herausgabe des abstrakten Schuldanerkenntnisses. Dabei ist aber die oben (2.) schon angesprochene Einrede aus § 242 BGB beachtlich. Der richtige Rechtsbehelf ist dann die Vollstreckungsabwehrklage.
- Nur wenn Sittenwidrigkeit oder andere schwere Fehler des Kausalgeschäfts vorliegen, erfasst dies nach h.A. auch das *Schuldanerkenntnis* unmittelbar. Dann wiederum ist, wie oben gezeigt (a), auch die notarielle Urkunde unmittelbar betroffen und es greift die Titelgegenklage.

§ 7 Durchführung der Zwangsvollstreckung wegen einer Geldforderung

Studienliteratur: *Lipp*, Das Pfändungspfandrecht, JuS 1988, 119; *Özen/Hein*, Vollstreckungsverbote in der Zwangsvollstreckung, JuS 2011, 894; *Zwegger/Englert*, Rangverhältnisse der Pfändungspfandrechte bei Anschlusspfändung in eine schuldnerfremde Sache, JA 2000, 933.

I. Systematik

288 In welcher Weise die Zwangsvollstreckung durchgeführt wird und welche Vorschriften auf die Vollstreckungsmaßnahme anwendbar sind, richtet sich zum einen nach dem Inhalt des zu vollstreckenden Anspruchs und zum anderen danach, in welches Vermögensobjekt des Schuldners vollstreckt wird: Von entscheidender Bedeutung ist somit, *weswegen* und *in welchen Gegenstand* die Vollstreckung erfolgt.

289 Nach dem **Inhalt des Anspruchs** unterscheidet das Gesetz die Zwangsvollstreckung *wegen Geldforderungen* (§§ 803 ff ZPO, Rn. 290 ff und Übersicht 4) und *wegen sonstiger Ansprüche* (§§ 883 ff ZPO, Rn. 651 ff und Übersicht 6); diese „sonstigen Ansprüche" werden unterschieden in Ansprüche, die auf die Herausgabe von Sachen (§§ 883 ff ZPO), andere Handlungen und Unterlassungen (§§ 887 ff ZPO) oder die Abgabe von Willenserklärungen gerichtet sind (§ 894 ZPO; zum Ganzen bereits Rn. 9 und Übersicht 1).

290 Bei der Zwangsvollstreckung wegen einer Geldforderung ist weiter nach dem **Vollstreckungsgegenstand** zu unterscheiden, ob in das bewegliche (§§ 803 ff ZPO, Rn. 293 ff) oder das unbewegliche Vermögen (§§ 864 ff ZPO, Rn. 430 ff) vollstreckt wird. Als Teil des beweglichen Vermögens haben körperliche Sachen eine besonders ausführliche Regelung erfahren (§§ 808 ff ZPO, Rn. 293 ff); zum beweglichen Vermögen zählen ferner Forderungen (§§ 828 ff ZPO), Herausgabeansprüche (§§ 846 ff ZPO) und andere Ansprüche (§§ 857 ff ZPO; zum Ganzen Rn. 356 ff).

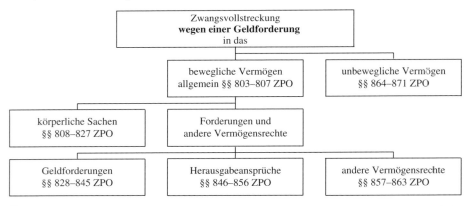

Übersicht 4: Zwangsvollstreckung wegen einer Geldforderung in das bewegliche Vermögen

Wenn *in* eine Sache vollstreckt werden soll, bedeutet es einen erheblichen Unterschied, ob der Gläubiger *wegen eines Anspruchs auf Herausgabe* dieser Sache vorgeht oder weil er die Sache lediglich *wegen einer Geldforderung* verwerten will. Obwohl dem Schuldner in beiden Fällen die Sache durch den Gerichtsvollzieher weggenommen wird, unterliegen die Vollstreckungsmaßnahmen verschiedenen Voraussetzungen und Beschränkungen. Die grundlegende Bedeutung dieser in der gesetzlichen Systematik der Abschnitte und Titel des Buchs 8 der ZPO angelegten Unterscheidung der einzelnen Vollstreckungsarten erhellt folgendes

Beispiel 34 (Pfändungsschutz): Gläubiger G pfändet den unter Eigentumsvorbehalt an Schuldner S verkauften und ausgelieferten Kühlschrank, da sich S mit der Kaufpreiszahlung in Verzug befindet. S meint, der Kühlschrank sei unpfändbar.

291

Die Zulässigkeit der Vollstreckungsmaßnahme richtet sich danach, wegen welchen Anspruchs der Verkäufer vollstreckt. Hatte G in **Beispiel 34** wegen der ausbleibenden Zahlung nach Fristablauf den Rücktritt vom Kaufvertrag erklärt (§§ 323 I, 349, 449 II BGB) und S auf Herausgabe verklagt (§§ 346 I, 985 BGB), ist der Kühlschrank bei einer Vollstreckung des *Herausgabe*titels schon deshalb *nicht* unpfändbar, weil §§ 883 ff ZPO einen besonderen Pfändungsschutz nicht vorsehen. Vollstreckt G dagegen wegen des ausstehenden Kaufpreises (§ 433 II BGB) aus einem *Zahlungs*titel, ist die Zulässigkeit dieser Forderungsvollstreckung an § 811 ZPO zu messen, der die Pfändung eines Kühlschranks als unentbehrlichen Haushaltsgegenstand grundsätzlich ausschließt (§ 811 I Nr. 1 ZPO)[1]. Hier erlaubt erst die Rückausnahme in § 811 II ZPO die Pfändung, da G wegen einer durch Eigentumsvorbehalt gesicherten Geldforderung vollstreckt (vgl. Rn. 321 f).

292

Hinweis: Da die Herausgabe nach §§ 346 I, 348 BGB nur Zug um Zug gegen Rückzahlung des geleisteten Teilkaufpreises verlangt werden kann, setzt die Vollstreckung des Herausgabeanspruchs nach § 756 ZPO ein Verzug begründendes Rückzahlungsangebot des Verkäufers voraus (vgl. Rn. 123 ff); dieser Annahmeverzug kann wegen § 765 Nr. 1 ZPO schon im Herausgabetitel festgestellt werden.

II. Zwangsvollstreckung in das bewegliche Vermögen

1. Zwangsvollstreckung in körperliche Sachen

Studienliteratur: *Becker,* Zwangsvollstreckung in Wertpapiere, JuS 2005, 232; *Eichelberger,* Versteigerungen nach BGB, ZPO und ZVG, Jura 2013, 82; *Kilian,* Probleme der Vollstreckung gegen Ehegatten: §§ 1362 BGB, 739 ZPO, JurBüro 1996, 67; *Knoche,* Materieller Drittschutz im Mobiliarzwangsvollstreckungsrecht, ZZP 114 (2001), 399; *Lipp,* Das Pfändungspfandrecht, JuS 1988, 119; *K. Schmidt,* Pfandrechtsfragen bei erlaubtem und unerlaubtem Eingriff der Mobiliarvollstreckung in schuldnerfremde Rechte, JuS 1970, 545; *Schreiber,* Die Zwangsvollstreckung durch den Gerichtsvollzieher, Jura 2006, 742; *Stadler/Bensching,* Die Vollstreckung in schuldnerfremde Sachen, Jura 2002, 438; *Zeiss/Holthaus,* Klausurwichtige Ansprüche bei Pfändung und Verwertung durch den Gerichtsvollzieher, Jura 1996, 281; *Zwecker/Englert,*

---

1 Thomas/Putzo/*Seiler,* ZPO, § 811 Rn. 8; krit. *Duckstein/Timmerbeil,* DGVZ 2009, 10.

Rangverhältnisse der Pfändungspfandrechte bei Anschlusspfändung in eine schuldnerfremde Sache, JA 2000, 931.

Klausur: *Heß/Vollkommer*, Examensklausur Zivil- und Zivilprozessrecht: Die gepfändeten Teppiche, Jura 2001, 699.

a) Vollstreckungsgegenstand

293 Die Zwangsvollstreckung in körperliche Sachen erfolgt durch Pfändung und Verwertung. Hierfür zuständiges Organ ist nach §§ 753 I, 808 I ZPO der **Gerichtsvollzieher**.

294 Der Begriff der körperlichen Sachen iSd. § 808 I ZPO entspricht dabei dem der beweglichen Sachen gemäß §§ 90 ff BGB, so dass der Zwangsvollstreckung nach §§ 808 ff ZPO alle beweglichen und körperlichen Vermögensgegenstände unterliegen (Mobiliarvollstreckung, Fahrnisvollstreckung), *nicht* aber Grundstücke mit ihren wesentlichen Bestandteilen (Immobiliarvollstreckung), Forderungen und andere Vermögensrechte.

295 Von diesem Grundsatz macht § 865 ZPO eine wichtige Ausnahme: Nicht der Mobiliarpfändung unterliegen Sachen, die als Grundstückszubehör nach § 1120 BGB der **hypothekarischen Haftung** unterfallen (§ 865 II 1 ZPO). Grundstück und Grundstückszubehör sollen als wirtschaftliche Einheit erhalten bleiben, um einen angemessenen Erlös zu erzielen und dem Vollstreckungsgläubiger die Möglichkeit zur Befriedigung in einem einheitlichen Verfahren zu geben (vgl. Rn. 431). Deshalb ist gleichgültig, ob an dem Grundstück tatsächlich eine Hypothek besteht; entscheidend ist allein, ob die beweglichen Sachen nach §§ 97, 98 BGB Grundstückszubehör wären, wenn eine Hypothek bestünde[2]. Pfändet der Gerichtsvollzieher unpfändbares Zubehör, ist die Pfändung nicht unwirksam, sondern nur rechtswidrig und kann durch Schuldner und Grundpfandgläubiger mit der Erinnerung angefochten werden (§ 766 ZPO, Rn. 483 ff); Letzterer kann daneben Drittwiderspruchsklage erheben (§ 771 ZPO, Rn. 527 ff).

296 Die übrigen Gegenstände der Hypothekenhaftung (abgetrennte Erzeugnisse und ehemalige Bestandteile, § 1120 BGB) unterliegen der Immobiliarvollstreckung nach § 865 II 2 ZPO dagegen nur dann, wenn das Grundstück beschlagnahmt wurde (§§ 20 ff ZVG). Die ehemalige Zugehörigkeit zu Grundstück und Haftungsverband soll diese Sachen nicht dauerhaft der Mobiliarvollstreckung entziehen; bis zur Grundstücksbeschlagnahme sind sie daher pfändbar. Gleiches gilt für vom Boden ungetrennte Früchte. Obwohl diese nach § 94 BGB wesentliche Bestandteile des Grundstücks sind, unterliegen sie nach Maßgabe von § 810 I ZPO bis zur Grundstücksbeschlagnahme der Mobiliarvollstreckung. Pfändet der Gerichtsvollzieher Erzeugnisse und Bestandteile unter Verstoß gegen § 865 II 2 ZPO oder § 810 I ZPO, sind Schuldner und Grundpfandgläubiger erinnerungsbefugt (§ 766 ZPO); Letzterem steht (in den Grenzen von § 21 III ZVG) auch die Drittwiderspruchsklage (§ 771 ZPO) zu. Die spätere Beschlagnahme lässt die zuvor wirksam erfolgte Pfändung unberührt; der Gläubiger kann seinen Anspruch im Versteigerungstermin nach § 37 Nr. 4 ZVG anmelden.

---

2 *Brox/Walker*, Rn. 216; *Muthorst*, § 10 Rn. 14.

Zur Vertiefung: Lediglich land- und forstwirtschaftliche Erzeugnisse, die bei Wirksamwerden der Beschlagnahme (§ 22 ZVG) vom Grundstück bereits getrennt, nicht aber dessen Zubehör sind, werden ungeachtet ihrer Haftung (§ 1120 BGB) von der Beschlagnahme nicht erfasst (§ 21 I ZVG) und unterliegen auch nach Grundstücksbeschlagnahme der Mobiliarvollstreckung. Zu §§ 1123 f BGB vgl. Rn. 573. 297

Nur zu einem vorübergehenden Zweck mit dem Grundstück verbundene Sachen (sog. Scheinbestandteile, § 95 BGB) sind schon begrifflich keine wesentlichen Grundstücksbestandteile und unterfallen nicht der Immobiliarvollstreckung. Auch sie können als selbstständige bewegliche Sachen nach § 808 ZPO gepfändet werden.

Wertpapiere sind Urkunden und als körperliche Sachen durch den Gerichtsvollzieher nach §§ 808 II 1, 812 ZPO pfändbar. Diese Sachpfändung umfasst auch das in der Urkunde verbriefte Recht. Obwohl es sich insoweit nicht um körperliche Sachen handelt (§§ 821, 831 ZPO), ist eine zusätzliche Forderungspfändung grundsätzlich entbehrlich. Dies gilt für Inhaberpapiere (Inhaberschuldverschreibung, Inhaberscheck, Inhaberaktie) und Orderpapiere (Wechsel, Scheck, Namensaktie), bei denen die Inhaberschaft aus dem Recht am Papier folgt. Aber auch Rektapapiere (Anweisung nach § 783 BGB), bei denen die Inhaberschaft am verbrieften Recht über das Recht an der Urkunde entscheidet (§ 952 BGB), unterliegen der Mobiliarvollstreckung. Da die Urkunde auch hier das Recht verkörpert und die verbriefte Forderung nur unter Vorlage der Urkunde geltend gemacht werden kann, wird diese gepfändet (arg. § 822 ZPO). Eine Ausnahme gilt für nicht auf einen Inhaber lautende Hypotheken-, Grundschuld- und Rentenschuldbriefe nach §§ 830, 857 VI ZPO, die durch Pfändungsbeschluss des Vollstreckungsgerichts gepfändet werden; der Brief wird durch den Gerichtsvollzieher lediglich im Wege der Hilfspfändung weggenommen (§§ 830 I 2, 883 ff ZPO; hierzu Rn. 401 f). 298

Zur Vertiefung: Auch andere Urkunden, die selbst nicht Träger der verbrieften Forderung sind (Legitimationspapiere: Sparbuch, Versicherungsschein), werden mittels Wegnahme durch den Gerichtsvollzieher nicht gepfändet, sondern durch Hilfspfändung nur vorläufig in Besitz genommen (vgl. §§ 154 Nr. 2 S. 2, 156 GVGA). 299

Befinden sich die Wertpapiere (wie regelmäßig, §§ 1 III, 5 DepotG) in einem Depot in Sammelverwahrung, wird in keine Sache, sondern in eine Forderung des Vollstreckungsschuldners vollstreckt: Das Vollstreckungsgericht pfändet auf Antrag des Gläubigers den Quotenanteil des Schuldners am Sammelbestand (§§ 857, 829 ZPO; Rn. 412); der Gerichtsvollzieher verwertet die daraufhin abzuliefernden Papiere. Dies gilt wegen des Auslieferungsanspruchs aus § 9a III 1 DepotG auch, wenn statt der Wertpapiere eine Globalurkunde hinterlegt ist.

Ob auch **Computerprogramme (Software)** der Mobiliarpfändung unterliegen, ist umstritten. Obwohl lediglich das Speichermedium eine körperliche Sache ist, nicht aber das Computerprogramm als solches[3], wendet die herrschende Auffassung bei der Vollstreckung gegen den Nutzungsberechtigten die Vorschriften der Sachpfändung nach §§ 808 ff ZPO jedenfalls analog an[4]. Zur Begründung wird gelegentlich darauf verwiesen, dass Software auch rechtsgeschäftlich durch dingliche Einigung und Übergabe eines körperlichen Datenträgers (§ 929 S. 1 BGB) übertragen werde. Das kann jedoch in jüngster Zeit nicht vollständig überzeugen, da der Nutzer die Software 300

---

3   BGH NJW 1990, 320, 321.
4   Stein/Jonas/*Münzberg*, ZPO, § 808 Rn. 3; *Brox/Walker*, Rn. 233a m.N.

auch ohne Erwerb eines Datenträgers etwa aus dem Internet herunterladen kann. Für eine Anwendung der Sachpfändungsvorschriften spricht gleichwohl, dass auch in diesem Fall das Computerprogramm (Software) regelmäßig zugleich mit dem Computer (Hardware) gepfändet und also auf ein körperliches Speichermedium zugegriffen wird[5].

Hinweis: Eine Verwertung urheberrechtlich geschützter Computerprogramme ist nach § 34 I 1 UrhG nur mit Zustimmung des Urhebers zulässig, solange das Verbreitungsrecht (etwa durch Veräußerung von Standardsoftware) nicht nach § 69c Nr. 3 S. 2 UrhG erschöpft ist; die Zustimmung darf nicht treuwidrig verweigert werden (§ 34 I 2 UrhG). Wird gegen den Urheber des Computerprogrammes vollstreckt, werden dessen Rechte aus §§ 2 I Nr. 1, 69a ff UrhG nach §§ 112 ff UrhG, §§ 829 ff, 857 ZPO gepfändet.

301 **Beispiel 35** (Grundstückszubehör und Früchte): Schuldner S betreibt auf seinem unbelasteten Grundstück einen landwirtschaftlichen Betrieb. Er baut Weizen an, den er mit eigenen Maschinen bewirtschaftet. Gläubiger G will Weizen und Landmaschinen pfänden lassen.

302 Die Maschinen in **Beispiel 35** sind als bewegliche Sachen grundsätzlich pfändbar. Doch sind sie als landwirtschaftliche Geräte nach §§ 97 I, 98 Nr. 2 BGB Grundstückszubehör, das (ohne dass es auf das tatsächliche Vorliegen einer Hypothek ankäme) nach § 1120 I BGB in den Haftungsverband der Hypothek fällt und nach § 865 II ZPO nicht gepfändet werden kann. Pfändbar ist nach § 810 I 1 ZPO dagegen der Weizen, soweit er nicht als Saatgetreide wiederum der Immobiliarvollstreckung unterfällt (§ 98 Nr. 2 BGB).

Hinweis: Ausdrücklich bestimmt § 1120 BGB a.E., dass nur diejenigen Zubehörstücke der Immobiliarhaftung unterfallen, die im Eigentum des Eigentümers des Grundstücks stehen. Fremdes Zubehör kann als bewegliche Sache gepfändet werden. Freilich kann unter Umständen auch Zubehör, das nicht dem Grundstückseigentümer gehört und deshalb weder haftet (§ 1120 BGB) noch von der Grundstücksbeschlagnahme erfasst wird (§ 20 II ZVG, Rn. 296), durch Zuschlag in der Zwangsversteigerung vom Ersteher erworben werden (§§ 55 II, 90 II ZVG, Rn. 455).

b) Pfändung

303 Die Pfändung erfolgt auf formfreien Antrag des Gläubigers (§§ 753 I, 754 ZPO). Sie geschieht durch Inbesitznahme der Pfandsache durch den Gerichtsvollzieher (§ 808 I ZPO). Neben den allgemeinen Vollstreckungsvoraussetzungen (vgl. Rn. 72 ff) setzt die Pfändung voraus, dass sie zur rechten Zeit, am rechten Ort, in rechter Art und Weise sowie im rechten Umfang vorgenommen wird.

304 **aa) Pfändung zur rechten Zeit.** Die Pfändung kann zwar **jederzeit** erfolgen, zur Nachtzeit sowie an Sonn- und Feiertagen aber nur ausnahmsweise; auch in diesem Fall ist eine richterliche Durchsuchungsanordnung nur erforderlich, wenn die Wohnung des Schuldners durchsucht werden soll (§ 758a I, IV ZPO; näher zum Begriff der Durchsuchung Rn. 657).

---

5 *Baur/Stürner/Bruns*, Rn. 32.42.

bb) Pfändung am rechten Ort: Gewahrsam an den zu pfändenden Sachen. Der Pfändung unterliegen die Sachen nach §§ 808, 809 ZPO nur dann, wenn sie sich im **Gewahrsam** des Schuldners, des pfändenden Gläubigers oder eines zur Herausgabe bereiten Dritten befinden. Auf die Eigentumslage kommt es *nicht* an. Der Gerichtsvollzieher soll keine schwiergen, die Eigentumslage betreffende Rechtsfragen beantworten, sondern sich allein am tatsächlich erkennbaren faktischen Gewahrsam orientieren. Gewahrsam meint dabei die rein tatsächliche Sachherrschaft und unterscheidet sich deshalb vom Besitz nach § 854 BGB: Rechtsfiguren wie der (fiktive) Erbenbesitz (§ 857 BGB), mittelbarer Besitz (§ 868 ZPO) oder Mitbesitz (§ 866 BGB) sind auf die Gewahrsamsverhältnisse nicht übertragbar. Werden im Gewahrsam des Schuldners stehende schuldnerfremde Sachen gepfändet, muss sich der Eigentümer mit der Drittwiderspruchsklage (§ 771 ZPO) gegen die Vollstreckung wenden (Rn. 527 ff). 305

Hat der **Vollstreckungsgläubiger** Gewahrsam an der Sache, kann sie nach § 809 Fall 1 ZPO gepfändet werden. Ob der Gläubiger den Gewahrsam rechtmäßig erlangt oder noch immer rechtmäßig innehat, ist unerheblich. 306

Befindet sich die Sache im Gewahrsam eines **Dritten**, muss sich die Herausgabebereitschaft nach § 809 Fall 2 ZPO auf die Herausgabe zur Verwertung beziehen. Dritter ist jede Person, die nicht Vollstreckungsgläubiger und nicht Vollstreckungsschuldner ist. Der gesetzliche Vertreter des Schuldners ist nicht Dritter iSd. § 809 Fall 2 ZPO[6]. Ein Duldungstitel etwa gegen die Eltern minderjähriger Titelschuldner ist deshalb nicht erforderlich; Sachen, die der gesetzliche Vertreter für den Schuldner in Gewahrsam hat, können ohne weiteres gepfändet werden (vgl. § 118 I GVGA). Übt der Minderjährige den Gewahrsam für seine Eltern aus, gilt dagegen § 809 Fall 2 ZPO. 307

Herausgabebereitschaft nach § 809 ZPO setzt voraus, dass der Dritte über den Pfändungsakt hinaus mit der Wegnahme der Sache zum Zwecke der Verwertung einverstanden ist. Das hat der Gerichtsvollzieher im Einzelfall festzustellen. Erlangt ein Dritter Gewahrsam an der gepfändeten Sache, darf der Gerichtsvollzieher diese gegen seinen Widerspruch nur wegschaffen, wenn der Gläubiger gegen den nicht herausgabebereiten Dritten zuvor einen entsprechenden Titel erwirkt hat[7]. Haben mehrere Dritte, etwa als Mitglieder einer Wohngemeinschaft, Mitgewahrsam am Inventar gemeinsam genutzter Räume, kann nur bei Herausgabebereitschaft aller Dritter vollstreckt werden. Nur wenn alle Mitbewohner der Wohngemeinschaft Titelschuldner sind, ist nicht § 809 ZPO, sondern § 808 ZPO anwendbar. 308

Beispiel 36 (Schuldnergewahrsam in Räumen Dritter): Der Gerichtsvollzieher findet beim Vollstreckungsschuldner S den Schlüssel zu einem bei dem Dritten D geführten Bankschließfach. D verweigert dem Gerichtsvollzieher den Zugang. Darf er das Schließfach auf Grundlage des Vollstreckungstitels gegen S öffnen lassen? 309

---

6 Thomas/Putzo/*Seiler*, ZPO, § 809 Rn. 2.
7 BGH NJW-RR 2004, 352, 353 m. Anm. *Jäckel*, JA 2004, 350.

310 Führt der Schuldner in den Räumen eines Dritten ein **Schließfach**, behält er an den im Schließfach verwahrten Sachen auch dann den Alleingewahrsam, wenn er das Schließfach nur unter Mitwirkung des Dritten erreichen kann, selbst also keinen Mitgewahrsam an den Räumen des Dritten hat[8]. § 809 Fall 2 ZPO scheint in diesem Fall unanwendbar; dem Wortlaut der Vorschrift nach scheint es auf die Herausgabebereitschaft des Dritten mangels Drittgewahrsams nicht anzukommen. Zieht man freilich den Schutzzweck von § 809 ZPO in Betracht, den am Vollstreckungsverfahren unbeteiligten Besitzer von unerwünschten Besitzstörungen freizuhalten, muss die Herausgabebereitschaft des Dritten jedenfalls dann berücksichtigt werden, wenn er Mitgewahrsam an den Räumen hat, in denen sich das Schließfach des Schuldners befindet. Auch ohne Rücksicht auf § 809 ZPO darf der Gerichtsvollzieher nach § 758 I, II ZPO nur Räume und Behältnisse des Schuldners betreten und öffnen lassen; Räume eines Dritten darf er gegen dessen Willen weder durchsuchen noch gewaltsam öffnen[9]. Verweigert der Dritte den Zugang, muss der Gläubiger den Zugangsanspruch des Schuldners gegen den Dritten pfänden (§§ 829, 857 III ZPO), klageweise durchsetzen und vollstrecken lassen (§ 888 ZPO). In **Beispiel 36** darf der Gerichtsvollzieher das Schließfach nicht allein auf Grundlage des Vollstreckungstitels gegen S öffnen.

311 Wird gegen einen **Ehegatten** vollstreckt, hat der andere Ehegatte regelmäßig Mitgewahrsam am gemeinsamen Hausrat, so dass eine Pfändung nach § 809 ZPO dessen Herausgabebereitschaft voraussetzen würde. Doch stellt § 739 I ZPO im Umfang des § 1362 I 1 BGB die unwiderlegliche[10] Vermutung auf, dass der Schuldnerehegatte Alleingewahrsam an der Sache hat. Der andere Ehegatte kann gegen eine Vollstreckung nach § 771 ZPO vorgehen, indem er die Vermutung des § 1362 BGB widerlegt (hierzu Rn. 314, 599).

Hinweis: Anders als die Gewahrsamsvermutung nach § 739 ZPO ist die Eigentumsvermutung nach § 1362 BGB widerleglich. Erhebt der nicht schuldende Ehegatte Drittwiderspruchsklage nach § 771 ZPO, werden die Eigentumsverhältnisse an der gepfändeten Sache geprüft. Wurde die Vermutung aus § 1362 BGB widerlegt, gilt die Eigentumsvermutung zugunsten des Besitzers aus § 1006 BGB.

312 § 739 ZPO gilt bei Lebenspartnerschaften entsprechend (§ 8 LPartG), mangels planwidriger Regelungslücke aber nicht bei nichtehelichen Lebensgemeinschaften oder Wohngemeinschaften[11].

313 **Beispiel 37** (Gewahrsamsvermutung): Gläubiger G hat gegen Schuldner S einen rechtskräftigen Zahlungstitel erwirkt und will vollstrecken. In der bislang von S und seiner Ehefrau F gemeinsam bewohnten Wohnung entdeckt der Gerichtsvollzieher ein wertvolles Gemälde. F erklärt, sie sei Eigentümerin des Bildes; im Übrigen lebten sie und S in Scheidung, weshalb S bereits endgültig ausgezogen sei. Wird der Gerichtsvollzieher das Gemälde pfänden?

---

8 AG Wiesloch DGVZ 2002, 61 f; *Brox/Walker*, Rn. 249.
9 Stein/Jonas/*Münzberg*, ZPO, § 809 Rn. 29. Zu § 758a ZPO vgl. Rn. 47, 656 f.
10 Thomas/Putzo/*Seiler*, ZPO, § 739 Rn. 9; Stein/Jonas/*Münzberg*, ZPO, § 739 Rn. 22.
11 BGH NJW 2007, 992 m. Anm. *Wellenhofer*, JuS 2007, 591; krit. Palandt/*Brudermüller*, BGB. § 1362 Rn. 1.

In **Beispiel 37** geht der Eigentumseinwand der F ins Leere, da der Gerichtsvollzieher grundsätzlich nur den Gewahrsam des Schuldners prüft und allenfalls evidentes Dritteigentum (z.B. deutlich erkennbar aus einer öffentlichen Leihbibliothek entliehene Bücher) zu berücksichtigen hat (§ 808 I ZPO). Doch ist F nicht schuldende Dritte und hat nach dem Auszug des S *Alleingewahrsam* an den in der Wohnung befindlichen Sachen; eine Pfändung verstieße mangels Herausgabebereitschaft der F gegen § 809 ZPO. Die § 809 ZPO verdrängende Sondervorschrift des § 739 I ZPO greift nicht ein, da die Eigentumsvermutung aus § 1362 I 1 BGB nicht gilt, wenn die Ehegatten getrennt leben (§ 1362 I 2 BGB). 314

Hinweis: Eine Erinnerung nach § 766 ZPO (Rn. 483 ff) kann der verletzte Ehegatte nicht darauf stützen, dass der Gerichtsvollzieher eine in seinem Alleineigentum stehende Sache gepfändet hat; der Gerichtsvollzieher hat die Eigentumslage nicht zu prüfen (Rn. 305), seine Pfändungsmaßnahmen werden durch den Eingriff in Dritteigentum nicht formell fehlerhaft. Ein Verfahrensfehler kann allenfalls darin liegen, dass der Gerichtsvollzieher entgegen der Eigentumsvermutung des § 1362 BGB vollstreckt hat[12].

cc) Pfändung in rechter Art und Weise. Die Pfändung erfolgt dadurch, dass der Gerichtsvollzieher die Sache in Besitz nimmt (§ 808 I ZPO), indem er dem Schuldner die Sachgewalt entzieht und sie selbst erlangt. Er muss Geld, Kostbarkeiten oder Wertpapiere wegschaffen. Andere Sachen kann er beim Schuldner belassen, soweit die Gläubigerbefriedigung nicht gefährdet wird (wie es bei einem Kraftfahrzeug regelmäßig zu erwarten ist, vgl. § 157 I GVGA) und nachdem die Besitzergreifung des Gerichtsvollziehers kenntlich gemacht wurde. Dies geschieht durch Anlegen eines Pfandsiegels (§ 808 II ZPO). Ohne Inbesitznahme oder Kenntlichmachung ist die Pfändung unheilbar nichtig. 315

Beispiel 38 (Anlegen des Pfandsiegels): Um das empfindliche Holz der Schuldnermöbel zu schonen, befestigt der Gerichtsvollzieher die Pfandsiegel mittels schwachen Klebebands an einem Intarsienschrank und durch Aufkleben an der unlackierten Innenseite des Klaviers. 316

Das Pfandsiegel muss haltbar angebracht, und zwar nicht auffallend, aber doch so angelegt werden, dass es bei gewöhnlicher Aufmerksamkeit zu erkennen ist. In beiden Fällen des **Beispiels 38** ist die Pfändung nicht hinreichend ersichtlich gemacht; beide Pfändungen sind deshalb nichtig: Das Klebeband bildet keine ausreichend haltbare Verbindung. Das Anbringen des Siegels an der Innenseite des Klaviers ist nicht ohne weiteres erkennbar und dient deshalb nicht der ausreichenden Kenntlichmachung der Pfändung. 317

dd) Pfändung im rechten Umfang. Damit die Pfändung im rechten Umfang erfolgt, muss der Gerichtsvollzieher die Pfändungsbeschränkungen beachten. Verboten ist eine über den Vollstreckungsbetrag (einschließlich der Vollstreckungskosten) hinausgehende **Überpfändung** nach § 803 I 2 ZPO. Unzulässig ist auch die **nutzlose Pfändung** nach § 803 II ZPO, wenn der Verwertungserlös über die Vollstreckungskosten hinaus keine Gläubigerbefriedigung verspricht. 318

---

12 *Baur/Stürner/Bruns*, Rn. 19.4 m.N.; a.A. *Jauernig/Berger*, § 17 Rn. 10: Rechtsschutz nur nach § 771 ZPO.

319 **Zur Vertiefung:** Entscheidend ist nicht der Wert der Sache, sondern der vermutlich zu erzielende Verwertungserlös; er ist durch den Gerichtsvollzieher zu schätzen (vgl. § 132 Nr. 8 GVGA). Nur bei Hausratsgegenständen soll von der Pfändung abgesehen werden, wenn der Verwertungserlös außer Verhältnis zum (Gebrauchs-)Wert für den Schuldner steht (§ 812 ZPO). Ist nur ein einziger tauglicher Pfandgegenstand vorhanden, kann dieser ohne Rücksicht auf § 803 I 2 ZPO auch dann gepfändet werden, wenn sein Wert die Höhe der Titelforderungshöhe erheblich übersteigt[13]. Eine Überpfändung darf keinesfalls leichtfertig angenommen werden (Rn. 366). Bei Verstößen gegen Pfändungsverbote findet die Erinnerung statt (§ 766 ZPO, Rn. 483 ff).

320 Weitere **Pfändungsbeschränkungen** ergeben sich **aus § 811 ZPO**. Sie haben teils sozialpolitische Gründe und verbieten die Pfändung, wenn sie die Existenzgrundlage des Schuldners gefährdet. Teils wahren sie grundrechtlich geschützte Rechte wie die Religionsfreiheit und die Bildungs- oder Informationsfreiheit. Es handelt sich um eine Ausnahmevorschrift, die grundsätzlich weder entsprechend angewandt noch zu weit ausgelegt werden darf. Freilich bleibt der allgemein steigende Lebensstandard zu beachten, der den Pfändungsschutz stetig erweitert. So ist heute ein Fernsehgerät nach § 811 I Nr. 1 ZPO unpfändbar; ein Pkw kann nach § 811 I Nr. 5 ZPO[14] oder bei Gehbehinderten nach § 811 I Nr. 12 ZPO[15] unpfändbar sein.

Umstritten ist, ob die Pfändungsverbote aus § 811 ZPO bei der **Pfändung gläubigereigener Sachen** anwendbar sind.

321 **Beispiel 39** (Pfändung gläubigereigener Sachen): Schuldner S hatte sein Fernsehgerät an Gläubiger G zur Sicherung eines Darlehens übereignet, nutzte ihn jedoch weiter. Als S mit der Darlehenstilgung in Verzug gerät, erwirkt G einen Zahlungstitel gegen S und überlegt, das Gerät pfänden zu lassen.

322 Ein Fernseher ist als Haushaltsgegenstand nach § 811 Nr. 1 ZPO unpfändbar, doch gilt § 811 ZPO nur für die Vollstreckung wegen Geldforderungen. Wenn G in **Beispiel 39** aus seinem schuldrechtlichen Herausgabeanspruch (§ 604 I BGB) oder Vindikationsanspruch (§ 985 BGB) auf Herausgabe klagt und dann vollstreckt, wäre § 811 ZPO dagegen nicht einschlägig. Um diese abweichende Rechtsfolge zu vermeiden, wird vereinzelt vorgeschlagen, die Pfändungsverbote aus § 811 ZPO *nicht* anzuwenden, wenn zwar aus einem auf Geldzahlung gerichteten Titel, aber durch den (Sicherungs-)Eigentümer der gepfändeten Sachen vollstreckt wird[16]. Die weitaus herrschende Meinung wendet freilich auch in diesen Fällen § 811 ZPO an und verweist den Eigentümer auf seinen Herausgabeanspruch: Wolle er die Pfändungsverbote aus § 811 ZPO umgehen, müsse er einen Herausgabetitel erwirken. Andernfalls müsste der Gerichtsvollzieher bei der Pfändung prüfen, ob dem aus einem Zahlungstitel vollstreckenden Gläubiger auch ein Herausgabeanspruch zusteht; das geht über die formalisierten Aufgaben des Gerichtsvollziehers im Vollstreckungsverfahren hinaus[17]. Hinzu tritt ein systematisches Argument: Begreift man § 811 II ZPO als Ausnahme für den Fall des Vorbehaltseigentums des als besonders schutzbedürftig erkannten

---

13 Thomas/Putzo/*Seiler*, ZPO, § 803 Rn. 16; *Muthorst*, § 10 Rn. 34.
14 BGH NJW-RR 2010, 642, 643 Rn. 16.
15 BGH NJW-RR 2004, 789.
16 *Baumbach/Lauterbach/Albers/Hartmann*, ZPO, § 811 Rn. 6.
17 Thomas/Putzo/*Seiler*, ZPO, § 811 Rn. 4.

Warenlieferanten, kann der Gegenschluss gezogen werden, dass die Verbote aus § 811 I ZPO in jedem anderen Fall des wegen einer Geldforderung vollstreckenden Gläubigers und namentlich des in § 811 II ZPO bewusst nicht privilegierten Sicherungseigentümers gelten sollen.

Hinweis: Zugriff auf die in § 811 I Nrn. 1, 5 und 6 ZPO genannten Gegenstände kann der Vollstreckungsgläubiger durch Austauschpfändung erlangen, indem er dem Schuldner statt der grundsätzlich unpfändbaren Sache ein Ersatzstück oder den zu dessen Beschaffung erforderlichen Geldbetrag bereitstellt (§ 811a ZPO). Will der Gläubiger einen sonst unpfändbaren Pkw pfänden, soll er freilich einen Ersatzwagen mit annähernd gleicher Haltbarkeit und Lebensdauer bereitstellen müssen[18]. Eine weitere Ausnahme zum Pfändungsverbot nach § 811 ZPO schafft die Möglichkeit zur Vorwegpfändung nach § 811d ZPO, wenn die gegenwärtig noch pfändungsfreie Sache demnächst pfändbar wird.

Wurde eine Schuldnersache für einen Gläubiger wirksam gepfändet und ist sie noch immer verstrickt, kann sie mittels **Anschlusspfändung** nach § 826 ZPO durch Erklärung im Pfändungsprotokoll auch für einen weiteren Gläubiger gepfändet werden. Dieses Vorgehen empfiehlt sich, wenn der Wert der Sache die Forderung des ersten Gläubigers übersteigt und der Schuldner kein anderes Vermögen hat. 323

Beispiel 40 (Pfandrechtsrang): Nachdem der Gerichtsvollzieher das Pfandsiegel in Beispiel 38 (Rn. 316) zugunsten des Gläubigers G_1 an der Innenseite des Klaviers des S anbracht hatte, soll das Klavier auch für einen zweiten Gläubiger G_2 gepfändet werden. Ein anderer Gerichtsvollzieher bringt zugunsten des G_2 das Siegel deutlich an der Vorderseite an, bemerkt das ältere Siegel an der Innenseite und klebt auch dieses an die Vorderseite. Welcher Gläubiger kann sich vorrangig aus dem Klavier befriedigen? 324

Nach § 804 III ZPO geht das früher entstandene dem später entstandenen Pfandrecht vor. In **Beispiel 40** ist die erste Pfändung wegen fehlender Kenntlichmachung nichtig (vgl. Rn. 315). Die Pfändung ist unheilbar und kann nur neuerlich vorgenommen werden. Dies geschah hier erst, als der zweite Gerichtsvollzieher das ältere Siegel an der Außenseite des Klaviers anbrachte. Zu diesem Zeitpunkt war die Pfändung zugunsten des G_2 freilich schon bewirkt, so dass die Pfändung zugunsten des G_1 derjenigen zugunsten des G_2 nachfolgte. Da es sich um die Pfändung derselben Sache zugunsten eines anderen Gläubigers handelt, liegt hierin eine Anschlusspfändung, bei der jedoch nicht die vereinfachte Form des § 826 I, II ZPO, sondern die nach § 808 I ZPO Anwendung fand. Das Pfandrecht des G_2 geht deshalb dem des G_1 vor; G_2 kann sich vorrangig befriedigen. 325

c) Verstrickung, Pfändungspfandrecht

Die wirksame Pfändung führt zur Verstrickung der gepfändeten Sache und lässt hieran ein Pfändungspfandrecht entstehen. **Verstrickung** meint die Beschlagnahme der Sache durch staatlichen Hoheitsakt. Sie stellt die Pfandsache zum Zweck der Befriedigung des Gläubigers sicher, indem sie dem Schuldner die Verfügungsbefugnis entzieht. Sie führt zu einem relativen Veräußerungsverbot iSd. §§ 135, 136 BGB. Der Verstrickungsbruch ist nach § 136 StGB strafbewehrt. 326

---

18 BGH NJW-RR 2011, 1366.

327 Die Verstrickung setzt lediglich die Pfändung voraus. Unerhebliche Fehler im Vollstreckungsverfahren begründen nur die Anfechtbarkeit der Vollstreckungshandlung, nicht aber deren Nichtigkeit; nichtig und deshalb wirkungslos sind Vollstreckungshandlungen nach allgemeiner Auffassung nur ganz ausnahmsweise, nämlich bei grundlegenden schwerwiegenden Gesetzesverstößen[19] (vgl. Rn. 122). Unerheblich ist ferner, ob und in welcher Höhe dem Gläubiger tatsächlich eine Forderung zusteht oder ob die Pfandsache dem Schuldner gehört[20].

Hinweis: Die Pfändung ist etwa dann nichtig, wenn der Vollstreckungsschuldner nicht der deutschen Gerichtsbarkeit unterliegt (§§ 18 f GVG, Rn. 68), die Pfändung ohne Vollstreckungstitel erfolgt (§ 750 I, II ZPO, Rn. 73 ff), die gepfändete Sache nicht mit einem Pfandsiegel versehen wird (§ 808 II ZPO, Rn. 315 ff) oder die Anschlusspfändung (§ 826 ZPO, Rn. 323 ff) ohne wirksame Erstpfändung erfolgt; in diesen Fällen tritt keine Verstrickung ein. Nicht nichtig, sondern lediglich anfechtbar ist die Pfändung etwa dann, wenn der vorliegende Vollstreckungstitel bei Pfändung noch nicht zugestellt war (§ 750 III ZPO, Rn. 118 ff), der Gerichtsvollzieher örtlich unzuständig ist (§ 154 GVG, § 20 GVO), den Schuldner nicht von der Pfändung benachrichtigt (§ 808 III ZPO) oder bei der Pfändung gegen die Pfändungsbeschränkungen aus § 811 ZPO (Rn. 320 ff) oder die Verbote der Überpfändung oder nutzlosen Pfändung verstößt (§§ 803 I 2, II ZPO, Rn. 318 ff); in diesen Fällen wird die Pfandsache trotz der anfechtbaren Pfändung verstrickt.

328 **aa) Pfandrechtstheorien.** Nach § 804 I ZPO erwirbt der Gläubiger mit der Pfändung ein Pfändungspfandrecht an der gepfändeten Sache. Indessen die Verstrickung weder voraussetzt, dass diese Sache dem Schuldner gehört, noch dass der Gläubiger Inhaber einer Forderung ist, ist umstritten, ob in diesen Fällen der Pfändung schuldnerfremder Sachen oder des Fehlens einer Forderung auch ein Pfändungspfandrecht entsteht. Hier erlangt die Rechtsnatur des Pfändungspfandrechts Bedeutung, die erheblich umstritten ist. Drei grundlegende Ansichten lassen sich unterscheiden[21]:

329 Heute überholt ist die privatrechtliche Theorie[22]. Sie sieht im Pfändungspfandrecht ein privatrechtliches Pfandrecht, das voraussetzt, dass dem Gläubiger die titulierte Forderung tatsächlich zusteht und die gepfändete Sache dem Schuldner gehört. Grundlage der späteren Verwertung sei das Pfandrecht.

330 Nach der im Schrifttum verbreiteten **öffentlich-rechtlichen Theorie** ist das Pfändungspfandrecht öffentlich-rechtlicher Natur[23]. Es entsteht mit jeder wirksamen Verstrickung, ohne dass es auf weitere materiell-rechtliche Voraussetzungen ankäme. Auch nach dieser Ansicht ist das Pfändungspfandrecht Verwertungsgrundlage; anders als das materiell-rechtliche Pfandrecht bietet es dem Gläubiger jedoch keine hinreichende Berechtigung, nach der Verwertung der Pfandsache den Verwertungserlös zu behalten.

---

19 BGH NJW 1979, 2045 f; *Brox/Walker*, Rn. 362 ff m.N.
20 *Baur/Stürner/Bruns*, Rn. 27.2.
21 Ausführlich zum Ganzen *Jauernig/Berger*, § 16 Rn. 8 ff; *Gaul/Schilken/Becker-Eberhard*, § 50 Rn. 45 ff; *Baur/Stürner/Bruns*, Rn. 27.6 ff m.N.
22 RGZ 60, 70, 72; 126, 21, 26.
23 Stein/Jonas/*Münzberg*, ZPO, § 804 Rn. 1; Zöller/*Stöber*, ZPO, § 804 Rn. 2.

Die herrschende **gemischt-privatrechtlich-öffentlich-rechtliche Theorie** trennt die 331
Entstehung des Pfändungspfandrechts von der Verstrickung[24]. Das als privatrechtlich
eingeordnete Pfandrecht setze die wirksame Verstrickung voraus. Ein Pfandrecht entstehe bei *Beachtung der wesentlichen Verfahrensvoraussetzungen* aber nur dann, wenn zudem die *titulierte Forderung besteht* und *in schuldnereigene Sachen vollstreckt* werde. Auch sonstige Verfahrensmängel, die nicht so schwerwiegend sind, dass sie zur Unwirksamkeit der Verstrickung führten (Rn. 327), können die Entstehung des Pfändungspfandrechts hindern (sogleich Rn. 332 f). Im Unterschied zur privatrechtlichen und zur öffentlich-rechtlichen Theorie sieht diese Auffassung die Grundlage der Verwertung aber nicht im Pfändungspfandrecht, sondern in der Verstrickung als wesentliche Folge staatlicher Vollstreckungsmaßnahmen. Das Pfandrecht biete dem Vollstreckungsgläubiger dagegen das (materielle) Recht, den Verwertungserlös behalten zu dürfen. Das Pfändungspfandrecht sei insofern ein Pfandrecht eigener Art, auf das die bürgerlich-rechtlichen Vorschriften (§§ 1204 ff BGB) Anwendung finden; lediglich die rechtsgeschäftliche Bestellung werde durch die Pfändung ersetzt.

bb) Praktische Bedeutung des Pfändungspfandrechts. Übereinstimmung besteht 332
folglich dahin, dass die Verletzung von Verfahrensvorschriften die Entstehung des Pfändungspfandrechts nur ausnahmsweise dann hindert, wenn die Pfändung wegen schwerer Fehler unwirksam und die nichtige Pfändung wirkungslos ist. Sie bewirkt weder Verstrickung noch Pfändungspfandrecht. Die praktische Bedeutung des Pfändungspfandrechts und der verschiedenen Theorien zur Beschreibung dessen Natur zeigt sich etwa dann, wenn der Gläubiger zwar einen wirksamen Titel hat, ihm aber gegen den Schuldner tatsächlich keine Forderung (mehr) zusteht, oder wenn es auf den Entstehungszeitpunkt des Pfändungspfandrechts ankommt; dies ist der Fall, wenn der Verwertungserlös nicht zur Befriedigung mehrerer Gläubiger ausreicht, die die gleiche Sache gepfändet haben (Rn. 333 ff), oder wenn über das Vermögen des Schuldners das Insolvenzverfahren eröffnet wird (Rn. 336 f).

> **Beispiel 41** (Heilung eines Verfahrensmangels): Wegen eines titulierten Zahlungsanspruchs des Gläubigers G_1 in Höhe von 1000 Euro pfändet der Gerichtsvollzieher am 1.10. ein Gemälde des Schuldners S. Am 15.10. pfändet er das Gemälde erneut zugunsten des Gläubigers G_2, der gegen S einen Zahlungstitel in Höhe von 2000 Euro erwirkt hat. Erst am 1.11. wird S der Titel des G_1 ordnungsgemäß zugestellt. Die Verwertung des Gemäldes erlöst 1500 Euro. Wie ist der Erlös auf die Gläubiger zu verteilen? 333

Die Verteilung des Verwertungserlöses richtet sich nach dem Rang des Pfändungs- 334
pfandrechts (§ 803 III ZPO, Rn. 352). Nach der öffentlich-rechtlichen Theorie ist in
Beispiel 41 mit der (mangels schwerwiegenden Verfahrensfehlers nicht nichtigen, sondern lediglich) fehlerhaften Verstrickung am 1.10. zugunsten des G_1 ein Pfändungspfandrecht am Gemälde des S entstanden, das mit Heilung des Zustellungsfehlers am 1.11. endgültig bestandskräftig wurde. Die spätere Heilung kann somit den zunächst nur vorläufigen Vorrang des G_1 *ex tunc* sichern. G_1 würde nach dieser Auf-

---

[24] Grundlegend RGZ 156, 395, 398; Musielak/*Becker*, ZPO, § 804 Rn. 2, 4; *Brox/Walker*, Rn. 393. Zum Streitstand BGH NJW 1992, 2570, 2572 f.

fassung aus dem Erlös voll befriedigt werden; G_2 erhielte lediglich 500 Euro. Nach der gemischt-privatrechtlich-öffentlich-rechtlichen Theorie führte die Maßnahme am 1.10. lediglich zur Verstrickung; wegen des Verfahrensmangels konnte zugunsten des G_1 kein Pfändungspfandrecht entstehen. Als G_1 am 1.11. durch Heilung des Verfahrensmangels ein Pfandrecht erwarb, folgte dieses dem am 15.10. zugunsten des G_2 begründeten Pfandrecht nach; die Heilung wirkt hiernach nur *ex nunc*. Auch wenn die Verwertung auf Grundlage der Verstrickung erfolgte, entscheidet nach der gemischten Theorie über die Verteilung allein der Rang des Pfändungspfandrechts. Nach dieser Auffassung gebührt G_2 der Erlös allein.

335 Wird über das Vermögen des Schuldners das Insolvenzverfahren eröffnet, ist der Gläubiger, der an einem Gegenstand der Insolvenzmasse ein Pfändungspfandrecht hat, nach § 50 I InsO zur abgesonderten, d.h. im Vergleich zu den übrigen Insolvenzgläubigern bevorzugten Befriedigung aus dem Pfandgegenstand berechtigt[25]. Da nach § 88 InsO die *im letzten Monat* vor Stellung des Eröffnungsantrags durch Zwangsvollstreckung erlangten Sicherungen mit Eröffnung des Insolvenzverfahrens unwirksam werden (sog. Rückschlagsperre[26]), kommt es auch hier auf den Zeitpunkt der Entstehung des Pfändungspfandrechts an.

336 **Beispiel 42** (Insolvenz des Schuldners): Gläubiger G hat gegen Landwirt L einen Zahlungstitel erwirkt. Er lässt am 15.10. einen Traktor pfänden, den L zur Sicherung eines Darlehens am 1.10. an die Bank übereignet, aber weiterhin genutzt hatte. Am 1.11. wird Antrag auf Eröffnung des Insolvenzverfahrens gestellt, das Verfahren am 15.11. eröffnet. Am 16.11. ficht der Insolvenzverwalter die Sicherungsübereignung nach § 130 I Nr. 1 InsO an[27]; die Bank übereignet den Traktor zurück an L. Kann G nun ein Absonderungsrecht geltend machen?

337 Dass G in **Beispiel 42** eine schuldnerfremde Sache pfänden lässt, ist für die Frage der Verstrickung ohne Bedeutung (vgl. Rn. 327). Nach der öffentlich-rechtlichen Theorie wurde mit der Verstrickung am 15.10. zugunsten des G ein Pfändungspfandrecht begründet; da es eineinhalb Monate vor dem Eröffnungsantrag entstand, bliebe es von der Rückschlagsperre nach § 88 InsO unberührt. G ist hiernach zur Absonderung berechtigt (§ 50 I InsO). Folgt man der gemischten Theorie, stand der Pfandrechtsentstehung am 15.10. das Sicherungseigentum der Bank entgegen. Auch als die Bank das Eigentum nach dem 16.11. an L zurückübertrug, konnte G das Pfändungspfandrecht nicht mehr erwerben. Seit Eröffnung des Insolvenzverfahrens am 15.11. verbot § 89 InsO jede Maßnahme der (Einzel-)Zwangsvollstreckung. Ein Absonderungsrecht des G bestünde nach der gemischten Theorie demnach nicht.

338 **Klausurhinweis:** Im Übrigen führt der Streit über die Rechtsnatur des Pfändungspfandrechts in der klausurmäßigen Bearbeitung nur selten zu praktischen Unterschieden. Insbesondere wenn eine schuldnerfremde Sache gepfändet wird, kommen die verschiedenen Theorien zum gleichen Ergebnis (vgl. Fall 11, Rn. 649). Nur in solchen Fällen, in denen die Pfandrechtstheorien zu unterschiedlichen Ergebnissen führen, ist der Theorienstreit zu entscheiden: Für die öffentlich-rechtliche Theorie spricht, dass die Zwangsvollstreckung ein öffentlich-rechtlicher

---

25 Ausführlich hierzu *Reischl*, Rn. 282, 416 f.
26 Hierzu *Jauernig/Berger*, § 47 Rn. 9 ff.
27 Zur Insolvenzanfechtung *Reischl*, Rn. 645 ff.

Vorgang ist; gegen sie lässt sich einwenden, dass sie dem Pfändungspfandrecht jede eigenständige Bedeutung entzieht, wenn sie hierin nur die Grundlage der Verwertung, nicht aber der Befriedigung aus dem Verwertungserlös sieht. Diesem Einwand entgeht die gemischte Theorie. Sie berücksichtigt den öffentlich-rechtlichen Charakter des Verfahrens, wenn sie die Verwertung der Pfandsache mit der öffentlich-rechtlichen Verstrickung begründet und das materielle Recht zum Behaltendürfen am Verwertungserlös einleuchtend aus dem privatrechtlich eingeordneten Pfändungspfandrecht ableitet.

cc) Aufhebung der Pfändung. Die Pfändung kann aufgehoben werden, indem der Gerichtsvollzieher die gepfändete Sache an den Schuldner zurückgibt oder das Pfandsiegel entfernt. Der Gerichtsvollzieher hat die Pfändung aufzuheben, wenn die Zwangsvollstreckung aufgrund gerichtlicher Entscheidung oder öffentlicher oder privater Urkunde nach §§ 775, 776 ZPO aufgehoben oder beschränkt wird (hierzu Rn. 126 ff). Ob diese sog. **Entstrickung** rechtmäßig erfolgt, ist für ihre Wirksamkeit unerheblich, da es hierbei als *actus contrarius* zur Verstrickung lediglich auf die äußerlich erkennbaren Verhältnisse ankommt. Freilich tritt die Entstrickung nicht schon allein mit Freigabeerklärung des Gläubigers, sondern erst dann ein, wenn der Gerichtsvollzieher den Besitz an der gepfändeten Sache aufgibt. Verliert der Gerichtsvollzieher den Besitz unfreiwillig, kommt es nur dann zur Entstrickung, wenn ein Dritter die Sache lastenfrei kraft guten Glaubens erwirbt: Nach herrschender Ansicht entfallen in diesem Fall die Verstrickung nach §§ 135 II, 136 BGB und das Pfändungspfandrecht nach § 936 BGB[28]. 339

d) Verwertung

aa) Öffentliche Versteigerung. Befriedigung erlangt der Gläubiger nicht bereits durch die Pfändung, sondern erst nachdem die gepfändete Sache verwertet wurde. Diese Verwertung erfolgt grundsätzlich durch **öffentliche Versteigerung** nach §§ 814 ff ZPO. Sie kann durch Versteigerung vor Ort (§ 814 II Nr. 1 ZPO) oder durch Versteigerung im Internet über eine Versteigerungsplattform geschehen (§ 814 II Nr. 2 ZPO). 340

Hinweis: Seit 5.8.2009 (Gesetz vom 30.7.2009, BGBl. I 2474) besteht die Möglichkeit der Internetversteigerung als Regelfall der öffentlich-rechtlichen Verwertung neben der Präsenzversteigerung vor Ort[29]. Sie folgt dem Vorbild der von der Bundeszollverwaltung über die Internetplattform *www.zoll-auktion.de* veranstalteten öffentlichen Versteigerung nach §§ 296 I 2 Nr. 2, 299 AO. Einzelheiten zu Plattform und Versteigerungsverfahren im Internet werden durch die Länder mittels Rechtsverordnung geregelt (§ 814 III ZPO).

Bei der Versteigerung wird der Gerichtsvollzieher nicht im Auftrag des Gläubigers, sondern hoheitlich tätig. Er legt bei der Präsenzversteigerung Ort und Termin fest (§ 816 I, II ZPO); hier ruft er die Sache auf und nennt das Mindestgebot (§ 817a ZPO). Bei der Versteigerung vor Ort erteilt der Gerichtsvollzieher dem Meistbietenden nach dreimaligem Aufruf den **Zuschlag** (§ 817 I 1 ZPO). Bei der Internetversteigerung wird der Zuschlag nach § 817 I 2 ZPO fingiert; er gilt als derjenigen Person erteilt, die bei Versteigerungsende das höchste zulässige Gebot abgegeben hatte. 341

---

28 Thomas/Putzo/*Seiler*, ZPO, § 803 Rn. 11.
29 Allgemein *Remmert*, NJW 2009, 2572.

Niedrigere Gebote erlöschen mit Zuschlag oder Versteigerungsende (§ 817 I 3 ZPO, § 156 S. 2 BGB).

342 Durch Gebot und Zuschlag oder Zuschlagsfiktion kommt ein öffentlich-rechtlicher Vertrag zustande (§ 156 S. 1 BGB)[30], der den Rechtsgrund für die Eigentumsübertragung an den Ersteher bildet. Der Zuschlag allein bewirkt den Eigentumsübergang noch nicht (anders als bei der Versteigerung im Rahmen der Immobiliarvollstreckung, § 90 ZVG; Rn. 455). Der öffentlich-rechtliche Vertrag ist kaufähnlich, aber kein Kaufvertrag nach § 433 BGB. Dem Ersteher stehen Gewährleistungsrechte deshalb nicht zu (§ 806 ZPO); § 445 BGB ist nur auf den Fall des Pfandverkaufs nach §§ 1235 I, 1236 ff BGB anwendbar[31]. Lediglich Amtspflichtverletzungen des Gerichtsvollziehers begründen ausnahmsweise einen Amtshaftungsanspruch (Art. 34 GG, § 839 BGB), lassen die Wirksamkeit der Versteigerung aber unberührt.

343 **Beispiel 43** (Versteigerung unpfändbarer Sachen): Der vom Gläubiger G beauftragte Gerichtsvollzieher pfändet das Fernsehgerät des Schuldners S und versteigert es an den Ersteher E. Den Erlös zahlt er an G aus. S verweist nun auf die Unpfändbarkeit des Fernsehgerätes und verlangt von E dessen Herausgabe, hilfsweise von G Auszahlung des Erlöses.

344 Das Fernsehgerät gilt als unentbehrlicher Haushaltsgegenstand und ist nach § 811 I Nr. 1 ZPO unpfändbar (Rn. 320 ff). Der Verstoß gegen § 811 I Nr. 1 ZPO macht die Pfändung freilich nicht nichtig, sondern lediglich mit der Erinnerung anfechtbar (§ 766 ZPO); die Sache wird verstrickt (Rn. 326). Legt der Eigentümer keine Erinnerung ein und findet die Versteigerung statt, erwirbt der Ersteher nach Erteilung des Zuschlags mit Ablieferung der Sache wirksam Eigentum (Rn. 346).

Hinweis: Die öffentlich-rechtliche Pfandrechtstheorie erklärt den Eigentumserwerb mit dem auch bei Pfändung unpfändbarer Sachen entstandenen Pfändungspfandrecht, das die Verwertungsgrundlage bietet. Nach der gemischten Theorie entsteht wegen des Verfahrensverstoßes zwar kein Pfändungspfandrecht, doch ist Grundlage der Verwertung die wirksame (und nur anfechtbare) Verstrickung (Rn. 330 f).

345 In **Beispiel 43** kann S deshalb von E weder Herausgabe noch Rückübereignung verlangen; der Anspruch aus § 985 BGB scheitert am fehlenden Eigentum; Gebot und Zuschlag bieten E einen Rechtsgrund, der eine ungerechtfertigter Bereicherung ausschließt. Ob ein Kondiktionsanspruch gegen G besteht, hängt davon ab, inwiefern man im Pfändungspfandrecht einen ausreichenden Rechtsgrund der Vermögensverschiebung sehen will. Nach der öffentlich-rechtlichen Theorie bleibt das Pfandrecht von dem (lediglich anfechtbaren) Verstoß gegen Verfahrensvorschriften unberührt und bietet einen ausreichenden Behaltensgrund. Nach der gemischten Theorie entsteht dagegen kein Pfändungspfandrecht. Die Unzulässigkeit der Pfändung kann bis zur Beendigung der Zwangsvollstreckung durch Erinnerung geltend gemacht, danach gegebenenfalls Schadensersatz verlangt, jedenfalls aber die in der Erlösauskehr liegende Bereicherung des Vollstreckungsgläubigers kondiziert werden (hierzu Rn. 646). Verneint man mit der gemischten Theorie bei der Pfändung unpfändbarer Sachen mangels Pfändungspfandrechts einen Behaltensgrund, schuldet der Vollstre-

---

30 Thomas/Putzo/*Seiler*, ZPO, § 817 Rn. 2; str.
31 *Jauernig/Berger*, § 18 Rn. 16.

ckungsgläubiger die Auszahlung des an ihn ausgekehrten Erlöses nach §§ 812 I 1 Fall 2, 818 BGB; eine Aufrechnung seiner Titelforderung gegen diesen Anspruch ist analog § 394 BGB ausgeschlossen.

Die **Eigentumsübertragung** erfolgt gegen Barzahlung des Zuschlagsgebots **durch Ablieferung der Sache an den Ersteher** (§ 817 II ZPO). Hierin liegt die auf Eigentumsübertragung gerichtete dingliche Erklärung des Gerichtsvollziehers. Die Übereignung ist wirksam, wenn die Sache wirksam verstrickt und wirksam öffentlich versteigert wurde. Liegen beide Voraussetzungen vor, geht das Eigentum kraft staatlichen Hoheitsaktes auf den Ersteher über, ohne dass es auf dessen Redlichkeit, die Zugehörigkeit der Sache zum Schuldnervermögen oder das Vorliegen einer Gläubigerforderung ankommt; namentlich §§ 932, 1244 BGB sind nicht anwendbar. Weiß der Ersteher allerdings, dass die gepfändete Sache nicht dem Schuldner gehört, kann bei Hinzutreten besonderer Umstände aus § 826 BGB ausnahmsweise ein Anspruch des bisherigen Eigentümers gegen den Ersteher auf Rückübereignung entstehen[32]. Verstößt der Gerichtsvollzieher gegen wesentliche Verfahrensvorschriften, geht das Eigentum nicht über.

346

Hinweis: Voraussetzung des Eigentumsübergangs ist neben der Begleichung des Bargebots, dass das Mindestgebot erreicht wurde (§ 817a ZPO, Rn. 341) und die Pfandsache bei Übergabe an den Ersteher (noch) wirksam gepfändet ist[33]. Andere Umstände, etwa die fehlende Geschäftsfähigkeit des Erstehers[34], lassen die Wirksamkeit des Eigentumsübergangs unberührt.

Bei der Versteigerung vor Ort wird die Sache regelmäßig im Versteigerungstermin an den Ersteher übergeben (§ 817 III 1 ZPO). Wird die Sache bei der Internetversteigerung an den Ersteher versendet, tritt an die Stelle der Ablieferung an den Ersteher die Aushändigung an die zur Versendung bestimmte Person (vgl. § 299 II 4 AO); die Sachgefahr geht damit nach dem Vorbild des Versendungskaufes über (§ 447 I BGB).

347

bb) Andere Verwertungsarten. Einfacher gestaltet sich die Verwertung lediglich bei der Pfändung von **barem Geld**. Es ist (nach Abzug der Vollstreckungskosten) an den Gläubiger abzuliefern (§ 815 I ZPO). Gepfändete Wertpapiere mit Börsen- oder Marktpreis sind nicht zu versteigern, sondern durch den Gerichtsvollzieher freihändig zu veräußern (§ 821 ZPO).

348

Auf Antrag ist jede **andere Verwertungsart** zulässig (§ 825 ZPO), wenn hierdurch ein höherer Verwertungserlös zu erwarten ist. Praktisch wichtig ist die Verwertung mittels freihändiger Veräußerung durch den Gerichtsvollzieher. Auch hier gelten die allgemeinen Bestimmungen. Wird die Sache dagegen nicht hoheitlich durch den Gerichtsvollzieher, sondern auf gerichtliche Anordnung durch eine andere Person etwa im Rahmen einer Kunstauktion verwertet, vollzieht sich der Erwerb nicht öffentlich-rechtlich, sondern nach §§ 932 ff BGB.

349

---

32 Stein/Jonas/*Münzberg*, ZPO, § 817 Rn. 21 a.E.
33 Stein/Jonas/*Münzberg*, ZPO, § 817 Rn. 23; a.A. Thomas/Putzo/*Seiler*, ZPO, § 817 Rn. 9; *Brox/Walker*, Rn. 416.
34 Anders Stein/Jonas/*Münzberg*, ZPO, § 817 Rn. 23: beschränkte Geschäftsfähigkeit erforderlich; wie hier *Jauernig/Berger*, § 18 Rn. 19.

e) Erlösauskehr

350 Befriedigung erlangt der vollstreckende Gläubiger erst durch Eigentumserwerb am Versteigerungserlös. Das Eigentum erlangt er nicht unmittelbar. Vielmehr tritt der Erlös zunächst an die Stelle der gepfändeten Sache; die an der Sache bestehenden Rechte setzen sich deshalb nach § 1247 BGB am Erlös fort (dingliche Surrogation). Wenn der Ersteher die ersteigerte Sache bezahlt, wird der Schuldner also zunächst Eigentümer des Geldes. Der Gläubiger erwirbt das Eigentum am Erlös wiederum kraft staatlichen Hoheitsaktes, indem der Gerichtsvollzieher den Betrag an ihn auszahlt. Wird eine schuldnerfremde Sache versteigert, erwirbt demnach zunächst der Dritte, dem die Sache bis zur Versteigerung gehörte, Eigentum am Erlös (hierzu Fall 11, Rn. 649).

351 Nicht erst die Erlösauskehr an den Gläubiger, sondern bereits die Empfangnahme des (zur Gläubigerbefriedigung ausreichenden) Erlöses durch den Gerichtsvollzieher gilt nach § 819 ZPO als Zahlung des Schuldners, der bereits jetzt die Aushändigung des Vollstreckungstitels verlangen kann (§ 757 ZPO). Freilich ist § 819 ZPO bloße Gefahrtragungsregel; geht der Erlös vor Auskehr an den Gläubiger verloren, kann dieser nicht noch einmal Zahlung verlangen. Erst die Ablieferung des Erlöses an den Gläubiger lässt dessen titulierte Forderung nach § 362 I BGB erlöschen[35].

352 Der Gerichtsvollzieher zieht vom Verwertungserlös zunächst die Verwertungskosten ab und zahlt den verbleibenden Erlös an die Gläubiger aus (vgl. § 169 Nr. 2 GVGA, § 15 I GVKostG). Betreiben mehrere Gläubiger die Verwertung des Schuldnervermögens, wird sie für alle Gläubiger gemeinsam durchgeführt (§ 827 I ZPO). Reicht der Verwertungserlös nicht zur Befriedigung aller Gläubiger, wird der Erlös nach dem Rang der Pfändungspfandrechte (§ 804 III ZPO) verteilt; dem Prioritätsprinzip folgend wird der Gläubiger mit dem früher entstandenen Pfandrecht vor dem Gläubiger mit dem später entstandenen Pfandrecht befriedigt. Bei Gleichrang wird der Erlös verhältnismäßig verteilt (§ 827 III ZPO, § 168 Nr. 5 S. 2 GVGA). Verlangt ein nicht voll befriedigter nachrangiger Gläubiger ohne Zustimmung der übrigen Gläubiger eine andere Art der Verteilung, hinterlegt der Gerichtsvollzieher den Erlös; es findet ein **Verteilungsverfahren** statt (§§ 827 II, 872 ff ZPO).

353 **Zur Vertiefung:** Im Verteilungsverfahren haben die Gläubiger zunächst ihre Forderungen anzumelden (§ 873 ZPO); sie werden in einem Teilungsplan nach ihrem Rang geordnet (§ 874 ZPO). Im hierauf angeordneten Verteilungstermin (§ 875 ZPO) kann jeder Gläubiger durch Widerspruch Einwendungen gegen angemeldete Forderungen oder deren Rang im Teilungsplan geltend machen (§ 876 ZPO). Ohne Widerspruch wird durch die Hinterlegungsstelle ausgezahlt (§ 876 S. 1 ZPO). Erkennen die anderen Gläubiger einen Widerspruch nicht an, kann er nur durch Widerspruchsklage durchgesetzt werden (§§ 878 ff ZPO). Der Schuldner kann nicht nach § 876 ZPO widersprechen; er ist auf Erinnerung (§ 766 ZPO, Rn. 483 ff) oder Vollstreckungsabwehrklage verwiesen (§ 767 ZPO, Rn. 527 ff).

Ein verbleibender Erlösüberschuss wird durch schlichte Übergabe an den Schuldner ausgekehrt (vgl. § 170 Nr. 2 S. 1 GVGA).

---

35 *Muthorst*, § 11 Rn. 10.

Fall 5 (Ausfallhaftung des Meistbietenden):
Gläubiger G erwirkte gegen Schuldner S einen rechtskräftigen Zahlungstitel. Der von ihm beauftragte Gerichtsvollzieher pfändet den Pkw des S. Ersteher E ersteigert das Fahrzeug zum Höchstgebot von 5000 Euro. Als der Gerichtsvollzieher das Fahrzeug bei E abliefern will, erklärt E zutreffend, dass er sich über den Zustand des Wagens geirrt und dieser, anders als von E angenommen, nur einen Wert von 4000 Euro habe; E erklärt die Anfechtung seines Versteigerungsgebotes und verweigert Annahme und Zahlung. Der Gerichtsvollzieher liefert den Pkw daraufhin nicht ab und setzt die Versteigerung fort, in der dem Dritten D auf ein Gebot von 2000 Euro der Zuschlag erteilt wird, obwohl E nun 4000 Euro geboten hatte. D zahlt nach Ablieferung; der Erlös wird an G ausgezahlt. Hat G Ansprüche gegen E?

354

Lösungshinweise:
G könnte gegen E einen Anspruch haben auf Zahlung des Differenzbetrages zwischen dem ursprünglichen Höchstgebot von 5000 Euro und dem Gebot von 2000 Euro, auf das später der Zuschlag erteilt wurde.

I. Ansprüche aus Vertrag

Vertragliche Ansprüche des G kommen nicht in Betracht, da zwischen G und E kein Schuldverhältnis besteht. Auch der Vollstreckungsvorgang durch Pfändung und Verwertung des Pkw entfaltet nur zwischen Vollstreckungsgläubiger und -schuldner und allenfalls gegenüber einem Dritten, dem ein Recht an der Pfandsache zusteht, eine gesetzliche Sonderbeziehung privatrechtlicher Art, die im Fall der Pflichtverletzung eine Haftung aus § 280 I BGB begründen kann[36].

II. Ansprüche aus unerlaubter Handlung

Auch deliktische Ansprüche des G bestehen nicht. Ein Anspruch aus § 823 I BGB scheitert schon an der fehlenden Verletzung eines absolut geschützten Rechtsgutes des G; das bloße Vermögen nimmt am Schutz des § 823 I BGB nicht teil. Eine die Haftung aus § 826 BGB begründende Sittenwidrigkeit fehlt ebenso wie der Schädigungsvorsatz.

III. Ansprüche aus ungerechtfertigter Bereicherung

Auch bereicherungsrechtliche Ansprüche aus §§ 812 ff BGB scheiden aus. E hat weder durch Leistung noch in sonstiger Weise etwas auf Kosten des G erlangt. Wohl wurde E durch die anderweitige Versteigerung des Pkw von seiner Obliegenheit zur Zahlung des Kaufgeldes befreit (§ 817 III 1 ZPO), doch stand aus dem Zuschlag an E weder G noch dem Gerichtsvollzieher ein klagbarer Anspruch auf Erfüllung zu[37].

IV. Anspruch aus § 817 III 2 Halbs. 2 ZPO

In Betracht kommt ein Ersatzanspruch aus § 817 III 2 Halbs. 2 ZPO.

1. Zulässigkeit einer Klage

Eine hierauf gestützte Klage des G müsste zunächst zulässig sein.

---
36 Etwa beim Vollstreckungszugriff auf schuldnerfremde Sachen, vgl. Rn. 305, 640 ff.
37 Stein/Jonas/*Münzberg*, ZPO, § 817 Rn. 16.

a) Rechtsweg

Fraglich ist hier, ob wegen des Ausfallanspruchs der Zivilrechtsweg nach § 13 GVG eröffnet ist. Der Zuschlag nach § 817 I ZPO ist eine öffentlich-rechtlich ausgestaltete hoheitliche Maßnahme. Materiell-rechtlich macht der Vollstreckungsgläubiger damit Ansprüche geltend, die im Zusammenhang mit der Ausübung hoheitlicher Gewalt stehen und grundsätzlich den Verwaltungsrechtsweg eröffnen (§ 40 I VwGO). Zu beachten ist freilich, dass sich der Anspruch aus § 817 III 2 Halbs. 2 ZPO nicht gegen einen Träger hoheitlicher Gewalt, sondern gegen eine Privatperson richtet und ferner die Ausführung des öffentlich-rechtlichen Vollstreckungsauftrags unter Aufsicht der ordentlichen Gerichte steht (arg. § 766 ZPO). Auch zeigt bereits die systematische Stellung von § 817 III ZPO, dass über den Anspruch gegen den Meistbietenden durch die ordentlichen Gerichte zu entscheiden ist.

b) Prozessführungsbefugnis

Da mit Pfändung und Verwertung eine Sonderbeziehung grundsätzlich nur zwischen Vollstreckungsgläubiger und -schuldner und auch mit dem Zuschlag eine Rechtsbeziehung nur zwischen dem Gerichtsvollzieher und dem Ersteher entsteht, ist die Prozessführungsbefugnis des G zweifelhaft. Die Frage wird durch den Wortlaut von § 817 III 2 Halbs. 2 ZPO nicht beantwortet. Gleichwohl geht die herrschende Meinung zu Recht von der Prozessführungsbefugnis des die Vollstreckung betreibenden Gläubigers aus. Die Aufgaben des Gerichtsvollziehers sind mit der durch die Versteigerung erfolgten Verwertung beendet. Liegt das bei der anderweitigen Versteigerung erzielte Zuschlagsgebot unter dem vorherigen Höchstgebot, ist der in der Differenz beider Gebote bestehende Ausfall deshalb nicht durch den Fiskus zu regulieren, sondern durch denjenigen Verfahrensbeteiligten geltend zu machen, der durch den Ausfall einen Nachteil erleidet. Dies ist der Vollstreckungsgläubiger, wenn er durch die anderweitige Versteigerung nicht voll befriedigt wird, und der Vollstreckungsschuldner, wenn bei Zahlung des vorherigen Höchstgebotes ein Überschuss an ihn ausgekehrt worden wäre; ein Anspruch des Meistbietenden scheidet aus (§ 817 III 2 Halbs. 2 a.E. ZPO). Hier trifft der Ausfall allein den Vollstreckungsgläubiger, der deshalb prozessführungsbefugt ist, den Ausfallanspruch aus § 817 III 2 Halbs. 2 ZPO geltend zu machen.

2. Begründetheit einer Klage

Die Klage ist begründet, wenn die Voraussetzungen von § 817 III 2 Halbs. 2 ZPO vorliegen.

a) Zuschlag an den Ausfallschuldner

Aufgrund der systematischen Stellung in § 817 ZPO setzt ein Ausfallanspruch einen wirksamen Zuschlag an den Ausfallschuldner voraus. Der Zuschlag ist wirksam, wenn die Pfandsache verstrickt wurde, ein wirksames Gebot vorlag und bei der Erteilung des Zuschlags die wesentlichen Verfahrensvorschriften eingehalten wurden. Von einer wirksamen Pfandverstrickung ist auszugehen. Fraglich ist aber die Wirksamkeit des Gebotes. Da S das Angebot anfocht, könnte es analog § 142 I BGB als anfänglich nichtig anzusehen sein. Die Anfechtbarkeit von Gebot und Zuschlag ist umstritten.

Nur diejenigen Stimmen im Schrifttum, die im Zuschlag einen einseitigen Hoheitsakt des Gerichtsvollziehers sehen[38], verneinen die Anfechtbarkeit schon deshalb, weil kein Rechtsgeschäft nach § 142 I BGB vorliege. Das Gebot könnte demnach als reine Verfahrenshandlung[39], wie jede prozessuale Erwirkungshandlung, allenfalls solange widerrufen werden, bis

---

38 Stein/Jonas/*Münzberg*, ZPO, § 817 Rn. 20; Zöller/*Stöber*, ZPO, § 817 Rn. 7.
39 Musielak/*Becker*, ZPO, § 817 Rn. 3 m.N.

ein anderer Verfahrensbeteiligter eine gesicherte Rechtsposition erlangt habe; dies wäre mit dem Zuschlag der Fall und würde einen Widerruf des Gebotes ausschließen.

Sieht man in dem auf das Gebot erteilten Zuschlag einen kaufähnlichen Vertrag, scheidet die Anfechtbarkeit analog §§ 119 ff BGB zwar nicht von vornherein, nach herrschender Ansicht aber dann und insoweit aus, als sie die Besonderheiten des Zwangsversteigerungsverfahrens umgehen würde. Jedenfalls eine Anfechtung wegen Eigenschaftsirrtums nach § 119 I, II BGB findet demnach nicht statt; § 806 ZPO schließt bei der Pfandverwertung jede Gewährleistungshaftung wegen eines Mangels der Pfandsache aus und soll nicht dadurch umgangen werden können, dass der Ersteher sein Gebot wegen eines Irrtums über eine verkehrswesentliche Eigenschaft der Pfandsache anficht[40]. Mangels Anfechtung liegt ein wirksames Gebot vor.

b) Einhaltung der wesentlichen Verfahrensvorschriften

Ferner müssten bei der Versteigerung die wesentlichen Verfahrensvorschriften eingehalten worden sein. Dass der Gerichtsvollzieher die Pfandsache nicht abgeliefert und E nicht gezahlt hat, bedeutet keinen Verstoß gegen Verfahrensvorschriften, sondern schafft lediglich die Grundlagen der anderweitigen Verwertung (§ 817 III ZPO). Im späteren Versteigerungstermin blieb E mit seinem neuerlichen Gebot nach § 817 III 2 Halbs. 1 ZPO ausgeschlossen. Auf das verbleibende Höchstgebot von 2000 Euro durfte der Gerichtsvollzieher den Zuschlag erteilen, da es zugleich dem Mindestgebot entsprach (§ 817a I 1 ZPO).

c) Ausfallschaden

Schließlich müsste durch die anderweitige Verwertung ein Ausfallschaden entstanden sein. Dieser Ausfall entspricht der Differenz zwischen dem ursprünglichen Gebot des Meistbietenden und dem Gebot, auf das bei der anderweitigen Verwertung der Zuschlag erteilt wurde.

V. Ergebnis: Da E zunächst 5000 Euro bot und D auf ein Gebot von 2000 Euro der Zuschlag erteilt wurde, hat G gegen E einen Anspruch auf Zahlung von 3000 Euro aus § 817 III 2 Halbs. 2 ZPO.

---

f) **Stoffzusammenfassung: Zwangsvollstreckung in körperliche Sachen**

I. **Vollstreckungsgegenstand**
   – körperliche Sachen (§ 808 I ZPO), d.h. bewegliche Sachen (§§ 90 ff BGB)
   – Ausnahmen bei der Hypothekenhaftung unterfallendem Grundstückszubehör (§ 865 II 1 ZPO, § 1120 BGB) und Früchten
   – Wertpapiere und die auf einem Datenträger verkörperte Software (§§ 808, 812 ZPO)

II. **Pfändung** mittels Inbesitznahme durch den **Gerichtsvollzieher** (§ 808 ZPO)
   1. **Allgemeine Vollstreckungsvoraussetzungen:** Titel, Klausel, Zustellung
   2. **Voraussetzungen der Pfändung**
      a) Pfändung zur rechten Zeit: jederzeit; Ausnahmen nach § 758a IV ZPO
      b) Pfändung am rechten Ort
         – Sache im Alleingewahrsam von Schuldner (§ 808 I ZPO), Gläubiger oder zur Herausgabe bereitem Dritten (§ 809 ZPO)

---

40 BGH NJW-RR 2008, 222, 223 Rn. 9; *Brox/Walker*, Rn. 409; *Baur/Stürner/Bruns*, Rn. 29.6.

- Gerichtsvollzieher darf Räume und Behältnisse nur des Schuldners betreten und öffnen lassen (§ 758 I, II ZPO)
- bei Ehegatten unwiderlegliche Gewahrsamsfiktion (§ 739 ZPO) und widerlegliche Eigentumsvermutung (§ 1362 BGB)

c) Pfändung in rechter Art und Weise: Inbesitznahme durch
- Wegschaffen aus dem Gewahrsam des Schuldners (§ 808 I, II 1 ZPO)
- Kenntlichmachung der Pfändung durch Anlegen eines Pfandsiegels, wenn die Sache im Schuldnergewahrsam verbleibt (§ 808 II 2 ZPO)

d) Pfändung im rechten Umfang
- sozialer Pfändungsschutz (§ 811 ZPO)
- Verbot der Überpfändung (§ 803 I 2 ZPO) und nutzlosen Pfändung (§ 803 II ZPO)
- Anschlusspfändung durch Erklärung im Pfändungsprotokoll (§ 826 ZPO)

3. **Rechtsfolgen der Pfändung**
   a) Verstrickung durch Beschlagnahme bei wirksamer Pfändung
   b) Pfändungspfandrecht
   - Theorienstreit zur Rechtsnatur wirkt sich praktisch nur dann aus, wenn es auf den Entstehungszeitpunkt des Pfändungspfandrechts ankommt
   - öffentlich-rechtliche Theorie: Verwertungsgrundlage ist das Pfändungspfandrecht, das mit wirksamer Verstrickung entsteht
   - gemischt-privatrechtlich-öffentlich-rechtliche Theorie: Pfändungspfandrecht entsteht nur dann, wenn die titulierte Forderung besteht und in schuldnereigene Sachen vollstreckt wird; Grundlage der Verwertung ist nicht das Pfändungspfandrecht, sondern die Verstrickung

4. **Aufhebung der Pfändung** durch Entstrickung

III. **Verwertung der Pfandsache**
- grundsätzlich Zwangsversteigerung vor Ort (§ 814 II Nr. 1 ZPO) oder auf Versteigerungsplattform im Internet (§ 814 II Nr. 2 ZPO)
- Gerichtsvollzieher überträgt an den Ersteher hoheitlich lastenfreies Eigentum an der Pfandsache, gleichgültig ob die Pfandsache zum Schuldnervermögen gehört und der Ersteher redlich ist
- Gerichtsvollzieher berichtigt Vollstreckungskosten (§ 788 ZPO) und zahlt restlichen Verwertungserlös an den Gläubiger aus; Erlösverteilung bei mehreren Gläubigern nach dem Rang des Pfändungspfandrechts (§ 804 III ZPO)
- Auskehr des Übererlöses durch Übergabe an Schuldner
- bei Gläubigerbefriedigung ist Titel herauszugeben (§ 757 ZPO)

2. Die Zwangsvollstreckung in Forderungen und andere Vermögensrechte

Studienliteratur: *Brehm/Kleinheisterkamp*, Die Bestimmtheit des Pfändungsbeschlusses bei der Forderungspfändung, JuS 1998, 781; *Fischer*, Aus der Praxis: Der lästige Pfändungs- und Überweisungsbeschluss, JuS 2006, 416; *ders.*, Aus der Praxis: Erwerb eines Grundstücks mit gepfändeter Pachtzinsforderung, JuS 2007, 732; *Geißler*, Dogmatische Grundfragen bei der Zwangsvollstreckung in Geldforderungen, JuS 1986, 614; *Lüke*, Pfändung einer hypothekarisch gesicherten Forderung ohne Grundbucheintragung mit Folgen, JuS 1995, 202; *Smid*, Die Probleme der Forderungspfändung, Jura 1988, 281; *ders.*, Probleme der Pfändung von Anteilen an Personengesellschaften (§ 859 I ZPO), JuS 1988, 613; *Tempel*, Zwangsvollstreckung in Grundpfandrechte, JuS 1967, 75, 117, 167, 215, 268; *Berger*, Zwangsvollstreckung in „Internet-Domains", Rpfleger 2002, 181.

a) Zwangsvollstreckung in Geldforderungen

356 Die Zwangsvollstreckung in Geldforderungen ist in der Praxis von wesentlich größerer Bedeutung als diejenige in bewegliche Sachen. Zuständig ist hier nicht der Gerichtsvollzieher, sondern das **Vollstreckungsgericht**. Örtlich ausschließlich zuständiges Vollstreckungsgericht ist dabei das Amtsgericht am allgemeinen Gerichtsstand des Schuldners (§§ 802, 828 II ZPO). Funktional zuständig ist der Rechtspfleger (§ 20 Nr. 17 RPflG). Auch auf die Forderungspfändung sind die allgemeinen Vorschriften nach §§ 803–807 ZPO anwendbar. Sie erfolgt grundsätzlich durch Pfändung (Rn. 373 ff) und Überweisung der Geldforderung an den Gläubiger zur Einziehung oder an Zahlungs statt (Rn. 379 ff).

357 An der Forderungspfändung beteiligt sind drei Personen: Neben den vollstreckenden Gläubiger und den Vollstreckungsschuldner tritt als dritter Beteiligter der Schuldner der gepfändeten Forderung, der sog. **Drittschuldner**. Der Vollstreckungsschuldner muss Gläubiger der gepfändeten (gegen den Dritten gerichteten) Forderung sein; ist er dies nicht, weil die Forderung einem anderen Gläubiger zusteht oder gar nicht besteht, geht die Pfändung ins Leere. Anders als die Pfändung beweglicher Sachen kann die Forderungspfändung deshalb nicht in schuldnerfremde Rechte eingreifen.

358 **Zur Vertiefung:** Der Gläubiger kann ein Interesse daran haben, eine Forderung des Schuldners zu pfänden, die sich gegen den Gläubiger selbst richtet; in diesem Fall ist der Gläubiger zugleich Drittschuldner. Die Pfändung einer Forderung des Schuldners gegen den Gläubiger kann etwa dann sinnvoll sein, wenn sie zum gleichen Ziel führt wie eine aus prozessualen (vgl. § 767 II ZPO, Rn. 234 ff) oder materiell-rechtlichen Gründen ausgeschlossene Aufrechnung.

359 **Beispiel 44** (Pfändung bei Aufrechnungsverbot): Gläubiger G will gegen Schuldner S wegen eines Kaufpreisanspruchs in Höhe von 1000 Euro vollstrecken. Zugleich ist G aus einem Darlehensvertrag in gleicher Höhe Schuldner des S. Im Darlehensvertrag hatten G und S für die aus dem Vertrag folgenden Forderungen, soweit diese nicht unbestritten oder rechtskräftig festgestellt wurden, in AGB ein Aufrechnungsverbot vereinbart. Was ist G zu raten?

360 Das Aufrechnungsverbot in **Beispiel 44** ist wirksam und verstößt insbesondere nicht gegen § 309 Nr. 3 BGB. Daher ist G hier an der Aufrechnung gehindert. Jedoch kann er eine rasche Befriedigung dadurch erreichen, dass er die S zustehende und gegen

sich selbst gerichtete Darlehensforderung pfändet und sich an Zahlungs statt überweisen lässt, was (ähnlich der Aufrechnungswirkung nach § 389 BGB) ohne weiteres zum Erlöschen beider Forderungen führt (§ 835 II ZPO, Rn. 380).

361 **aa) Vollstreckungsgegenstand.** Grundsätzlich können **alle Forderungen** Vollstreckungsobjekt sein. Unpfändbar sind Forderungen, soweit sie *kraft Gesetzes* unabtretbar sind (§ 851 I ZPO). Solche gesetzlichen Abtretungsverbote bestehen etwa für den Anspruch des Gesellschafters einer GbR auf Zahlung einer Sondervergütung (§ 717 S. 1 BGB) oder den Sozialhilfeanspruch nach § 17 I SGB XII.

Hinweis: Honoraransprüche von Angehörigen der in § 203 I StGB genannten Berufsgruppen sind abtretbar und unterliegen grundsätzlich der Pfändung. Dies gilt trotz der beschränkten Abtretbarkeit nach § 49b IV BRAO auch für Vergütungsansprüche des Rechtsanwalts[41].

362 Auch § 399 Fall 1 BGB begründet ein Abtretungsverbot. Danach sind Ansprüche unübertragbar, deren Leistungsinhalt sich wegen der Art der Forderung oder ihrer Zweckbindung durch den Gläubigerwechsel ändern würde. Wegen der Art der Forderung unabtretbar sind höchstpersönliche Ansprüche, etwa der Urlaubsanspruch des Arbeitnehmers; wandelt er sich in einen auf Zahlung gerichteten Abgeltungsanspruch um, wird er freilich abtretbar. Wegen der Zweckbindung unabtretbar ist eine Forderung dann, wenn der Schuldner den Betrag kraft Gesetzes oder aufgrund einer Vereinbarung zwischen ihm und dem Drittschuldner nur in bestimmter Weise oder zur Erreichung eines bestimmten Zwecks verwenden darf[42]. Etwa kann ein Anspruch auf Schuldbefreiung regelmäßig nur an den Gläubiger der zu tilgenden Schuld abgetreten werden und deshalb nur durch diesen gepfändet werden; durch Abtretung oder Pfändung wandelt sich der Befreiungsanspruch in einen Zahlungsanspruch[43].

363 Nach § 851 II ZPO hindert der *vertragliche* Ausschluss der Abtretbarkeit die Pfändbarkeit dagegen nicht. Der Schuldner soll seinen Gläubigern nicht durch schlichte Vereinbarung mit dem Drittschuldner Vermögen entziehen können. Der rechtsgeschäftliche Abtretungsausschluss nach § 399 Fall 2 BGB beeinflusst die Pfändbarkeit also nicht[44].

364 Forderungen sind schon **vor Eintritt der Fälligkeit** pfändbar. Gleiches gilt für **künftige**, etwa aufschiebend bedingte Forderungen, soweit sie nur ausreichend bestimmt sind. Tritt die aufschiebende Bedingung nicht ein, geht die Pfändung ins Leere. Künftige Forderungen müssen im Zeitpunkt der Pfändung nach ihrem Inhalt und der Person des Drittschuldners bestimmt oder bestimmbar sein. Das ist bei bestehenden Dauerschuldverhältnissen, etwa bei künftigen Ansprüchen aus Mietverträgen oder Arbeitsverträgen, aber auch bei künftig fällig werdenden fortdauernden Unterhaltsansprüchen der Fall[45]. Ist der Drittschuldner unbekannt, kann schon die Zustellung nicht erfolgen (§ 829 III ZPO, Rn. 379).

---

41 BGH NJW-RR 2004, 54; NJW 2005, 1308.
42 BGH NJW 2000, 1270 zur str. Voraussetzung treuhänderischer Bindung; Anm. *Buhlmann/Schimmel*, JA 2000, 538.
43 BGH NJW 1993, 2232, 2233.
44 BGH Rpfleger 1978, 248, 249; Stein/Jonas/*Brehm*, ZPO, § 851 Rn. 28.
45 BGH NJW 2004, 369, 370 m. Anm. *Löhnig*, JA 2004, 270; *Brox/Walker*, Rn. 509.

Beispiel 45 (Überpfändung): Gläubiger G hat gegen Schuldner S einen Zahlungstitel über 500 Euro erwirkt und erfährt, dass S seinen Pkw zum Preis von 5000 Euro an den Drittschuldner DS veräußert hatte. DS verweigert die Zahlung unter Hinweis auf die vermeintliche Mangelhaftigkeit des Wagens. Kann G den Zahlungsanspruch des S gegen DS pfänden und sich überweisen lassen? 365

Auch bei der Forderungspfändung gilt das Verbot der Überpfändung (§ 803 I 2 ZPO; vgl. Rn. 318). Doch ist hier große Zurückhaltung geboten; eine Überpfändung kann nur dann eintreten, wenn die gepfändete Forderung den Betrag der Titelforderung erheblich übersteigt. Ist die Forderung des Schuldners gegen den Drittschuldner erheblich höher als die titulierte Forderung des Gläubigers, kann der Pfändungs- und Überweisungsbeschluss (Rn. 15, 379) auf einen konkreten Betrag beschränkt werden. In diesem Fall wird die Forderung nur in dieser Höhe gepfändet und überwiesen; der überschießende Forderungsbetrag bleibt unberührt[46]. § 803 I 2 ZPO steht der Pfändung in **Beispiel 45** deshalb nicht entgegen. Auch wenn DS bei tatsächlicher Mangelhaftigkeit des Pkw ein Zurückbehaltungsrecht am Kaufpreis geltend machen kann, bis S den Mangel durch Nacherfüllung behoben hat (§§ 320 I, 439 I BGB), hindert dies die Pfändbarkeit nicht. Pfändbar sind nicht nur bedingte und betagte Forderungen, sondern auch solche, die von einer Gegenleistung abhängig sind (arg. § 844 ZPO). 366

Hinweis: Da die überwiesene Forderung freilich nur nach Mangelbehebung oder dann eingezogen werden darf, wenn sich herausstellt, dass der Wagen mangelfrei war, kann sie auf Antrag anderweit verwertet werden (§ 844 ZPO).

Zur Vertiefung: Soweit der Pfändungs- und Überweisungsbeschluss keinen Forderungsbetrag nennt, beziehen sich Pfändung und Überweisung auf die gesamte Forderung (sog. Vollpfändung)[47]. An der Vollpfändung kann der im Übrigen ungesicherte Gläubiger ein Interesse haben, da er in der Insolvenz des Schuldners auf die Insolvenzquote verwiesen ist; bei Vollpfändung kann er nicht nur die Titel-, sondern die gesamte Forderung zur Tabelle anmelden (§§ 174 f InsO) und sichert so die Titelforderung bis zur Höhe der Quote vor nachpfändenden Gläubigern. Eine Überpfändung nach § 803 I 2 ZPO liegt hierin nicht[48]. 367

Die **mehrfache Pfändung einer Forderung** ist möglich; sie erfolgt nach § 829 ZPO. Der Rang der Gläubiger bestimmt sich gemäß § 804 III ZPO nach dem Zeitpunkt der Zustellung an den Drittschuldner, der nach § 853 ZPO zur Hinterlegung verpflichtet wird. 368

bb) Pfändungsschutz. In gleicher Weise wie § 811 ZPO bei der Pfändung beweglicher Sachen sehen §§ 850 ff ZPO bei der Forderungspfändung einen sozialen Pfändungsschutz vor. Bedeutsam sind hier die Pfändungsbeschränkungen bei Arbeitseinkommen oder sonstigen Einkünften nach §§ 850–850i ZPO. 369

Zur Vertiefung: Die in § 850a ZPO genannten Bezüge sind grundsätzlich unpfändbar. Nur unter den Voraussetzungen nach § 850b II ZPO pfändbar sind die in § 850b I ZPO genannten 370

---

46 BGH NJW 1975, 738.
47 Stein/Jonas/*Brehm*, ZPO, § 829 Rn. 74 m.N.
48 *Jauernig/Berger*, § 19 Rn. 21.

Ansprüche. § 850b ZPO schützt den Schuldner als Unterhaltsberechtigten, dessen Unterhaltsansprüche nur ausnahmsweise pfändbar sind, wenn eine anderweitige Vollstreckung nicht zur vollen Gläubigerbefriedigung führt und die Pfändung der Billigkeit entspricht. Wird gegen den Schuldner wegen einer gesetzlichen Unterhaltspflicht vollstreckt, entfällt der Pfändungsschutz aus § 850c ZPO, derjenige aus § 850a ZPO wird beschränkt (§ 850d I ZPO). Sozialleistungsansprüche des Schuldners sind gesondert geschützt (§§ 54 f SGB I).

371 Seit 1.7.2010 hat jeder Schuldner die Möglichkeit, ein bei einem Kreditinstitut eingerichtetes Girokonto als **Pfändungsschutzkonto** („P-Konto") nach § 850k ZPO zu führen. Das auf diesem P-Konto geführte Guthaben unterliegt bis zur Höhe des monatlichen Pfändungsfreibetrages nach § 850c I 1 ZPO (derzeit 1028,89 Euro[49]) nicht der Pfändung (§ 850k I 1 ZPO). Soweit der Schuldner diesen Betrag im jeweiligen Monat nicht verbraucht, kann er ihn auf den Folgemonat übertragen (§ 850k I 3 ZPO), so dass Pfändungsschutz maximal bis zur doppelten Höhe des monatlichen Freibetrags besteht. Auf welchen Einkünften das Guthaben beruht, ist für den Pfändungsschutz nach § 850k ZPO bedeutungslos. Die praktisch schwierige und auf Einkünfte aus Arbeitseinkommen beschränkte frühere Möglichkeit des Kontopfändungsschutzes nach § 850l ZPO a.F. ist zum 1.1.2012 entfallen[50].

Anders als nach § 850c I 1 ZPO ist das auf dem P-Konto geführte Guthaben nach § 850k I 1 a.E. ZPO nicht unpfändbar (anders nach Anordnung gemäß § 850l S. 1 ZPO), sondern wird nur „nicht von der Pfändung erfasst". §§ 394, 400 BGB sind deshalb unanwendbar; die Forderung ist auch bis zu der in §§ 850c I 1, 850k I 1 ZPO geschützten Höhe abtretbar und aufrechnungstaugliche Gegenforderung. Im Kontokorrentverhältnis des Schuldners zur Bank (Rn. 397 f) findet § 850k ZPO keine Anwendung, so dass die Bank einen Debetsaldo des Schuldners unbeschränkt gegen das Schuldnerguthaben aufrechnen kann[51].

372 cc) Antrag. Das Verfahren kommt auf formlosen **Antrag** des Gläubigers in Gang. Um den Vollstreckungsgegenstand hinreichend zu individualisieren, sind der Vollstreckungsschuldner, der Drittschuldner und die zu pfändende Forderung sowie das ihr zugrunde liegende Rechtsverhältnis zu bezeichnen.

Hinweis: Die Forderung muss so bestimmt bezeichnet werden, dass sie von anderen Forderungen unterschieden werden kann. Zu unbestimmt sind daher Anträge, Forderungen des Schuldners gegen den Drittschuldner „aus jedem Rechtsgrunde" oder „aus Verträgen oder sonstigen Rechtsgründen" pfänden zu lassen[52]; auch die Pfändung „der Ansprüche auf Rückübertragung aller Sicherheiten"[53] oder der Bezug auf „alle Ansprüche des Bankkunden gegen die Bank, gleichviel auf welchen Rechtsgründen sie immer beruhen mögen", ist nicht hinreichend bestimmt[54]. Da der Gläubiger häufig keine genaue Kenntnis vom Forderungsinhalt erlangen kann, sind geringe Unrichtigkeiten oder Ungenauigkeiten unschädlich, soweit eine sachgerechte Auslegung eine Identifizierung erlaubt. Bestimmt genug sind daher „Forderungen aus Liefe-

---

49 Seit 1.7.2011 gemäß Pfändungsfreigrenzenbekanntmachung vom 9.5.2011 (BGBl. I 825).
50 BGBl. 2009 I 1707, Art. 7, 10 II; Überblick bei *Ahrens*, NJW 2010, 2001.
51 BGH NJW 2005, 1863; OLG Celle ZIP 07, 1938 (zu § 850k ZPO a.F.); *Jauernig/Berger*, § 33 Rn. 60.
52 BGH NJW 1954, 881; NJW 1975, 980, 981.
53 OLG Koblenz Rpfleger 1988, 72.
54 *Baur/Stürner/Bruns*, Rn. 30.12 m.N.

rungen und Leistungen (Bohrarbeiten)", wenn nur ein Vertrag in Betracht kommt[55] oder der Anspruch auf Rückgewähr einer nach Grundbuchblatt und -nummer bezeichneten Grundschuld[56]. Die Pfändung erfasst ohne weiteres solche Nebenrechte, die im Fall einer Abtretung nach § 401 BGB mit übergehen würden[57].

dd) Pfändung. Der Zugriff auf die gegen den Drittschuldner gerichtete Forderung des Vollstreckungsschuldners erfolgt durch deren Pfändung. Den **Pfändungsbeschluss (§ 829 ZPO)** erlässt das Vollstreckungsgericht, nachdem es geprüft hat, dass der Vortrag des Vollstreckungsgläubigers in Ansehung der zu pfändenden Forderung schlüssig ist. Dies ist der Fall, wenn die Forderung aufgrund der als wahr unterstellten Angaben im Antrag des Gläubigers bestehen *kann*; der Pfändungsantrag ist wegen fehlender Passivlegitimation des Drittschuldners nur dann abzulehnen, wenn die Forderung dem Schuldner nach keiner vertretbaren Rechtsansicht zustehen kann[58]. Das Vollstreckungsgericht prüft nicht, ob die Forderung tatsächlich *besteht*. Gepfändet wird daher stets nur eine „angebliche" Forderung des Schuldners gegen den Drittschuldner. Besteht die Forderung nicht (mehr) oder steht sie nicht (mehr) dem Schuldner zu, ist die Pfändung wirkungslos. 373

Beispiel 46 (Pfändung angeblicher Forderungen): Gläubiger G will vier Forderungen F_1, F_2, F_3 und F_4 des Schuldners S gegen den Drittschuldner DS pfänden lassen. Einen Tag vor Zustellung des Pfändungsbeschlusses an DS beglich DS die Forderung F_1. Noch am gleichen Tag trat S die Forderung F_2 an X und die Forderung F_3 an G ab. Die zuvor nicht bestimmbare Forderung F_4 erwarb S erst am nächsten Tag. Hat die Pfändung Erfolg? 374

In **Beispiel 46** gehen die Pfändungen von F_1 und F_2 ins Leere: F_1 ist vor Zustellung des Pfändungsbeschlusses durch Erfüllung erloschen (§ 362 I BGB); F_2 besteht zwar fort, steht aber nicht mehr S zu. Auch F_3 steht nicht mehr S, sondern dem vollstreckenden G selbst zu. Entsprechend den Überlegungen zur Pfändung gläubigereigener Sachen (Rn. 321 f) kann G aber ein berechtigtes Interesse daran haben, seine eigene Forderung zu pfänden: So kann er nach § 836 III 5 ZPO noch bei S befindliche Urkunden und nach § 840 I ZPO Auskunft von DS verlangen. F_3 ist von der Pfändung erfasst; dass der Pfändungsbeschluss S als Forderungsgläubiger von F_3 bezeichnet, ist zwar falsch, führt aber nicht zur Unwirksamkeit des Beschlusses. Steht F_4 im Zeitpunkt der Pfändung noch nicht dem Schuldner zu und fehlt ihr (als künftiger Forderung) die Bestimmbarkeit, geht die Pfändung auch insoweit ins Leere (vgl. Rn. 364). Dass S die Forderung später erwirbt, ist dann unerheblich; insbesondere ist § 185 II Fall 2 BGB hier nicht anwendbar[59]. Dies gilt selbst dann, wenn die Forderung nur zur Sicherheit an den Drittschuldner abgetreten war und später an den Schuldner zurückgelangt; in diesem Fall empfiehlt es sich für den Gläubiger, nicht die Forderung, sondern das Anwartschaftsrecht des Schuldners auf Rückerwerb zu pfänden (vgl. auch Rn. 427). 375

---

55 BGH NJW 1980, 584; NJW 1983, 886.
56 BGH NJW-RR 1991, 1197, 1198.
57 BGH NJW-RR 2003, 1555, 1556.
58 BGH NJW-RR 2008, 733 m. Anm. *Wolf*, JA 2008, 647.
59 BGH NJW 2002, 755, 757; *Muthorst*, § 12 Rn. 38.

Die Pfändung einer Forderung setzt folglich einen im Zeitpunkt der Pfändung in der Person des Schuldners bestehenden (oder bestimmbaren künftigen) Anspruch gegen den Drittschuldner voraus. Ist dies, wie bei F_4, noch nicht oder, wie bei F_1 und F_2, nicht mehr der Fall, ist die Pfändung schlechthin nichtig.

376 Der Pfändungsbeschluss bezeichnet die Forderung und enthält zwei Aussprüche: das Verbot an den Drittschuldner, noch an den Schuldner zu zahlen (sog. **Arrestatorium**), und das Gebot an den Schuldner, fortan nicht mehr über die Forderung zu verfügen (sog. **Inhibitorium**). Allerdings macht nur das Fehlen des an den Drittschuldner gerichteten Zahlungsverbotes den Beschluss unwirksam.

377 Die Pfändung ergeht ohne vorherige Anhörung des Schuldners (§ 834 ZPO) und wird bereits mit Zustellung des Pfändungsbeschlusses *an den Drittschuldner* wirksam (§ 829 II 1, III ZPO). Hierdurch soll verhindert werden, dass der Schuldner vorzeitig von der Vollstreckung erfährt und die Forderung durch wirksame Verfügung dem Vollstreckungszugriff entzieht. Die Zustellung an den Drittschuldner erfolgt nicht von Amts wegen, sondern durch den vom Gläubiger beauftragten Gerichtsvollzieher (§§ 191 ff ZPO) im Parteibetrieb (§ 829 II 1 ZPO). So hat es der Gläubiger in der Hand, den Zeitpunkt des Eintritts der Pfändungswirkungen zu bestimmen. Erst nach der Zustellung an den Drittschuldner wird der Pfändungsbeschluss ohne weiteren Antrag auch dem Schuldner zugestellt (§ 829 II 2–4 ZPO). Mit Pfändung erlangt der Gläubiger nach § 804 ZPO ein Pfändungspfandrecht an der Forderung.

378 **Zur Vertiefung:** Vor Überweisung der Forderung (Rn. 379 ff) kann der Gläubiger die Durchsetzung der Forderung dadurch sichern, dass er gegen den Drittschuldner einen Arrest nach §§ 916 ff, 930 ZPO erwirkt (Rn. 705 ff). Zahlung an sich allein kann er vom Drittschuldner dagegen nicht verlangen; nach § 1281 BGB kann er nur die Zahlung an ihn und den Schuldner gemeinschaftlich oder die (bei Ausschluss des Rücknahmerechts nach § 378 BGB erfüllungsgleiche) Hinterlegung fordern.

Bereits vor Erlass des Pfändungsbeschlusses kann der Gläubiger eine dem bedingten Arrest ähnliche Sicherung dadurch erreichen, dass er die Forderung durch **Vorpfändung** nach § 845 ZPO beschlagnahmen lässt. Neben den allgemeinen Voraussetzungen der Zwangsvollstreckung ist hierfür lediglich ein vollstreckbarer Zahlungstitel erforderlich; Vollstreckungsklausel und Zustellung sind nach § 845 I 3 ZPO entbehrlich, auch einer etwaigen Sicherheitsleistung bedarf es nicht (§ 720a ZPO). Die Vorpfändung erfolgt, indem der durch den Gläubiger beauftragte Gerichtsvollzieher Schuldner und Drittschuldner von der bevorstehenden Pfändung benachrichtigt und (ähnlich der Vorschrift in § 829 III ZPO) den Drittschuldner auffordert, nicht an den Schuldner zu zahlen, sowie dem Schuldner aufgibt, nicht über die Forderung zu verfügen (§ 845 I 1 ZPO). Die Vorpfändung bewirkt ein Arrestpfandrecht nach § 930 ZPO, das unter der auflösenden Bedingung steht, dass nicht innerhalb eines Monats die (Voll-)Pfändung der Forderung erfolgt (§ 845 II 1 ZPO), also dem Drittschuldner ein Pfändungsbeschluss zugestellt wird (§ 829 ZPO). Für den Fristlauf gilt § 845 II 2 ZPO. Verstrickung und Pfandrecht entstehen schon mit Zustellung des Vorpfändungsbeschlusses an den Drittschuldner und behalten diesen Rang nach § 804 III ZPO, wenn binnen Monatsfrist die (Voll-)Pfändung erfolgt[60]; andernfalls erlöschen sie.

---

60 BGH NJW 2001, 2976, 2977.

ee) Überweisung. Zur Verwertung wird die gepfändete Forderung an den Gläubiger überwiesen. Dies erfolgt durch **Überweisungsbeschluss (§ 835 ZPO)**, der regelmäßig mit der Pfändung in einem sog. Pfändungs- und Überweisungsbeschluss (sog. PfÜB) zusammengefasst wird. Auch die Überweisung wird mit Zustellung an den Drittschuldner wirksam (§§ 829 III, 835 III 1 ZPO). Die Überweisung berechtigt den Gläubiger, die Forderung gegenüber dem Drittschuldner geltend zu machen (§ 836 ZPO).

379

Die Überweisung kann in zweierlei Weise, „zur Einziehung" und „an Zahlungs statt zum Nennwert" erfolgen (§ 835 I ZPO). Die **Überweisung an Zahlungs statt zum Nennwert (§ 835 I Fall 2 ZPO)** hat die Wirkung einer Abtretung. Der Gläubiger gilt demnach als befriedigt, solange die überwiesene Forderung nur überhaupt besteht (Verität; § 835 II ZPO); auf die Werthaltigkeit der Forderung, namentlich die Leistungsfähigkeit und Leistungsbereitschaft des Schuldners (Bonität), kommt es nicht an. Da der Gläubiger in diesem Fall also das Risiko der Zahlungsunfähigkeit und -unwilligkeit des Drittschuldners trägt, kommt diese Überweisungsart praktisch nur in Ausnahmefällen vor (vgl. Rn. 396, 426).

380

Regelmäßig erfolgt die **Überweisung zur Einziehung (§ 835 I Fall 1 ZPO)**. Sie belässt dem Schuldner die Inhaberschaft und nimmt ihm lediglich die Befugnis, zum Nachteil des Gläubigers über die Forderung zu verfügen. Der Gläubiger kann die Forderung im eigenen Namen einziehen. Er kann in eigenem Namen auf Leistung an sich klagen; in diesem Fall ist der Streit dem Schuldner zu verkünden (§ 841 ZPO). Die Überweisung zur Einziehung bewirkt keine Erfüllungsfiktion; der Gläubiger ist erst dann befriedigt, wenn er sein Geld tatsächlich erhalten hat und kann, solange der Drittschuldner die Zahlung verweigert, auch aus dem Schuldnervermögen Befriedigung ziehen.

381

Hinweis: Da die Überweisung zur Einziehung dem Schuldner die Forderungsinhaberschaft belässt, kann er im eigenen Namen gegen den Drittschuldner auf Feststellung des Bestehens der Forderung, aber auch auf Leistung an den Gläubiger klagen. Nach § 829 III ZPO sind ihm lediglich Verfügungen zum Nachteil des pfändenden Gläubigers verboten. Rechtshandlungen, die weder den Bestand der Pfandrechte noch den der gepfändeten Forderung beeinträchtigen, sind ihm infolge der bei ihm verbliebenen Berechtigung dagegen gestattet. Das Rechtsschutzbedürfnis für eine solche Klage folgt schon aus dem Interesse des Schuldners, von der dem Vollstreckungsgläubiger gegenüber bestehenden Verbindlichkeit befreit zu werden. Dass § 842 ZPO einen Ersatzanspruch für die aus der verzögerten Durchsetzung entstanden Schäden begründet, steht dem nicht entgegen[61]. § 267 BGB ist auf die Leistung durch den Drittschuldner nicht anwendbar.

Wurde eine Forderung gepfändet und dem Gläubiger überwiesen, ist der Schuldner nicht nur zur Urkundenherausgabe (Rn. 375, 391), sondern auch zur Auskunftserteilung verpflichtet (§ 836 III 1 ZPO). Verweigert der Schuldner die Auskunft, muss er sie auf Antrag des Gläubigers zu Protokoll geben und eidesstattlich versichern (§§ 836 III 2–4, 802e ff ZPO; Rn. 479).

382

---

61 BGH NJW 2001, 2178, 2179 m. Anm. *K. Schmidt*, JuS 2001, 1030; *Löhnig*, JA 2001, 830.

ff) Rechtsstellung und Schutz des Drittschuldners.

383 **(1) Leistung des Drittschuldners an Schuldner und Gläubiger.** Indem der Drittschuldner an den Gläubiger zahlt, wird er dem Schuldner gegenüber von der Leistungsverpflichtung frei; zugleich gilt die Vollstreckungsforderung des Gläubigers gegen den Schuldner als erfüllt. Zahlt der Drittschuldner dagegen an den Schuldner, wird er dem Vollstreckungsgläubiger gegenüber grundsätzlich nicht frei. Doch darf der Drittschuldner bei der Forderungspfändung nicht schlechter gestellt werden, als er bei Abtretung und gesetzlichem Forderungsübergang oder bei Verpfändung der Forderung nach §§ 1273 ff BGB stünde. Zum Schutz des Drittschuldners findet bei **Leistungen an den Schuldner** deshalb § 407 BGB entsprechende Anwendung.

384 **Beispiel 47** (Drittschuldnerschutz): Gläubiger G erwirkt gegen Schuldner S einen Zahlungstitel und lässt eine Forderung des S gegen den Drittschuldner DS pfänden. G lässt den Pfändungs- und Überweisungsbeschluss an DS zustellen. Da DS in seiner Wohnung nicht angetroffen wird, übergibt der Zusteller den Beschluss an die Mitbewohnerin M. Diese verlegt den Umschlag, ohne DS zu informieren. DS überweist den Betrag an S. Noch vor der Abbuchung informiert M den DS, der jedoch untätig bleibt. Kann G von DS neuerlich Zahlung verlangen?

385 Der Pfändungs- und Überweisungsbeschluss in **Beispiel 47** ist wirksam, denn er wurde DS wirksam im Wege der Ersatzzustellung zugestellt (§§ 178 I Nr. 1, 829 II, III, 835 III 1 ZPO). DS durfte deshalb nicht mehr an S zahlen. Trotz der formell ordnungsgemäßen Zustellung darf DS dem Gläubiger die Leistung an den Schuldner nach allgemeiner Meinung analog §§ 407, 1257 BGB ausnahmsweise dann entgegenhalten, wenn er nachweist, dass die Zahlung in Unkenntnis der Pfändung erfolgte. Auch dann, wenn der Drittschuldner wie in **Beispiel 47** zwar in Unkenntnis des Pfändungsbeschlusses an den Schuldner geleistet, aber noch vor Eintritt des Leistungserfolgs Kenntnis erlangt hat, wird er analog § 407 BGB von der Leistungspflicht frei. Der Drittschuldner ist also nicht verpflichtet, nach Kenntniserlangung tätig zu werden, um die Rechte des neuen Gläubigers etwa dadurch zu sichern, dass er die in Unkenntnis der Pfändung erteilte Banküberweisung vor Abbuchung widerruft[62]. G kann somit nicht neuerlich Zahlung verlangen.

Hinweis: Kennt der Drittschuldner den Pfändungsbeschluss und leistet unter Verstoß gegen das Zahlungsverbot aus § 829 I 1 ZPO, erlischt hierdurch zwar nach § 362 I BGB die Verpflichtung gegenüber dem Schuldner, doch wirkt dieses Erlöschen nach §§ 135, 136 BGB nicht gegenüber dem Vollstreckungsgläubiger. Da der Schuldner trotz der Pfändung Inhaber der Forderung bleibt, steht ihm ein hinreichender Rechtsgrund zum Behaltendürfen im Sinne des § 812 I BGB zu. Erst wenn der Drittschuldner auch noch an den Vollstreckungsgläubiger leistet, bereichert er den Schuldner (in sonstiger Weise), denn dieser erlangt die Befreiung von seiner Verbindlichkeit gegenüber dem Vollstreckungsgläubiger. Nur dann und insoweit, als der Drittschuldner an Gläubiger und Schuldner leistet, entsteht ein Anspruch des Drittschuldners gegen den Schuldner aus § 812 I 1 Fall 2 BGB. § 817 BGB ist auf diesen Fall der Eingriffskondiktion schon deshalb nicht anwendbar, weil der Drittschuldner nur durch die Leistung an den Schuldner gegen das gesetzliche Verbot aus § 829 I 1 ZPO verstieß; die Leistung an den Voll-

---

62 BGH NJW 1989, 905, 906. Wegen § 82 InsO anders bei Kenntnis von der Eröffnung des Insolvenzverfahrens; vgl. BGH MDR 2009, 1361 m. Anm. *K. Schmidt*, JuS 2009, 1149.

streckungsgläubiger, auf die in diesem Zusammenhang abzustellen ist, weil nur sie den Schuldner von seiner Verbindlichkeit gegenüber dem Gläubiger befreit, war dagegen rechtmäßig. Bei Leistung an den Zedenten vgl. Rn. 256.

Leistet der Drittschuldner aufgrund eines zu Unrecht erlassenen Überweisungsbeschlusses an den (vermeintlichen) Vollstreckungsgläubiger, gilt der Beschluss zugunsten des Drittschuldners dem Schuldner gegenüber, bis er aufgehoben wurde und der Drittschuldner hiervon Kenntnis erlangt hat (§ 836 II ZPO). Der Drittschuldner wird durch **Leistung an den Gläubiger** dem Schuldner gegenüber somit auch dann frei, wenn die Überweisung unwirksam ist oder aufgehoben wurde; anders ist es nur, wenn der Drittschuldner bei der Leistung von der Aufhebung wusste. Gleiches gilt, wenn der Überweisungsbeschluss nicht fehlerhaft, sondern nichtig ist; auch hier ist das Vertrauen des Drittschuldners in den Bestand des Überweisungsbeschlusses schutzwürdig (vgl. § 409 I 1 BGB), soweit nicht die Nichtigkeit offensichtlich ist[63]. 386

§ 836 II ZPO schützt den Drittschuldner nur „dem Schuldner gegenüber" und also lediglich dann, wenn der Titelschuldner tatsächlich Inhaber der Forderung ist. Nur in diesem Fall durfte der Drittschuldner auf das Einziehungsrecht des Titelgläubigers vertrauen. Bestand die Forderung nicht oder stand sie nicht dem Schuldner zu, beruht die Leistung des Drittschuldners auf einem vom Überweisungsbeschluss unabhängigen Irrtum über die Gläubigerstellung[64]. § 836 II ZPO ist hier unanwendbar. 387

Hinweis: Der Schuldner kann nach §§ 404 ff BGB geschützt sein. Ist der Schuldner nicht (mehr) Inhaber der Forderung, weil er sie abgetreten hat, wird der Drittschuldner bei Leistung an den Zessionar nach § 408 II BGB geschützt, wenn er die Abtretung nicht kannte (§§ 407, 408 I BGB). Greifen §§ 407, 408 BGB nicht ein, bleibt der Drittschuldner dem (neuen) Gläubiger gegenüber zur Leistung verpflichtet; die an den vermeintlichen (früheren) Gläubiger bewirkte Leistung kann er nach § 812 I 1 Fall 1 BGB zurückverlangen.

Beispiel 48 (Leistung in Kenntnis der Abtretung): Gläubiger G hat gegen Schuldner S einen Zahlungstitel erwirkt und sich eine vermeintliche Lohnforderung des S gegen den Drittschuldner DS durch Pfändungs- und Überweisungsbeschluss zur Einziehung überweisen lassen. S hatte die Forderung bereits zuvor an D abgetreten und dies dem DS mitgeteilt. Nach Zustellung des Beschlusses zahlt DS an G. Nun verlangt D von DS neuerlich Zahlung. Was ist DS zu raten? 388

Besteht die Forderung nicht oder tritt der Schuldner die Forderung vor Zustellung des Pfändungs- und Überweisungsbeschlusses an einen Dritten ab, gehen Pfändung und Überweisung ins Leere (Rn. 357). Der Vollstreckungsgläubiger erwirbt kein materielles Einziehungsrecht; gleichwohl muss der Zessionar der abgetretenen Forderung eine Leistung des Drittschuldners an den Vollstreckungsgläubiger auch sich selbst gegenüber gelten lassen, wenn sie in Unkenntnis der Abtretung erfolgte. Der Drittschuldner wird dann durch Leistung an den Vollstreckungsgläubiger auch gegenüber dem Forderungsgläubiger von der Leistungspflicht befreit (§§ 407 I, 408 I, II BGB). Kannte der Drittschuldner dagegen die Abtretung, sind weder §§ 407, 408 BGB noch § 836 II ZPO einschlägig; auch eine analoge Anwendung der Vorschriften scheidet 389

---

63 BGH NJW 1994, 3225, 3226 f; *Brox/Walker*, Rn. 649 a.E.
64 Stein/Jonas/*Brehm*, ZPO, § 836 Rn. 6.

aus, da der in Kenntnis der Abtretung leistende Drittschuldner ihren Schutz nicht verdient, der in unzulässiger Weise in die Rechtsstellung des Zessionars als Forderungsinhaber eingreifen müsste. Da DS in **Beispiel 48** vor der Leistung von der Abtretung erfuhr, muss D sie sich nicht nach §§ 407 I, 408 I, II BGB entgegenhalten lassen; D kann von DS neuerlich Zahlung verlangen. Die Zahlung an G ist zwar in Ansehung des Pfändungs- und Überweisungsbeschlusses erfolgt; da dieser aber mangels Forderung ins Leere ging, erfolgte die Leistung ohne Rechtsgrund und kann daher nach § 812 I 1 Fall 1 BGB kondiziert werden. Bereicherungsschuldner ist der Vollstreckungsgläubiger, da nur zwischen ihm und dem Drittschuldner ein Leistungsverhältnis bestand[65]: Wäre der Pfändungs- und Überweisungsbeschluss wirksam gewesen, hätte der Drittschuldner nur an den Vollstreckungsgläubiger leistungsbefreiend leisten können; das Leistungsinteresse des Drittschuldners ist deshalb erkennbar darauf gerichtet, das Einziehungsrecht des Gläubigers zum Erlöschen zu bringen[66].

390 **(2) Einreden und Einwendungen des Drittschuldners.** Analog §§ 404, 412 BGB kann der Drittschuldner dem vollstreckenden Gläubiger alle **Einreden und Einwendungen** entgegenhalten, die ihm im Zeitpunkt der Pfändung gegenüber dem Schuldner (als Forderungsgläubiger) zustanden.

391 Gegen den die Zahlung verweigernden Drittschuldner kann der Vollstreckungsgläubiger aus dem gegen den Vollstreckungsschuldner erwirkten Titel nicht vollstrecken. Erst recht nicht zur Vollstreckung berechtigt der Pfändungs- und Überweisungsbeschluss. Verweigert der Drittschuldner die Zahlung, muss ihn der Gläubiger vielmehr gesondert auf Zahlung verklagen (sog. **Einziehungsklage** oder Drittschuldnerklage). Bei Gehaltsforderungen ist das Arbeitsgericht zuständig (§ 3 ArbGG). Hatte der Schuldner die Forderung gegen den Drittschuldner bereits tituliert, kann der Gläubiger den Titel vom Schuldner nach § 836 III 1 ZPO herausverlangen und auf sich umschreiben lassen (§ 727 ZPO); für eine Klage gegen den Drittschuldner fehlt in diesem Fall das Rechtsschutzbedürfnis[67]. Auch der Schuldner kann wegen der Forderung im eigenen Namen auf Leistung an den Vollstreckungsgläubiger klagen (Rn. 381)[68].

392 Mit Zustellung des Pfändungsbeschlusses entsteht für den Drittschuldner eine Auskunftsobliegenheit (**Drittschuldnererklärung**, § 840 I, II ZPO). Er muss sich dem Gläubiger gegenüber über die gepfändete Forderung erklären. Zwar hat der Gläubiger keinen klagbaren Anspruch auf Auskunftserteilung[69], doch haftet ihm der Drittschuldner ohne Rücksicht auf ein Verschulden, wenn er die Erklärung nicht, verspätet oder unrichtig abgibt nach § 840 II 2 ZPO auf Schadensersatz.

393 **Beispiel 49** (Drittschuldnerhaftung): Gläubiger G erwirkt gegen Schuldner S einen auf 5000 Euro lautenden Zahlungstitel, lässt dessen Forderung gegen den Drittschuldner DS pfänden und fordert diesen zur Auskunft auf. DS gibt die Drittschuldnererklärung ab. Auf

---

65 Bei Leistung an nachrangigen Gläubiger BGH NJW 1982, 173, 174.
66 BGH NJW 2002, 2871 m. Anm. *K. Schmidt*, JuS 2003, 93; *Schöpflin*, JA 2003, 99.
67 OLG Karlsruhe FamRZ 2002, 1500.
68 BGH NJW 2001, 2178, 2179 f m. Anm. *K. Schmidt*, JuS 2001, 1030; *Löhnig*, JA 2001, 830.
69 BGH NJW-RR 2006, 1566.

die Einziehungsklage des G rechnet DS drei Wochen später mit einer eigenen, schon vor Zustellung des Pfändungsbeschlusses entstandenen Forderung in Höhe von 5000 Euro gegen S auf; zugleich wird über das Vermögen des S das Insolvenzverfahren eröffnet. Hat G gegen DS einen Anspruch?

Bei der Drittschuldnererklärung handelt es sich um eine Wissenserklärung. In ihr liegt weder ein konstitutives (§§ 780 f BGB) noch ein deklaratorisches Schuldanerkenntnis des Drittschuldners, dass die Forderung des Schuldners bestehe. Zwar kann das deklaratorische Schuldanerkenntnis formlos abgegeben werden, doch begäbe sich der Drittschuldner hierdurch aller Einwendungen gegen Schuldner und Vollstreckungsgläubiger; ein solcher Rechtsbindungswille ist der Drittschuldnererklärung regelmäßig nicht zu entnehmen[70]. DS kann die ihm gegen S zustehende Forderung in **Beispiel 49** deshalb auch nach Erteilung der Drittschuldnererklärung gegen die Forderung des S aufrechnen, denn sie stand ihm schon vor der durch Zustellung des Pfändungsbeschlusses erfolgten Beschlagnahme (Rn. 373 ff) zu (§ 392 BGB)[71]. Eine Haftung des DS gegenüber G könnte sich nur aus § 840 II 2 ZPO ergeben, wenn DS seine Auskunftsobliegenheit verletzt hat und G hierdurch ein Schaden entstanden ist. Ob DS über das Bestehen seiner Gegenforderung gegen S aufklären musste, ist durchaus zweifelhaft. Doch war er nach § 840 I Nr. 1 a.E. ZPO verpflichtet, sich über seine Zahlungsbereitschaft zu erklären; bestand diese wegen der Aufrechnungslage nicht, hätte DS dies angeben müssen.

394

Die Höhe des Ersatzanspruchs aus § 840 II 2 ZPO bemisst sich gemäß § 249 BGB nicht nach dem Umfang der gepfändeten Forderung, sondern allein nach dem gerade wegen der Auskunftsobliegenheitsverletzung entstandenen (Verzögerungs-)Schaden. Die Haftung ist damit zunächst auf den Schaden beschränkt, der durch den Entschluss des Gläubigers verursacht wurde, die gepfändete Forderung gegen den Drittschuldner durchzusetzen. Hiervon umfasst sind die Kosten eines unnütz gegen den Drittschuldner geführten Prozesses. Versäumt der Gläubiger wegen der nicht oder zur spät erteilten Auskunft andere Vollstreckungsmaßnahmen, hat der Drittschuldner auch diesen Verlust von Befriedigungsaussichten zu ersetzen. In **Beispiel 49** bestanden andere als gegen S gerichtete Vollstreckungsmöglichkeiten nicht. Außerdem wären gegen S gerichtete Maßnahmen auch bei rechtzeitiger Auskunft des DS nicht mehr erfolgreich gewesen, denn alle im letzten Monat vor dem Antrag auf Eröffnung des Insolvenzverfahrens erfolgten Vollstreckungsmaßnahmen wären mit Eröffnung des Insolvenzverfahrens unwirksam geworden (sog. Rückschlagsperre, § 88 InsO[72]). Ein ersatzfähiger Schaden entstand G deshalb allenfalls wegen der Kosten des gegen DS geführten Rechtsstreits.

395

Hinweis: Soweit die Drittschuldnererklärung nur Wissenserklärung und kein Anerkenntnis ist, führt sie nicht zum Neubeginn der Verjährung nach § 212 I Nr. 1 BGB. Freilich findet § 212 I Nr. 2 BGB Anwendung, da die Zustellung des Pfändungs- und Überweisungsbeschlusses Vollstreckungshandlung ist. Will der Gläubiger die Verjährung hemmen, muss er den Drittschuldner auf Leistung oder Feststellung verklagen (§ 204 I Nr. 1 Halbs. 1 BGB)[73].

---

70 BGH NJW 1978, 44.
71 Vgl. BGH NJW-RR 2004, 525 m. Anm. *Schäfer*, JA 2004, 425.
72 Hierzu *Reischl*, Rn. 334.
73 Staudinger/*Peters/Jacoby*, BGB, § 212 Rn. 42.

396 **gg) Besondere Formen der Forderungspfändung.** (1) Besonderheiten ergeben sich, wenn die zu pfändende **Forderung hypothekarisch gesichert** ist. Die Pfändung erfolgt hier nach § 830 ZPO durch Pfändungsbeschluss und (im Fall einer Briefhypothek) Übergabe des Briefes an den Vollstreckungsgläubiger bzw. (im Fall einer Buchhypothek, wenn die Überweisung an Zahlungs statt erfolgen soll) Eintragung der Pfändung im Grundbuch. Die Überweisung der Forderung geschieht durch Aushändigung des Überweisungsbeschlusses an den Gläubiger (§§ 835, 837 I 1 ZPO), der nunmehr nach § 1147 BGB vom Eigentümer die Duldung der Zwangsvollstreckung in das Grundstück verlangen kann. Eine Pfändung der Forderung ohne die Hypothek ist ebenso unwirksam wie eine Pfändung der Hypothek ohne Pfändung der Forderung (§ 1153 II BGB).

Hinweis: Gibt der Vollstreckungsschuldner den Hypothekenbrief nicht freiwillig heraus, kann ihm der Gerichtsvollzieher diesen auf Antrag des Gläubigers wegnehmen (§ 883 ZPO); Herausgabetitel ist der Beschluss zur Pfändung der Briefhypothek. Befindet sich der Brief im Besitz eines nicht zur Herausgabe bereiten Dritten, muss der Gläubiger den Herausgabeanspruch des Schuldners aus §§ 952, 985 BGB pfänden und sich überweisen lassen (§ 886 ZPO)[74].

397 (2) Bei einem im **Kontokorrentverhältnis** geführten Bankkonto ist wegen § 355 HGB lediglich der Saldo, nicht aber eine einzelne in den Saldo eingestellte Forderung pfändbar. Gepfändet wird der gegenwärtige Saldo im Zeitpunkt der Zustellung des Pfändungsbeschlusses (sog. Zustellungssaldo, vgl. § 357 HGB). Regelmäßig werden über den gegenwärtigen Zustellungssaldo hinaus auch die künftigen Kontokorrentsalden gepfändet. § 357 HGB ist hier nicht anwendbar.

398 In gleicher Weise sind Ansprüche aus einem **Girovertrag** zu pfänden. Auch wenn das Girokonto regelmäßig im Kontokorrentverhältnis geführt wird, unterscheidet es sich hiervon durch die zusätzliche Abrede, dass dem Inhaber ein Anspruch auch auf Auszahlung desjenigen Guthabens zusteht, das zwischen den Rechnungsabschlüssen besteht (sog. Tagessaldo). Pfändbar sind auch hier nur der gegenwärtige und ein künftiger Saldo, nicht aber die in das Kontokorrent eingestellte Einzelforderung; pfändbar ist ferner der Anspruch auf Auszahlung des Tagessaldos[75] und der sich aus dem Girovertrag ergebende Anspruch auf Gutschrift von Zahlungseingängen[76].

399 Ist dem Kontoinhaber durch Vereinbarung mit dem Kreditinstitut die Befugnis eingeräumt worden, Auszahlungen und Überweisungen auch ohne Guthaben zu veranlassen (sog. **Dispositionskredit**) oder duldet das Kreditinstitut diese Verfügung über ein debitorisches Konto (sog. **Überziehungskredit**), unterliegen auch die sich aus dieser Abrede oder Duldung ergebenden Ansprüche aus Darlehensvertrag (§ 488 BGB) der Pfändung. Der vereinbarte Dispositionskredit ist schon vor Abruf des Darlehens pfändbar, kann aber erst nach dem Abruf durch Überweisung verwertet werden, indem die Bank den Darlehensbetrag an den Vollstreckungsgläubiger auszahlt[77]; das

---

[74] BGH NJW 1979, 2045; Thomas/Putzo/*Seiler*, ZPO, § 830 Rn. 6; a.A. Zöller/*Stöber*, ZPO, § 830 Rn. 6: Hilfspfändung nach §§ 846 f ZPO.
[75] BGH NJW 1982, 2193, 2194.
[76] BGH WM 1973, 892, 893.
[77] BGH NJW 2001, 1937, 1938 f m. Anm. *K. Schmidt*, JuS 2001, 1029; *Löhnig*, JA 2001, 744; ferner Thomas/Putzo/*Seiler*, ZPO, § 829 Rn. 49 m.N.

Abrufrecht selbst ist als höchstpersönliche Entscheidung des Kontoinhabers dagegen unpfändbar[78].

Hinweis: Hat der Gläubiger Ansprüche des Schuldners gegen ein Kreditinstitut auf Auszahlung des positiven Saldos und des dem Schuldner eingeräumten Kredits gepfändet, kann er zur Erleichterung der Vollstreckung in den Pfändungs- und Überweisungsbeschluss auch die Pflicht zur Herausgabe sämtlicher Kontoauszüge aufnehmen lassen[79] (Rn. 382).

(3) Auch die Zwangsvollstreckung in **Sparguthaben** unterliegt der Vollstreckung in Geldforderungen. Sie erfolgt durch Pfändungs- und Überweisungsbeschluss nach §§ 829, 835 ZPO. Da das Recht am Sparbuch dem Recht an der Forderung gegen die Sparkasse folgt (§ 952 I 1 BGB), setzt die Wirksamkeit der Forderungspfändung eine Übergabe des Sparbuches (anders als im Fall des Hypothekenbriefs, § 830 ZPO) nicht voraus. Weil das Sparbuch qualifiziertes Legitimationspapier ist, benötigt der Vollstreckungsgläubiger das Buch freilich, um die Forderung der Sparkasse gegenüber geltend zu machen (§ 808 II 1 BGB). 400

Beispiel 50 (Pfändung eines Sparguthabens): Gläubiger G hat gegen Schuldner S einen titulierten Zahlungsanspruch, in dessen Höhe S bei der Sparkasse ein mit einer Frist von drei Monaten kündbares Sparguthaben führt. 401

Ist S in **Beispiel 50** zur Buchherausgabe nicht bereit, muss sie G durch Hilfspfändung nach §§ 836 III 5, 883 ZPO erzwingen. Unter Vorlage des Sparbuches kann G gegenüber der Sparkasse kündigen und nach Ablauf von drei Monaten Zahlung verlangen. Da die Forderung hier durch Kündigungserklärung kalendermäßig festgelegt und also betagt ist, kann das Vollstreckungsgericht auf Antrag des G auch eine andere Verwertungsart (§ 844 ZPO) anordnen und das Sparbuch etwa freihändig zum Nennbetrag veräußern lassen. 402

b) Zwangsvollstreckung in andere Vermögensrechte

aa) Zwangsvollstreckung in Herausgabe- und Leistungsansprüche. Wegen eines Zahlungstitels kann der Vollstreckungsgläubiger nicht nur in Geldforderungen, sondern auch in Ansprüche des Schuldners gegen einen Drittschuldner vollstrecken, die auf Herausgabe oder Leistung einer Sache gerichtet sind. Die Zwangsvollstreckung in solche Herausgabe- und Leistungsansprüche folgt gemäß § 846 ZPO den Vorschriften der Vollstreckung in Geldforderungen nach §§ 829 ff ZPO. Zuständiges Vollstreckungsorgan ist auch hier das Vollstreckungsgericht. Weil es dem Gläubiger dabei letztlich um die Pfändung der beweglichen Sache geht, sind die §§ 811 ff ZPO zum Schutz des Schuldners anwendbar. Ist also die herauszugebende Sache unpfändbar, kann auch schon der Herausgabeanspruch nicht gepfändet werden. 403

Hinweis: Diese Einschränkung gilt nur, wenn der Gläubiger wegen einer Geldforderung vollstreckt. Steht dem Vollstreckungsgläubiger gegen den Schuldner dagegen ein Herausgabe- oder Leistungsanspruch zu, vollstreckt er also nicht aus einem Zahlungs-, sondern einem Herausgabe- oder Leistungstitel, finden nicht §§ 803 ff ZPO Anwendung, vielmehr erfolgt die Vollstreckung nach §§ 883 ff ZPO (Rn. 56, 292).

---

78 BGH NJW 2004, 1444, 1445 m. Anm. *K. Schmidt*, JuS 2004, 730.
79 BGH NJW 2012, 1081, 1082 Rn. 11; NJW 2012, 1023, 1024 Rn. 6.

404 Besonderheiten ergeben sich bei der Vollstreckung wegen Geldforderungen in Herausgabeansprüche deshalb, weil der vollstreckende Gläubiger letztlich nicht an der herauszugebenden Sache, sondern vielmehr an der Erfüllung der Vollstreckungsforderung interessiert ist. Vom Drittschuldner aber kann keine Zahlung, sondern nur Herausgabe verlangt werden. Befriedigung erlangt der Gläubiger deshalb nur dadurch, dass der Herausgabeanspruch zu seinen Gunsten zwangsweise durchgesetzt und die herausgegebene Sache verwertet wird.

405 Der Herausgabeanspruch des Vollstreckungsschuldners (Herausgabegläubiger) wird durch **Pfändungsbeschluss** gepfändet (§§ 829 I, 846 ZPO). Eine Überweisung an Zahlungs statt (§ 835 I Fall 2 ZPO) ist mangels Nennwerts unzulässig (§ 849 ZPO).

406 Richtet sich der gepfändete Anspruch auf die **Herausgabe einer beweglichen Sache**, bestimmt der Pfändungsbeschluss, dass die Sache an den Gerichtsvollzieher herauszugeben ist (§ 847 I ZPO). Verweigert der Drittschuldner die Herausgabe, wird der Herausgabeanspruch verstrickt und es entsteht ein Pfändungspfandrecht an diesem Anspruch. Der Gläubiger muss sich den Anspruch nach §§ 835, 846 ZPO zur Einziehung überweisen lassen und den Drittschuldner auf Herausgabe an den Gerichtsvollzieher verklagen. Erlangt der Gläubiger einen Titel, kann er den titulierten Herausgabeanspruch nach § 883 ZPO vollstrecken (Rn. 653 ff) und die Sache durch öffentliche Versteigerung nach §§ 814 ff, 847 II ZPO verwerten.

407 Gibt der Drittschuldner die Sache freiwillig an den Gerichtsvollzieher heraus, entstehen Verstrickung und Pfändungspfandrecht analog § 848 II 2 ZPO, § 1287 S. 1 BGB an der Sache selbst[80]. Auch hier aber setzt die Verwertung durch Versteigerung voraus, dass der Herausgabeanspruch dem Gläubiger zuvor zur Einziehung überwiesen wurde (arg. § 847 II ZPO)[81].

408 **Beispiel 51** (Forderungsvollstreckung in Herausgabeanspruch): Gläubiger G hat gegen Schuldner S einen titulierten Zahlungsanspruch. S ist Eigentümer eines Pkw, der sich gegenwärtig zur Reparatur in der Werkstatt des Drittschuldners DS befindet. Als der von G beauftragte Gerichtsvollzieher den Pkw dort pfänden will, protestiert DS und verweist auf seine fällige Werklohnforderung gegen S. Welches Vorgehen ist G und DS zu raten?

409 Da DS in **Beispiel 51** zur Herausgabe nicht bereit ist, darf der Pkw selbst nicht gepfändet werden (§ 809 ZPO). G kann jedoch den Herausgabeanspruch des S gegen DS pfänden und sich zur Einziehung überweisen lassen (§§ 829, 835, 846 ZPO). Gibt DS den Pkw nicht freiwillig heraus, muss G ihn auf Herausgabe an den Gerichtsvollzieher verklagen, denn auch der Pfändungs- und Überweisungsbeschluss ist kein Vollstreckungstitel gegen DS (Rn. 391). Dem durch G geltend gemachten Anspruch könnte DS sein wegen der Werklohnforderung gegenüber S bestehendes Zurückbehaltungsrecht aus §§ 320 I, 631 I, 641 BGB entgegenhalten. Analog §§ 404, 412 BGB stünde DS dieser Einwand auch gegen G zu. Beruft sich DS auf das Zurückbehaltungsrecht, könnte G deshalb ein Herausgabeurteil nur Zug um Zug gegen Zahlung der Werklohnforderung erwirken und hieraus die Vollstreckung nur nach Zahlung

---

80 Vgl. BGH NJW 1977, 384, 385.
81 Str.; wie hier *Jauernig/Berger*, § 20 Rn. 9 m.N.

oder einem den Annahmeverzug begründenden Angebot nach §§ 756, 883 ZPO betreiben. Freilich ist fraglich, ob es für DS sinnvoll ist, sich auf das Zurückbehaltungsrecht zu berufen; denn ihm steht an dem Pkw auch ein Werkunternehmerpfandrecht zu. Wenn der Wert des Pkw die Summe von Werklohn- und Zahlungsforderung übersteigt, ist die freiwillige Herausgabe des Pkw durch DS ohne Risiko: Gibt DS den Pkw freiwillig an den Gerichtsvollzieher heraus, entsteht zwar zugunsten des G am Pkw ein Pfändungspfandrecht. Dieses folgt im Rang aber dem zuvor begründeten Werkunternehmerpfandrecht des DS aus § 647 BGB nach (§ 804 III ZPO). Dieser Nachrang gilt nicht nur gegenüber dem früher entstandenen Pfändungspfandrecht, sondern ebenso gegenüber anderen gesetzlichen und Vertragspfandrechten[82]. Betreibt G die Verwertung durch Zwangsversteigerung, ist DS aus dem Versteigerungserlös daher vor G voll zu befriedigen. Entsteht zwischen G und DS Streit über die Erlösverwertung, ist ein Verteilungsverfahren (§§ 872 ff ZPO) durchzuführen (§§ 827 II, 854 II ZPO; Rn. 353).

Hinweis: Wird der Gegenstand, auf dessen Herausgabe der gepfändete Anspruch gerichtet ist, an den Gerichtsvollzieher zur Verwertung übergeben, so liegt darin keine Rückgabe im Sinne des § 1253 BGB[83]. Bestehende Pfandrechte Dritter erlöschen durch die Übergabe deshalb nicht.

Betrifft der gepfändete Anspruch die **Herausgabe einer unbeweglichen Sache**, ist im Pfändungsbeschluss (§§ 829, 846 ZPO) die Herausgabe an einen Treuhänder (sog. Sequester) anzuordnen (§ 848 I BGB). Hieran schließt sich die Verwertung des Grundstücks nach den Vorschriften der Immobiliarvollstreckung an. Richtet sich der Anspruch auf **Übereignung einer unbeweglichen Sache**, setzt die Pfändung die Auflassung an den Schuldner voraus, der durch den Sequester vertreten wird (§ 848 II 1 ZPO). Mit Übereignung an den Schuldner erwirbt der Gläubiger eine Sicherungshypothek, ohne dass es einer Grundbucheintragung bedürfte (§ 848 II 2 ZPO). Auch hier erfolgt die weitere Verwertung nach den Vorschriften der Immobiliarvollstreckung (Rn. 430 ff). 410

Zur Vertiefung: Begegnet dem Übereignungsanspruch etwa wegen der noch ausstehenden Kaufpreiszahlung die Einrede des nichterfüllten Vertrages (§ 320 BGB), die der Drittschuldner auch dem Vollstreckungsgläubiger gegenüber erheben kann (§§ 404, 412 BGB), setzt eine Verwertung voraus, dass der Gläubiger den Kaufpreis zahlt. Diese Art der Vollstreckung hat deshalb keine praktische Bedeutung. 411

bb) Zwangsvollstreckung in sonstige Rechte. Auch andere geldwerte Rechte[84], die weder Geldforderung noch Herausgabe- oder Leistungsansprüche darstellen, können Vollstreckungsgegenstand sein, soweit sie übertragbar sind (§ 857 I ZPO). Hierzu zählen Rechte an Grundstücken, Anteilsrechte an Gemeinschaften oder juristischen Personen, Immaterialgüterrechte und Anwartschaftsrechte. §§ 857 ff ZPO ermöglichen allerdings nicht die Zwangsvollstreckung in alle nicht besonders geregelte Gegenstände, sondern lediglich in **selbstständige Vermögensrechte**. 412

---

82 BGH NJW 1969, 1347, 1348 m. Anm. *Wellmann,* NJW 1969, 1903.
83 MünchKommBGB/*Damrau,* § 1253 Rn. 3; Bamberger/Roth/*Sosnitza,* BGB, § 1253 Rn. 3; str.
84 Dazu BGH NJW 2005, 3353; NJW-RR 2007, 1219, 1220.

Hinweis: Ausgeschlossen ist die selbstständige Vollstreckung akzessorischer Rechte (etwa Pfandrecht, Hypothek); sie können nur zusammen mit dem Hauptrecht, von dem sie abhängen, gepfändet werden oder werden ohne weiteres von der Pfändung des Hauptrechts erfasst. Von der Vollstreckung ausgeschlossen sind ferner unübertragbare (Persönlichkeits- oder Gestaltungs-) Rechte, die keine Vermögensrechte sind (Namensrecht, Kündigungsrecht).

413 Für die Vollstreckung in sonstige Vermögensrechte verweist § 857 I ZPO grundsätzlich auf die Vorschriften zur Zwangsvollstreckung in Geldforderungen nach §§ 829 ff ZPO. Die **Pfändung** solcher Vermögensrechte erfolgt nach §§ 829, 857 I ZPO durch Zustellung des Pfändungsbeschlusses an den Drittschuldner (Rn. 373, 377). Drittschuldner ist im Fall des § 857 I ZPO jeder neben dem Schuldner in irgendeiner Weise am zu pfändenden Recht Beteiligte, dessen Rechtsstellung durch die Pfändung berührt wird. Ist ein Drittschuldner nicht vorhanden, wird die Pfändung durch Zustellung an den Schuldner bewirkt (§ 857 II ZPO).

414 Wegen der **Verwertung** der Vermögensrechte verweist § 857 I ZPO auf §§ 835, 844 ZPO (Rn. 379 ff). Sie geschieht durch Überweisung zur Einziehung oder an Zahlungs statt. Letzteres ist nur bei solchen Rechten möglich, die einen Nennwert haben. Auf Antrag des Vollstreckungsgläubigers oder des Vollstreckungsschuldners kann das Vollstreckungsgericht ferner jede andere Verwertungsart anordnen (§ 844 ZPO).

415 **(1) Rechte an Grundstücken.** Anders als im Fall der hypothekarisch gesicherten Forderung, die wegen der Akzessorietät zwischen Forderung und Hypothek nur gemeinsam mit der Hypothek gepfändet werden kann (§ 1153 II BGB, Rn. 396), ist die durch eine Grundschuld besicherte Forderung von der Grundschuld grundsätzlich unabhängig; Grundschuld und besicherte Forderung müssen deshalb separat gepfändet werden.

416 Nach § 857 VI ZPO unterliegt die Zwangsvollstreckung *in eine Grundschuld* (neben der in Reallast und Rentenschuld) gleichwohl den Vorschriften zur Pfändung einer hypothekarisch gesicherten Forderung (Rn. 396). Die Pfändung erfolgt durch Zustellung des Pfändungsbeschlusses und Grundbucheintrag bzw. Briefübergabe (§§ 829 f ZPO). Die Verwertung geschieht durch Überweisung des Rechts nach §§ 835, 837 ZPO, die es dem Vollstreckungsgläubiger erlaubt, vom Grundstückseigentümer die Duldung der Zwangsvollstreckung in das Grundstück zu verlangen (§ 1147 BGB). Die Zwangsvollstreckung *in die besicherte Forderung* muss separat betrieben werden und folgt den allgemeinen Regeln (Rn. 356 ff).

417 Dies gilt auch und insbesondere im Fall der **Sicherungsgrundschuld** (vgl. § 1192 Ia 1 BGB). Sie ist durch Zweckabrede zwischen Gläubiger und Schuldner mit der zu sichernden Forderung verbunden. Erlischt die Forderung, entfällt der Sicherungszweck und der Grundstückseigentümer erwirbt aus der Zweckabrede einen Anspruch auf Rückübertragung der Grundschuld, der auch dem Pfändungsgläubiger des Grundschuldinhabers als Einrede gegen die Grundschuldverwertung entgegen gehalten werden kann (§§ 1157 S. 1, 1192 BGB). Nur wenn der Vollstreckungsgläubiger nicht lediglich die Grundschuld, sondern auch die gesicherte Forderung gepfändet hat, ist ihm gegenüber die Tilgung der gepfändeten Forderung durch den Schuldner unwirksam (§§ 135 f BGB) und lässt dessen Möglichkeit unberührt, sich weiterhin durch Verwertung der Grundschuld zu befriedigen.

Nach überwiegender Auffassung ist auch die **Eigentümergrundschuld** nach § 857 VI ZPO zu pfänden[85]. Schwierigkeiten bestehen, wenn der Eigentümer nicht im Grundbuch eingetragen ist oder den Grundschuldbrief nicht besitzt, weil die Eigentümergrundschuld durch Tilgung der gesicherten Forderung aus einer Fremdhypothek entstand (§§ 1163 I, 1177 I BGB). Hier muss der Vollstreckungsgläubiger wegen § 39 GBO zunächst durch Grundbuchberichtigung die Voreintragung des Vollstreckungsschuldners herbeiführen oder sich im Fall der Eigentümerbriefgrundschuld den Brief verschaffen (vgl. Rn. 396). Diese Probleme umgeht die Gegenauffassung, die auf die Pfändung der Eigentümergrundschuld § 857 II ZPO anwendet und somit die Zustellung des Pfändungsbeschlusses an den Vollstreckungsschuldner genügen lässt[86].

418

Ein **Nießbrauch** (§ 1030 BGB) ist zwar grundsätzlich weder übertragbar (§§ 1059 S. 1, 1059b BGB) noch als solcher pfändbar (§ 851 I ZPO), doch kann seine Ausübung einem anderen überlassen werden (§ 1059 S. 1 BGB). Insoweit ist er nach § 857 III ZPO auch der Pfändung unterworfen. Sie erfolgt durch Zustellung des Pfändungsbeschlusses an den Eigentümer des mit dem Nießbrauch belasteten Grundstücks als Drittschuldner (§§ 829, 857 I ZPO); eine Grundbucheintragung ist nicht erforderlich (arg. § 857 VI ZPO). Gegenstand der Pfändung ist nicht lediglich das Recht auf Ausübung des Nießbrauchs, sondern der Nießbrauch selbst; andernfalls könnte der Schuldner durch Verzicht auf den Nießbrauch auch das Ausübungsrecht beseitigen.

419

> **Beispiel 52** (Zwangsvollstreckung in Grundstücksnießbrauch): Der Drittschuldner DS räumte dem Schuldner S einen lebenslänglichen unentgeltlichen Nießbrauch an seinem Grundstück ein. S bezog das Grundstück. Gläubiger G erwirkte einen rechtskräftigen Zahlungstitel gegen S, ließ den Nießbrauch pfänden und sich die Befugnis zu dessen Ausübung überweisen. Nach Eintragung der Pfändung ins Grundbuch verlangt G von S die Räumung des Grundstücks. Hat eine Klage des G Erfolg?

420

Der Nießbraucher kann vom Eigentümer und jedem Dritten die Herausgabe des Nießbrauchsgegenstands verlangen (§§ 985, 1065 BGB). Doch tritt der Vollstreckungsgläubiger aufgrund des Pfändungs- und Überweisungsbeschlusses nicht in diese umfassende Rechtsposition ein. Zur Verwertung kann dem Vollstreckungsgläubiger wegen § 1059 S. 1 BGB freilich nicht der Nießbrauch als solcher, sondern lediglich die Ausübungsbefugnis überwiesen werden[87]. Wäre es dem Vollstreckungsgläubiger in **Beispiel 52** gestattet, als Ausfluss der Nutzungsmöglichkeit den Besitz durch Räumung unbefristet auf sich überzuleiten, führte dies zu einer dem Zweck des Zwangsvollstreckungsrechts widersprechenden Überkompensation. Die Zwangsvollstreckung darf nicht weiter ausgedehnt werden, als es zur Befriedigung des Gläubigers und zur Deckung der Kosten des Verfahrens erforderlich ist[88] (Rn. 366). Eine Räumungsklage des G hätte deshalb keinen Erfolg. Statt Räumung des Grundstücks könnte G allein die

421

---

[85] BGH NJW-RR 1989, 636, 637; *Brox/Walker*, Rn. 738, 742 m.N.
[86] Stein/Jonas/*Brehm*, ZPO, § 857 Rn. 62; *Jauernig/Berger*, § 20 Rn. 36.
[87] Zum Ganzen BGH NJW 2006, 1124 m. Anm. *Wolf*, JA 2006, 817; Palandt/*Bassenge*, BGB, § 1059 Rn. 5 m.N.
[88] BGH NJW 2006, 1124, 1125 m. Anm. *Wolf*, JA 2006, 817.

Verwaltung der Anordnung des Ausübungsrechts nach § 857 IV ZPO durch Zwangsversteigerung oder Zwangsverwaltung (Rn. 442 ff, 469 ff) beantragen.

422 Gleiches gilt wegen § 1092 I 1, 2 BGB für eine beschränkt persönliche Dienstbarkeit nach §§ 1190 ff BGB, die etwa als **Wohnungsrecht** nach § 1193 BGB bestellt werden kann. Auch hier ist eine Pfändung nach § 857 III ZPO nur dann und insoweit möglich, als dem Berechtigten die Ausübung des Rechts überlassen wurde; lediglich dieses Ausübungsrecht kann dem Vollstreckungsgläubiger überwiesen werden.

423 (2) **Anteilsrechte.** Trotz Unübertragbarkeit nach § 719 I BGB ist auch der Gesellschafteranteil am Vermögen einer **Gesellschaft bürgerlichen Rechts** (GbR) pfändbar (§ 859 I 1 ZPO); wegen der gesamthänderischen Bindung nach § 718 BGB ist lediglich die Pfändung des Anteils an einzelnen Vermögensgegenständen ausgeschlossen (§ 859 I 2 ZPO). Drittschuldner sind nicht alle übrigen Gesellschafter, sondern die Gesamthand selbst, weswegen die Pfändung durch Zustellung des Pfändungsbeschluss an die durch ihre geschäftsführenden Gesellschafter vertretene Gesellschaft erfolgt[89]. Dies gilt auch dann, wenn der Vollstreckungsschuldner alleiniger geschäftsführender Gesellschafter ist. Da in das Gesellschaftsvermögen vollstreckt wird, erfasst die Pfändung nach §§ 829, 857 ZPO ohne weiteres auch die im Vermögen der Gesellschaft befindlichen Grundstücke und grundstücksgleichen Rechte; §§ 864 ff ZPO sind nicht anwendbar. Der gepfändete Anteil am Gesellschaftsvermögen wird durch Überweisung zur Einziehung verwertet; vor Kündigung kann sich der Gläubiger aus dem Gewinnanteil (§§ 721 f BGB), nach Kündigung aus dem Anteil am Auseinandersetzungsguthaben befriedigen (§§ 723, 725, 730 ff BGB).

Auf Pfändung und Verwertung des Anteils am Gesellschaftsvermögen einer **OHG oder KG** sind die Vorschriften über die GbR grundsätzlich entsprechend anwendbar (§§ 105 III, 161 II HGB). Der Pfändungs- und Überweisungsbeschluss kann der OHG oder KG selbst zugestellt werden (vgl. §§ 124 I, 162 II HGB).

424 Ähnlich dem Anteil am Gesellschaftsvermögen einer GbR ist das Vermögen einer **Erbengemeinschaft** gesamthänderisch gebunden (§§ 2032 I, 2033 I BGB). Vor Auseinandersetzung kann der Gläubiger eines Miterben deshalb nicht in einzelne Nachlassgegenstände, sondern lediglich in den Anteil dieses Miterben am Nachlass vollstrecken (§ 859 II ZPO). Anders als die GbR ist die Erbengemeinschaft nicht rechtsfähig[90]. Deswegen muss der Pfändungsbeschluss allen Miterben als Drittschuldnern zugestellt werden. Die Pfändung bewirkt ein Pfandrecht am Nachlassanteil, auf das §§ 1273 ff BGB entsprechend anwendbar sind[91]. Wird der Nachlassanteil dem Vollstreckungsgläubiger zur Einziehung überwiesen (§§ 835, 857 I ZPO), kann dieser die Auseinandersetzung der Erbengemeinschaft (§ 2042 BGB) und seinen Anteil am Überschuss verlangen (§ 2047 BGB). Wird der Nachlassanteil versteigert oder auf Antrag freihändig veräußert (§§ 844, 857 I ZPO), erhält der Gläubiger den Verwertungserlös.

---

89 BGH NJW 1986, 1991, 1992; NJW 1998, 2904 m. Anm. *Löhnig*, JA 1999, 5.
90 BGH NJW 2006, 3715, 3716 m. Anm. *Wellenhofer*, JuS 2007, 288; *Löhnig*, JA 2007, 653.
91 BGH NJW 1968, 2059, 2060.

Der Anteil des Gesellschafters einer **GmbH** ist nach § 15 GmbHG übertragbar und folglich nach §§ 851, 857 ZPO der Pfändung unterworfen. Da die GmbH juristische Person ist (§ 13 I GmbHG), ist sie selbst Drittschuldnerin, die Pfändung wird nach §§ 829, 857 I ZPO deshalb mit Zustellung des Pfändungsbeschlusses an die GmbH wirksam (§ 829 III ZPO). Die Verwertung erfolgt durch Versteigerung oder freihändige Veräußerung des Gesellschaftsanteils (§§ 844, 857 I ZPO). Der Anteilserwerber tritt in die Gesellschafterstellung ein. Der Vollstreckungsgläubiger wird aus dem Verwertungserlös befriedigt.

425

(3) **Immaterialgüterrechte.** Der Pfändung unterliegen auch übertragbare Immaterialgüterrechte, wie Patent-, Geschmacksmuster- oder Gebrauchsmusterrechte oder Urheberrechte in den Grenzen von §§ 112 ff UrhG. Pfändbar sind ferner Lizenzen und Nutzungsrechte an diesen Rechten.

426

Mangels eines absoluten Rechts an der **Internet-Domain** sind lediglich die dem Domaininhaber aus dem Registrierungsvertrag gegen die Domain-Vergabestelle („DENIC") zustehenden Ansprüche der Pfändung unterworfen. Das Recht wird nach § 857 ZPO gepfändet; die Verwertung der gepfändeten Ansprüche des Domaininhabers gegen die Vergabestelle aus dem Registrierungsvertrag kann nach §§ 844 I, 857 I ZPO durch Überweisung an Zahlungs Statt zu einem Schätzwert erfolgen[92].

(4) **Anwartschaftsrechte.** Hat der Schuldner keine zur Pfändung geeigneten Gegenstände, weil sie dem Pfändungsschutz unterfallen (Rn. 320 ff) oder durch Gebrauch ihren Wert verloren haben, erlangt die **Pfändung des Anwartschaftsrechts** am Eigentum von unter Eigentumsvorbehalt neu erworbenen Sachen besondere praktische Bedeutung. Wurde der Kaufpreis noch nicht vollständig bezahlt, steht die unter Eigentumsvorbehalt veräußerte Sache im Eigentum des Verkäufers, befindet sich aber regelmäßig im Besitz des Käufers. Auf Grundlage eines gegen den Käufer ergangenen Zahlungstitels kann der Gerichtsvollzieher die Sache nach § 808 I ZPO pfänden, denn er hat allein den Gewahrsam des Käufers, nicht dessen Eigentum zu prüfen. Einer Verwertung kann der Eigentümer freilich bis zum Bedingungseintritt nach § 771 ZPO widersprechen. Würde der Vollstreckungsgläubiger nach Sachpfändung schlicht diesen Bedingungseintritt abwarten, bestünde die Gefahr, dass konkurrierende Gläubiger auf die Pfandsache zugreifen. Dieser Gefahr kann er durch Pfändung auch des Anwartschaftsrechts begegnen, wenn die Vollstreckung in die Sache mit dem Rang des Pfandrechts an diesem Anwartschaftsrecht erfolgt. Allein die rechtliche Konstruktion dieses praktisch sinnvollen Ergebnisses ist umstritten (hierzu Rn. 428).

427

Fall 6 (Zwangsvollstreckung in eine unter Eigentumsvorbehalt erworbene Sache): Gläubiger G vollstreckt gegen Schuldner S aus einem rechtskräftigen Zahlungstitel in Höhe von 7000 Euro. Die einzig werthaltige Sache, die der Gerichtsvollzieher bei S auffindet, ist ein unter Eigentumsvorbehalt von E erworbener Pkw im Wert von 10 000 Euro, den S bis auf die letzte Kaufpreisrate bereits bezahlt hat. Wie sollte G vorgehen?

428

---

92 BGH NJW 2005, 3353 m. Anm. *K. Schmidt*, JuS 2006, 86.

Lösungshinweise:

Erfährt E, dass ein Zahlungsgläubiger des S die Vollstreckung in den von E an S unter Eigentumsvorbehalt veräußerten Pkw betreibt, wird E nicht lediglich sein der Verwertung entgegenstehendes Eigentum im Wege der Drittwiderspruchsklage (§ 771 ZPO, Rn. 527 ff) geltend machen, sondern G zugleich über die Höhe der letzten Kaufpreisrate informieren. Liegt diese unter dem durch Versteigerung zu erzielenden Verwertungserlös, wird G die Rate nach § 267 I BGB zahlen und den Eigentumsübergang auf S herbeiführen. Damit entfiele das Widerspruchsrecht des E und G könnte sich durch Versteigerung des Wagens befriedigen.

Diese lebensnahe Lösung wird in der theoretischen Diskussion dadurch verkompliziert, dass der rechtlichen Würdigung ein Fall zugrunde gelegt wird, in dem entweder G die Höhe der noch ausstehenden Kaufpreisforderung nicht erfahren kann oder E die Annahme der Zahlung durch G ablehnt, weil S ihr widerspricht (§ 267 II BGB). Wenn der Gläubiger in diesen Fällen Zugriff auf die unter Eigentumsvorbehalt veräußerte Sache nehmen will, muss er auf andere Art und Weise das Recht des Eigentümers zur Drittwiderspruchsklage beseitigen. Wie das erreicht werden kann, ist streitig.

I. Rechtspfändung

Nach der Theorie der sog. reinen Rechtspfändung soll die Pfändung des Anwartschaftsrechts des S nach §§ 829, 857 I ZPO genügen. Wenn S das Eigentum an der Sache erwirbt, setzten sich Verstrickung und Pfändungspfandrecht nach § 1247 BGB, §§ 847, 848 II ZPO am Vollrecht fort. Eine Sachpfändung sei für eine spätere Verwertung deshalb überflüssig; die Sache müsse S lediglich analog § 847 ZPO weggenommen werden[93]. Gegen diese Ansicht spricht, dass die Befugnis zur Verwertung der Sache deren Verstrickung und ein an der Sache bestehendes Pfändungspfandrecht voraussetzt. Weder Verstrickung noch Pfändungspfandrecht werden allein durch die Konstruktion einer dinglichen Surrogation entbehrlich; im Rahmen der Pfändung beweglicher Sachen setzen sie vielmehr voraus, dass das Pfandsiegel gut erkennbar an der Pfandsache angebracht wird.

II. Sachpfändung

Nach der heute wohl nicht mehr vertretenen Theorie der sog. reinen Sachpfändung sollte die Pfändung der Sache zugleich die Pfändung des Anwartschaftsrechts bewirken[94]. Damit ist dem Gläubiger freilich wenig gedient. Denn die Befugnis des Eigentümers, der Verwertung durch Drittwiderspruchsklage zu widersprechen, ist damit nicht beseitigt und entfällt allenfalls dann, wenn man dem Vorbehaltseigentümer unzutreffend das Widerspruchsrecht versagt und ihn auf die Vorzugsklage nach § 805 ZPO verweist (Rn. 603 ff).

III. Rechtspfändung in Form der Sachpfändung

Diesen Einwand vermeidet die Theorie der sog. Rechtspfändung in Form der Sachpfändung. Danach pfändet der Gerichtsvollzieher das Anwartschaftsrecht nach § 808 ZPO durch Inbesitznahme der Sache oder Kenntlichmachung. Zugleich soll er im Pfändungsprotokoll durch Vermerk klarstellen, dass nicht in die Sache selbst, sondern in das Anwartschaftsrecht vollstreckt wird[95]. Da nur das Anwartschaftsrecht gepfändet, das Eigentum aber unberührt bleibt, entsteht dem Verkäufer keine Widerspruchsbefugnis. Gleichwohl begegnen dieser

---

93 *Baur/Stürner/Bruns,* Rn. 32.17; vgl. *Flume,* AcP 161 (1962), 385, 404; *Reinicke,* NJW 1964, 20, 21.
94 *Bauknecht,* NJW 1954, 1749, 1750 f; *Hübner,* NJW 1980, 729, 733 f.
95 *Brox/Walker,* Rn. 812.

Auffassung Bedenken. Sie vermengt mit der Forderungspfändung in den Formen der Sachpfändung Vollstreckungsmöglichkeiten, die das Gesetz in Ansehung der Vollstreckungsart und des Vollstreckungsorgans streng voneinander unterscheidet.

IV. Doppelpfändung

Die herrschende und in der Vollstreckungspraxis angewandte Theorie der sog. Doppelpfändung umgeht alle theoretischen Probleme, indem sie neben der das Eigentum erfassenden Pfändung der Sache nach §§ 808 ff ZPO auch die Pfändung des Anwartschaftsrechts nach §§ 829, 857 I ZPO verlangt[96]. Letzteres erlangt Bedeutung, wenn die Sache von mehreren Gläubigern gepfändet wurde. Deren Rang bestimmt sich nach dem Rang des Anwartschaftsrechts, da sich das Anwartschaftsrecht nach Bedingungseintritt zwar nicht an der Sache fortsetzt[97], der Rang des Sachpfandrechts sich gemäß § 804 III ZPO aber nach dem Rang des Pfandrechts am Anwartschaftsrecht richtet.

V. Ergebnis: Lehnt E die restliche Zahlung des Kaufpreises durch G ab, ist G deshalb die Pfändung des verkauften Pkw *und* des Anwartschaftsrechts des Vorbehaltskäufers zu empfehlen.

c) Stoffzusammenfassung: Zwangsvollstreckung in Forderungen und andere Vermögensrechte

I. **Vollstreckungsorgan** ist das **Vollstreckungsgericht** (§§ 802, 828 II ZPO; Rechtspfleger, § 20 Nr. 17 RPflG)

II. **Zwangsvollstreckung in Geldforderungen**
   1. **Pfändung durch Pfändungsbeschluss**
      a) vom Gericht zu prüfende Voraussetzungen
         – allgemeine Vollstreckungsvoraussetzungen
         – schlüssige Behauptung der zu pfändenden Forderung; gepfändet wird „angebliche" Forderung des Schuldners gegen den Drittschuldner (§ 828 ZPO); Pfändung nicht (mehr) bestehender Forderung geht ins Leere
         – Pfändbarkeit, soweit Übertragbarkeit nicht kraft Gesetzes ausgeschlossen ist; Pfändungsschutz (§§ 850–850i ZPO)
      b) Pfändungswirkung mit Zustellung des Pfändungsbeschlusses an Drittschuldner (§ 829 III ZPO): Verbot an den Drittschuldner, an den Schuldner zu zahlen (Arrestatorium); Verbot an den Schuldner, über die Forderung zu verfügen (Inhibitorium)
      c) Vorpfändung (§ 845 ZPO)
      d) bei im Kontokorrent geführtem Girokonto ist nur Zustellungssaldo (§ 357 HGB) und Tagessaldo pfändbar, nicht eine einzelne Forderung
   2. **Verwertung durch Überweisung** (§ 835 ZPO)
      a) Überweisung zur Einziehung (§ 835 I Fall 1 ZPO; Regelfall): Gläubiger kann Forderung gegen Drittschuldner geltend machen; er ist erst dann befriedigt, wenn er Zahlung erhält
      b) Überweisung an Zahlungs Statt zum Nennwert (§ 835 I Fall 2 ZPO; Ausnahmefall): Abtretungswirkung mit Befriedigungsfiktion

---

[96] BGH NJW 1954, 1325; *Jauernig/Berger*, § 20 Rn. 27; Stein/Jonas/*Brehm*, ZPO, § 857 Rn. 84 ff m.N.
[97] BGH NJW 1954, 1325, 1327.

3. **Rechtsstellung des Drittschuldners**
   - Einwendungen und Einreden gegen Schuldner wirken auch gegen Gläubiger (§§ 404, 412 BGB)
   - Befreiungswirkung der Zahlung an Schuldner bei Unkenntnis der Pfändung (§ 407 BGB) oder Abtretung (§ 408 BGB)
   - bei rechtswidrigem oder nichtigem Überweisungsbeschluss hat Zahlung des Drittschuldners an den Gläubiger Befreiungswirkung auch gegenüber dem Schuldner; das gilt bis Pfändungsbeschluss aufgehoben wird und Drittschuldner hiervon erfährt (§ 836 II ZPO); im Übrigen nur Bereicherungsausgleich
   - Pfändungs- und Überweisungsbeschluss ist kein Vollstreckungstitel gegen Drittschuldner: bei Zahlungsverweigerung Einziehungsklage (Drittschuldnerklage)
   - Drittschuldnererklärung (§ 840 I, II ZPO); verschuldensunabhängige Haftung (§ 840 III ZPO)

III. **Zwangsvollstreckung in andere Vermögensrechte**
   1. **Herausgabe- und Leistungsansprüche** sind grundsätzlich wie Geldforderungen nach §§ 829 ff ZPO zu vollstrecken (§ 846 ZPO): Pfändung des Anspruchs (§§ 829 I, 846 ZPO); mangels Nennwerts Überweisung nur zur Einziehung (§§ 835 I Fall 1, 849 ZPO)
      a) bei beweglichen Sachen
         - Herausgabe an Gerichtsvollzieher (§ 847 I ZPO)
         - bei Weigerung des Drittschuldners muss Gläubiger überwiesenen Herausgabeanspruch titulieren (Einziehungsklage) und diesen nach § 883 ZPO vollstrecken
      b) bei unbeweglichen Sachen
         - Herausgabe an Sequester (§ 848 I ZPO)
         - Auflassungserklärung gegenüber dem Sequester als Vertreter des Schuldners (§ 848 II 1 ZPO); Gläubiger erwirbt Sicherungshypothek (§ 848 II 2 ZPO)
   2. **Sonstige Vermögensrechte** (Rechte an Grundstücken, Anteilsrechte an Gemeinschaften oder juristischen Personen, Immaterialgüterrechte und Anwartschaftsrechte) sind grundsätzlich wie Geldforderungen nach §§ 829 ff ZPO zu vollstrecken (§ 857 ZPO): fehlt Drittschuldner, ist Pfändungs- und Überweisungsbeschluss an Schuldner zuzustellen (§ 857 II ZPO)

III. Zwangsvollstreckung in das unbewegliche Vermögen

Studienliteratur: *Dorn*, Bestandteile und Zubehör in der Zwangsversteigerung, Rpfleger 1987, 143; *Eichelberger*, Versteigerungen nach BGB, ZPO und ZVG, Jura 2013, 82; *Fischer*, Aus der Praxis: Der findige Vollstreckungsschuldner, JuS 2006, 707; *Geißler*, Die Verwertung der Sicherungsgrundschuld in der Zwangsversteigerung, JuS 1990, 284; *Gerhardt*, Grundzüge und Probleme der Zwangsversteigerung, JA 1981, 12; *Herr*, Aus der Praxis: Die überraschende Zwangshypothek, JuS 2002, 1010; *Löhnig/Schärtl*, Einreden aus dem Sicherungsvertrag gegen die Duldung der Zwangsvollstreckung, JuS 2004, 375; *Meier*, Die Zwangsvollstreckung in Immobilien, JuS 1992, 650; *Piekenbrock/Schmidt-Volkmar*, Die Übernahme nicht voll valutierender Grundpfandrechte in der Zwangsversteigerung, Jura 2009, 641; *Schreiber*, Der Eigentumserwerb an Grundstücksbestandteilen, Jura 2006, 113; *ders.*, Der Hypothekenhaftungsverband, Jura 2006, 597; *Zeising*, Zwangshypothek, Arresthypothek und Bauwerksicherungshypothek – Vom Bauunternehmer zum Grundpfandgläubiger, Jura 2008, 763.

Klausur: *Reiner*, „Vollstreckung aus einer Grundschuld", JA 2004, 617.

1. Allgemeines

Die **Gegenstände** der Zwangsvollstreckung in das unbewegliche Vermögen (Immobiliarvollstreckung) ergeben sich aus § 864 ZPO. Hierzu zählen Grundstücke einschließlich aller Bestandteile (§ 864 I ZPO) und Miteigentumsanteile nach Bruchteilen (§ 864 II ZPO). Zu den Grundstücksbestandteilen gehören unwesentliche und wesentliche Bestandteile (§§ 94, 95 BGB) sowie mit dem Grundstückseigentum verbundene Rechte (§ 96 BGB). Der Immobiliarvollstreckung unterfallen ferner grundstücksgleiche Rechte und andere Gegenstände, die in den Haftungsverband der Hypothek fallen, etwa das auf dem Grundstück befindliche Zubehör, soweit es im Eigentum des Grundstückseigentümers steht (§ 865 ZPO, §§ 1120 ff BGB; vgl. Rn. 295 ff und 472).

430

Der nach § 865 ZPO erweiterte Zugriffsbereich der Immobiliarvollstreckung dient in erster Linie dem Interesse des durch ein Grundpfandrecht gesicherten dinglichen Gläubigers, denn das Zubehör kann den wirtschaftlichen Wert eines Grundstücks beträchtlich erhöhen. Ein Hypothekar, der durch die Hypothek an einem Fabrikgrundstück eine Sicherheit für ein Darlehen erlangt, hat ein schützenswertes Interesse daran, im Sicherungsfall nicht nur das (womöglich wenig werthaltige) Grundstück zu verwerten, sondern auch die schweren Produktionsmaschinen, die sich auf dem Grundstück befinden, jedoch nicht derart mit dem Grundstück verbunden sind, dass sie dessen Bestandteile wurden (§§ 93, 94 BGB). Maschinen und Grundstück bilden insoweit eine wirtschaftliche Einheit[98]. § 865 I und II ZPO verhindern hier, dass andere Gläubiger diese wirtschaftliche Einheit zu Lasten des Grundpfandrechtsinhabers zerstören, indem sie die Zubehörgegenstände im Wege der Mobiliarvollstreckung pfänden, vom Grundstück entfernen und isoliert verwerten. Eine Verwertung der Zubehörstücke soll vielmehr wie die des Grundstücks durch Beschluss des Vollstreckungsgerichts und anschließende Versteigerung des Grundstücks erfolgen. Diese einheitliche Behandlung von Grundstück und Zubehör ist auch in wirtschaftlicher Betrachtung sinnvoll, da der Erlös einer gemeinsamen Verwertung regelmäßig über dem der Einzelverwertung liegt.

431

---

98 Vgl. BGH NJW 2006, 993, 994 m. Anm. *K. Schmidt*, JuS 2006, 556.

§ 7 Durchführung der Zwangsvollstreckung wegen einer Geldforderung

Hinweis: Besonderheiten gelten noch immer für die Bundesländer Brandenburg, Mecklenburg-Vorpommern, Sachsen, Sachsen-Anhalt und Thüringen sowie im Ostteil Berlins. Hier besteht ein vom Eigentum am Grundstück getrenntes sog. Gebäudeeigentum fort (Art. 231 § 5 I 1 EGBGB). Es unterfällt den auf Grundstücke bezogenen bürgerlich-rechtlichen Vorschriften des BGB (Art. 233 § 4 I, IV EGBGB) und ist einschließlich seiner wesentlichen Bestandteile Gegenstand der Immobiliarvollstreckung.

432 Die **Arten der Immobiliarvollstreckung** finden sich in § 866 I ZPO. Danach erfolgt die Zwangsvollstreckung durch Eintragung einer Zwangshypothek, durch Zwangsversteigerung oder Zwangsverwaltung. Diese Vollstreckungsmöglichkeiten dienen unterschiedlichen Zwecken: Die **Zwangshypothek** verschafft dem Gläubiger mit der Eintragung einer Sicherungshypothek keine Befriedigung, sondern lediglich eine dingliche Sicherheit am Grundstück des Schuldners, aus dem der Gläubiger mit dem festen Rang der Hypothek (§ 10 I Nr. 4 ZVG) sodann die beiden anderen Vollstreckungsarten betreiben kann. Die **Zwangsversteigerung** führt zur Veräußerung des Grundstücks, aus deren Erlös sich der Gläubiger befriedigen kann. Durch **Zwangsverwaltung** erlangt der Gläubiger die Möglichkeit, sich aus dem Nutzungsertrag des Grundstücks zu befriedigen. Diese Vollstreckungsform empfiehlt sich namentlich dann, wenn das Grundstück Miet- und Pachterträge erbringt. Die verschiedenen Vollstreckungsarten können nebeneinander betrieben werden (§ 866 II ZPO). Dies führt etwa dazu, dass das zur Zwangsversteigerung vorgesehene Grundstück bis zum Versteigerungstermin zusätzlich der Zwangsverwaltung unterworfen werden kann.

433 Die Zwangshypothek ist in §§ 866 ff ZPO geregelt, für Zwangsversteigerung und Zwangsverwaltung gilt das ZVG. Dessen Vorschriften werden durch § 869 ZPO in die ZPO integriert.

Übersicht 5: Zwangsvollstreckung wegen einer Geldforderung in das unbewegliche Vermögen

434 **Vollstreckungsorgane** sind für die Eintragung einer Zwangshypothek das Grundbuchamt (§ 867 ZPO), für Zwangsversteigerung und Zwangsverwaltung das Amtsgericht, in dessen Bezirk das Grundstück belegen ist, als Vollstreckungsgericht (§ 1 ZVG). Funktional zuständig ist bei allen drei Vollstreckungsarten der Rechtspfleger (§ 3 Nr. 1h, i RPflG).

2. Zwangshypothek

Liegen die grundbuchrechtlichen Voraussetzungen vor, trägt das Grundbuchamt auf Antrag des Gläubigers eine Zwangshypothek ein (§ 867 I ZPO). Die titulierte Forderung muss 750 Euro übersteigen, d.h. mindestens 750,01 Euro betragen (§ 866 III 1 ZPO), wobei mehrere titulierte Forderungen desselben Gläubigers, nicht aber die mehrerer Gläubiger addiert werden können[99]. Die in § 19 GBO vorgesehene Einwilligung des Grundstückseigentümers ist bei Eintragung der Zwangshypothek entbehrlich.

435

Der Vollstreckungsschuldner muss als Eigentümer im Grundbuch eingetragen (§ 39 I GBO) oder nachgewiesener Erbe sein (§ 40 GBO). Ist der Schuldner lediglich Bucheigentümer, steht das Eigentum am Grundstück also einem (nicht im Grundbuch eingetragenem) Dritten zu, erwirbt der Schuldner keine Zwangshypothek[100].

436

Die Zwangshypothek ist als Sicherungshypothek Buchhypothek (§ 1185 I BGB) und streng akzessorisch. Sie ist vom Bestand der Forderung abhängig; der gute Glaube in das Bestehen der zugrunde liegenden Forderung wird nicht geschützt (§§ 1184 I, 1185 II BGB). Fehlt die titulierte Forderung bei Eintragung, erwirbt der Grundstückseigentümer eine Eigentümergrundschuld (§§ 1163 I 1, 1177 I 1 BGB); erlischt die Forderung nach Eintragung, geht die Hypothek auf den Eigentümer über und wandelt sich in eine Eigentümergrundschuld (§§ 1163 I 2, 1177 I 1 BGB).

437

Beispiel 53 (Erwerb der Zwangshypothek vom Nichtberechtigten): Gläubiger G hat aufgrund eines Zahlungstitels, den er durch ein vorläufig vollstreckbares Versäumnisurteil erlangt hat, am Grundstück des Bucheigentümers S eine Zwangshypothek erwirkt. Nachdem G die Zwangshypothek schriftlich an Z abgetreten hatte, wird das Versäumnisurteil auf Einspruch des S aufgehoben und die Klage rechtskräftig abgewiesen. Nun stellt sich heraus, dass nicht S, sondern E Eigentümer des Grundstücks ist. Wem steht die Zwangshypothek zu?

438

Da die Aufhebung des Versäumnisurteils (§ 343 ZPO) in **Beispiel 53** rechtskräftig erfolgte, ging die Zwangshypothek nach § 868 I ZPO kraft Gesetzes auf den tatsächlichen Grundstückseigentümer E über und wurde zur Eigentümergrundschuld (§ 1177 I 1 BGB). Die Buchposition des S ändert hieran nichts. Fraglich bleibt lediglich, wie sich die vorherige Abtretung der im Zeitpunkt der Zession hypothekarisch gesicherten Forderung auswirkt. G selbst konnte die Zwangshypothek trotz der Voreintragung des S nicht kraft öffentlichen Glaubens des Grundbuchs erwerben. Zwar kann die bereits eingetragene Zwangshypothek, soweit die zugrunde liegende Forderung besteht, von einem Dritten rechtsgeschäftlich nach § 892 BGB erworben werden; doch findet § 892 BGB keine Anwendung bei einem Erwerb durch hoheitlichen Vollstreckungsakt, der die Zwangshypothek nicht überträgt, sondern erst begründet[101]. Zu prüfen bleibt aber, ob Z die Zwangshypothek von G als Nichtberechtigtem erworben hat.

439

Der Erwerb kann nicht unmittelbar auf § 892 BGB beruhen, denn die Zwangshypothek kann nicht isoliert von der Forderung abgetreten werden. Als streng akzessori-

440

---

99 Thomas/Putzo/*Seiler*, ZPO, § 866 Rn. 5.
100 BGH NJW 1975, 1282.
101 BGH BB 1963, 219, 220; NJW 1975, 1282 f; Stein/Jonas/*Münzberg*, ZPO, § 867 Rn. 45.

sches Recht kann sie nur durch Abtretung der gesicherten Forderung übertragen werden (§§ 1153, 1154 I BGB). Die Forderung ist hier mit rechtskräftiger Aufhebung des Versäumnisurteils (rückwirkend) entfallen. Die Rechtskraft wirkt dabei auch gegen den Zessionar Z, der nach Rechtshängigkeit durch Abtretung nach § 398 BGB Rechtsnachfolger des G wurde (§ 325 I ZPO). Eine Privilegierung des Z nach § 325 II ZPO scheidet aus, da das bürgerliche Recht einen Gutglaubenserwerb an Forderungen grundsätzlich nicht vorsieht. Somit ging die Abtretung der Forderung ins Leere. Z könnte die ins Grundbuch eingetragene Zwangshypothek aber nach § 1138 BGB erworben haben, ohne dass eine gesicherte Forderung bestand (sog. forderungsentkleidete Hypothek). § 1138 BGB verweist auf § 892 BGB, der zugunsten des Z einschlägig wäre, da dessen Erwerb (anders als der durch G) auf Rechtsgeschäft beruht. Doch ist § 1138 BGB auf die Zwangshypothek nicht anwendbar. Die Zwangshypothek ist eine streng akzessorische Sicherungshypothek nach § 1184 BGB, deren Erwerb allein „in Ansehung der Forderung" ausgeschlossen ist: Denn nach § 1185 II BGB findet die Vorschrift des § 1138 BGB auf die Sicherungshypothek keine Anwendung. Inhaber der Zwangshypothek ist folglich E, dem sie als Eigentümergrundschuld zusteht.

Hinweis: Gegen Entscheidungen des Grundbuchamtes (d.h. gegen die Eintragung des Vollstreckungsgläubigers oder die Zurückweisung dessen Eintragungsantrags) sind nicht die zwangsvollstreckungsrechtlichen **Rechtsbehelfe**, sondern nur diejenigen des Grundbuchrechts nach §§ 71 ff GBO statthaft[102]. Gegen die Eintragung des Gläubigers kann der Schuldner Beschwerde nach § 71 II GBO, gegen die Ablehnung des Eintragungsantrags der Gläubiger Beschwerde nach § 71 I GBO einlegen (Rn. 524 f).

441 **Befriedigung** erlangt der durch eine Zwangshypothek gesicherte Gläubiger, indem er aus der Zwangshypothek in das Grundstück vollstreckt. Hierfür benötigt er einen auf Duldung der Zwangsvollstreckung (§ 1147 BGB) gerichteten Titel. Diesen **Duldungstitel** muss der Gläubiger nicht durch Klage erwirken; vielmehr genügt der vollstreckbare Zahlungstitel, auf dem die Eintragung der Zwangshypothek vermerkt wurde (§ 867 III ZPO).

3. Zwangsversteigerung

a) Antrag, Titel, Beschlagnahme

442 Die Zwangsversteigerung eines Grundstücks wird auf Antrag des Gläubigers vom Vollstreckungsgericht angeordnet (§ 15 ZVG), wenn der Gläubiger einen vollstreckbaren Titel vorlegt, der entweder auf Zahlung (sog. **persönlicher Titel**) oder auf Duldung der Zwangsvollstreckung in das Grundstück gerichtet ist (etwa aus Hypothek oder Grundschuld nach §§ 1147, 1192 BGB, sog. **dinglicher Titel**). Zudem muss der Schuldner im Grundbuch als Grundstückseigentümer eingetragen sein (§ 16, 17 ZVG).

443 Das Vollstreckungsgericht prüft das Vorliegen der allgemeinen Voraussetzungen der Zwangsvollstreckung (Rn. 67 f). Besondere Bedeutung kann hier die Prüfung des **Rechtsschutzbedürfnisses** des Vollstreckungsgläubigers erlangen, wenn dieser wegen einer geringfügigen Forderung (Bagatellforderung) die Zwangsversteigerung

---

102 Thomas/Putzo/*Seiler*, ZPO, § 867 Rn. 19.

betreibt. Auch wenn die Zwangsversteigerung durch Entzug des Eigentums am Grundstück erheblich in die grundrechtlich geschützte Rechtsstellung des Schuldners eingreift, liegt hierin allein freilich kein Grund, die Zulässigkeit der Vollstreckungsmaßnahme zu verneinen; andernfalls bliebe dem Gläubiger die Durchsetzung des im Erkenntnisverfahren erlangten Titels verwehrt[103], die der Schuldner im Übrigen durch Zahlung abwenden kann. Vollstreckungsschutz kann allenfalls nach § 765a ZPO gewährt werden (Rn. 50 ff).

Der die Zwangsversteigerung anordnende Beschluss des Vollstreckungsgerichts gilt als **Beschlagnahme** des Grundstücks (§ 20 I ZVG) und der der Hypothekenhaftung unterfallenden Gegenstände (§§ 20 II, 21 ZVG). Wie Pfändung und Verstrickung der beweglichen Sache führt die Beschlagnahme zu einem relativen Veräußerungsverbot für den Schuldner (§ 23 I ZVG, §§ 135, 136 BGB). Zugleich erhält der Gläubiger ein Befriedigungsrecht mit dem Rang aus § 10 I Nr. 5 ZVG und im Insolvenzverfahren ein Absonderungsrecht nach § 49 InsO. Der Beschluss wird in das Grundbuch eingetragen, ohne dass das Grundbuchamt die Vollstreckungsvoraussetzungen prüft (Versteigerungsvermerk, § 19 ZVG).

444

b) Rechte Dritter

Anders als bei der Mobiliarvollstreckung werden Rechte Dritter von Amts wegen beachtet, soweit sie aus dem Grundbuch ersichtlich sind (§ 28 I ZVG). Den eingetragenen Rechten stehen Verfügungsbeschränkungen und Vollstreckungsmängel gleich, die dem Vollstreckungsgericht bekannt sind (§ 28 II ZVG). Der Veräußerung entgegenstehende Rechte müssen durch den Rechtsinhaber daher nur dann im Wege der Drittwiderspruchsklage geltend gemacht werden (§ 771 ZPO, Rn. 527 ff), wenn diese aus dem Grundbuch nicht ersichtlich und dem Vollstreckungsgericht auch nicht anderweit bekannt sind.

445

Zur Vertiefung: Eine nicht grundbuchersichtliche Verfügungsbeschränkung kann beispielsweise analog § 1365 I BGB bestehen: Stellt der Miteigentumsanteil an einem Grundstück das ganze Vermögen eines im gesetzlichen Güterstand lebenden Ehegatten dar, bedarf sein Antrag auf Anordnung der Teilungsversteigerung der Zustimmung des anderen Ehegatten[104]. Die Teilungsversteigerung nach §§ 180 ff ZVG ist kein Zwangsvollstreckungsverfahren, sondern dient der Aufhebung einer Bruchteils- oder Gesamthandsgemeinschaft an einem Grundstück und ähnelt dem freihändigen Verkauf[105]. Die Gemeinschaft setzt sich am Versteigerungserlös fort, der nach den Anteilen der Gemeinschafter zu verteilen ist[106] (vgl. Rn. 601).

446

Eine Aufhebung des Versteigerungsverfahrens führt zum Erlöschen der Beschlagnahme und kommt deshalb nur bei nicht behebbaren Vollstreckungshindernissen in Betracht. Um die durch Beschlagnahme erlangte Rechtsstellung zu wahren, ist das Verfahren in allen anderen Fällen zunächst (§ 28 I 2 ZVG) lediglich einzustellen. Dies gilt auch dann, wenn eine Urkunde vorgelegt wird, aus der sich ergibt, dass der Gläubiger befriedigt wurde oder Stundung bewilligt hat (vgl. § 775 Nrn. 4, 5 ZPO, Rn. 128). Bei Zahlung an das Vollstreckungsgericht gilt § 75 ZVG. Einstellung und Aufhebung erfolgen durch Beschluss, der der sofortigen Beschwerde

---

103 BGH NJW 1973, 894.
104 BGH NJW 2007, 3124, 3125 m. Anm. *Wellenhofer*, JuS 2008, 181.
105 Vgl. BGH NJW 1954, 1035, 1036.
106 BGH NJW 1952, 263, 264.

nach § 11 I RPflG, § 793 ZPO unterliegt. Übersieht das Vollstreckungsgericht Einstellungs- oder Aufhebungsgründe, findet die Erinnerung statt (§ 766 ZPO).

447 Wird das Grundstück nach Wirksamwerden der Beschlagnahme veräußert, ist danach zu unterscheiden, ob der Gläubiger wegen eines dinglichen oder eines persönlichen Titels vollstreckt (Rn. 448). Wird die Zwangsversteigerung von einem **dinglichen Gläubiger** betrieben, so hat die Veräußerung auf den Fortgang des Versteigerungsverfahrens keinen Einfluss (§ 26 ZVG). Zwar bleibt ein redlicher Erwerb trotz des Verfügungsverbots (§ 23 ZVG) grundsätzlich möglich, wenn der Versteigerungsvermerk erst später eingetragen wurde (§§ 135 II, 136, 892 BGB). Doch schließt § 26 ZVG gezielt aus, dass der Erwerber nach § 771 ZPO widerspricht. Die Versteigerung wird unverändert fortgesetzt; selbst eine Umschreibung des Vollstreckungstitels (vgl. §§ 325, 727 ZPO; Rn. 113 ff) ist nicht erforderlich[107]. Das dingliche Gläubigerrecht wirkt auch gegenüber dem Erwerber, der die vollstreckungsrechtliche Situation als Rechtsnachfolger gegen sich gelten lassen muss; § 26 ZVG überträgt damit den Gedanken des § 325 III ZPO auf das Vollstreckungsverfahren[108].

448 Etwas anderes gilt, wenn der Gläubiger wegen einer persönlichen Forderung vollstreckt **(persönlicher Gläubiger)**. Wird der Eigentumsübergang in diesem Fall vor dem Versteigerungsvermerk ins Grundbuch eingetragen, hat das Vollstreckungsgericht dieses Recht des (neuen) Eigentümers als ein der Verwertung entgegenstehendes Recht zu beachten und deshalb das Versteigerungsverfahren einzustellen bzw. nach Fristablauf aufzuheben (§ 28 I ZVG). Erfolgt die Eintragung des Erwerbs *nach* der Eintragung des Versteigerungsvermerks, geht das Vollstreckungsgericht ohne weiteres von der relativen Unwirksamkeit des Eigentumsübergangs aus. Ist der Verschaffungsanspruch des Erwerbers vormerkungsgesichert, kommt es auf den Rang der Vormerkung an (§ 883 III BGB)[109].

Hinweis: Ist der Eigentumserwerb dem Gläubiger gegenüber etwa deshalb nach §§ 135, 136 BGB relativ unwirksam, weil der Erwerber die Grundstücksbeschlagnahme kannte (§ 892 I 1 Fall 2 BGB), muss ihn der Gläubiger auf Duldung der Zwangsvollstreckung verklagen (§ 1147 BGB) und in der Frist des § 31 I ZVG die Fortsetzung des eingestellten Verfahrens beantragen.

c) Ausführung der Versteigerung

449 Die Verwertung des Grundstücks erfolgt durch Versteigerung. Auch sie obliegt dem Vollstreckungsgericht (§ 35 ZVG). Da die Versteigerung nicht in Rechte eingreifen darf, die dem Rang des vollstreckenden Gläubigers vorgehen, werden diese vorrangigen Rechte zunächst durch Einrichtung des **geringsten Gebots** geschützt: Zugelassen wird im Versteigerungstermin nur ein solches Gebot, das die dem Recht des vollstreckenden Gläubigers im Rang vorgehenden Rechte und die Verfahrenskosten abdeckt (sog. **Deckungsprinzip**, § 44 ZVG). Der tatsächliche Wert des Grundstücks spielt dagegen grundsätzlich keine Rolle (vgl. aber § 85a ZVG, Rn. 453).

450 Der Ersteher braucht dieses geringste Gebot jedoch nicht etwa dadurch zu berichtigen, dass er die Inhaber vorrangiger Rechte durch Zahlung befriedigt (sog. **Lö-**

---
107 *Brox/Walker*, Rn. 864.
108 *Böttcher*, ZVG, § 26 Rn. 7.
109 LG Trier Rpfleger 2000, 286.

schungsprinzip). Vielmehr sieht das Gesetz vor, dass diese vorrangigen Rechte einfach bestehen bleiben und als Grundstücksbelastung gegen den Ersteher (als neuen Grundstückseigentümer) fortwirken (sog. **Übernahmeprinzip**, § 52 I ZVG). Durch Zahlung zu berichtigen sind nur die Verfahrenskosten und besonders privilegierte Ansprüche nach §§ 10 Nrn. 1–3, 12 Nrn. 1, 2 ZVG. Das Übernahmeprinzip hat den Vorteil, dass der Ersteher nur einen Teil seines Gebotes zahlen muss, nämlich das Mindestbargebot und das über das geringste Gebot hinausgehende Mehrgebot; die Summe beider Beträge bildet das sog. **Bargebot** (§ 49 I, III ZVG).

Hinweis: Anders als die gesetzliche Terminologie noch immer andeutet, darf das Bargebot seit 1.2.2007 nicht mehr durch Barzahlung an das Vollstreckungsgericht, sondern nach § 49 III ZVG nurmehr durch rechtzeitige Überweisung oder nachgewiesene Einzahlung auf ein Konto der Gerichtskasse entrichtet werden.

Beispiel 54 (Höhe des Bargebotes): Gläubiger G betreibt aus einem Zahlungstitel die Zwangsversteigerung in das Grundstück des Schuldners S. Das Grundstück ist mit einer erstrangigen Hypothek über 50 000 Euro belastet, die Verfahrenskosten belaufen sich auf 3000 Euro. Ersteher E erhält auf ein Gebot von 75 000 Euro den Zuschlag. Welchen Betrag hat E durch Zahlung an die Gerichtskasse zu berichtigen?   451

Das geringste Gebot addiert sich in **Beispiel 54** aus dem Betrag von vorrangiger Hypothek und Verfahrenskosten auf 53 000 Euro (§ 44 ZVG). Das Bargebot errechnet sich aus der Differenz des dieses geringste Gebot übersteigenden Mehrgebots und den Verfahrenskosten (§ 49 I ZVG). Das Mehrgebot übersteigt das geringste Gebot um 22 000 Euro. Hinzu treten die Verfahrenskosten von 3000 Euro. E hat nach § 49 III ZVG deshalb durch Einzahlung oder rechtzeitige Überweisung auf ein Konto der Gerichtskasse einen Betrag von 25 000 Euro zu berichten. Die Hypothek wird übernommen (§ 52 I 1 ZVG).   452

Ersteigert der Inhaber einer erstrangigen Hypothek das belastete Grundstück, errechnet sich das geringste Gebot lediglich aus den Verfahrenskosten und den öffentlichen Lasten. Ersteht dieser Gläubiger das Grundstück zu diesem geringsten Gebot, verliert er zwar seine Hypothek (§§ 10 I, 44 I, 52 I 2 ZVG). Er würde aber ohne weitere Voraussetzungen und namentlich ohne Rücksicht auf die Höhe der Hypothek das lastenfreie Grundstück zu einem denkbar geringen Zahlungsbetrag erwerben. Um eine solche Verschleuderung des Immobiliarvermögens des Schuldners zu vermeiden, muss das **Mindestgebot** im ersten Versteigerungstermin ausnahmsweise den halben Grundstückswert erreichen (§ 85a ZVG). Zum Schutz der nachrangigen Gläubiger gilt Gleiches bei dem Antrag bestimmter Berechtigter (§§ 74a, 74b, 114a ZVG).   453

d) Versteigerungstermin, Zuschlag

Der Versteigerungstermin beginnt mit dem Aufruf der Sache (§ 66 I ZVG). Nach Bekanntgabe des geringsten Gebots werden die Anwesenden zur Abgabe eigener Gebote aufgefordert (§ 66 II ZVG). Das Vollstreckungsgericht verkündet das letzte (d.h. das höchste) Gebot durch dreimaligen Aufruf (§ 73 I 2, II ZVG) und erteilt dem Meistbietenden nach Anhörung der Anwesenden (§ 74 ZVG) den Zuschlag (§ 81 I ZVG). Die Entscheidung über den Zuschlag erfolgt durch Beschluss (sog. **Zuschlagsbeschluss**, § 87 ZVG).   454

e) Wirkungen des Zuschlags

455 Anders als bei der Zwangsversteigerung von beweglichen Sachen (§ 817 ZPO, Rn. 342) wird der Ersteher bereits **mit dem Zuschlag** kraft Hoheitsaktes **Eigentümer** des versteigerten Grundstücks (§ 90 I ZVG). Die Grundbucheintragung durch das hierzu ersuchte Grundbuchamt (§ 130 ZVG) wirkt nur berichtigend. Der Zuschlag erfasst neben dem Grundstück das der Hypothekenhaftung unterfallende Grundstückszubehör (§§ 20, 50, 55, 90 II ZVG, § 1120 BGB).

Vertiefung: Wird der Zuschlagsbeschluss später im Beschwerdeweg rechtskräftig aufgehoben und der Zuschlag zugleich einem anderen erteilt, verliert der ursprüngliche Ersteher das Eigentum an den Schuldner rückwirkend zum Zeitpunkt des Wirksamwerdens des Zuschlagsbeschlusses; der neue Ersteher wird mit dem Wirksamwerden der Zuschlagserteilung an ihn Eigentümer. Von diesem Zeitpunkt an besteht zwischen dem ursprünglichen Ersteher, der das Grundstück weiterhin benutzt, und dem neuen Ersteher ein Eigentümer-Besitzer-Verhältnis. Liegen die Voraussetzungen vor, haftet der ursprüngliche Ersteher deshalb nach §§ 987, 988 BGB[110].

456 Da der Zuschlag Hoheitsakt ist, verschafft er dem Ersteher auch dann das Eigentum am Grundstück, wenn der Vollstreckungsschuldner nicht Voreigentümer war. Kenntnis schadet allenfalls bei Hinzutreten weiterer Umstände und kann nur ausnahmsweise nach § 826 BGB einen Rückübereignungsanspruch begründen.

457 Die nicht im geringsten Gebot enthaltenen Rechte erlöschen, ohne dass es einer Grundbucheintragung bedarf. Auch sie hat nur berichtigende Funktion. Die erlöschenden Hypotheken und Grundschulden setzen sich am Versteigerungserlös durch dingliche Surrogation fort (§ 92 I ZVG)[111]. Der gesetzliche Löschungsanspruch aus § 1179a BGB besteht bis zur Befriedigung des Berechtigten fort (§§ 91 IV, 130a ZVG). Die Erlösverteilung erfolgt nach der Rangfolge der Rechte in einem Verteilungsverfahren (§§ 105 ff ZVG). Ein Überschuss gebührt dem Schuldner als früherem Grundstückseigentümer.

458 Mit Zuschlagserteilung gehen neben der Gefahr von Untergang oder Verschlechterung des Grundstücks und seiner wesentlichen Bestandteile (§ 56 S. 1 ZVG) auch Nutzungen und Lasten des Grundstücks auf den Ersteher über (§ 56 S. 2 ZVG). In Ansehung der übrigen mitversteigerten Gegenstände findet der Gefahrübergang schon mit Schluss der Versteigerung statt (§§ 56 S. 1, 73 II ZVG).

459 Aus dem Zuschlagsbeschluss kann gegen den in der Vollstreckungsklausel genannten Besitzer auf **Räumung** des Grundstücks (§ 885 ZPO) und **Herausgabe** der mitversteigerten beweglichen Sachen (§ 883 ZPO) vollstreckt werden (§ 93 ZVG). Einer zusätzlichen richterlichen Durchsuchungsanordnung nach § 758a ZPO (Rn. 656 f) bedarf es nicht[112].

Hinweis: Bei Räumungsurteilen ist eine Räumungsfrist nach § 721 ZPO möglich. Sie kommt bei der Zwangsversteigerung für den früheren Besitzer jedoch nicht in Betracht[113]; allenfalls ist ihm bei sittenwidriger Härte Vollstreckungsschutz nach § 765a ZPO zu gewähren (Rn. 50 ff).

---

110 BGH NJW 2010, 2664 m. krit. Anm. *Wolf*, JA 2010, 659.
111 BGH KTS 1992, 155, 158.
112 *Jauernig/Berger*, § 24 Rn. 40 m.N.
113 Thomas/Putzo/*Seiler*, ZPO, § 721 Rn. 2 m.N.

Hat nicht der Schuldner selbst, sondern ein Dritter die Immobilie genutzt, können **460** Räumung und Herausgabe nur dann verlangt werden, wenn das Besitzrecht des Dritten durch den Zuschlag erloschen ist (§ 93 I 2 ZVG). Für Mieter und Pächter bestehen besondere Regelungen. Der Ersteher wird ihnen gegenüber wie ein Grundstückskäufer behandelt (§ 57 ZVG, §§ 566 ff BGB): Die vertraglichen Besitzrechte bleiben bestehen; der Ersteher erhält lediglich ein außerordentliches Kündigungsrecht (§ 57a ZVG), das zudem den Beschränkungen des gesetzlichen Kündigungsschutzes nach §§ 573–574c BGB unterliegt[114].

f) Ablösungsrecht

Läuft der Besitzer des Grundstücks wegen der gegen den Eigentümer betriebenen **461** Zwangsvollstreckung Gefahr, den Besitz am Grundstück zu verlieren, kann er den Gläubiger nach § 268 I BGB befriedigen (**Ablösungsrecht**). Soweit der Besitzer den Gläubiger befriedigt, geht die Forderung auf ihn über (§ 268 I, III BGB). Gleiches gilt nach § 1150 BGB, wenn der Gläubiger Befriedigung aus dem Grundstück verlangt. Die Gefahr des Besitzverlusts kann sich für den Mieter aus dem **Sonderkündigungsrecht** nach § 57a ZVG (Rn. 463 f) ergeben.

Besteht für die abgelöste Forderung ein Sicherungsrecht, geht mit der Forderung **462** (§ 268 I BGB) auch diese Sicherung auf den Ablösenden über (§§ 401, 412 BGB). Da dieser Sicherungsübergang **kraft Gesetzes** erfolgt, können die Sicherungsrechte nur in ihrem tatsächlichen Bestand erworben werden; ein gutgläubig einredefreier Erwerb ist ausgeschlossen[115].

Beispiel 55 (Ablösungsrecht des Gläubigers): Eigentümer E hatte sein Grundstück an P **463** verpachtet und zur Sicherung eines ihm gewährten Darlehens in Höhe von 50 000 Euro dem Gläubiger G eine Grundschuld in gleicher Höhe bestellt. E tilgt das Darlehen um 10 000 Euro und stellt danach die Zahlung an G ein. Als P erfährt, dass G wegen seiner Darlehensforderung die Zwangsversteigerung aus der Grundschuld betreibt, zahlt er an G auf dessen Grundschuld 50 000 Euro. Den Betrag von 50 000 Euro hatte P von der Sparkasse S erhalten; die nach der Ablösung auf P übergegangene Grundschuld trat P zur Sicherung der Darlehensforderung an S ab. Als später S gegen E aus der Grundschuld vorgehen will, zahlt E an S 50 000 Euro, die S dem P gutschreibt. E verlangt nunmehr von P Zahlung von 10 000 Euro. P wendet ein, er habe die Grundschuld in Höhe von 50 000 Euro einredefrei erworben und jedenfalls die Ablösung nur durch Zahlung von 50 000 Euro erreichen können; P müsse sich an den inzwischen insolventen G halten. Wie ist die Rechtslage?

In **Beispiel 55** könnte E gegen P aus § 816 I 1 BGB einen Anspruch auf Zahlung von **464** 10 000 Euro haben. Dazu müsste P als Nichtberechtigter wirksam über die Grundschuld am Grundstück des E verfügt haben. P hatte die Grundschuld des G in Höhe von 50 000 Euro abgelöst; hierzu war P nach §§ 268 I 2, 1150, 1192 I BGB auch *berechtigt*, da er als Besitzer des grundschuldbelasteten Grundstücks Gefahr lief, im Versteigerungsfall sein Besitzrecht nach § 57a ZVG zu verlieren. Die Ablösung befriedigte G und ließ die Grundschuld auf P übergehen (§§ 268 III 1, 1150, 1192 I

---

114 BGH NJW 1982, 1696, 1698.
115 BGH MDR 1997, 134, 135; NJW 2005, 2398, 2399 zum Ablösungsrecht des nachrangigen Grundschuldgläubigers.

BGB). Wegen der Tilgung der zu sichernden Forderung in Höhe von 10 000 Euro war die Grundschuld zu diesem Zeitpunkt freilich nurmehr in Höhe von 40 000 Euro valutiert. Aus der Treuhandnatur der der Sicherungsgrundschuld zugrundeliegenden Zweckabrede folgt auch ohne ausdrückliche Vereinbarung die Pflicht des Sicherungsnehmers G, die Sicherheit zurückzugewähren, wenn und soweit sie endgültig nicht mehr zur Sicherung benötigt wird. Der Sicherungsgeber und Grundstückseigentümer E hätte einer Vollstreckung durch G aufgrund dieser Sicherungsabrede deshalb die Einrede der Nichtvalutierung der Grundschuld in Höhe von 10 000 Euro entgegenhalten können. Diese Einrede besteht auch gegenüber neuen Grundschuldgläubigern, soweit diese die Grundschuld nicht gutgläubig einredefrei erworben haben (§§ 1157 S. 2, 1192 I BGB).

465 Ein **Teil der Literatur** hält den gutgläubigen einredefreien Erwerb auch im Fall der Ablösung einer Grundschuld für möglich, da die den Grundschuldübergang auslösende Gläubigerbefriedigung nach § 893 BGB dem Gutglaubensschutz unterfalle[116]. Die herrschende Auffassung verweist dagegen zu Recht auf den klaren Wortlaut von § 1157 S. 2 BGB, wonach ein gutgläubiger einredefreier Erwerb gemäß § 892 BGB nur dann möglich ist, wenn er auf einem auf dingliche Rechtsänderung gerichteten Rechtsgeschäft beruht; ein Erwerb nach § 893 BGB scheidet hingegen aus, da § 1157 S. 2 BGB diese Vorschrift bei der Verweisung auf §§ 892 ff BGB ausdrücklich ausnimmt[117]. Das überzeugt auch inhaltlich. Denn beim Übergang eines Grundpfandrechts kraft Gesetzes ist ein Vertrauen des Ablösenden, der bisherige Gläubiger werde ihn vor der Ablösung über bestehende Einreden in Kenntnis setzen, nicht gerechtfertigt, zumal der bisherige Gläubiger das dingliche Recht regelmäßig ohne sein Zutun verliert (vgl. dagegen § 267 BGB). Folgt man dieser Auffassung, konnte P den nicht (mehr) valutierten Teil der Grundschuld in Höhe von 10 000 Euro nicht einredefrei erwerben und verfügte über diesen Teil der Grundschuld folglich als Nichtberechtigter.

466 Diese Verfügung durch Abtretung an S war wirksam, da S die Grundschuld rechtsgeschäftlich erwarb. Anders als P kann sich S auf den gutgläubigen einredefreien Erwerb nach §§ 892, 1157 S. 2, 1192 I BGB berufen. Bei der Sicherungsgrundschuld genügt für die Bösgläubigkeit nicht schon die Kenntnis des Sicherungscharakters; vielmehr bedürfte es zusätzlich der positiven Kenntnis von der fehlenden Valutierung[118]. An dieser fehlt es hier ebenso wie an einem Grundbuchvermerk.

467 Zweifelhaft bleibt, ob P durch die Verfügung *etwas erlangt* hat. Als erlangt gilt bei § 816 I 1 BGB der Gegenwert, der dem Nichtberechtigten aufgrund der dem Rechtsgeschäft zugrunde liegenden Verfügung zufließt. Indem P der S die einredefreie Grundschuld verschaffte, sicherte er sich die Valutierung des Darlehens durch S auch in Höhe der nicht (mehr) valutierten Grundschuld am Grundstück des E von 10 000 Euro. Freilich bleibt zu bedenken, dass P die Ablösung auch der nur noch in Höhe von 40 000 Euro valutierten Grundschuld nur durch Zahlung des gesamten Grundschuldbetrages von 50 000 Euro und also ohne Rücksicht auf den geringeren

---

116 Soergel/*Konzen*, BGB, § 1157 Rn. 5 m.N.
117 BGH NJW 2005, 2398, 2399; NJW 1997, 190 m.N.; Palandt/*Bassenge*, BGB, § 1157 Rn. 3.
118 BGH NJW 1972, 1463.

Betrag der gesicherten Forderung erreichen konnte[119]. Zur Sicherung einer Verbindlichkeit von 10 000 Euro gegenüber S musste P deshalb 10 000 Euro gegenüber G aufwenden. Erlangt hätte er deshalb allenfalls dann etwas, wenn er selbst gegen G einen bereicherungsrechtlichen Anspruch auf Rückgewähr hätte.

In Betracht kommt ein Anspruch des P gegen G aus § 812 I BGB. Tatsächlich ist G ein Betrag zugeflossen, der ihm angesichts der durch die Grundschuld gesicherten persönlichen Forderung gegenüber E schuldrechtlich nicht (mehr) in dieser Höhe zustand. Da P die Ablösung der Grundschuld aber nur durch Zahlung des vollen Grundschuldbetrages erreichen konnte, ist er nicht berechtigt, die nach §§ 268, 1150, 1192 I BGB geleistete Zahlung teilweise zurückzufordern[120]. In dieser Gesamtschau hat *G im Verhältnis zu P* weder durch die Leistung zur Ablösung der Grundschuld noch mit der gesetzlichen Verfügung über die abgelöste Grundschuld etwas ohne Rechtsgrund erlangt. Da P gegen G folglich keinen Anspruch hat, hat auch *P im Verhältnis zu E* nichts erlangt (Rn. 458); ein Anspruch des E gegen P scheidet deshalb aus. 468

Ein Anspruch des E auf Rückzahlung von 10 000 Euro richtet sich daher nur gegen G. E hatte als Sicherungsgeber aus der Sicherungsvereinbarung einen Anspruch gegen den Sicherungsnehmer G auf Rückgewähr des nicht valutierten Teils der Grundschuld, den G deshalb nicht mehr erfüllen konnte, weil die Grundschuld nach §§ 268 III 1, 1150, 1192 I BGB auf P übergegangen war. An dessen Stelle tritt deshalb ein Anspruch auf den entsprechenden Teil des Erlöses als Ausgleich für die über den Sicherungszweck hinausgehende dingliche Belastung des Grundstücks in Höhe von 10 000 Euro[121]. Dieser Anspruch folgt mangels Verschulden nicht aus einer Verletzung der Sicherungsvereinbarung (§§ 280 I, III, 283 BGB), sondern beruht auf der mit Ablösung und Leistungsbefreiung in sonstiger Weise eingetretenen Bereicherung des G nach § 812 I 1 Fall 2 BGB. 469

g) Rechtsbehelfe

Gegen die Entscheidung über den Zuschlag findet die **sofortige Beschwerde** statt (§§ 95 ff ZVG). Die Zuschlagsanfechtung ist auf die besonderen Beschwerdegegenstände des § 100 ZVG beschränkt. Auf die begründete Beschwerde entscheidet das Beschwerdegericht in der Sache selbst (§ 101 I ZVG), erteilt oder versagt also den Zuschlag. Die Beschwerdeentscheidung unterliegt der **Rechtsbeschwerde** (§§ 101 II, 102 ZVG). Nur im Ausnahmefall können die Beschränkungen des § 100 ZVG durchbrochen werden. 470

BVerfG Rpfleger 2010, 383, 384:

„Rechtsmängel begründende Tatsachen, die erst nach Erteilung des Zuschlags entstanden oder dem Vollstreckungsgericht bekannt geworden sind, müssen aufgrund der in § 100 ZVG getroffenen Regelung auch in einem Beschwerdeverfahren gegen den Zuschlagsbeschluss grundsätzlich unberücksichtigt bleiben und dürfen nicht zur Aufhebung des Zuschlags führen (…). Dieser Grundsatz erfährt nur dann eine Durchbrechung, wenn eine

---

[119] BGH NJW 2005, 2398; NJW 1990, 258, 260.
[120] BGH NJW 2005, 2389, 2399; Palandt/*Bassenge*, BGB, § 1150 Rn. 4.
[121] Vgl. BGH NJW 2005, 2389, 2399; ferner BGH NJW 2003, 2673; NJW 1986, 1487, 1488 zum Übererlös in der Zwangsversteigerung.

konkrete Gefahr für Leben oder Gesundheit des Schuldners oder eines nahen Angehörigen infolge des Eigentumsverlusts durch die Zuschlagserteilung (noch) während des Verfahrens über eine gegen den Zuschlagsbeschluss zulässigerweise erhobene Beschwerde zutage tritt und dem (Beschwerde-)Gericht unterbreitet wird (…). Mit der Rechtskraft des Zuschlagsbeschlusses und der Verteilung des Erlöses ist das Zwangsversteigerungsverfahren jedoch beendet. Der rechtskräftige Zuschlagsbeschluss kann danach – abgesehen von Fällen der Berichtigung offenbarer Unrichtigkeiten im Sinne des § 319 I ZPO und der außerordentlichen Beschwerde nach § 96 ZVG, § 569 I 3 ZPO bei Vorliegen der Erfordernisse der Nichtigkeits- oder der Restitutionsklage (…) – nicht mehr geändert oder ergänzt werden. Nach Rechtskraft des Zuschlagsbeschlusses bleibt dem Schuldner allenfalls über § 765a ZPO die Möglichkeit, die vorläufige Einstellung der Räumungsvollstreckung zu erreichen (…)."

4. Zwangsverwaltung

471 Für die Zwangsverwaltung gelten §§ 1–14 ZVG, im Übrigen finden die Vorschriften zur Zwangsversteigerung entsprechende Anwendung (§ 146 I ZVG). Auf Antrag des Gläubigers ordnet das Vollstreckungsgericht die Zwangsverwaltung des Grundstücks des Schuldners an (§ 146 ZVG). Die Anordnung hat die Wirkung einer Beschlagnahme des Grundstücks und der in den Haftungsverband der Hypothek fallenden Gegenstände (§§ 148 I, 21 ZVG; Rn. 295 ff); sie belässt dem Schuldner das Eigentum, entzieht ihm aber die Verwaltung und Benutzung des Grundstücks (§ 148 II ZVG).

472 Das Vollstreckungsgericht bestellt einen Zwangsverwalter (§ 150 I ZVG), der den Gläubiger aus den Erträgen des Grundstücks befriedigen soll (§ 155 ZVG); zugleich hat er das Grundstück in seinem wirtschaftlichen Bestand zu erhalten (§ 152 ZVG). Überschüsse aus der Nutzung der beschlagnahmten Gegenstände werden nach einem Verteilungsplan an die Gläubiger ausgekehrt (§§ 155–157 ZVG).

473 Das Verfahren wird durch Aufhebungsbeschluss (§ 161 ZVG) namentlich dann beendet, wenn der die Zwangsverwaltung betreibende Gläubiger befriedigt wurde (§ 161 II ZVG) oder in einem gleichzeitig betriebenen Zwangsversteigerungsverfahren der Zuschlag ergeht (Rn. 454 f).

474 **Fall 7** (Zwangsversteigerung von Grundstück und Zubehör):

Schuldner S betreibt auf seinem Grundstück eine Gaststätte. Er besorgt sich eine neue Zapfanlage, die er in der Gaststätte aufstellt, ohne sie individuell anzupassen. Zu Gunsten von H wird eine Hypothek an dem Grundstück eingetragen. Nach Eintragung der Hypothek lässt Gläubiger G die Zapfanlage vom Gerichtsvollzieher durch Anlegen eines Pfandsiegels pfänden. Ist die Pfändung wirksam?

Lösungshinweise:
I. Rechtmäßigkeit der Pfändung durch den Gerichtsvollzieher

1. Wesentlicher Bestandteil des Grundstücks

Die Pfändung durch den Gerichtsvollzieher ist nach §§ 803 ff ZPO rechtmäßig, wenn sie eine bewegliche Sache betraf. Obwohl die weder individuell angepasste noch eingebaute Zapfanlage tatsächlich beweglich blieb, wäre sie der Mobiliarvollstreckung schon dann entzogen, wenn es sich bei der Zapfanlage um einen wesentlichen Bestandteil des Grundstücks handelte. In diesem Fall wäre die Zapfanlage wie das Grundstücks selbst der Immobiliarvollstreckung unterworfen (§ 864 I ZPO).

Den Ausgangspunkt bilden hierbei §§ 93, 94 BGB. Danach können wesentliche Bestandteile nicht Gegenstand eigener Rechte sein. Wesentliche Bestandteile sind nach § 93 BGB Teile einer natürlichen Sacheinheit, die durch Verbindung miteinander ihre Selbstständigkeit verloren haben. Ferner muss ein körperlicher Zusammenhang zwischen den Bestandteilen vorliegen. Die Teile müssen nach der Verkehrsanschauung und der wirtschaftlichen Betrachtungsweise als einheitliche Sache angesehen werden. § 94 I BGB erweitert den Begriff des wesentlichen Sachbestandteils aus § 93 BGB auf die mit Grund und Boden fest verbundenen Gebäude sowie Erzeugnisse eines Grundstücks, solange eine feste Verbindung vorliegt (etwa Mauern, Zäune, Tiefgaragen, Bäume).

Die Zapfanlage ist freilich nicht derart mit der Hauptsache Gaststätte verbunden, dass Grundstück und Anlage nach der Verkehrsanschauung als einheitliche Sache angesehen werden. Zudem hat die Anlage ihre Selbstständigkeit durch die Verbindung nicht verloren. Sie ist kein wesentlicher Bestandteil des Grundstücks.

2. Zubehör des Grundstücks

Auch ohne Grundstücksbestandteil zu sein, wäre die Zapfanlage als bewegliche Sache nach § 865 II ZPO ferner dann der Mobiliarvollstreckung entzogen, wenn sich die Hypothek am Grundstück auf die Anlage erstreckt (§ 865 I ZPO). Die Vorschrift verweist auf den Haftungsverband der Hypothek nach §§ 1120 ff BGB: Soweit das Grundstückszubehör in diesen Haftungsverband fällt, kann es vom Gerichtsvollzieher nicht im Wege der Mobiliarvollstreckung gepfändet werden, sondern unterliegt der Immobiliarvollstreckung.

a) Zubehöreigenschaft

Zubehör setzt nach § 97 BGB voraus, dass die Sache beweglich und kein wesentlicher Bestandteil ist. Es muss eine Hauptsache (etwa ein Grundstück oder Gebäude) vorliegen. Die andere Sache muss dem wirtschaftlichen Zweck der Hauptsache zu dienen bestimmt sein. Dies ist nur dann der Fall, wenn das Zubehör die zweckentsprechende Verwendung der Hauptsache unmittelbar oder mittelbar ermöglicht oder fördert. Die zweckentsprechende Widmung erfolgt zumeist durch ausdrückliche oder konkludente Erklärung des jeweiligen Eigentümers.

b) Nicht lediglich Scheinbestandteil

Freilich darf die Zapfanlage nicht lediglich Scheinbestandteil nach § 95 BGB sein. Ein Scheinbestandteil liegt vor, wenn die Verbindung nur zu einem vorübergehenden Zweck erfolgte und die Trennung von vornherein beabsichtigt oder nach der Natur des Zwecks sicher ist. Dies ist in der Regel der Fall, wenn die Verbindung in Ausübung eines zeitlich begrenzten Nutzungsrechts vorgenommen wurde (etwa eine Tankstelle auf einem Grundstück, die vom Pächter installiert wurde, aber nach Ablauf des Pachtvertrags wieder abmontiert werden muss). Schließlich muss die Sache in einem gewissen räumlichen Verhältnis zur Hauptsache stehen und zudem nach der Verkehrsanschauung als Zubehör angesehen werden (§ 97 I 2 BGB). Auch reicht eine nur vorübergehende Nutzung der Sache für den wirtschaftlichen Zweck einer anderen Sache nicht für die Begründung einer Zubehöreigenschaft aus (§ 97 II 1 BGB). Sog. Scheinbestandteile sind daher niemals Zubehörstücke.

c) Zwischenergebnis

Nach den aufgeführten Kriterien stellt die Zapfanlage des Eigentümers einer Gaststätte Zubehör nach § 97 BGB dar. Die Anlage dient, ohne deren wesentlicher Bestandteil zu sein, der Gaststätte, indem sie die zweckentsprechende Verwendung der Hauptsache erst ermöglicht, jedenfalls aber fördert. Auch ist die Anlage nicht lediglich Scheinbestandteil, da sie vom Eigentümer der Gaststätte aufgebaut wurde und daher keine nur vorübergehende Nutzung im Rahmen eines zeitlichen Nutzungsrechts ersichtlich ist.

3. Haftungsverband der Hypothek

Ferner müsste sich die Hypothek nach §§ 1120 ff BGB auf das Zubehörstück erstrecken. Danach erfasst die Hypothekenhaftung insbesondere das Zubehör am Grundstück, mit Ausnahme der Zubehörstücke, welche nicht in das Eigentum des Grundstückseigentümers gelangt sind.

a) Zubehörstücke im Eigentum des Grundstückseigentümers

Die Zapfanlage steht hier im Eigentum des Grundstückseigentümers. Die Hypothek erstreckt sich daher auch auf diesen Gegenstand (§ 1120 BGB). Ob tatsächlich eine Hypothek besteht, ist dagegen unerheblich. Ausgangspunkt der Entscheidung über die Pfändbarkeit ist in § 865 II ZPO lediglich die potentielle Zugehörigkeit des Zubehörs zu einem (hypothetischen) Haftungsverband. Ein Verstoß gegen § 865 II ZPO ist daher nicht schon deshalb ausgeschlossen, weil das Eigentum am Zubehörstück bereits vor Eintragung der Hypothek an einen Dritten übertragen wurde.

b) Keine Enthaftung

Entscheidend ist in diesem Fall nur, ob eine Enthaftung nach §§ 1121 I, 1222 BGB eingetreten ist; sie hätte das Zubehörstück aus dem Haftungsverband der Hypothek befreit. Von Bedeutung ist dabei der Zeitpunkt der Beschlagnahme des Grundstücks, die durch Eintragung einer Zwangshypothek und durch Anordnung der Zwangsverwaltung oder Zwangsversteigerung erreicht werden kann. Wurde Zubehör vor diesem Zeitpunkt veräußert und vom Grundstück entfernt, erlischt grundsätzlich dessen Haftung.

c) Zwischenergebnis

Die Zapfanlage steht im Eigentum des Grundstückseigentümers und wurde weder veräußert noch vom Grundstück entfernt. Sie ist deshalb Zubehör, auf das sich die Hypothek erstreckt, und folglich nach § 865 II 1 ZPO unpfändbar; sie unterliegt der Zwangsvollstreckung in das unbewegliche Vermögen.

II. Rechtsfolge des Verstoßes gegen § 865 ZPO

Fraglich bleibt, ob der Verstoß gegen § 865 ZPO nur die Fehlerhaftigkeit oder aber die Unwirksamkeit der gleichwohl erfolgten Pfändung bewirkt.

1. Nichtigkeit

Einige Stimmen im Schrifttum gehen bei einem Verstoß gegen § 865 II ZPO von der Nichtigkeit der Pfändung aus, da der Gerichtsvollzieher funktionell unzuständig gewesen sei und deshalb ein besonders schwerwiegender, nicht mehr heilbarer Verstoß vorliege[122].

---
122 RGZ 153, 257, 259; Zöller/*Stöber*, ZPO, § 865 Rn. 11.

2. Anfechtbarkeit

Gegen diese Auffassung spricht, dass den Gerichtsvollzieher nach dem Grundsatz des formalisierten Zwangsvollstreckungsverfahrens in Bezug auf den Pfändungsvorgang nur eine eingeschränkte materiell-rechtliche Prüfungspflicht trifft. Der Gerichtsvollzieher hat lediglich zu prüfen, ob eine bewegliche Sache vorliegt, die sich im Gewahrsam des Schuldners befindet (§ 808 ZPO). Die Frage, ob eine bewegliche Sache Zubehör ist und deshalb § 865 II ZPO unterfällt, ist materiell-rechtlich oft nicht einfach und allein in Ansehung der Gewahrsamsverhältnisse zu beantworten. Der Gerichtsvollzieher kann anhand des tatsächlich feststellbaren Gewahrsams weder bestimmen, ob die bewegliche Sache wesentlicher Bestandteil ist noch ob sie zum Schuldnervermögen gehört. Obwohl das Gesetz in Fällen der Pfändung von Zubehör nach § 865 II ZPO einen Zuständigkeitsmangel annimmt, kann nicht von einem besonders schweren Fehler gesprochen werden, der eine Nichtigkeit des Pfändungsvorgangs zur Folge hätte.

III. Ergebnis: Die durch den Gerichtsvollzieher vorgenommene Pfändung bewirkt wegen des Verstoßes gegen § 865 II ZPO nach zutreffender Auffassung deshalb nicht die Nichtigkeit, sondern ist lediglich mit der Erinnerung (§ 766 ZPO) gegen den Pfändungsvorgang anfechtbar[123]. Erinnerungsbefugt sind Schuldner und dingliche Gläubiger, gegebenenfalls der Zwangsverwalter (§ 152 ZVG). Bis zur Entscheidung über die Erinnerung bleibt die Pfändung wirksam.

5. Stoffzusammenfassung: Zwangsvollstreckung in das unbewegliche Vermögen

I. **Vollstreckungsgegenstand**
   - Grundstücke (§ 864 I ZPO) einschließlich aller wesentlichen (§ 94 BGB) und unwesentlichen Bestandteile, Grundstücksrechte (§ 96 BGB) und dem Grundstückseigentümer gehörendes Zubehör (§ 97 BGB)
   - grundstücksgleiche Rechte und andere Gegenstände, auf die sich die Hypothek erstreckt (§ 865 ZPO, §§ 1120 ff BGB)
   - Miteigentumsanteile nach Bruchteilen (§ 864 II ZPO)

II. **Vollstreckungsorgane**
   - Eintragung der Zwangshypothek durch das **Grundbuchamt** (§ 867 ZPO)
   - Anordnung von Zwangsversteigerung und Zwangsverwaltung durch das **Vollstreckungsgericht** (§ 1 ZVG)
   - funktionell zuständig ist in allen Fällen der Rechtspfleger (§ 3 Nr. 1h, i RPflG)

III. **Vollstreckungsarten** (§ 866 I ZPO)
   1. **Zwangshypothek** (§§ 866 ff ZPO)
      - verschafft dem Gläubiger keine Befriedigung, sondern durch Sicherungshypothek eine dingliche Sicherung, aus deren Rang er durch Zwangsversteigerung und Zwangsverwaltung in das Grundstück vollstrecken kann (§ 1147 BGB); Duldungstitel für diese Vollstreckung ist der Zahlungstitel, auf dem die Eintragung der Zwangshypothek vermerkt wurde (§ 867 III ZPO)

---

[123] *Jauernig/Berger*, § 22 Rn. 10; MünchKommZPO/*Eickmann*, § 865 Rn. 63 m.N.; soweit §§ 93 f BGB nicht offensichtlich vorliegen auch Stein/Jonas/*Münzberg*, ZPO, § 865 Rn. 36; unentschieden BGH NJW 1988, 2789, 2790.

2. **Zwangsversteigerung** (§ 869 ZPO iVm. ZVG)
   a) Beschlagnahme
      - auf Antrag durch Beschluss, wenn Gläubiger einen auf Zahlung (persönlicher Titel) oder Duldung der Zwangsvollstreckung gerichteten Titel (dinglicher Titel; vgl. § 1147 BGB) vorlegt (§ 15 ZVG)
      - Gläubiger erlangt Befriedigungsrecht (Rang nach § 10 I Nr. 5 ZVG) und Absonderungsrecht (§ 49 InsO)
      - Versteigerungsvermerk im Grundbuch (§ 19 ZVG) hindert gutgläubigen Erwerb (§ 892 BGB)
   b) Versteigerungsverfahren
      - Rechte, die dem Rang des vollstreckenden Gläubigers vorgehen (vgl. § 10 ZVG), bleiben vom Zuschlag unberührt bestehen und wirken auch gegen den neuen Eigentümer am Grundstück fort (Übernahmeprinzip, § 52 I ZVG); die Summe dieser Rechte und der Verfahrenskosten bilden das geringste Gebot (§ 44 ZVG)
      - Mindestgebot im ersten Versteigerungstermin in Höhe des halben Grundstückswerts (§ 85a ZVG)
      - durch Überweisung oder rechtzeitige Einzahlung zu berichtigen ist nicht der gesamte Betrag des geringsten Gebotes; zu zahlen sind nur besonders privilegierte Ansprüche und die Verfahrenskosten (Bargebot, § 49 I, III ZVG)
   c) Zuschlag
      - durch Zuschlagsbeschluss (§ 87 ZVG) erwirbt Ersteher kraft Hoheitsakts Eigentum (§ 90 I ZVG); Grundbucheintragung (§ 130 ZVG) dient nur Grundbuchberichtigung
      - Beschluss ist Räumungs- und Herausgabetitel (§ 93 ZVG)
      - nachrangige Rechte setzen sich am Erlös fort (§ 92 I ZVG)
      - bei vermietetem oder verpachtetem Grundstück gilt § 57 ZVG; Ersteher hat Sonderkündigungsrecht (§ 57a ZVG) nach Maßgabe von §§ 573 ff BGB
3. **Zwangsverwaltung** (§ 869 ZPO iVm. ZVG)
   - Gläubiger wird aus dem Nutzungsertrag des Grundstücks (z.B. Miet- und Pachterträge) befriedigt
   - Anordnung bewirkt Grundstücksbeschlagnahme (§§ 21, 148 I ZVG)
   - bestellter Zwangsverwalter verteilt Erträge (§§ 152, 155 ZVG)

IV. Regelbefugnisse des Gerichtsvollziehers, Schuldnerverzeichnis

1. Gütliche Erledigung

Nach § 802a I ZPO soll die Zwangsvollstreckung „zügig, vollständig und Kosten sparend" betrieben werden (vgl. Rn. 61). Dieser Programmsatz begründet keine konkreten Rechtsfolgen. Er verdeutlicht aber die Bereitschaft des Gesetzgebers, auch im Vollstreckungsverfahren alternative Erledigungsformen zu fördern[124]. So ist der mit der Vollstreckung beauftrage Gerichtsvollzieher, dem die vollstreckbare Ausfertigung (Rn. 100) eines auf Geldzahlung gerichteten Titels übergeben wurde, befugt, eine gütliche Erledigung des Vollstreckungsverfahrens zu versuchen (§ 802a II 1 Nr. 1 ZPO). Hat der Vollstreckungsschuldner seine Zahlungsfähigkeit und Zahlungsbereitschaft glaubhaft gemacht (§ 294 ZPO; vgl. Rn. 713), kann der Gerichtsvollzieher mit ihm eine **Zahlungsvereinbarung** (Zahlungsplan) schließen, die eine Zahlungsfrist oder Ratenzahlung binnen eines Jahres vorsieht (§ 802b II 1, 3 ZPO[125]). Die Vereinbarung setzt eine vorherige Zustimmung des Gläubigers nicht voraus, doch kann dieser einen Zahlungsplan im Vorhinein ausschließen oder ihm nachträglich widersprechen (§ 802b II 1, III 2 ZPO).

476

Der Abschluss einer Zahlungsvereinbarung führt zum **Vollstreckungsaufschub** (§ 802b II 2, III 3 ZPO). Sobald und solange dieser Aufschub gilt, darf die Vollstreckung nicht fortgesetzt werden; bereits erfolgte Pfändungen bleiben bestehen, nur die Verwertung wird aufgeschoben[126]. Widerspricht der Gläubiger der Zahlungsvereinbarung oder gerät der Schuldner mit der Tilgung in Rückstand, sind diese Vereinbarung und der Vollstreckungsaufschub ohne weiteres hinfällig (§ 802b III 2, 3 ZPO) und die vom Gläubiger beantragten Maßnahmen der Zwangsvollstreckung kommen wieder in Gang.

477

2. Vermögensauskunft und Vermögensverzeichnis

Regelmäßig hat der die Zwangsvollstreckung betreibende Gläubiger ein Interesse daran, Einblick in die Vermögensverhältnisse des Schuldners zu gewinnen. Im früheren Recht konnte dieses Interesse nur unter engen Voraussetzungen befriedigt werden. Eine Offenbarungspflicht des Schuldners entstand erst, nachdem der Gläubiger einen erfolglosen Vollstreckungsversuch unternommen hatte oder die Aussichtslosigkeit eines Pfändungsversuchs glaubhaft machen konnte (§ 807 I ZPO a.F.). Seit 1.1.2013 ist der Forderungsschuldner bereits zu Beginn des Vollstreckungsverfahrens zur detaillierten **Vermögensauskunft** verpflichtet (§ 802c I, II ZPO[127]); es genügt, wenn ein Vollstreckungsantrag des Gläubigers (Rn. 11) sowie die allgemeinen Verfahrens- und die Vollstreckungsvoraussetzungen vorliegen (Rn. 67 ff). Gegen das Verlangen

478

---

124 Zu alternativen Erledigungsformen im Erkenntnisverfahren vgl. §§ 278, 278a ZPO; *Schwab*, Rn. 213.
125 Gesetz zur Reform der Sachaufklärung in der Zwangsvollstreckung vom 29.7.2009, BGBl. I 2258. § 802b ZPO ersetzt §§ 806b, 813, 900 III ZPO a.F.
126 *Schwörer*, DGVZ 2011, 77, 80; *Hergenröder*, DGVZ 2012, 129, 136; vgl. § 813a I 1 ZPO a.F.
127 Gesetz zur Reform der Sachaufklärung in der Zwangsvollstreckung vom 29.7.2009, BGBl. I 2258. §§ 802c–802l, 807, 882b–882h ZPO ersetzen §§ 807, 899–915h ZPO a.F. und ergänzen § 836 III ZPO a.F.

des Gerichtsvollziehers, die Vermögensauskunft zu erteilen, kann sich der Vollstreckungsschuldner mit der Vollstreckungserinnerung wehren (§ 766 ZPO; Rn. 483 ff).

479 Auf Aufforderung des Gerichtsvollziehers muss der Schuldner Auskunft über seine Person und sein Vermögen erteilen und hat die Richtigkeit und Vollständigkeit dieser Angaben an Eides statt zu versichern (§ 802c III ZPO). Diese (früher Offenbarungseid genannte) eidesstattliche Versicherung hat mit dem zur Glaubhaftmachung nach § 294 ZPO tauglichen Beweismittel nichts zu tun. Die eidesähnliche Erklärung soll lediglich in besonderer Weise deren Richtigkeit gewährleisten; die wissentlich oder fahrlässig falsche eidesstattliche Versicherung ist zudem nach §§ 156, 163 StGB strafbewehrt. Das Verfahren zur Abnahme der Vermögensauskunft bestimmt sich nach §§ 802f, 807 ZPO. Zuständig für die Abnahme ist grundsätzlich der Gerichtsvollzieher bei dem Amtsgericht, in dessen Bezirk der Schuldner seinen Wohnsitz hat (§ 802e ZPO). Erscheint der Schuldner zum anberaumten Termin nicht oder verweigert er die Auskunft, wird auf Antrag des Gläubigers zur Erzwingung der Abgabe **Haft** angeordnet (§§ 802g–802j ZPO).

480 Der Gerichtsvollzieher fasst die Angaben des Schuldners in einem **Vermögensverzeichnis** zusammen. Seit 1.1.2013 werden diese Verzeichnisse in elektronischer Form geführt und nicht mehr bei den einzelnen Vollstreckungsgerichten, sondern im jeweiligen Bundesland bei einem zentralen Vollstreckungsgericht hinterlegt (§ 802f VI 1 ZPO)[128]. Hierdurch soll der Verwaltungsaufwand verringert und der Zugriff auf die hinterlegten Daten erheblich vereinfacht werden.

481 Die elektronisch gespeicherten Daten können für die Dauer von zwei Jahren nach deren Erhebung über die durch Staatsvertrag zwischen allen Bundesländern geschaffene Internetplattform *www.vollstreckungsportal.de* eingesehen und abgerufen werden; danach werden sie gelöscht (§ 802k I 1, 3 ZPO). Zugriffsberechtigt sind die Gerichtsvollzieher, Vollstreckungs- und Insolvenzgerichte sowie bestimmte Behörden (§ 802k II ZPO). Private Gläubiger oder dritte Personen können auf die Daten der Vermögensverzeichnisse nicht unmittelbar zugreifen; im Einzelfall erhält der Gläubiger zu Vollstreckungszwecken vom Gerichtsvollzieher eine Abschrift des Vermögensverzeichnisses (§§ 802d I 2, 802f VI ZPO).

3. Schuldnerverzeichnis

482 Vom Vermögensverzeichnis (Rn. 480) zu unterscheiden ist das Schuldnerverzeichnis („Schwarze Liste"). Auch dieses Register wird anders als bislang seit 1.1.2013 in elektronischer Form für jedes Bundesland durch ein zentrales Vollstreckungsgericht geführt (§ 882h ZPO)[129]. Eingetragen werden hier neben den Fällen nach § 882b I Nrn. 2, 3 ZPO, § 284 IX AO, § 26 II InsO solche Forderungsschuldner, die die Vermögensauskunft (§ 802c ZPO; Rn. 478) verweigert haben (§ 882c I Nr. 1 ZPO), bei denen eine Vollstreckung wegen Vermögenslosigkeit aussichtslos (§ 882c I Nr. 2 ZPO) oder eine Befriedigung des Gläubigers nicht zeitnah erfolgt ist (§ 882c I Nr. 3

---

128 Eine Übersicht findet sich etwa bei Musielak/*Voit*, ZPO, § 802k Rn. 7; für Sachsen das AG Zwickau (SächsGVBl. 2012, 782), für Nordrhein-Westfalen das AG Hagen (GV. NRW 2012, 545).
129 Vgl. Musielak/*Voit*, ZPO, § 882h Rn. 3.

ZPO). Auch der Inhalt des Schuldnerverzeichnisses kann über die Internetplattform *www.vollsteckungsportal.de* eingesehen werden (§ 882h I 2 ZPO), wobei der Kreis der Zugriffsberechtigten deutlich größer ist als im Fall des Vermögensverzeichnisses; grundsätzlich kann jede Person mit berechtigtem Informationsinteresse Einsicht nehmen (§ 882f S. 1 ZPO). Die gespeicherten Daten werden nach drei bzw. fünf Jahren gelöscht (§ 882e I ZPO). Gegen die Eintragung ins Schuldnerverzeichnis findet der Widerspruch nach § 882d ZPO statt.

Hinweis: Auf entschieden weitergehende Änderungen des Gesetzes zielen Reformvorhaben des Gesetzgebers ab, das bisher justizeigene, beamtete Gerichtsvollzieherwesen in ein freiberufliches „beliehenes" System umzuwandeln[130]. Nach diesem „Beleihungssystem" soll der Gerichtsvollzieher als Träger eines öffentlichen Amtes in eigener Praxis und auf eigene Rechnung tätig werden, durch die den Gläubigern eingeräumte freie Wahlmöglichkeit in Konkurrenz mit anderen Gerichtsvollziehern des jeweiligen Landgerichtsbezirks treten und neben (gegenüber dem geltenden Recht unveränderten) Pflichtaufgaben im Rahmen von Zustellungen und Vollstreckungen freiwillige Aufgaben übernehmen können; hierzu zählen namentlich die Durchführung freiwilliger Versteigerungen oder die Übernahme eines Treuhänderamtes in Insolvenzverfahren oder Sequestrationen.

---

130 Entwurf eines Gesetzes zur Reform des Gerichtsvollzieherwesens vom 24.3.2010, BT-Drucks. 17/1225, S. 1; entspricht unverändert dem Entwurf vom 7.5.2007, BT-Drucks. 16/5727, S. 1. Hierzu *Gaul*, ZZP 124 (2011), 271.

§ 8 Vollstreckungserinnerung (§ 766 ZPO)

Studienliteratur: *Brox/Walker*, Die Vollstreckungserinnerung, JA 1986, 57; *Becker*, Die Vollstreckungserinnerung, § 766 ZPO, JuS 2011, 37; *Meurer*, Vollstreckungserinnerung und Vollstreckungsabwehrklage, JA 2005, 879; *K. Schmidt*, Die Vollstreckungserinnerung im Rechtssystem, JuS 1992, 93; *Wittschier*, Die Vollstreckungserinnerung gem. § 766 ZPO, JuS 1999, 585; *Zeising*, Erinnerung versus sofortige Beschwerde in der Zwangsvollstreckung, Jura 2010, 93.

Klausuren: *Berger/Glas*, Referendarexamensklausur – Bürgerliches Recht: Versäumnisurteil, Dritterinnerung, Drittwiderspruchsklage, JuS 2002, 425; *Koch*, „Der Gerichtsvollzieher ziert sich", JA 2011, 749; *Wittschier*, Der praktische Fall – Vollstreckungsrechtsklausur: Der „clevere" Schuldner, JuS 2000, 172.

I. Zielrichtung

483 Die Vollstreckungserinnerung ist der zentrale Rechtsbehelf bei formellen Fehlern, die der Gerichtsvollzieher oder ein sonstiges Vollstreckungsorgan im Verfahren der Zwangsvollstreckung begehen. Der Anwendungsbereich der Erinnerung erfasst dabei das gesamte Vollstreckungsverfahren und die Tätigkeit aller Vollstreckungsorgane.

484 Der Antrag lautet dahin, die Zwangsvollstreckung in einem genau bestimmten Umfang für unzulässig zu erklären, eine bestimmte Vollstreckungsmaßnahme aufzuheben (§ 775 Nr. 1 ZPO) oder anzuordnen. Ist das Vollstreckungsgericht selbst Vollstreckungsorgan, wird es die Maßnahme selbst aufheben oder anordnen, andernfalls Gerichtsvollzieher oder das Grundbuchamt zur Aufhebung oder Anordnung anweisen.

> **Aufbau: Vollstreckungserinnerung (§ 766 ZPO)**
> **I. Zulässigkeit**
>   1. Statthaftigkeit; Abgrenzung zu anderen Rechtsbehelfen
>   2. Erinnerungsbefugnis
>   3. Zuständigkeit
>   4. Rechtsschutzbedürfnis
>
> **II. Begründetheit**
>   1. Verstöße gegen allgemeine Verfahrensvoraussetzungen
>   2. Verstöße gegen allgemeine und besondere Vollstreckungsvoraussetzungen
>   3. Formelle Fehler bei der Durchführung der Zwangsvollstreckung

II. Zulässigkeit

1. Statthaftigkeit

485 Mit der Vollstreckungserinnerung nach § 766 ZPO können Einwendungen gegen die „Art und Weise" der Vollstreckung oder das vom Gerichtsvollzieher zu beobachtende Verfahren erhoben werden: Die Erinnerung ist statthaft, wenn der Antragsteller geltend macht, dass ein Vollstreckungsorgan gegen eine die Vollstreckung betreffende

Verfahrensvorschrift verstoßen hat. Die Hervorhebung des vom Gerichtsvollziehers zu beobachtenden Verfahrens in § 766 I ZPO bezeichnet dabei keinen besonderen Gegenstand der Fehlerkontrolle, sondern unterstreicht lediglich dessen besondere Bedeutung im Vollstreckungsverfahren.

Besondere praktische Bedeutung hat dabei die Erinnerung gegen Vollstreckungsakte des Gerichtsvollziehers, sog. Schuldnererinnerung, (§ 766 I ZPO); seltener sind Erinnerungen gegen die Untätigkeit des Gerichtsvollziehers, gegen eine vom Vollstreckungsantrag abweichende Ausführung der Vollstreckungsmaßnahme oder gegen den Kostenansatz, sog. Gläubigererinnerung (§ 766 II Fälle 1–3 ZPO). 486

Die Erinnerung ist außerdem gegen **Vollstreckungsmaßnahmen des Vollstreckungsgerichts** gegeben, die ohne Anhörung des Schuldners antragsgemäß ergehen. Hier erlässt das Vollstreckungsgericht die Maßnahme allein auf Grundlage des Gläubigervortrags im Vollstreckungsantrag. 487

Dagegen sind vollstreckungsgerichtliche **Entscheidungen** nur mit der **sofortigen Beschwerde** nach § 793 ZPO anfechtbar (Rn. 515 ff). Eine solche (regelmäßig im Beschlusswege ergangene) Entscheidung liegt zum einen vor, wenn das Gericht dem Schuldner rechtliches Gehör gewährt und den Beschluss unter Abwägung der widerstreitenden Interessen von Gläubiger und Schuldner getroffen hat. Ob die Anhörung des Schuldners gesetzmäßig war oder rechtswidrig ausblieb, ist dabei ohne Bedeutung. Gleichgültig ist auch, ob der Richter oder der Rechtspfleger entschieden hat (§ 11 I RPflG). 488

Zum anderen handelt es sich dann um eine nur nach § 793 ZPO angreifbare Entscheidung, wenn der Antrag des Gläubigers abgewiesen wird; auf eine Anhörung des Schuldners kommt es dann nicht an, da durch die Ablehnung allein der antragstellende Gläubiger beschwert ist (vgl. auch Rn. 516).

Beispiel 56 (Beschluss nach Schuldneranhörung): Auf Antrag des Gläubigers G pfändet das Vollstreckungsgericht nach Anhörung des Schuldners S dessen Forderung gegen den Drittschuldner DS. Wie kann S gegen den Pfändungsbeschluss vorgehen? 489

Die Forderungspfändung erfolgt nach § 834 ZPO ohne Anhörung des Schuldners. Der Pfändungsbeschluss nach § 829 ZPO ist deshalb grundsätzlich Vollstreckungsmaßnahme nach § 766 I ZPO und bei formellen Mängeln mit der Erinnerung anfechtbar. Ist der Schuldner freilich wie in **Beispiel 56** vor Beschlusserlass gehört oder ein (etwa auf Erlass eines Pfändungsbeschlusses gerichteter) Vollstreckungsantrag abgelehnt worden, hat sich das Vollstreckungsgericht bereits mit den Argumenten des Schuldners auseinandergesetzt. Obwohl dies unter Verstoß gegen § 834 ZPO geschah, soll über das gegen den Beschluss eingelegte Rechtsmittel nicht noch einmal das Erlassgericht, sondern das Beschwerdegericht entscheiden. Statthafter Rechtsbehelf ist auch bei der rechtswidrigen Anhörung des Schuldners deshalb nicht die Vollstreckungserinnerung, sondern die sofortige Beschwerde nach § 793 ZPO, § 11 I RPflG (Rn. 515 ff). 490

Auch gegen **Vollstreckungsmaßnahmen des Prozessgerichts**, etwa bei der Zwangsvollstreckung zur Erwirkung von Handlungen (§§ 887, 888 ZPO; Rn. 674 ff) 491 ist die Erinnerung unstatthaft. Eine Entscheidung ergeht hier nach Anhörung des Schuldners durch Beschluss (§ 891 ZPO), gegen den die sofortige Beschwerde gegeben ist (§ 793 ZPO). Anordnungen des Grundbuchamtes im Vollstreckungsverfahren unterliegen dagegen nicht der Erinnerung nach § 766, sondern der Grundbuchbeschwerde nach § 71 GBO (Rn. 524 ff).

492 Konkurrenzen zur **Drittwiderspruchsklage** können sich ergeben, wenn ein Dritter geltend macht, dass durch die Vollstreckungsmaßnahme nicht nur eine Verfahrensvorschrift verletzt, sondern mit der Pfändungs- oder Verwertungsmaßnahme zugleich in ein Interventionsrecht nach § 771 I ZPO eingegriffen wurde (Rn. 544 ff); dies kann geschehen, wenn eine Sache gepfändet wird, die nicht nur im Gewahrsam (§ 809 ZPO; Rn. 307), sondern auch im Eigentum des Drittschuldners (Rn. 545 ff) stand oder die Zubehöreigenschaft einer Sache nicht nur ihre Mobiliarpfändung verbietet (§ 865 II ZPO; Rn. 295 ff), sondern auch das Grundstückseigentum verletzt. Steht dem Kläger kein Interventions-, sondern lediglich ein Pfand- oder Vorzugsrecht zu, kann er der Pfändung nach § 805 I Halbs. 1 ZPO nicht widersprechen. Regelmäßig dürfte ihm hierzu auch das Interesse fehlen, da er nicht die Verwertung verhindern, sondern lediglich bevorzugt aus deren Erlös befriedigt werden will; hier ist allein die **Vorzugsklage** nach § 805 I Halbs. 2 ZPO statthaft (Rn. 603 ff).

493 Indessen mit der Erinnerung *formelle* Mängel des Vollstreckungsverfahrens gerügt werden, macht der Kläger mit der **Vollstreckungsabwehrklage** nach § 767 ZPO *materielle* Einwendungen gegen den im Urteil festgestellten Anspruch geltend (Rn. 187). Die Vollstreckungsabwehrklage kann wie die Drittwiderspruchsklage parallel zur Vollstreckungserinnerung eingelegt werden, wenn dem Vollstreckungsorgan im Verfahren der Zwangsvollstreckung nicht nur formelle Fehler unterlaufen sind, sondern der Kläger Einwendungen gegen den titulierten Anspruch geltend machen kann.

Hinweis: Umstritten ist lediglich die Frage, wie solche Einwendungen geltend zu machen sind, die aus einer allein das Vollstreckungsverfahren betreffenden Parteivereinbarung folgen (sog. **Vollstreckungsvertrag**): Haben sich Gläubiger und Schuldner über den Umfang, besondere Gegenstände, Zeitpunkt oder Art der Zwangsvollstreckung geeinigt, ist schwerlich zu unterscheiden, ob die der Vollstreckung entgegenstehende Vereinbarung das hierbei zu beobachtende Verfahren oder einen materiell-rechtlichen Einwand berührt. Statt die Vertragsparteien entweder auf die Vollstreckungsabwehrklage[1] oder die Erinnerung zu verweisen[2], ist es überzeugend mit einer dritten Auffassung darauf abzustellen, wie sich Abschluss und Inhalt des Vollstreckungsvertrages dem Vollstreckungsorgan darstellen (dazu Rn. 202).

2. Erinnerungsbefugnis

494 Erinnerungsberechtigt ist nicht allein der Schuldner, sondern auch der Gläubiger und jeder Dritte, soweit sie geltend machen, durch Verstöße gegen Verfahrensvorschriften in eigenen Rechten verletzt zu sein.

Hinweis: Keine Verletzung eigener Rechte kann sich für die Verfahrensbeteiligten aus Verstößen gegen die Geschäftsanweisung für Gerichtsvollzieher (GVGA) ergeben, da es sich hier-

---

1 Ohne die Einschränkung aus § 767 II ZPO BGH NJW 1968, 700; *Gaul/Schilken/Becker-Eberhard*, § 33 Rn. 54.
2 *Baur/Stürner/Bruns*, Rn. 10.9.

bei nicht um selbstständige Verfahrensnormen, sondern interne Dienstanweisungen handelt (§ 1 II GVGA), aus denen Dritte keine eigenen Rechte herleiten können. Eine Erinnerung findet statt, wenn nicht lediglich gegen die Erläuterungen der GVGA, sondern zugleich gegen die erläuterten Verfahrensvorschriften verstoßen wurde[3].

Der **Schuldner** ist schon allein durch die Zwangsvollstreckung als solche beschwert und bei jeder gegen ihn gerichteten Vollstreckungsmaßnahme erinnerungsbefugt. Anders kann es nur in der **Insolvenz** sein: Wenn gegen die Zulässigkeit einer Zwangsvollstreckung eingewendet werden soll, sie sei wegen § 89 I, II InsO unzulässig, dann handelt es sich um eine besondere Vollstreckungserinnerung; sie beruht gleichfalls auf § 766 ZPO, doch entscheidet nach § 89 III InsO das Insolvenzgericht. Wie hinsichtlich aller Rechtsbehelfe ist während des Insolvenzverfahrens grundsätzlich nur der Insolvenzverwalter erinnerungsbefugt, wenn trotz der Verfahrenseröffnung die Einzelzwangsvollstreckung in das Vermögen des Insolvenzschuldners betrieben wird (§ 80 I InsO). Dem Insolvenzschuldner bleibt die Rechtsbehelfsbefugnis nur dann erhalten, wenn die Eigenverwaltung angeordnet (§ 270 InsO) wurde oder die Zwangsvollstreckung das insolvenzfreie Vermögen des Schuldners betrifft (§§ 35 II, 36, 89 I Fall 2 InsO)[4]. 495

Der **Gläubiger** kann Erinnerung einlegen, wenn der Gerichtsvollzieher den Vollstreckungsauftrag ablehnt, verzögert oder von ihm abweicht (§ 766 I Fall 1, II Fälle 1 und 2 ZPO). Beschwert sein kann der Gläubiger ferner durch den Kostenansatz des Gerichtsvollziehers (§ 766 II Fall 3 ZPO) und wegen § 804 III ZPO durch jede vorrangige Pfändung (Rn. 325, 368; vgl. auch Rn. 620 ff). 496

Schon allein die Pfändung einer Forderung beschwert wegen der mit ihr entstehenden Pflichten aus § 840 ZPO auch den **Drittschuldner** und begründet dessen Erinnerungsbefugnis. Im Übrigen ist ein **Dritter** nur dann erinnerungsbefugt, wenn er geltend machen kann, dass die Vollstreckungsmaßnahme Verfahrensvorschriften verletzt hat, die jedenfalls auch seinem Schutz zu dienen bestimmt sind (sog. drittschützende Verfahrensvorschriften). Hierzu zählen insbesondere Verstöße gegen §§ 809, 811 I Nrn. 1, 5, 829 III, 812 und 865 II ZPO (Rn. 507). 497

Beispiel 57 (Erinnerungsbefugnis): Gläubiger G hat gegen Schuldner S einen Zahlungstitel erwirkt und beauftragt den Gerichtsvollzieher, bei S dessen Pkw, ein altes Gemälde und einen wertvollen Kakadu zu pfänden. Der Gerichtsvollzieher trifft in der Wohnung des S nur dessen Ehefrau F an und pfändet gegen deren Protest Pkw und Kakadu. Von der Pfändung des im Flur hängenden Gemäldes sieht er ab, da F ihm versichert hatte, dass das Bild ein Erbstück sei und in ihrem Alleineigentum stünde. F will sich gegen die Pfändung wehren; sie benötigt den Pkw, um ihrer Tätigkeit als Handelsvertreterin nachzugehen und meint, der Papagei sei als Tier unpfändbar. G will den Gerichtsvollzieher zwingen, auch das Gemälde zu pfänden. Sind G und F erinnerungsbefugt? 498

In **Beispiel 57** ist G von der unterlassenen Pfändung des Gemäldes unmittelbar betroffen und nach § 766 II Fall 2 ZPO erinnerungsbefugt. Der Gerichtsvollzieher hat nur den Gewahrsam des Schuldners zu prüfen (§§ 739, 808 ZPO, § 1362 BGB; 499

---

3 Zöller/*Stöber*, ZPO, § 766 Rn. 11; *Kaiser/Kaiser/Kaiser*, Rn. 60.
4 MünchKommInsO/*Breuer*, § 89 Rn. 39 m.N.; zum Ganzen *Reischl*, Rn. 180 ff.

Rn. 305, 311) und die Eigentumslage pfändungstauglicher Gegenstände grundsätzlich unberücksichtigt zu lassen. Auch F ist durch die Pfändung betroffen. Gegenstände des Schuldners sind auch dann nach § 811 I Nr. 5 ZPO unpfändbar, wenn sie von dessen Ehegatten zur Fortsetzung der Erwerbstätigkeit benötigt werden[5]. Wegen der Pfändung des Pkw wäre deshalb nicht nur S, sondern ist auch F nach § 766 I 1 ZPO erinnerungsbefugt. Ob Gleiches in Ansehung der Pfändung des Papageis gilt, ist fraglich. § 811c I ZPO schließt die Pfändung von nicht als Nutztieren gehaltenen Haustieren grundsätzlich aus; erlaubt ist sie nur in den Grenzen von § 811c II ZPO, die der Gerichtsvollzieher hier nicht beobachtet hat. Auf diesen Verstoß kann sich nicht nur der Schuldner, sondern auch ein Dritter berufen, der wie F in **Beispiel 57** ein berechtigtes Interesse an dem Tier hat. Denn § 811c ZPO schützt nicht allein das Schuldnerinteresse, sondern dient auch Belangen des Tierschutzes[6]. Auch insoweit ist F erinnerungsbefugt.

3. Zuständigkeit

500 Zur Entscheidung über die Vollstreckungserinnerung berufen ist das nach §§ 766 I 1, 802 ZPO ausschließlich zuständige Vollstreckungsgericht. Das ist streitwertunabhängig das Amtsgericht (§ 764 I ZPO), in dessen Bezirk das Vollstreckungsverfahren stattgefunden hat oder stattfinden soll (§ 764 II ZPO). Funktional zuständig ist der Richter, nicht der Rechtspfleger (§ 20 Nr. 17 S. 2 RPflG).

4. Rechtsschutzbedürfnis

501 Das Rechtsschutzbedürfnis entsteht, sobald die Zwangsvollstreckung begonnen hat, und dauert längstens bis zum Zeitpunkt ihrer vollständigen Beendigung fort. Ausnahmsweise kann die Erinnerung schon vor Vollstreckungsbeginn eingelegt werden, wenn die Vollstreckung unmittelbar bevorsteht und dem Erinnerungsführer bei untätigem Zuwarten ein nicht wieder gutzumachender Schaden an seinen Rechtsgütern entstünde[7].

502 **Beispiel 58** (Erinnerung gegen einzelne Vollstreckungsmaßnahmen): Gläubiger G erwirkte gegen seinen früheren Mieter S einen Räumungstitel, der S zur Räumung sowie zur Herausgabe der Miträume und sämtlicher Schlüssel verpflichtet. Der von G mit der Zwangsräumung beauftragte Gerichtsvollzieher ließ die Türschlösser austauschen und händigte G die neuen Schlüssel aus; die Einrichtungsgegenstände des S wurden nicht weggeschafft. S legt gegen die erfolgten Maßnahmen Erinnerung ein. Mit Erfolg?

503 Beendet ist die Zwangsvollstreckung erst mit vollständiger Befriedigung des Vollstreckungsgläubigers. Wendet sich der Erinnerungsführer jedoch nur gegen eine einzelne Vollstreckungsmaßnahme, entfällt dessen Rechtsschutzbedürfnis nicht erst mit Abschluss des gesamten Vollstreckungsverfahrens, sondern bereits dann, wenn die konkrete Maßnahme durch das Vollstreckungsorgan nicht mehr aufgehoben (§§ 775

---

5 BGH NJW-RR 2010, 642, 643.
6 Schuschke/Walker/*Walker*, § 811c Rn. 2, 4; Musielak/*Becker*, ZPO, § 811 Rn. 1.
7 Dazu KG DGVZ 1983, 72.

Nr. 1, 776 ZPO) und allenfalls durch neuerliche Vornahme gegen den Vollstreckungs*gläubiger* rückgängig gemacht werden kann. Die Erinnerungsbefugnis dauert in diesem Fall nur dann fort, wenn die bereits beendete Maßnahme als Voraussetzung weiterer Vollstreckungsmaßnahmen fortwirkt oder der mit der Maßnahme erreichte Erfolg etwa dadurch tatsächlich beseitigt werden kann, dass der Gerichtsvollzieher die bei unzulässiger Sachpfändung angelegten Pfandsiegel wieder entfernt[8]. In **Beispiel 58** kann deshalb dahinstehen, ob die Räumungsvollstreckung erst mit der Entfernung der eingebrachten Sachen des Räumungsschuldners endet. Jedenfalls war die mit der Erinnerung angegriffene Vollstreckungsmaßnahme mit Übergabe der neuen Schlüssel an den Vollstreckungsgläubiger abgeschlossen und konnte durch den Gerichtsvollzieher nicht mehr aufgehoben werden; sie müsste vielmehr rückgängig gemacht werden, was mit der Erinnerung nicht zu erreichen ist[9]. Die Erinnerung des S ist deshalb mangels Rechtsschutzbedürfnisses unzulässig.

Hinweis: Gegen den Kostenansatz kann die Erinnerung nach § 766 II Fall 3 ZPO auch noch nach Beendigung der Zwangsvollstreckung eingelegt werden, da der Ansatz als dauernde Gläubigerbelastung fortwirkt[10].

Ein Rechtsschutzbedürfnis besteht auch dann, wenn die angegriffene Vollstreckungsmaßnahme wegen eines schweren Verfahrensverstoßes **nichtig** ist. Hier hat der Erinnerungsführer ein berechtigtes Interesse an der Aufhebung des Anscheins einer wirksamen Maßnahme[11]; deren Beendigung beseitigt die Erinnerungsbefugnis nicht.

504

III. Begründetheit

Die Erinnerung ist begründet, wenn die Vollstreckungsmaßnahme des Vollstreckungsorgans (§ 766 I ZPO), die Ablehnung der Übernahme (§ 766 II Fall 1 ZPO) und auftragsgemäßen Ausführung durch den Gerichtsvollzieher (§ 766 II Fall 2 ZPO) oder dessen Kostenansatz (§ 766 II Fall 3 ZPO) verfahrensfehlerhaft ist.

505

Die Prüfung des Vollstreckungsgerichts beschränkt sich dabei nicht lediglich auf die durch den Erinnerungsführer vorgetragenen Verstöße. Vielmehr prüft das Gericht, ob sämtliche allgemeinen Verfahrensvoraussetzungen sowie die allgemeinen und besonderen Vollstreckungsvoraussetzungen vorliegen und die Zwangsvollstreckung verfahrensordnungsgemäß durchgeführt wurde. Abzustellen ist dabei auf den Entscheidungszeitpunkt, so dass die zunächst begründete Erinnerung nach Heilung des Verfahrensmangels unbegründet werden kann. Entfällt der Verfahrensfehler oder wird er nachträglich behoben, kann der Erinnerungsführer die Abweisung der nunmehr unbegründeten Erinnerung dadurch abwenden, dass er die Hauptsache für erledigt erklärt; dann bleibt nur noch über die Kosten zu entscheiden (§ 91a ZPO)[12].

506

---

8 Vgl. Schuschke/Walker/*Walker*, § 766 Rn. 21 m.N.; Musielak/*Lackmann*, ZPO, vor § 704 Rn. 30.
9 BGH MDR 2005, 648 f m. Anm. *Jäckel*, JA 2005, 408.
10 OLG Hamm OLG-Report 2001, 91 f.
11 *Brox/Walker*, Rn. 1194.
12 Dazu *Schwab*, Rn. 293 ff.

507 Lediglich in Fällen der Dritterinnerung beschränkt sich die gerichtliche Prüfung auf die Verletzung drittschützender, d.h. solcher Normen, die nicht lediglich das Vollstreckungsverfahren zu regeln, sondern jedenfalls auch dem individuellen Schutz Dritter zu dienen bestimmt sind, die weder Vollstreckungsgläubiger noch Vollstreckungsschuldner sind.

1. Allgemeine Verfahrensvoraussetzungen

508 Die Erinnerung ist begründet, wenn eine allgemeine Verfahrensvoraussetzung fehlt. Diese allgemeinen Voraussetzungen gleichen denen des Erkenntnisverfahrens. Von Bedeutung sind hier insbesondere die Partei- und Prozessfähigkeit der Verfahrensbeteiligten, Prozessführungsbefugnis und Rechtsschutzinteresse (Rn. 68) sowie die Zuständigkeit des Vollstreckungsorgans (Rn. 61 ff).

2. Allgemeine und besondere Vollstreckungsvoraussetzungen

509 Begründet ist die Erinnerung ferner, wenn die Zwangsvollstreckung durchgeführt wurde, obwohl eine allgemeine oder besondere Vollstreckungsvoraussetzung fehlte. Zu den allgemeinen Vollstreckungsvoraussetzungen gehört es, dass der Gläubiger einen Titel vorweisen kann (Rn. 73 ff), der mit einer Vollstreckungsklausel versehen wurde (Rn. 100 ff); grundsätzlich erforderlich ist zudem, dass dem Schuldner spätestens mit Vollstreckungsbeginn Titel und Klausel zugestellt (Rn. 118 ff) und die Vornahme der Vollstreckungshandlung durch den Gläubiger beantragt worden war.

510 Besondere Vollstreckungsvoraussetzungen müssen erfüllt sein, wenn der titulierte Anspruch vom Eintritt eines Kalendertages abhängig oder nur gegen Sicherheitsleistung oder das Angebot der Gegenleistung des Gläubigers vorzunehmen ist (Rn. 123 ff). Daneben darf der Zwangsvollstreckung insbesondere kein Vollstreckungshindernis entgegenstehen (Rn. 126 ff) und das Verbot der Überpfändung ein Tätigwerden des Gerichtsvollziehers nicht ausschließen (Rn. 318 f, 364 ff).

3. Durchführung der Zwangsvollstreckung

511 Ob die konkrete Vollstreckungsmaßnahme als solche verfahrensfehlerfrei durchgeführt wurde, hängt schließlich davon ab, ob die für die jeweilige Vollstreckungsart vorgesehenen besonderen Voraussetzungen des Zwangsvollstreckungsverfahrens beachtet wurden. Die Erinnerung ist deshalb begründet, wenn die Pfändung nicht zur rechten Zeit, am rechten Ort, in rechter Art und Weise sowie im rechten Umfang vorgenommen wurde (Rn. 304 ff). Ein Verfahrensfehler kann endlich in der nicht ordnungsgemäßen Verwertung des Pfandgegenstandes (Rn. 340 ff, 452 ff) und der fehlerhaften Auskehr des Verwertungserlöses liegen (Rn. 350 ff, 455).

IV. Einstweilige Anordnungen

512 Die Erhebung der Vollstreckungserinnerung hat keine aufschiebende Wirkung und hindert die weitere Vornahme der angegriffenen Vollstreckungshandlung nicht. Auch

ist der Gerichtsvollzieher zu einer eigenmächtigen Einstellung der Zwangsvollstreckung jenseits der Fälle nach § 765a ZPO (Rn. 50 ff) nicht befugt. Hieraus können dem Erinnerungsführer Nachteile entstehen, die auch bei erfolgreichem Ausgang des Erinnerungsverfahrens nicht mehr behoben werden könnten. Zur Abwehr dieser Nachteile kann das Vollstreckungsgericht vor der Entscheidung über die Erinnerung einstweilige Anordnungen nach §§ 766 I 2, 732 II ZPO erlassen und insbesondere anordnen, dass die weitere Vollstreckung einstweilen einzustellen ist oder nur gegen Sicherheitsleistung fortgesetzt werden darf. Getroffene einstweilige Anordnungen werden mit der Entscheidung über die Erinnerung gegenstandslos.

Fall 8 (Heilung von Verfahrensmängeln): 513

Gläubiger G_1 erwirkte am 1.10. gegen Schuldner S einen Kostenfestsetzungsbeschluss, ließ ihn am gleichen Tag durch den Gerichtsvollzieher an S zustellen und zugleich den Pkw des S pfänden. Am 16.10. veranlasst Gläubiger G_2 zu seinen Gunsten die Pfändung desselben Pkw und legt mit Hinweis auf § 798 ZPO Erinnerung gegen die Pfändung des G_1 ein. Mit Erfolg?

Lösungshinweise:

Die Erinnerung des G_2 hat Erfolg, wenn sie zulässig und begründet ist.

I. Zulässigkeit

1. Statthaftigkeit

G_2 rügt einen Verstoß gegen eine Verfahrensvorschrift durch den Gerichtsvollzieher. Die Erinnerung ist dafür der richtige Rechtsbehelf.

2. Erinnerungsbefugnis

Problematisch ist hier lediglich die Erinnerungsbefugnis des G_2, da dieser als Dritter im Vollstreckungsverfahren des G_1 gegen S Erinnerung einlegt. Grundsätzlich ist der nachpfändende Gläubiger erinnerungsbefugt, weil der Rang seines behaupteten Pfandrechts betroffen ist. Er kann schon allein aus dem Umstand, dass (nur noch) die Anschlusspfändung (§ 826 ZPO) möglich ist, ein berechtigtes Interesse ableiten, den besseren Rang des vorpfändenden Gläubigers zu beseitigen. G_2 ist folglich erinnerungsbefugt; die Erinnerung ist zulässig.

Hinweis: Diese Ansicht erklärt sich vom Standpunkt der gemischt-privatrechtlich-öffentlich-rechtlichen Pfandrechtstheorie (Rn. 331) nicht stets ohne weiteres, denn § 804 III ZPO regelt den Rang nur der wirksam pfändenden Gläubiger. In Fällen, in denen wegen schwerwiegender Verfahrensverstöße die frühere Pfändung nicht nur anfechtbar, sondern unwirksam ist, hat der später pfändende Gläubiger ohnehin die Möglichkeit der erstrangigen Pfändung. Die gepfändete Sache ist zwar verstrickt worden, doch entstand wegen der Unwirksamkeit der Pfändung kein Pfändungspfandrecht. In diesem Fall ließe sich erwägen, den später pfändenden Gläubiger darauf zu verweisen, sein tatsächlich vorrangiges Pfandrecht im Verteilungsverfahren nach §§ 872 ff ZPO geltend zu machen (Rn. 352). Freilich verursacht dieses Verfahren zusätzliche Kosten und verzögert die Erlösverteilung. Der später, aber vorrangig pfändende Gläubiger ist wegen des Rangstreits deshalb jedenfalls solange nicht auf das Verteilungsverfahren beschränkt, bis dessen gesetzliche Voraussetzungen vorliegen und insbesondere der Verwertungserlös hinterlegt ist (§§ 827 II, 872 ZPO); bis zu diesem Zeitpunkt kann die fehlerhafte Pfändung auch im Erinnerungsverfahren angefochten werden.

II. Begründetheit

Die Erinnerung wäre begründet, wenn die Pfändung des Pkw zugunsten des G_1 gegen Vorschriften des Vollstreckungsverfahrens verstoßen hat. Hier könnte die Vorpfändung wegen des Vollstreckungshindernisses aus § 798 Fall 1 ZPO unzulässig gewesen sein.

1. Wartefrist nach § 798 ZPO

Der Kostenfestsetzungsbeschluss ist nach § 794 I Nr. 2 ZPO Vollstreckungstitel. Bei Beschlüssen, die abweichend von § 105 ZPO nicht auf das Urteil gesetzt sind (sog. selbstständige Kostenfestsetzungsbeschlüsse) bedarf es einer Vollstreckungsklausel; wie im Fall des § 750 III ZPO muss bei einer einfachen Klausel nach § 724 ZPO keine vollstreckbare Ausfertigung zugestellt werden[13], doch ist die Wartezeit des § 798 ZPO einzuhalten: Die Vollstreckung darf deshalb erst zwei Wochen nach Zustellung beginnen. Die Fristberechnung folgt § 222 I ZPO, §§ 187 I, 188 BGB. Wurde der Kostenfestsetzungsbeschluss am 1.10. zugestellt, hätte die Vollstreckung folglich erst am 16.10. beginnen dürfen. Die am 1.10. erfolgte Pfändung war somit unzulässig.

2. Heilung des Verfahrensmangels

Der Vollstreckungsmangel könnte jedoch nachträglich geheilt worden sein. Mit Ablauf der Zweiwochenfrist ist das Vollstreckungshindernis aus § 798 ZPO am 16.10. entfallen. Die Erinnerung ist deshalb unbegründet, wenn die nachträgliche Heilung des Vollstreckungsmangels möglich und für die Entscheidung über die Erinnerung nicht der Zeitpunkt der Vornahme der Vollstreckungsmaßnahme, sondern der Zeitpunkt der Beschlussfassung im Erinnerungsverfahren ist.

a) Möglichkeit der Heilung

Verfahrensfehlerhafte, aber nicht nichtige Vollstreckungsmaßnahmen sind durch Behebung des Verfahrensmangels nachträglich heilbar. Das Bestehen des Vollstreckungshindernisses aus § 798 ZPO bedeutet hier keinen schwerwiegenden Verfahrensmangel und führt somit nicht zur Nichtigkeit der Pfändung. Auf die überaus umstrittene Frage, ob die Heilung des Verfahrensmangels *ex nunc* oder *ex tunc* wirkt, braucht an dieser Stelle nicht eingegangen zu werden[14]: Zum einen erfolgte die (Anschluss-)Pfändung des G_2 erst am 16.10. im Laufe des Tages, also erst zu einem Zeitpunkt, als auch nach der Rückwirkung ablehnende Auffassung die Heilung der Pfändung des G_1 bereits eingetreten war. Diese muss nämlich gleich um 0:00 Uhr angenommen werden. Zum anderen beträfe eine Rückwirkung lediglich die materielle Frage der vorrangigen Befriedigungsberechtigung und müsste im Verteilungsverfahren nach §§ 872 ff ZPO beantwortet werden.

b) Entscheidungserheblicher Zeitpunkt

Für die Entscheidung über die Erinnerung kommt es auf den Zeitpunkt des Beschlusses an[15]. Zu diesem Zeitpunkt war der im Verstoß gegen § 798 ZPO liegende Verfahrensmangel bereits geheilt. Das Verfahrenshindernis der zunächst nicht eingehaltenen Zweiwochenfrist

---

13 Musielak/*Lackmann*, ZPO, § 798 Rn. 2 m.N.
14 Ausführlich *Baur/Stürner/Bruns*, Rn. 11.8.
15 Für einem Verstoß gegen § 798 ZPO OLG Hamburg MDR 1961, 329. Umstritten ist die Frage nur bei Verstößen gegen die Pfändungsschutzbestimmungen in §§ 811 ff ZPO; hierzu Stein/Jonas/*Münzberg*, ZPO, § 811 Rn. 17 m.N.

war bereits zum Zeitpunkt der Pfändung des G_2 behoben. Die Erinnerung ist folglich unbegründet; ihr bleibt der Erfolg versagt.

V. Stoffzusammenfassung: Vollstreckungserinnerung (§ 766 ZPO)

I. **Zulässigkeit** 514
  1. **Statthaftigkeit**
     - Kläger wendet sich gegen formelle Fehler des Vollstreckungsverfahrens (§ 766 I ZPO): gegen Vollstreckungsverhalten und Kostenansatz des Gerichtsvollziehers (§ 766 II ZPO); gegen Vollstreckungs*maßnahmen* des Vollstreckungsgerichts (d.h. wenn der Beschluss ohne Anhörung des Schuldners antragsgemäß ergangen ist)
     - regelmäßig abzugrenzen von sofortiger Beschwerde (§ 793 ZPO), Drittwiderspruchsklage (§ 771 ZPO)
  2. **Erinnerungsbefugnis**
     - wenn die Verletzung von den Antragsteller schützenden Verfahrensrechten geltend gemacht werden kann
     - Schuldner zwar bei jeder Vollstreckungsmaßnahme; aber keine Geltendmachung der Verletzung ausschließlich drittschützender Normen (§ 809 ZPO); im Insolvenzverfahren ist grundsätzlich nur der Insolvenzverwalter erinnerungsbefugt
     - Gläubiger bei Ablehnung oder nicht ordnungsgemäßer Durchführung des Vollstreckungsantrags und gegen Kostenansatz
     - Dritter bei Verletzung drittschützender Verfahrensvorschriften
  3. **Zuständigkeit**
     - ausschließlich das Vollstreckungsgericht (Amtsgericht, § 764 I, II ZPO), in dessen Bezirk vollstreckt wird oder werden soll (§§ 766 I 1, 802 ZPO)
  4. **Rechtsschutzbedürfnis**
     - sobald die Vollstreckung (mit der ersten Vollstreckungshandlung) begonnen hat; solange die Vollstreckung fortdauert
     - bei Erinnerung gegen einzelne Vollstreckungsmaßnahme grundsätzlich nur, bis diese Maßnahme beendet ist

II. **Begründetheit**
  1. **Verstöße gegen allgemeine Verfahrensvoraussetzungen**
     - insbesondere Partei- und Prozessfähigkeit der Beteiligten, Prozessführungsbefugnis, Rechtsschutzinteresse, Zuständigkeit
  2. **Verstöße gegen allgemeine oder besondere Vollstreckungsvoraussetzungen**
     - Titel, Klausel, Zustellung
     - bestimmter Kalendertag, Sicherheitsleistung, Gegenleistung, Vollstreckungshindernisse
  3. **Formelle Fehler bei der Durchführung der Zwangsvollstreckung**
     - fehlerhafte Pfändung, fehlerhafte Verwertung, fehlerhafte Erlösauskehr

III. **Einstweilige Anordnungen**
  - insbesondere einstweilige Einstellung der Zwangsvollstreckung, Anordnung der Sicherheitsleistung (§§ 766 I 2, 732 II ZPO)

VI. Anhang: Andere Rechtsbehelfe bei formellen Einwendungen

Studienliteratur: *Becker*, Die Rechtsbeschwerde in der Zwangsvollstreckung – vom LG unmittelbar zum BGH, JuS 2004, 574; *Gottwald*, Zur Statthaftigkeit der sofortigen Beschwerde in der Zwangsvollstreckung, FamRZ 1994, 1539; *Jäckel*, Rechtsbehelfe in Grundbuchsachen, JuS 2006, 410; *Klein*, Die sofortige Beschwerde in der Zwangsvollstreckung – Aufbau und Probleme, JA 2006, 445; *Kollhosser*, Grundprobleme des Grundbuchverfahrens, JA 1984, 714; *Zeising*, Erinnerung versus sofortige Beschwerde in der Zwangsvollstreckung, Jura 2010, 93.

1. Sofortige Beschwerde (§ 793 ZPO)

a) Zulässigkeit

515 Gegen **Entscheidungen**, die im Vollstreckungsverfahren durch Beschluss (§ 764 III ZPO; d.h. ohne Anhörung des Betroffenen, § 128 IV ZPO) ergehen können, ist die sofortige Beschwerde nach § 793 ZPO statthaft. Ob tatsächlich eine Anhörung stattgefunden hat, ist ohne Bedeutung. Gleichgültig ist ferner, ob der Richter oder der Rechtspfleger entschieden hat, § 11 I RPflG; lediglich in Fällen, in denen eine richterliche Entscheidung unanfechtbar wäre, findet die Rechtspflegererinnerung statt (§ 11 II RPflG, Rn. 522 f).

516 Die meisten der im Vollstreckungsverfahren ergehenden Beschlüsse des **Vollstreckungsgerichts** sind keine nach § 793 ZPO angreifbaren **Entscheidungen;** vielmehr handelt es sich um Vollstreckungsmaßnahmen, die der Vollstreckungserinnerung unterliegen (§ 766 ZPO, Rn. 483 ff). Eine Entscheidung liegt zum einen vor, wenn der Schuldner angehört wurde und das Vollstreckungsgericht den Beschluss unter Abwägung der Interessen von Schuldner und Gläubiger erließ. Zum anderen handelt es sich um eine Entscheidung, wenn der Antrag des Gläubigers vom Vollstreckungsgericht abgewiesen wurde; ob der Schuldner angehört wurde, spielt hierbei keine Rolle (dazu Rn. 488).

517 Die sofortige Beschwerde kommt damit insbesondere gegen Entscheidungen des *Prozess*gerichts zur Erzwingung von Handlungen, Duldungen und Unterlassungen (§§ 887 ff, 891 ZPO; Rn. 674 ff) in Betracht. Von praktischer Bedeutung sind ferner sofortige Beschwerden gegen ablehnende oder stattgebende Beschlüsse nach § 758a ZPO (Rn. 47, 656 f), gegen Vollstreckungsschutzentscheidungen nach § 765a ZPO (Rn. 50 ff) und schließlich gegen Entscheidungen des *Vollstreckungs*gerichts, die auf eine Vollstreckungserinnerung (§§ 764 III, 766 ZPO; Rn. 483 ff) ergehen. Die sofortige Beschwerde findet endlich auch dann statt, wenn anstelle des Vollstreckungsgerichts das Insolvenzgericht entschieden hat (Rn. 39, 495).

Hinweis: Gegen Entscheidungen des *Prozess*gerichts über den Antrag eines Gläubigers auf Erlass eines Pfändungs- und Überweisungsbeschlusses (Rn. 379) findet ohne Rücksicht auf eine Anhörung des Schuldners nie die sofortige Beschwerde nach § 793 ZPO statt. Die Entscheidung des *Prozess*gerichts ist Vollstreckungs*maßnahme*, die der Erinnerung nach § 766 ZPO unterliegt; erst gegen diese Erinnerungsentscheidung kann sofortige Beschwerde eingelegt werden.

Wird die Erinnerungsentscheidung über den Ansatz der Vollstreckungskosten angegriffen (§ 766 II Fall 3 ZPO, Rn. 496), muss der Beschwerdegegenstand mindestens 200,01 Euro betragen (§ 567 II ZPO).

Die Zulässigkeit der sofortigen Beschwerde richtet sich im Übrigen nach §§ 567 ff ZPO. Zuständig ist nach § 568 ZPO das dem Gericht der angegriffenen Entscheidung im Rechtszug unmittelbar übergeordnete Gericht. Hat das Amtsgericht entschieden (§§ 23, 71 I GVG), ist das Landgericht Beschwerdegericht (§ 72 I 1 GVG); hat das Landgericht entschieden (§ 71 GVG), entscheidet das OLG über die Beschwerde (§ 119 I Nr. 2 GVG). Es gilt eine Notfrist von zwei Wochen ab Zustellung der anzugreifenden Entscheidung (§ 769 I 1, 2 ZPO). 518

Das Rechtsschutzbedürfnis besteht ab Beginn der Zwangsvollstreckung, solange sie nicht insgesamt beendet ist[16]; anders als bei der Vollstreckungserinnerung besteht es auch dann bis zur vollständigen Befriedigung des Vollstreckungsgläubigers fort, wenn mit der Erinnerung nur eine einzelne Vollstreckungsmaßnahme angegriffen wurde und diese schon zuvor beendet war[17]. 519

b) Begründetheit

Die sofortige Beschwerde ist begründet, wenn die angegriffene Entscheidung rechtswidrig ist, also verfahrensfehlerhaft zustande kam oder sachlich unzutreffend ist. Dabei kann die Beschwerde auf neuen Tatsachenvortrag gestützt werden, unabhängig davon, ob die Tatsachen schon vor oder erst nach der angefochtenen Entscheidung entstanden sind. Eine Präklusion wie im Berufungsverfahren (§§ 529 I, 531 II ZPO)[18] oder nach § 767 II ZPO (Rn. 219 ff) besteht im Beschwerdeverfahren nicht; die Beschwerde eröffnet eine vollwertige zweite Tatsacheninstanz. 520

Drohen dem Beschwerdeführer durch den Vollzug der angegriffenen Entscheidung schwere Nachteile, kann das Beschwerdegericht eine **einstweilige Anordnung** treffen und insbesondere den Entscheidungsvollzug aussetzen (§ 570 III ZPO). Gegen die Entscheidung des Beschwerdegerichts kann die **Rechtsbeschwerde** zum BGH (§ 133 GVG) zugelassen werden (§ 574 I 2 Nr. 2 ZPO)[19]. 521

2. Rechtsbehelfe gegen Entscheidungen des Rechtspflegers (§ 11 RPflG)

Zahlreiche Aufgaben des Vollstreckungsgerichts werden nicht durch den Richter erledigt, sondern sind dem Rechtspfleger übertragen (§ 20 Nr. 16, 17 RPflG). Gegen die vom Rechtspfleger vorgenommenen Vollstreckungshandlungen findet die Vollstreckungserinnerung nach § 766 ZPO statt (Rn. 483 ff), da § 11 I RPflG auf die allgemeinen Rechtsbehelfe verweist. Wie der Richter, dessen Entscheidung beschwerdefähig ist, ist auch der Rechtspfleger zur Abhilfe einer von ihm getroffenen, angefochtenen Entscheidung befugt (arg. § 572 I ZPO); hierdurch erhält er die Gelegenheit, seine Entscheidung selbst zu überprüfen und gegebenenfalls zu berichtigen oder gänzlich zurückzunehmen[20]. 522

Nur dann, wenn die Entscheidung des Rechtspflegers, wäre sie durch den Richter getroffen worden (§§ 5, 6 I RPflG), unanfechtbar wäre, findet nicht die Erinnerung nach 523

---
16 BGH NJW-RR 2010, 785.
17 Schuschke/Walker/*Walker*, § 793 Rn. 4.
18 Dazu *Schwab*, Rn. 660, 665 ff.
19 Dazu *Becker*, JuS 2004, 574.
20 Schuschke/Walker/*Walker*, Anhang zu § 793 Rn. 5.

§ 11 I RPflG, § 766 ZPO statt, sondern die Erinnerung nach § 11 II RPflG (sog. Rechtspflegererinnerung). Hilft der Rechtspfleger dieser Erinnerung nicht ab, entscheidet der Richter (§ 11 II 2, 3 RPflG). Die Rechtspflegererinnerung ist begründet, wenn die angegriffene Entscheidung des Rechtspflegers rechtswidrig ist.

3. Grundbuchbeschwerde (§ 71 GBO)

524 Gegen Entscheidungen des Grundbuchamts kann die Beschwerde nach § 71 GBO erhoben werden (sog. Grundbuchbeschwerde); sie geht der Vollstreckungserinnerung (§ 766 ZPO, Rn. 483 ff) wie der sofortigen Beschwerde (§ 793 ZPO, Rn. 515 ff) als speziellerer Rechtsbehelf vor. Gleichgültig ist, ob das Grundbuchamt durch den Richter oder (wie regelmäßig, § 3 Nr. 1h RPflG) den Rechtspfleger entschieden hat (§ 11 I RPflG).

Hinweis: Die Grundbuchbeschwerde ist insbesondere auch dann statthaft, wenn das Grundbuchamt als Vollstreckungsorgan entschieden und etwa die Eintragung einer Zwangshypothek (§§ 866 f ZPO, Rn. 435 ff) abgelehnt hat[21]. Die Beschwerde gegen eine erfolgte Eintragung ist dagegen aus Gründen der Rechtssicherheit ausgeschlossen (§ 71 II 1 GBO), würde doch sonst der öffentliche Glaube des Grundbuchs nach § 892 BGB dadurch unterlaufen werden können, dass dem redlichen Erwerber das unrichtig eingetragene Recht durch stattgebende Beschwerdeentscheidung nachträglich wieder entzogen werden würde. Nur mit Wirkung für die Zukunft kann ein Widerspruch eingetragen oder die falsche Eintragung gelöscht werden (§ 53 I GBO, § 892 I 1 BGB); dies kann bis zur Hauptsachentscheidung vorläufig auch durch einstweilige Anordnung geschehen (§ 76 GBO).

525 Hilft das Grundbuchamt der Beschwerde nicht ab (§ 75 GBO), entscheidet das OLG, in dessen Bezirk das Grundbuchamt seinen Sitz hat (§ 72 GBO).

526 Die unbeschränkte Beschwerde nach § 71 I GBO ist begründet, wenn die Entscheidung des Grundbuchamtes rechtswidrig ist. Die auf die Eintragung eines Widerspruchs oder die Löschung einer Eintragung gerichtete beschränkte Beschwerde nach § 71 II ZPO ist begründet, wenn das Grundbuch wegen der angefochtenen Eintragung unrichtig ist[22].

---

21 Thomas/Putzo/*Seiler*, ZPO, § 867 Rn. 19; a.A. *Baumbach/Lauterbach/Albers/Hartmann*, ZPO, § 867 Rn. 24 f.
22 Zum Ganzen *Jäckel*, JuS 2005, 410.

§ 9 Drittwiderspruchsklage (§ 771 ZPO)

Studienliteratur: *Brox/Walker*, Die Drittwiderspruchsklage, JA 1986, 113; *Huber*, Befriedigung von Geldforderungen durch Zwangsvollstreckung oder Druckzahlung und Anfechtungsrisiko in der Insolvenz des Schuldners, JuS 2006, 1078; *ders.*, Grundwissen – Zivilprozessrecht: Sicherungseigentum in Zwangsvollstreckung und Insolvenz, JuS 2011, 588; *Jäckel*, Die Rechtsstellung Dritter in der Zwangsvollstreckung, JA 2010, 357; *Meuer*, Drittwiderspruchsklage und Klage auf vorzugsweise Befriedigung, JA 2005, 796; *Preuß*, Rechtsbehelfe in der Zwangsvollstreckung (Teil II), Jura 2003, 945; *Proppe*, Unzulässige Pfändung?, JA 1999, 685; *Prütting/Weth*, Die Drittwiderspruchsklage gemäß § 771 ZPO, JuS 1999, 505; *Stadler/Bensching*, Die Vollstreckung in schuldnerfremde Sachen, Jura 2002, 438; *Wittschier*, Die Drittwiderspruchsklage gem. § 771 ZPO, JuS 1998, 926.

Klausuren: *Berger/Glas*, Referendarexamensklausur – Bürgerliches Recht: Versäumnisurteil, Dritterinnerung, Drittwiderspruchsklage, JuS 2002, 425; *Büchler*, Referendarexamensklausur – Zivilrecht: Zwangsvollstreckung gegen die „Blankettbürgin", JuS 2008, 804; *Burbulla*, Sicherungseigentum in der Zwangsvollstreckung, Jura 2007, 717; *Gödicke*, „Die gepfändete Stahlpresse", JA 2004, 370; *Hennemann*, Verlorenes Auto, Jura 2011, 558; *Wittschier*, Der praktische Fall – Vollstreckungsrechtsklausur: Die vollstreckungsfeste Treuhand, JuS 1999, 1216; *Wolf/Lange*, Der praktische Fall – Bürgerliches Recht: Pfändung von Anwartschaften, JuS 2003, 1180.

I. Zielrichtung

Die Vollstreckungsbefugnis des Vollstreckungsorgans richtet sich nur auf das nach dem Titel haftende Vermögen des Schuldners. Wird ein schuldnerfremder Gegenstand gepfändet, ist die Vollstreckungsbefugnis überschritten; der im Vermögen eines Dritten stehende Gegenstand wird gleichwohl hoheitlich verstrickt, solange bei der Pfändung die wesentlichen Verfahrensvorschriften eingehalten wurden. Da etwa im Rahmen der Mobiliarvollstreckung der Gerichtsvollzieher bei Vornahme der Vollstreckungshandlung lediglich zu prüfen hat, ob der Schuldner Gewahrsam an der zu pfändenden Sache hatte (Rn. 305 ff), ist es möglich, dass ohne Verfahrensverstoß eine schuldnerfremde Sache gepfändet wird. Mangels Verfahrensverstoßes scheidet die Vollstreckungserinnerung (Rn. 483 ff) als statthafter Rechtsbehelf aus. Gehört der Pfändungsgegenstand zum Vermögen eines Dritten, steht diesem Dritten ein materielles Interventionsrecht zu, das er im Rahmen der Drittwiderspruchsklage geltend machen kann; nur auf diese Weise kann der Dritte seine Vermögensinteressen im Rahmen des Vollstreckungsverfahrens wahren und den schuldnerfremden Gegenstand der Vollstreckung entziehen.

527

Das formalisierte Zwangsvollstreckungsverfahren zwingt einen an diesem Verfahren zunächst unbeteiligten Dritten zur aktiven Abwehr drohender oder bestehender Eingriffe in sein Vermögen. Er muss die Rolle des Klägers gegen den Vollstreckungsgläubiger einnehmen und trägt für diesen Vermögenseingriff deshalb grundsätzlich die Darlegungs- und Beweislast (Rn. 390 ff). Der Widerspruchskläger wendet sich jedoch nicht gegen die Vollstreckbarkeit des Titels oder die Vollstreckung als solche (hierzu Rn. 187 ff), sondern lediglich gegen die Vollstreckung in einen bestimmten Gegenstand.

528

Hinweis: Die Rechtskraft des der Drittwiderspruchsklage stattgebenden Urteils erstreckt sich weder auf das Interventionsrecht noch die „Privatrechtswidrigkeit" des Vollstreckungszugriffs (Rn. 544 ff)[1]. Ist das Interventionsrecht präjudiziell für die spätere Geltendmachung von Bereicherungs- oder Schadensersatzansprüchen, kann dessen Bestehen oder Nichtbestehen durch Zwischenfeststellungsklage festgestellt werden (§ 256 II ZPO).

Trägt der Kläger im Rahmen der Drittwiderspruchsklage Einwendungen gegen die Vollstreckung vor, die nicht sein Interventionsrecht, sondern andere Mängel des Verfahrens betreffen, wird er mit diesen rechtsbehelfsfremden Gründen im Verfahren nach § 771 ZPO nicht gehört.

529 Die Drittwiderspruchsklage ist nach herrschender Ansicht **prozessuale Gestaltungsklage**[2]. Der Klageantrag lautet dahin, eine genau bestimmte Vollstreckungsmaßnahme aus einem genau bestimmten Titel im Urteil für unzulässig zu erklären. Bei Vorlage einer vollstreckbaren Ausfertigung des diesem Antrag stattgebenden Urteils stellt das Vollstreckungsorgan die unzulässigerweise in einen Vermögensgegenstand des Klägers betriebene Zwangsvollstreckung ein (§ 775 Nr. 1 ZPO).

Aufbau: Drittwiderspruchsklage (§ 771 ZPO)

I. Zulässigkeit
1. Statthaftigkeit; Abgrenzung zu anderen Rechtsbehelfen
2. Zuständigkeit
3. Rechtsschutzbedürfnis

II. Begründetheit
1. Interventionsrecht des Klägers
2. Keine Einwendungen des Beklagten gegen das Interventionsrecht des Klägers

---

II. Zulässigkeit

1. Statthaftigkeit

530 Die Drittwiderspruchsklage ist nach § 771 I ZPO statthaft, wenn der Kläger nicht Partei des Vollstreckungsverfahrens, sondern Dritter ist und geltend macht, dass ihm am Gegenstand der Zwangsvollstreckung „ein die Veräußerung hinderndes Recht" (sog. **Interventionsrecht**) zusteht.

Hinweis: Dritter kann auch der nach § 1480 BGB mithaftende Ehegatte sein, gegen den aber kein Titel vorliegt; der Gesellschafter einer OHG, wenn der Titel nur gegen die Gesellschaft lautet; die Ein-Mann-GmbH, wenn Gläubiger die Zwangsvollstreckung nur gegen den Alleingesellschafter betreiben[3] (Rn. 597).

531 Anhand dieses (durch den Kläger behaupteten) Interventionsrechtes kann die Drittwiderspruchsklage von den anderen zwangsvollstreckungsrechtlichen Rechtsbehelfen abgegrenzt werden: Im Gegensatz zur **Erinnerung** nach § 766 ZPO (Rn. 483 ff)

---

[1] Stein/Jonas/*Münzberg*, ZPO, § 771 Rn. 6; *Brox/Walker*, Rn. 1449; a.A. Musielak/*Lackmann*, ZPO, § 771 Rn. 38 m.N.; nur bei klageabweisendem Urteil MünchKommZPO/*K. Schmidt/Brinkmann*, § 771 Rn. 79 f.
[2] Vgl. BGH NJW 1972, 1048, 1049.
[3] BGH NJW 2004, 217 f m. Anm. *Schäfer*, JA 2004, 348.

wehrt sich der Kläger mit der Widerspruchsklage nicht gegen die Art und Weise der Zwangsvollstreckung, sondern macht eine materiell-rechtliche Einwendung gegen die Vollstreckung in einen bestimmten, nicht zum Schuldnervermögen gehörenden Gegenstand geltend. Überschneidungen zur Erinnerung können sich im Rahmen von § 809 ZPO ergeben.

Beispiel 59 (Pfändung schuldnerfremder Sachen in Drittgewahrsam): Der Gerichtsvollzieher will in der Wohnung des Dritten D einen DVD-Player pfänden, der dem Schuldner S gehören soll. D protestiert gegen die Pfändung und verweist zutreffend auf sein Eigentum an dem Gerät. Gleichwohl wird der DVD-Player durch GV gepfändet. Welche Rechtsschutzmöglichkeiten hat D? 532

Zunächst kann D in **Beispiel 59** geltend machen, dass der Gerichtsvollzieher gegen die zulässige Art und Weise der Zwangsvollstreckung verstieß, indem er die Pfandsache gegen den Widerspruch des Dritten D in dessen Gewahrsam pfändete (§ 809 ZPO). Gegen diesen Verstoß kann sich D mit der Erinnerung (§ 766 ZPO) wenden. Daneben aber steht D die Drittwiderspruchsklage zu, insoweit er sich darauf beruft, dass durch den Pfändungsvorgang (nicht Verfahrensvorschriften verletzt, sondern) in sein Vermögen eingegriffen wurde. Dieses Widerspruchsrecht nach § 771 ZPO verliert D selbst dann nicht, wenn er sich mit der Pfändung einverstanden erklärt hatte und also nach § 809 ZPO zur Herausgabe bereit war; Vermögenszuordnung und Interventionsrecht bleiben hiervon unberührt. 533

Die **Klage auf vorzugsweise Befriedigung** nach § 805 ZPO (Rn. 603 ff) stellt gegenüber der Widerspruchsklage ein Minus dar, da der Dritte die Zwangsvollstreckung nicht für unzulässig erklären lassen, sondern unter Fortsetzung der Vollstreckung lediglich vor dem Vollstreckungsgläubiger aus dem Vollstreckungserlös befriedigt werden will. Begehrt der Kläger nicht lediglich (bevorzugte) Befriedigung aus dem Vollstreckungsgegenstand, sondern die Einstellung dessen Verwertung, ist der Klageantrag analog §§ 133, 157 BGB als ein Antrag nach § 771 ZPO auszulegen oder analog § 140 BGB umzudeuten. Die Vorzugsklage unterscheidet sich von der Widerspruchsklage ferner dadurch, dass sie nur bei der Vollstreckung wegen Geldforderungen in bewegliche Sachen statthaft ist, während die Widerspruchsklage gegen jede Art der Zwangsvollstreckung erhoben werden kann. 534

Eine lediglich auf Feststellung der Unzulässigkeit der Zwangsvollstreckung in einen bestimmten Gegenstand gerichtete Klage ist mangels Feststellungsinteresses (§ 256 I ZPO) unzulässig, da § 771 ZPO der weitergehende Rechtsbehelf ist. 535

Materielle **Leistungsklagen** gegen den Gläubiger auf Herausgabe des Gegenstandes (§ 985 BGB), dessen Freigabe oder Unterlassung der Vollstreckung (§ 1004 BGB) sind während der Dauer des Vollstreckungsverfahrens wegen fehlenden Rechtsschutzbedürfnisses grundsätzlich unzulässig[4]. Die Drittwiderspruchsklage ist der speziellere und insoweit abschließende Rechtsbehelf. 536

---

[4] RGZ 67, 310, 312; BGH NJW 1972, 1048, 1049.

2. Zuständigkeit

537 Örtlich ausschließlich zuständig ist nach §§ 771 I, 802 ZPO das Gericht, in dessen Bezirk die Zwangsvollstreckung stattfindet. Eine rügelose Einlassung nach § 39 ZPO ist hier ausgeschlossen[5]. Die sachliche Zuständigkeit richtet sich nach dem Streitwert (§§ 23 Nr. 1, 71 I GVG). Der Zuständigkeitsstreitwert bestimmt sich gemäß § 6 ZPO nach der Höhe der Vollstreckungsforderung oder dem Wert des gepfändeten Vollstreckungsgegenstandes, wenn dieser Wert geringer als die Forderung ist. Wenn das durch den Dritten geltend gemachte Recht im Familienrecht wurzelt, ist die Drittwiderspruchsklage nach § 771 ZPO Familiensache, die zu entscheiden das Familiengericht sachlich ausschließlich zuständig ist (§ 23a I 1, 2 GVG, § 111 FamFG; vgl. Rn. 601)[6].

Hinweis: Ausnahmsweise ist den ordentlichen Gerichten die Entscheidung auch über solche Drittwiderspruchsklagen zugewiesen, die sich gegen eine öffentlich-rechtliche Vollstreckung aus behördlichen Leistungsbescheiden wenden. Die Verwaltungsvollstreckungsgesetze des Bundes (§ 5 I VwVG iVm. § 262 AO) und der Länder begründen hierfür die Rechtswegszuständigkeit der ordentlichen Gerichte (vgl. § 8 III 1 VwVG NRW, § 16 SächsVwVG iVm. § 262 AO; Ausnahmen in Bayern und Hessen). Sie folgen der abgabenrechtlichen Vollstreckung; auch hier sind Drittwiderspruchsklagen gemäß § 262 AO vor den ordentlichen Gerichten geltend zu machen.

3. Rechtsschutzbedürfnis

538 Das Rechtsschutzbedürfnis für die Drittwiderspruchsklage besteht nur während der Dauer des Zwangsvollstreckungsverfahrens, d.h. sobald die Vollstreckung in einen bestimmten Gegenstand begonnen hat und solange sie noch nicht beendet ist[7]. Die Vollstreckung beginnt mit der ersten Vollstreckungshandlung des Gläubigers. Diese liegt nicht schon in der Erwirkung des Titels, da hierdurch der Vollstreckungsgegenstand noch nicht bestimmt ist. Etwas anderes gilt nur bei einem Herausgabetitel, da dieser den Gegenstand bezeichnet, auf den zuzugreifen ist. Die Vollstreckung endet mit der Auskehr des Verwertungserlöses an den Vollstreckungsgläubiger. Die Hinterlegung des zur Gläubigerbefriedigung erforderlichen Betrags nach § 372 BGB genügt hierfür nicht.

539 **Beispiel 60** (Drittwiderspruchsklage bei Hinterlegung): Gläubiger G pfändet eine angebliche Forderung des Schuldners S gegen den Drittschuldner DS. Die Forderung steht in Wirklichkeit dem Dritten D zu. G und D verlangen gleichwohl von DS Zahlung. DS ist sich nicht sicher, an wen er leisten soll und hinterlegt den Forderungsbetrag unter Verzicht auf die Rücknahme beim zuständigen Amtsgericht. D verlangt von der Hinterlegungsstelle Auszahlung des Betrags, was ihm verweigert wird. Welche Rechtsschutzmöglichkeiten stehen D zu?

---

5 Hierzu *Schwab*, Rn. 124 ff.
6 OLG Frankfurt/M. FamRZ 1985, 403 (Übernahmerecht nach § 1477 II BGB); OLG München FamRZ 2000, 365 (Veräußerungsverbot nach § 1365 BGB).
7 BGH NJW 1979, 373; NJW-RR 2004, 1220, 1221; nach *Jauernig/Berger*, § 13 Rn. 6 eine Frage der Begründetheit.

D könnte in **Beispiel 60** gegen G zunächst aus § 812 I 1 Fall 2 BGB auf Herausgabe der erlangten Bereicherung klagen, die hier in dessen Blockierstellung im Hinterlegungsverfahren nach § 12 II Nr. 1 HinterlO liegt. Die Leistungsklage wäre freilich nur dann zulässig, wenn das Zwangsvollstreckungsverfahren nicht mehr andauert, also durch die Hinterlegung beendet wurde. Das ist nicht der Fall. Denn bei der Hinterlegung unter Verzicht auf die Rücknahme wirkt zwar die Hinterlegung für den Schuldner nach §§ 372, 378 BGB schuldbefreiend. Die Zwangsvollstreckung ist mangels Erlösauskehr an den Gläubiger damit aber noch nicht beendet. Selbst wenn die gepfändete Forderung durch die Hinterlegung erloschen ist, wäre an die Stelle der Forderung im Wege der dinglichen Surrogation (§ 1247 BGB) der hinterlegte Betrag getreten, der nunmehr den Vollstreckungsgegenstand darstellte. In Bezug auf diesen Vollstreckungsgegenstand ist die Zwangsvollstreckung erst dann beendet, wenn die Hinterlegungsstelle den Betrag an den Gläubiger auszahlt und ihn dadurch befriedigt. Weil der Betrag noch nicht an G ausgezahlt wurde, wäre eine Leistungsklage des D unbegründet. D muss sich weiterhin auf die Drittwiderspruchsklage nach § 771 ZPO verweisen lassen; da die gepfändete Forderung ihm gebührte, wird er mit der Klage obsiegen und die Pfändung für unzulässig erklärt werden.

540

Das Rechtsschutzbedürfnis entfällt auch dann, wenn der Gläubiger vollständig befriedigt wird oder die Fortsetzung der Vollstreckung etwa deshalb unmöglich geworden ist, weil das Vollstreckungsobjekt unterging. Allerdings genügt es nicht, dass der Gläubiger die Pfandsache lediglich freigibt[8]; in diesem Fall bleibt wegen des existierenden Titels eine Fortsetzung der Wiederholung der Zwangsvollstreckung in den Gegenstand möglich.

541

Nach Beendigung des Vollstreckungsverfahrens ist der zunächst zur Drittwiderspruchsklage berechtigte Dritte auf materielle Ausgleichsansprüche verwiesen, die durch Leistungsklage durchzusetzen sind („verlängerte Drittwiderspruchsklage", Rn. 640 ff). Endet die Vollstreckung während des Widerspruchsstreits, kann der Kläger den zunächst auf Unzulässigerklärung der Zwangsvollstreckung gerichteten Klageantrag nach § 264 Nr. 3 ZPO auf Zahlung umstellen. Entfällt das Interventionsrecht (Rn. 544 ff) ersatzlos, kann der Kläger der Abweisung der nunmehr unzulässigen oder unbegründeten Drittwiderspruchsklage durch (einseitige) Erledigungserklärung zuvorkommen[9].

542

III. Begründetheit

Die Drittwiderspruchsklage ist nach § 771 I ZPO begründet, wenn dem Kläger ein „die Veräußerung hinderndes Recht" zusteht und der Beklagte keine Einwendungen gegen die Geltendmachung des Rechts erheben kann.

543

---

8 BGH NJW-RR 2004, 1220, 1221; auch bei Freigabe BGH NJW 1972, 1048, 1049, NJW-RR 2007, 781, 782.
9 Hierzu *Schwab*, Rn. 293 ff.

1. Interventionsrecht des Klägers

544 Der im Gesetzestext verwendete Begriff eines „die Veräußerung hindernden Rechts" ist missverständlich. Denn wegen der Möglichkeit des gutgläubigen Erwerbs vom Nichtberechtigten (§ 932 BGB) kann nicht einmal das Vollrecht Eigentum eine wirksame Veräußerung verhindern; vielmehr bewirkt umgekehrt die Veräußerung den Verlust der Eigentümerstellung. Gemeint ist etwas anderes: Bei der Prüfung des Interventionsrechts in § 771 I ZPO ist allein die Frage von Bedeutung, ob sich die Veräußerung des Vollstreckungsgegenstandes durch den Vollstreckungsschuldner dem Kläger gegenüber als rechtswidriger Eingriff in seinen Rechtskreis darstellen würde und der Kläger den Schuldner deshalb hindern könnte, zu veräußern[10]. Die Rechtsprechung beantwortet diese Frage in einer wirtschaftlichen Betrachtungsweise des geltend gemachten Rechts; die Zuordnung einer lediglich formalen Rechtsinhaberschaft ist nicht ausschlaggebend. Das typische Interventionsrecht ist das **Eigentum** des Klägers; freilich wird dies schon für das Sicherungseigentum bestritten.

a) Sicherungseigentum

545 Nach herrschender Meinung begründet auch das Sicherungseigentum (eigennützige Treuhand oder Sicherungstreuhand; vgl. auch Rn. 564) ein Interventionsrecht nach § 771 ZPO. Hierbei ist danach zu unterscheiden, ob die Gläubiger des Sicherungsnehmers (Sicherungseigentümer) oder die Gläubiger des Sicherungsgebers in das Sicherungsgut vollstrecken.

aa) Vollstreckung durch Gläubiger des Sicherungsgebers

546 **Beispiel 61** (Interventionsrecht des Sicherungsnehmers): Darlehensnehmer S schließt mit der D-Bank einen Kreditvertrag in Höhe von 100 000 Euro. Zur Sicherheit übereignet S der D-Bank eine Industriemaschine im Wert von 120 000 Euro. S bleibt im Besitz der Maschine. Im Sicherungsvertrag vereinbaren die Parteien, dass die Maschine bei vollständiger Tilgung des Kredits an S zurückübereignet werden soll. Die Maschine wird vom Gläubiger G des S bei S gepfändet. D macht geltend, dass die Maschine in ihrem Sicherungseigentum steht und der Kredit noch nicht vollständig getilgt ist. Was kann D tun?

547 In **Beispiel 61** ist die Drittwiderspruchsklage nach § 771 I ZPO statthaft, wenn D ein die Veräußerung hinderndes Recht hat und deshalb geltend machen kann, dass die in die Pfandsache betriebene Vollstreckung in ihren Rechtskreis eingreift. Eine Mindermeinung in der Literatur lehnt dies ab. Nach dieser Ansicht bilde das Sicherungseigentum für den Sicherungsnehmer (Sicherungseigentümer) nur einen Ersatz für das (wegen der nach § 1205 I 1 BGB vorausgesetzten Einräumung unmittelbaren Besitzes) wirtschaftlich unpraktische Pfandrecht nach § 1204 BGB. Der Sicherungseigentümer dürfe deshalb nicht besser gestellt werden als der Inhaber eines besitzlosen Pfandrechts. Er könne der Verwertung des Gegenstandes durch Gläubiger des Sicherungsgebers nicht widersprechen, sondern lediglich nach § 805 ZPO verlangen, bei

---

10 BGH NJW 1971, 799, 800; NJW 1978, 1859, 1860; ausführlich zur Deutung des Begriffs *Gaul/Schilken/Becker-Eberhard*, § 41 Rn. 36 ff.

der Erlösverteilung bevorzugt befriedigt zu werden[11] (dazu Rn. 616 ff). Dies entspreche der Rechtsstellung des Sicherungseigentümers in der Insolvenz des Sicherungsgebers, da ihm hier kein Aussonderungsrecht, sondern ebenso wie dem Pfandrechtsgläubiger lediglich ein Recht auf abgesonderte Befriedigung nach §§ 50, 51 Nr. 1 InsO zustehe[12].

Rechtsprechung und große Teile des Schrifttums sehen bei der Vollstreckung eines Gläubigers des Sicherungsgebers im Sicherungseigentum dagegen zutreffend ein Interventionsrecht des Sicherungsnehmers nach § 771 ZPO. Das gilt, solange der zu sichernde Anspruch besteht und nicht vollständig getilgt ist[13]. Denn trotz des Sicherungszwecks ist das Sicherungseigentum Volleigentum. Zudem hat der Sicherungsnehmer aufgrund der Sicherungsabrede das Recht, sich aus der freihändigen Verwertung des Sicherungsgutes zu befriedigen und kann deshalb nicht auf die regelmäßig zu geringeren Erlösen führende Verwertung durch Zwangsvollstreckung verwiesen werden. D kann der Verwertung des Sicherungsgutes durch Gläubiger des S deshalb durch Drittwiderspruchsklage nach § 771 ZPO widersprechen. 548

bb) Vollstreckung durch Gläubiger des Sicherungsnehmers

Beispiel 62 (Interventionsrecht des Sicherungsgebers): Zur Sicherung des Darlehens vereinbaren S und D in Beispiel 61, dass das Eigentum an der Maschine mit vollständiger Darlehenstilgung ohne weiteres an S zurückfallen soll. Die Maschine befindet sich zur Reparatur in der Werkstatt des Unternehmers U. Dort wird sie von einem Gläubiger G der D gepfändet. Kann S, der das Darlehen vertragsgemäß bedient, aber noch nicht vollständig getilgt hat, die Verwertung der Pfandsache durch G verhindern? 549

Der in **Beispiel 62** beschriebene Fall ist von geringer praktischer Bedeutung. Denn es kommt nur selten vor, dass Gläubiger des Sicherungsnehmers (Sicherungseigentümers) in das Sicherungsgut vollstrecken. Nach nahezu einhelliger Auffassung hat der Sicherungsgeber hier jedenfalls bis zum Eintritt der Verwertungsreife des Sicherungsgutes ein Interventionsrecht nach § 771 ZPO. Zur Begründung wird darauf verwiesen, dass das Sicherungsgut wirtschaftlich zum Vermögen des Sicherungsgebers gehöre und nicht der Befriedigung, sondern lediglich der Sicherung des Sicherungsnehmers diene[14]. 550

Ist die Rückübereignung auflösend bedingt (§ 158 II BGB), lässt sich das Interventionsrecht zudem auf das Anwartschaftsrecht des Sicherungsgebers stützen[15]: Hatten die Parteien im Sicherungsvertrag vereinbart, dass das Eigentum am Sicherungsgut mit Erfüllung der gesicherten Forderung ohne weitere dingliche Willenserklärung an den Sicherungsgeber zurückfallen soll, bildet diese Erfüllung die auflösende Bedingung, bei deren Eintritt der Eigentumsübergang auf den Sicherungsnehmer ohne wei- 551

---

11 MünchKommZPO/K. Schmidt/Brinkmann, § 771 ZPO Rn. 29; Schuschke/Walker/*Raebel*, § 771 Rn. 21; vgl. zum Meinungsstand Stein/Jonas/*Münzberg*, ZPO, § 771 Rn. 26.
12 Hierzu *Reischl*, Rn. 416.
13 BGH NJW 1978, 1859, 1860; NJW 1987, 1880, 1882; Zöller/*Herget*, ZPO, § 771 Rn. 14 (Sicherungsübereignung); Baur/Stürner/Bruns, Rn. 46.8.
14 BGH NJW 1978, 1859, 1860; Musielak/*Lackmann*, ZPO, § 771 Rn. 18.
15 Schuschke/Walker/*Raebel*, § 771 Rn. 24 m.N.

teres entfällt (§§ 158 II, 929 BGB). So liegt es in **Beispiel 62** und verschafft S mit Abschluss des Sicherungsvertrages die konkrete Aussicht auf Rückerwerb des Eigentums, der allein von dessen Darlehenstilgung abhängt und deshalb durch B nicht mehr einseitig verhindert werden kann. Diese Rechtsstellung des S kann als **Anwartschaftsrecht** umschrieben werden.

552 Zwar ist der Anwartschaftsberechtigte ohne Rücksicht auf eine Klagemöglichkeit aus § 771 ZPO vor sein Recht beeinträchtigenden Verfügungen grundsätzlich nach § 161 I 1 BGB geschützt. Doch versagt dieser Schutz, wenn der Bedingungseintritt nicht durch rechtsgeschäftliche Verfügung, sondern deshalb verhindert wird, weil die Zwangsvollstreckung betrieben und durch Zwangsversteigerung über das Sicherungsgut verfügt wird. Mit der in der Ablieferung liegenden hoheitlichen Eigentumszuweisung erlöschen etwa bestehende Anwartschaftsrechte; die Wirksamkeit dieser Verfügung unterliegt nicht den Beschränkungen nach § 161 BGB (vgl. Rn. 562). Vor diesem Rechtsverlust ist der Anwartschaftsberechtigte dadurch zu schützen, dass er den drohenden Verlust der Eigentumsanwartschaft durch Drittwiderspruchsklage abwenden kann[16]; insoweit ist das Anwartschaftsrecht Interventionsrecht nach § 771 ZPO.

553 Wegen des unsicheren Bedingungseintritts kann der Anwartschaftsberechtigte im Rahmen der Drittwiderspruchsklage freilich nicht erreichen, dass die Zwangsvollstreckung in das Sicherungsgut insgesamt für unzulässig erklärt wird. Der die Vollstreckung betreibende Gläubiger würde sein durch frühzeitige Pfändung erlangtes (erstrangiges) Pfändungspfandrecht andernfalls auch dann verlieren (§ 775 Nr. 1 ZPO; vgl. Rn. 126, 600), wenn sich nach Aufhebung der Pfändung herausstellt, dass die Bedingung für den Vollrechtserwerb des Anwartschaftsberechtigten ausfällt. Wollte man dem Vollstreckungsgläubiger die Pfändung erst dann erlauben, wenn der Bedingungseintritt sicher auszuschließen und das Anwartschaftsrecht deshalb entfallen ist, würde ihm eine Neubegründung seines Pfändungspfandrechts nichts mehr nutzen, wenn bereits andere Gläubiger die Sache gepfändet und damit ein vorrangiges Pfandrecht erworben haben (§ 804 III ZPO; Rn. 324 f). Nach herrschender Meinung ist die Drittwiderspruchsklage des Anwartschaftsberechtigten daher analog § 773 ZPO auf den Widerspruch gegen die Verwertung des Pfandgegenstandes im Wege der Zwangsversteigerung zu beschränken; der Pfändung kann der Inhaber des Anwartschaftsrechts nicht widersprechen[17]. In **Beispiel 62** sollte S folglich beantragen, dass (lediglich) die Versteigerung der Maschine für unzulässig erklärt wird.

Hinweis: Auflassungsanwartschaften begründen kein Interventionsrecht, denn sie schützen den Berechtigten anders als Bedingungsanwartschaften auf den Eigentumserwerb an beweglichen Sachen nicht vor Veräußerung und Rechtsverlust an einen Dritten[18].

554 Wurde die gesicherte Forderung erfüllt, erstarkt das Anwartschaftsrecht zum Vollrecht und verschafft dem Inhaber die Klagemöglichkeit aus § 771 ZPO. Ein Interventionsrecht entsteht aber auch dann, wenn der Rechtserwerb nicht bedingt ist, sondern

---

16 BGH NJW 1971, 799, 800 für das Anwartschaftsrecht des Eigentumsvorbehaltskäufers.
17 Stein/Jonas/*Münzberg*, ZPO, § 771 Rn. 21; MünchKommZPO/*K. Schmidt/Brinkmann*, § 771 Rn. 21 m.N.; a.A. Zöller/*Herget*, ZPO, § 771 Rn. 14 (Eigentumsvorbehalt).
18 *Medicus/Petersen*, Rn. 469.

der Sicherungsgeber nur einen sicherungsvertraglichen Anspruch gegen den Sicherungsgeber auf Rückübereignung des Sicherungsgutes erwirbt[19].

Tritt die **Verwertungsreife** ein, weil der Sicherungsgeber seinen Verpflichtungen nicht nachkommt, steht der Sicherungsgegenstand endgültig dem Sicherungsnehmer zu[20]. Das Interventionsrecht des Sicherungsgebers entfällt, da es gleichgültig ist, ob der Sicherungsnehmer den Gegenstand sicherungsvertragsgemäß verwertet oder dessen Gläubiger darauf zugreifen. 555

War der Sicherungsgeber im **unmittelbaren Besitz** des Sicherungsgutes geblieben, kann er sich im Rahmen von § 771 ZPO nicht nur auf sein Anwartschaftsrecht, sondern auch auf den Besitz als Interventionsrecht berufen (Rn. 582 f). Wird die bedingt übereignete Sache im Besitz des Sicherungsgebers gepfändet, findet neben der Drittwiderspruchsklage wegen eines Verstoßes gegen § 809 ZPO die Erinnerung statt (Rn. 483 ff). 556

b) Vorbehaltseigentum

In gleicher Weise wie das Sicherungseigentum begründet auch das Vorbehaltseigentum ein Interventionsrecht nach § 771 ZPO. Auch hier muss danach unterschieden werden, ob Gläubiger des Vorbehaltskäufers (Anwartschaftsberechtigter) oder des Vorbehaltsverkäufers (Eigentümer) vollstrecken. 557

> **Beispiel 63** (Interventionsrecht von Vorbehaltsverkäufer und Vorbehaltskäufer): V verkauft K Waschmaschine und Trockner unter Eigentumsvorbehalt. Der Gläubiger G_1 des K lässt die Waschmaschine bei K pfänden. Der Trockner befindet sich zur Reparatur bei V, wo er von Gläubiger G_2 des V gepfändet wird. V und K erheben jeweils Drittwiderspruchsklage. Mit Erfolg? 558

aa) **Vollstreckung durch Gläubiger des Vorbehaltskäufers.** Auch das Vorbehaltseigentum ist vollwertiges Eigentum; nach herrschender Ansicht ist daher auch der Vorbehaltsverkäufer zur Drittwiderspruchsklage berechtigt ist, wenn Gläubiger des Vorbehaltskäufers in die Kaufsache vollstrecken[21]. Nur vereinzelt wird vorgeschlagen, den Vorbehaltsverkäufer wegen seiner Stellung als Sicherungsnehmer auf die Vorzugsklage nach § 805 ZPO (Rn. 603 ff) zu verweisen. Diese Ansicht überzeugt schon deshalb nicht, weil das Vorbehaltseigentum nicht nur die Verwertung der Sache durch den Verkäufer sichern, sondern darüber hinaus die ungestörte Vertragserfüllung durch Zahlung des Restkaufpreises sowie die Rückgabe der Kaufsache im Fall des Rücktritts bei Nichtzahlung (§ 449 III BGB) gewährleisten soll. In **Beispiel 63** kann V der Vollstreckung durch G_1 deshalb unter Verweis auf sein Vorbehaltseigentum nach § 771 ZPO widersprechen. 559

Das Interventionsrecht (ebenso wie das Rücktrittsrecht) des Vorbehaltsverkäufers erlischt, wenn der Gläubiger des Käufers den restlichen Kaufpreis zahlt, ohne dass der Käufer widerspricht und der Verkäufer die Zahlung ablehnt (§ 267 I BGB). Eine Ab- 560

---

19 Palandt/*Bassenge*, BGB, § 930 Rn. 34.
20 BGH NJW 1978, 1859, 1860.
21 BGH NJW 1970, 1733, 1735; *Brox/Walker*, Rn. 1412.

lehnung des Verkäufers kann dadurch überwunden werden, dass der Dritte das Anwartschaftsrechts des Käufers pfändet und dem Verkäufer die Zahlung des Restkaufpreises anbietet; die Pfändung beschränkt die Verfügungsmacht des Käufers (§ 267 I 1, II BGB) und führt mit dem Zahlungsangebot zur Fiktion des treuwidrig verhinderten Bedingungseintritts (§ 162 I BGB)[22].

Hinweis: Zur Pfändung des Anwartschaftsrechts im Wege der sog. Doppelpfändung vgl. Rn. 428. Wird der Vorbehaltskäufer mit Bedingungseintritt Eigentümer der Kaufsache, bestimmt sich der Rang des Pfandrechts an der Sache nach dem Rang des Pfandrechts am Anwartschaftsrecht (§ 804 III ZPO; Rn. 324 f, 544).

561 **bb) Vollstreckung durch Gläubiger des Vorbehaltsverkäufers.** Vollstreckt ein Gläubiger des Vorbehaltsverkäufers in die Kaufsache, steht auch dem Vorbehaltskäufer ein Interventionsrecht zu: Mit der Vereinbarung des Eigentumsvorbehalts hat der Verkäufer dem Käufer das Eigentum an der Kaufsache im Zweifel unter der aufschiebenden Bedingung vollständiger Kaufpreiszahlung übertragen (§§ 158 I, 449 I BGB). Wie der Sicherungsgeber im Fall der auflösend bedingten Sicherungsübereignung (Rn. 551) hat der Vorbehaltskäufer jedenfalls mit Übergabe ein Anwartschaftsrecht auf den Eigentumserwerb erlangt. Denn der Bedingungseintritt hängt nur noch von der Zahlung des Restkaufpreises ab und kann durch den Verkäufer nicht mehr einseitig verhindert werden. Auch diese aus aufschiebender Bedingung entstandene Eigentumsanwartschaft berechtigt den Vorbehaltskäufer zur Drittwiderspruchsklage nach § 771 ZPO. Wie der Sicherungsgeber (Rn. 552) ist auch der Vorbehaltskäufer deshalb schutzwürdig, weil er bei hoheitlicher Verwertung der Kaufsache durch Zwangsversteigerung sein Recht endgültig verlieren würde; da § 161 I 2 BGB bei hoheitlicher Verwertung nicht greift, könnte auch der Käufer den Bedingungseintritt nach Zuschlag und Ablieferung an den Ersteher nicht mehr herbeiführen. In **Beispiel 63** kann deshalb auch K der Pfändung durch G_2 durch Drittwiderspruchsklage begegnen. Praktische Bedeutung erlangt das Interventionsrecht des Vorbehaltskäufers wegen § 809 ZPO nur dann, wenn sich die Kaufsache wie hier nicht in dessen Gewahrsam befindet oder der Käufer ausnahmsweise zur Herausgabe an den Gerichtsvollzieher bereit war; auch in diesem Fall aber wäre die Klage aus § 771 ZPO begründet.

c) Treuhand

562 Treuhandverhältnisse zeichnen sich dadurch aus, dass der Treuhänder (regelmäßig durch Übertragung des Vollrechts) im Außenverhältnis eine umfassendere Rechtsmacht erlangt, als es der Treuzweck erfordert und ihm im Innenverhältnis zum Treugeber zukommt. Wegen dieser Besonderheit erlangt die Zuordnung des Interventionsrechts nach wirtschaftlichen Gesichtspunkten auch hier besondere Bedeutung und muss danach unterschieden werden, ob Gläubiger des Treugebers oder des Treuhänders in das Treugut vollstrecken.

563 Weiterhin ist zu unterscheiden zwischen der dem Eigeninteresse des Treuhänders dienenden **eigennützigen Treuhand** (Sicherungstreuhand) und der den Zwecken des Treugebers dienenden **uneigennützigen Treuhand** (Verwaltungstreuhand). Der typi-

---

22 BGH NJW 1954, 1325, 1328.

sche Anwendungsfall der Sicherungstreuhand ist das Sicherungseigentum (Rn. 545 ff); Hauptfälle der Verwaltungstreuhand sind die Inkassozession und die Vermögensübertragung an einen Treuhänder zum Zweck der Gläubigerbefriedigung.

Beispiel 64 (Interventionsrecht von Treunehmer und Treuhänder): Die B-Bank hat gegen Schuldner S eine Darlehensforderung. Als S die Tilgung des Darlehens einstellt, tritt B die verbleibende Rückzahlungsforderung an den Inkassounternehmer I ab, damit dieser die Forderung gegen S für B einziehe. Nun vollstrecken sowohl der Gläubiger G_1 der B als auch der Gläubiger G_2 des I in die Forderung. Können B bzw. I der Vollstreckung durch G_1 bzw. G_2 widersprechen? 564

aa) Vollstreckung durch Gläubiger des Treugebers. Vollstreckt ein Gläubiger des Treugebers in das Treugut, muss der **Treuhänder** die Vollstreckung hinnehmen. Das Treugut gehört trotz der Übertragung an den Treuhänder wirtschaftlich zum Vermögen des Treugebers. In **Beispiel 64** scheidet für I eine Drittwiderspruchsklage nach § 771 ZPO deshalb aus. 565

Hinweis: Ist das Treugut eine bewegliche Sache und missachtet der Gerichtsvollzieher bei deren Pfändung den Gewahrsam des nicht zur Herausgabe bereiten Treuhänders, findet wegen des Verstoßes gegen § 809 ZPO die Erinnerung statt (§ 766 ZPO, Rn. 483 ff).

bb) Vollstreckung durch Gläubiger des Treuhänders. Der Treugeber kann sich gegen die Vollstreckung durch Gläubiger des Treuhänders mit der Drittwiderspruchsklage nach § 771 ZPO wehren. Da der Treuhänder das Treugut nur zu Verwaltungszwecken übernommen hatte, begründet es auch nach dessen Übertragung ein Interventionsrecht des Treugebers[23]; etwas anders gilt ausnahmsweise dann, wenn die Vollstreckung nach der Treuhandabrede zulässig oder gar bezweckt ist[24]. In **Beispiel 64** kann B der Vollstreckung des G_2 folglich nach § 771 ZPO widersprechen. 566

Zur Vertiefung: Grundsätzlich setzt ein Treuhandverhältnis voraus, dass der Treuhänder das Treugut unmittelbar aus dem Vermögen des Treugebers erlangt hat (Unmittelbarkeitsprinzip). In Fällen der Erwerbstreuhand (uneigentliche Treuhand) scheidet deshalb nach allgemeiner Auffassung ein Widerspruchsrecht auch des Treugebers aus, wenn und soweit er das Treugut dem Treuhänder nicht unmittelbar aus seinem Vermögen anvertraut hat und nun gegen diesen die Vollstreckung in das Treugut betrieben wird[25]. 567

Eine Ausnahme von diesem Unmittelbarkeitserfordernis hat die Rechtsprechung bei der Verwaltung offensichtlich fremden Vermögens auf eigens zu diesem Zweck angelegten treuhänderischen (Notar- oder Rechtsanwalts-)Anderkonten anerkannt. Bei Überweisungen des Treugebers und gar eines Dritten auf ein solches Anderkonto steht dem Treugeber mit seinem Herausgabeanspruch aus § 667 BGB ein Interventionsrecht nach § 771 ZPO zu[26] (vgl. Rn. 581); trotz dieses Anspruchs fehlt das Widerspruchsrecht, wenn der Treuhänder das Guthaben auf einem eigenen Geschäfts- oder Privatkonto führt[27]. 568

---

23 BGH NJW 1954, 190, 192; Rpfleger 1996, 357; *Brox/Walker*, Rn. 1415 m.N.
24 BGH NJW 1959, 1223, 1225.
25 RGZ 84, 241, 216; BGH NJW 1959, 1223, 1224 f; NJW 1990, 3141, 3142.
26 BGH NJW 1973, 1754, 1755; NJW 1996, 1543; ohne Rücksicht auf eine Offensichtlichkeit des Treuhandverhältnisses (echtes Anderkonto) BGH NJW 1959, 1223, 1225; NJW 1993, 2622.
27 BGH NJW 1971, 559, 560; NJW 1996, 1543.

Ohne Rücksicht auf das Unmittelbarkeitsprinzip besteht eine weitere Ausnahme in der Insolvenz des Treuhänders: Hier soll dem Treugeber auch dann ein (dem Recht aus § 771 ZPO wertungsgleiches) Aussonderungsrecht nach § 47 InsO zustehen, wenn der Treuhänder das dingliche Recht am Treugut vom Treugeber oder einem Dritten in einer Gestalt erhalten hat, die seine Ausübungsbefugnisse im Interesse des Treugebers einschränkt[28].

d) Beschränkte dingliche Rechte

569 Ein Recht nach § 771 ZPO kann nicht nur durch Eigentum oder Anwartschaften an Eigentumsrechten, sondern durch sämtliche andere schuldnerfremde Vermögensrechte begründet werden. Hierzu zählen beschränkte dingliche Rechte, etwa Hypothek und Grundschuld.

570 **Beispiel 65** (Interventionsrecht bei Zubehörpfändung): Gläubiger G hatte in Fall 7 (Rn. 474) die durch Schuldner S in dessen Gaststätte aufgestellte Zapfanlage durch den Gerichtsvollzieher pfänden lassen, obwohl zuvor zugunsten des H eine Hypothek am Grundstück eingetragen worden war. Welche Rechtsschutzmöglichkeiten bestehen für H?

571 H kann sich in **Beispiel 65** mit Erfolg gegen die Pfändung wenden, wenn der Pfändungsvorgang entweder formell oder materiell fehlerhaft ist. Da die Zapfanlage als Grundstückszubehör in den Haftungsverband der Hypothek fällt (§ 1120 BGB), verstößt deren Pfändung im Wege der Mobiliarvollstreckung durch den Gerichtsvollzieher gegen § 865 II ZPO. Die Pfändung ist jedoch nicht nichtig, sondern wegen des Verstoßes gegen Zuständigkeitsvorschriften als formell fehlerhafte Vollstreckungsmaßnahme mit der Erinnerung nach § 766 ZPO anfechtbar (Rn. 483 ff).

572 Ob der Hypothekar bei einem Verstoß gegen § 865 II ZPO neben der Erinnerung auch Drittwiderspruchsklage nach § 771 ZPO erheben kann, ist umstritten. Nach herrschender Auffassung begründet der in der Pfändung von Grundstückszubehör liegende Eingriff in ein beschränktes dingliches Recht am Grundstück ein Interventionsrecht[29]. Wenn bereits gegen die Pfändung von Früchten nach § 100 BGB wegen des hierin liegenden Verstoßes gegen § 810 I ZPO Drittwiderspruchsklage erhoben werden kann (§ 810 II ZPO), muss dies erst recht für die unter Verstoß gegen § 865 II ZPO erfolgte Pfändung von Grundstückszubehör gelten. Denn die nicht durch § 865 II 2 ZPO erlaubte Entfernung von Zubehör (Rn. 295 ff) stellt eine ungleich stärkere Beeinträchtigung des Rechts des Hypothekengläubigers aus § 1120 BGB dar, da sie dessen Haftungsmasse maßgeblich schmälert. Eine § 810 II ZPO entsprechende Klarstellung war deshalb entbehrlich.

573 Die in das *Grundstück* betriebene Zwangsversteigerung berechtigt die Gläubiger von Grundpfandrechten an diesem Grundstück dagegen nicht zur Drittwiderspruchsklage. Betreibt ein im Rang vorgehender Grundpfandgläubiger die Zwangsversteigerung verwirklicht sich in der hierin liegenden Beeinträchtigung nachrangiger Grundstücksrechte lediglich deren Rangverhältnis; sie ist deshalb nicht widerrechtlich. Betreil ein nachrangiger Gläubiger die Zwangsversteigerung, bleibt das Recht der vorrang

---

28 BGH NJW 2003, 3414, 3415 f; Schuschke/Walker/*Raebel*, § 771 Rn. 20 m.N.
29 RGZ 55, 207, 209; MünchKommZPO/*K. Schmidt/Brinkmann*, § 771 Rn. 35; a.A. Stein/Jonas/*M berg*, ZPO, § 865 Rn. 36.

gen Grundpfandgläubiger unberührt, da die ranghöheren Grundstücksrechte vom Ersteher übernommen werden (§ 52 I ZVG, Rn. 450). Gleiches gilt, wenn der Vollstreckungsgläubiger eine Zwangshypothek erwirbt (Rn. 435 ff), da vor der Zwangshypothek eingetragene, bereits bestehende Rechte dieser im Rang vorgehen.

Hinweis: Der Grundstücksbeschlag erfasst Mietforderungen nach §§ 1123 f BGB nur dann, wenn aus einem dinglichen Titel (Rn. 442) vollstreckt wird. Die Vollstreckung aus einem persönlichen Titel berechtigt den aus älterem Recht klagenden Zessionar deshalb zur Drittwiderspruchsklage nach § 771 ZPO, ohne dass § 1124 II BGB entgegensteht[30].

Andere beschränkte dingliche Rechte (Grunddienstbarkeit, Dienstbarkeit, Nießbrauch, Reallast, Erbbaurecht) gewähren ein Interventionsrecht, insoweit die Vollstreckung den Bestand oder die berechtigte Ausübung des Rechts beeinträchtigt. Auch eine solche Beeinträchtigung liegt freilich nur dann vor, wenn das beschränkte dingliche Recht demjenigen, aus dem der Gläubiger die Vollstreckung betreibt, im Rang vorgeht. Bestand und Ausübung jedes nachrangigen Rechts stehen von vornherein unter dem Vorbehalt der Grundstücksverwertung durch vorrangig berechtigte Gläubiger. 574

Hinweis: Auch der vorrangige Grundpfandgläubiger bedarf zur Vollstreckung in das Grundstück eines Duldungstitels gegen den nachrangigen Nießbraucher, wenn die Vollstreckung gegen den Eigentümer (bei Zwangsversteigerung und Zwangsverwaltung) Nießbrauchrechte zu Besitz und Nutzung (§§ 1030, 1036 BGB) beeinträchtigt[31]. Gegen die titellose Vollstreckung findet die Erinnerung statt (§ 766 ZPO, Rn. 483 ff).

Auch anderen unmittelbar oder mittelbar besitzenden Pfandrechtsgläubigern steht die Drittwiderspruchsklage zu[32], denn eine Vollstreckung durch ungesicherte oder nachrangige Gläubiger beeinträchtigt das Recht des Inhabers eines Besitzpfandrechts aus § 1232 S. 1 BGB, den Verwertungszeitpunkt selbst zu bestimmen. Hinzu tritt regelmäßig die Vorzugsklage nach § 805 ZPO (Rn. 603 ff). Nur Inhaber besitzloser Pfandrechte sind ausschließlich auf § 805 ZPO verwiesen. 575

e) Schuldrechtliche Ansprüche

aa) Forderungsinhaberschaft. Wie das Eigentum an einer Sache berechtigt auch die Inhaberschaft an schuldnerfremden Forderungen oder anderen Vermögensrechten zur Drittwiderspruchsklage. Dass die Pfändung einer nur „angeblichen" Forderung (Rn. 373) ohnehin ins Leere läuft und nicht zu einer Beschlagnahme führt, wenn die Forderung nicht besteht oder nicht dem Vollstreckungsschuldner zusteht, ist unschädlich. Denn die Forderungsinhaberschaft des Dritten ist schon durch den *Schein* einer wirksamen Pfändung gefährdet und muss deshalb durch Klage nach § 771 ZPO beseitigt werden können. 576

Beispiel 66 (Interventionsrecht bei Forderungspfändung): Gläubiger G pfändet drei Forderungen des Schuldners S gegen den Drittschuldner DS. Der Pfändungs- und Überweisungsbeschluss wird zunächst dem S und erst drei Tage später auch dem DS zugestellt. Bereits 577

---

30 BGH NJW 2008, 1599, 1600 Rn. 9.
31 BGH NJW 2003, 2164 f m. Anm. *K. Schmidt*, JuS 2003, 1029.
32 *Brox/Walker*, Rn. 1418.

vor Zustellung an S hatte dieser eine Forderung an den Zessionar Z_1 abgetreten. Nach Zustellung an S, aber noch vor Zustellung an DS trat S eine zweite Forderung an Z_2 und nach Zustellung an DS die dritte Forderung an Z_3 ab. Z_1, Z_2 und Z_3 beantragen jeweils unter Verweis auf ihre vermeintliche Forderungsinhaberschaft, die Vollstreckung des G für unzulässig zu erklären. Mit Erfolg?

578 Im Fall der Forderungspfändung ist die Drittwiderspruchsklage erfolgreich, wenn der Kläger Inhaber der Forderung ist, die vermeintlich gepfändet und gegebenenfalls überwiesen wurde (Rn. 373 ff, 378 ff). In **Beispiel 66** ist daher entscheidend, ob die Abtretung der Forderungen wirksam war. Z_1 hat die Forderung unproblematisch erlangt, da die Abtretung vor deren Pfändung und Überweisung an G stattfand. Der Pfändungs- und Überweisungsbeschluss ging ins Leere; die Drittwiderspruchsklage des Z_1 ist begründet. Der Abtretung an Z_2 könnte entgegenstehen, dass der Pfändungs- und Überweisungsbeschluss bereits an S zugestellt war, als sich S und Z_2 über den Forderungsübergang einigten (§ 398 BGB). Die wirksame Verstrickung der Forderung durch Pfändung bewirkt ein relatives Veräußerungsverbot (§§ 135, 136 BGB). Eine Abtretung der verstrickten Forderung wäre dem Vollstreckungsgläubiger als Pfändungspfandrechtsinhaber gegenüber unwirksam; ein gutgläubiger Forderungserwerb schiede aus. Freilich setzt die wirksame Verstrickung der Forderung neben dem tatsächlichen Bestehen des gepfändeten Rechts voraus, dass dem Drittschuldner durch Beschluss des zuständigen Vollstreckungsorgans (Vollstreckungsgericht, § 828 ZPO; Rn. 356) verboten wurde, an den Schuldner zu leisten (sog. Arrestatorium, § 829 I 1 ZPO; Rn. 376) und dieser Beschluss an den Drittschuldner zugestellt wurde (§§ 829 III, 835 ZPO; Rn. 377). Die Zustellung an den Schuldner allein führt noch nicht zur Verstrickung der Forderung. Da die Forderung zum Zeitpunkt der Abtretung an Z_2 mangels Zustellung des Pfändungsbeschlusses an DS noch nicht verstrickt war, konnte sie Z_2 wirksam erwerben. Auch dessen Drittwiderspruchsklage ist folglich begründet. Z_3 einigte sich mit S über den Forderungsübergang hingegen erst nach Beschlusszustellung an den Drittschuldner. Die Abtretung der verstrickten Forderung ist gegenüber G nach §§ 135 f BGB relativ unwirksam; der Drittwiderspruchsklage des Z_3 bleibt der Erfolg deshalb versagt.

579 **bb) Verschaffungs- und Herausgabeansprüche.** Unabhängig, ob in eine Forderung oder eine Sache vollstreckt wird, können schuldrechtliche Ansprüche an dieser Forderung oder Sache ein Interventionsrecht nur dann begründen, wenn der Vollstreckungsgegenstand ausweislich des Anspruchsinhalts nicht zum Schuldnervermögen gehört.

580 Bei sog. **Verschaffungsansprüchen**, etwa auf Übergabe oder Übereignung einer Sache (z.B. des Sachkäufers oder Mieters), oder Abtretung eines Rechts (z.B. des Rechtskäufers) ist dies nicht der Fall. Der obligatorische Verschaffungsanspruch ist zwar darauf gerichtet, die Vermögenszuordnung des Anspruchsgegenstandes zu ändern; bis zur Erfüllung des Anspruchs steht diese Änderung aber noch aus und gehört der Gegenstand zum Vermögen des Verschaffungsschuldners. Dies gilt für vertragliche wie für gesetzliche Verschaffungs- oder Rückgewähransprüche (vgl. §§ 346 I, 812 BGB) sowie für schuldrechtliche Vereinbarungen eines Vorkaufsrechts (§ 463 BGB) oder Vormietrechts.

581 Dagegen berechtigen **Herausgabeansprüche** (etwa des Vermieters, Verpächters, Verleihers, Werkbestellers, Auftraggebers) zur Drittwiderspruchsklage, ohne dass der Anspruchsinhaber zugleich Eigentümer des herauszugebenden Gegenstandes sein müsste. Anders als bei Verschaffungsansprüchen ist der Gegenstand dem Vermögen des Anspruchsgläubigers zugeordnet, so dass der Schuldner nicht hierüber verfügen könnte, ohne in den Rechtskreis des Gläubigers einzugreifen. Doch besteht eine wichtige Ausnahme: Ist der Vollstreckungsschuldner Eigentümer der herauszugebenden Sache, besteht ein Interventionsrecht des mittelbar besitzenden Herausgabegläubigers nicht; letzterer ist auf das Ablöserecht aus § 268 I 2 BGB verwiesen[33].

f) Besitz

582 Bei der Vollstreckung in unbewegliches Vermögen kann aus dem für die dingliche Rechtslage unbeachtlichen Besitz allein kein Interventionsrecht nach § 771 ZPO abgeleitet werden (arg. § 891 BGB; vgl. aber Rn. 581, 603 ff)[34]. Beim Besitz an beweglichen Sachen ist die Frage dagegen umstritten.

583 Nach wohl herrschender Ansicht begründen der berechtigte unmittelbare und mittelbare (Mit-)Besitz ein Widerspruchsrecht[35], das wegen der gleichzeitig statthaften Erinnerung (§ 766 ZPO, Rn. 483 ff) freilich praktisch bedeutungslos ist. Die Gegenansicht sieht im Besitz kein Interventionsrecht und wendet zutreffend ein, dass der Besitz allein auf tatsächlicher Sachherrschaft beruht (§ 854 BGB) und über die Vermögenszugehörigkeit der Sache keine Aussage trifft[36]. Zudem fehlt das praktische Bedürfnis, eine Widerspruchsklage (auch) mit dem berechtigten Besitz zu begründen. Denn gerade der unmittelbare Besitz ist durch die Erinnerungsmöglichkeit nach §§ 809, 886, 766 ZPO ausreichend geschützt. Auch der mittelbare Besitz setzt zwingend einen Herausgabeanspruch voraus, der als schuldrechtlicher Anspruch ein Interventionsrecht darstellt (Rn. 581).

Hinweis: Ein Interventionsrecht des mittelbar besitzenden Herausgabegläubigers scheidet jedenfalls dann aus, wenn der unmittelbar besitzende Vollstreckungsschuldner auch Eigentümer der gepfändeten Sache ist; auch hier kann der Gläubiger die Sache lediglich nach § 268 I 2 BGB ablösen (vgl. Rn. 461 ff).

g) Leasingverträge

584 In beiden etablierten Ausgestaltungen des Leasingvertrages steht nur dem Leasinggeber ein Interventionsrecht nach § 771 ZPO zu; der Leasingnehmer ist auf den Schutz aus § 809 ZPO beschränkt.

585 **Beispiel 67** (Interventionsrecht beim Leasingvertrag): Der Leasingnehmer LN least vom Leasinggeber LG ein Fahrzeug für eine kurzfristige Überlassung (sog. Operating-Leasing). Das Fahrzeug steht im Eigentum der B-Bank. Gläubiger des LN und des LG lassen das

---

33 Schuschke/Walker/*Raebel*, § 771 Rn. 30.
34 RGZ 127, 8; Thomas/Putzo/*Seiler*, ZPO, § 771 Rn. 21.
35 BGH NJW 1951, 837, 838 f; Stein/Jonas/*Münzberg*, ZPO, § 771 Rn. 35 m.N.
36 MünchKommZPO/*K. Schmidt/Brinkmann*, § 771 Rn. 38 m.N.; *Gaul/Schilken/Becker-Eberhard*, § 41 Rn. 96.

Fahrzeug bei LN pfänden. LG widerspricht der Pfändung durch Gläubiger des LN; LN wehrt sich gegen die Vollstreckung durch Gläubiger des LG. Mit Erfolg?

586 Beim mietähnlichen sog. **Operating-Leasing** kann nur der Leasinggeber einer Vollstreckung durch Gläubiger des Leasingnehmers nach § 771 ZPO widersprechen. Das Interventionsrecht folgt entweder aus dem Eigentum des Leasinggebers oder aus dessen leasingvertraglichem Herausgabeanspruch. In **Beispiel 67** kann LG daher unter Berufung auf seinen Herausgabeanspruch erfolgreich Widerspruchsklage nach § 771 ZPO erheben. LN dagegen kann der Pfändung des in seinem Gewahrsam stehenden Leasinggutes nur nach § 809 ZPO widersprechen und sich mit der Erinnerung wehren, wenn der Gerichtsvollzieher gleichwohl pfändet (§ 766 ZPO, Rn. 483 ff). Ein Widerspruch nach § 771 ZPO ist deshalb weder erforderlich noch (mangels Interventionsrechts) statthaft[37].

587 Beim sog. **Finanzierungsleasing** ist der Leasingvertrag langfristig und in der Weise angelegt, dass der Leasinggeber am Ende der Vertragslaufzeit den Gegenwert der Sache und einen Gewinn erhalten hat. Damit ähnelt das Finanzierungsleasing einem durch Eigentumsvorbehalt gesicherten Abzahlungskauf, den es in der Praxis vielfach ersetzt. Ähnlich dem Vorbehaltsverkäufer ist auch der Leasinggeber aus wirtschaftlicher Sicht Inhaber der Eigentümerbefugnisse. Bei einer Pfändung durch Gläubiger des Leasingnehmers ist er deshalb zum Widerspruch nach § 771 ZPO berechtigt[38]. Der Leasingnehmer unterscheidet sich vom Vorbehaltskäufer dagegen dadurch, dass ihm ein Anwartschaftsrecht nicht zusteht: Der Leasingnehmer erlangt beim Finanzierungsleasing keine dingliche Rechtsposition, sondern lediglich die Option, das Leasinggut am Ende der Vertragslaufzeit erwerben zu können. Hierin ähnelt er dem Inhaber eines obligatorischen Verschaffungsanspruchs, der ebenfalls ein Interventionsrecht nicht begründet (Rn. 580). Auch beim Finanzierungsleasing bleibt dem Leasingnehmer der Widerspruch nach § 771 ZPO versagt. Wegen des unmittelbaren Besitzes stehen ihm aber der Gewahrsamsschutz aus § 809 ZPO und bei dessen Verletzung die Erinnerung zu (§ 766 ZPO)[39].

h) Anfechtungsrechte

588 Überträgt der spätere Insolvenzschuldner einen Vermögensgegenstand in nach §§ 129 ff InsO anfechtbarer Weise auf einen Erwerber und wird der Gegenstand dort von einem Gläubiger des Erwerbers gepfändet, kann der anfechtungsberechtigte Insolvenzverwalter nach § 771 ZPO widersprechen[40]. Zwar wirkt die Anfechtung nach heute herrschender Ansicht nicht dinglich, doch erschöpft sie sich auch nicht in der bloßen Geltendmachung des obligatorischen Verschaffungsanspruchs aus § 143 InsO[41]; sie weist den anfechtbar erworbenen Gegenstand vielmehr der Haftungsmasse

---

37 Zum Ganzen Musielak/*Lackmann*, ZPO, § 771 Rn. 27 f.
38 *Baur/Stürner/Bruns*, Rn. 46.12.
39 *Brox/Walker*, Rn. 1424 m.N.; a.A. *Baur/Stürner/Bruns*, Rn. 46.12: Klage nach § 771 ZPO.
40 Vgl. BGH NJW 2004, 214, 216 zum Aussonderungsrecht (§ 47 InsO); anders noch BGH NJW 1990, 990 zur Vorgängervorschrift § 37 KO.
41 Hierzu *Reischl*, Rn. 584 f.

des inzwischen insolventen Veräußerers zu und ähnelt damit einem Herausgabeanspruch (Rn. 581)[42].

Hinweis: Ein Interventionsrecht besteht (da nicht aus einem Anfechtungsrecht der Insolvenzgläubiger geklagt wird) in entsprechender Anwendung von § 771 ZPO zugunsten des Insolvenzverwalters auch dann, wenn ein Gläubiger des späteren Insolvenzschuldners länger als einen Monat vor Eröffnung des Insolvenzverfahrens (§ 88 InsO) gepfändet und hierdurch anfechtbar die Masse geschmälert hat[43]. Der Insolvenzverwalter ist hier nicht auf den Verschaffungsanspruch aus § 143 InsO verwiesen, da seine Klage nicht allein der Anfechtung, sondern zugleich dazu dient, die Unzulässigkeit der Pfändung gegenüber den Insolvenzgläubigern durchzusetzen[44].

Das außerhalb des Insolvenzverfahrens bestehende Anfechtungsrecht nach §§ 3–6 AnfG begründet nach zutreffender Auffassung dagegen kein Interventionsrecht nach § 771 ZPO, soweit sich der Anspruch aus § 11 AnfG auf Zurverfügungstellung einer weggegebenen Sache richtet. Hier genügt für den anfechtenden (Einzelzwangsvollstreckungs-)Gläubiger die Vorzugsklage nach § 805 ZPO: Sie befriedigt dessen regelmäßig nur auf Duldung der Zwangsvollstreckung in die weggegebene Sache gerichteten Anspruch und erlaubt rangwahrend Nachpfändungen[45]. 589

i) Veräußerungsverbot nach §§ 135, 136 BGB

Veräußerungsverbote nach § 135 BGB betreffen als relative Verfügungsverbote den Schutz bestimmter Personen. Praktische Bedeutung erlangt die Vorschrift durch deren Anwendbarkeit auf gerichtliche und behördliche Verfügungsverbote nach § 136 BGB. 590

Zur Vertiefung: Verfügungsverbote, die während des Eröffnungsverfahrens durch das Insolvenzgericht angeordnet werden (§§ 21 II 1 Nr. 2, 24 I InsO) oder mit Eröffnung des Insolvenzverfahrens eintreten (§§ 80, 81 InsO), fallen nicht unter §§ 135, 136 BGB. Bei Verstößen gegen §§ 80, 81 InsO ist die Verfügung nicht nur (relativ) gegenüber den späteren Insolvenzgläubigern, sondern (absolut) gegenüber jedermann unwirksam. Freilich kann der Insolvenzverwalter genehmigen (§ 185 II BGB). 591

Verfügungen im Wege der Zwangsvollstreckung stehen Verfügungsgeschäften gleich (§§ 135 I 2, 136 BGB); sie sind bei Verstoß gegen eine Verfügungsbeschränkung dem geschützten Gläubiger gegenüber relativ unwirksam. Die Pfändung bleibt hiervon unberührt; unzulässig ist nur die verfügungsverbotswidrige Verwertung des gepfändeten Gegenstandes durch Veräußerung oder Überweisung (§ 772 S. 1 ZPO). Der geschützte Dritte kann nur der Verwertung nach § 771 ZPO widersprechen (§ 772 S. 2 ZPO); sein Antrag ist deshalb nicht auf die Unzulässigerklärung der Zwangsvollstreckung, sondern lediglich darauf zu richten, dass die Veräußerung oder Überweisung für unzulässig erklärt wird.

Hinweis: Weitere auf § 771 ZPO verweisende Sondervorschriften finden sich in §§ 773, 774 ZPO. Verletzt die Vollstreckung in einen zur Vorerbschaft oder zum Gesamtgut (§ 1416 BGB) gehörenden Gegenstand ein veräußerungshinderndes Recht des Nacherben oder des nichtschuldenden Ehegatten, steht auch diesen die Drittwiderspruchsklage nach § 771 ZPO zu.

---

42 Schuschke/Walker/*Raebel*, § 771 Rn. 33.
43 Dazu *Huber*, JuS 2006, 1078.
44 KG NJW 1958, 914, 915 (zu § 37 KO); MünchKommZPO/*K. Schmidt/Brinkmann*, § 771 Rn. 43; a.A. wohl MünchKommInsO/*Kirchhof*, § 143 Rn. 57.
45 Stein/Jonas/*Münzberg*, ZPO, § 771 Rn. 40; *Brox/Walker*, Rn. 1425.

2. Keine Einwendungen des Beklagten

592 Der beklagte Vollstreckungsgläubiger kann sich gegen das Klagebegehren des Drittwiderspruchsklägers verteidigen, indem er das veräußerungshindernde Interventionsrecht (Rn. 544 ff) und also diejenigen Tatsachen bestreitet, die der Kläger zur Begründung des Entstehens, Fortbestehens und der einredefreien Durchsetzbarkeit des Rechts behauptet.

Klausurhinweis: Die Möglichkeit des beklagten Vollstreckungsgläubigers, sich gegen das Klagebegehren des Drittwiderspruchsklägers dadurch zu verteidigen, dass er das veräußerungshindernde Interventionsrecht bestreitet, ist keine Besonderheit der Klage nach § 771 ZPO. In der klausurmäßigen Bearbeitung von größerer Bedeutung sind materiell-rechtliche Einwendungen, die das Erlöschen oder die fehlende Durchsetzbarkeit des Interventionsrechts betreffen. Diese Einwendungen sollten in einem ersten Schritt zusammen mit der Entstehung des Rechts geprüft werden. In einem zweiten Schritt sind die folgenden besonderen Einwendungen (Rn. 594 ff) abzuhandeln, die sich gegen die Geltendmachung des (zuvor als fortbestehend erkannten) Interventionsrechts im Vollstreckungsverfahren richten.

593 Auch wenn das entstandene Interventionsrecht materiell-rechtlich durchsetzbar fortbesteht, ist die Drittwiderspruchsklage unbegründet, wenn dem Beklagten andere Einwendungen gegen die Geltendmachung dieses Interventionsrechts durch den Kläger oder der Einwand des Rechtsmissbrauchs nach § 242 BGB zustehen.

a) Anfechtbarkeit des Rechtserwerbs

594 Die Regeln des AnfG gehen § 138 BGB als Sondervorschriften vor. Ist der Erwerb des veräußerungshindernden Rechts nach §§ 3–6 AnfG anfechtbar, kann der Vollstreckungsgläubiger vom Rechtserwerber die Duldung der Zwangsvollstreckung in den Gegenstand verlangen. Erhebt dieser Erwerber Drittwiderspruchsklage nach § 771 ZPO, kann der beklagte Gläubiger sich einredeweise auf sein Anfechtungsrecht berufen (§ 9 AnfG), so dass die Klage als unbegründet abzuweisen ist. Sittenwidrig sind Fälle anfechtbaren Rechtserwerbs nur dann, wenn über den Anfechtungstatbestand hinaus besondere Umstände hinzutreten[46].

b) Haftung des Klägers

595 Unbegründet ist die Klage auch dann, wenn der beklagte Gläubiger einwenden kann, dass nach materiellem Recht (neben dem Schuldner auch) der Kläger für die titulierte Vollstreckungsforderung haftet. Erforderlich ist lediglich ein Zusammenhang zwischen der Titelforderung des Klägers und der (nicht notwendig titulierten) Forderung des beklagten Gläubigers[47]. Praktisch wichtig sind Fälle, in denen der Kläger als selbstschuldnerischer Bürge (§ 765 BGB), persönlich haftender Gesellschafter einer Handelsgesellschaft (§ 128 HGB), Gesamtschuldner (§ 421 BGB), mitverpflichteter Ehegatte (§ 1357 BGB) oder Geschäftsübernehmer (§ 25 HGB) für die Verbindlichkeiten des Titelschuldners (mit-)haftet. In allen diesen Fällen verstößt die Geltendmachung des Interventionsrechts durch den Drittwiderspruchskläger gegen Treu und Glauben (§ 242 BGB): Der Beklagte könnte gegen den Kläger Widerklage mit der

---

46 BGH NJW-RR 1990, 142, 143 f.
47 *Gaul/Schilken/Becker-Eberhard*, § 41 Rn. 152 ff.; *Kaiser/Kaiser/Kaiser*, Rn. 44.

Begründung erheben, dass dieser für die titulierte Verbindlichkeit des Schuldners ebenso haftet wie der Titelschuldner selbst; aus diesem der Widerklage stattgebenden Titel wäre die Vollstreckung in den Vollstreckungsgegenstand zulässig. Auch ohne diesen Umweg über eine Widerklage muss es dem Beklagten gestattet sein, bereits die Drittwiderspruchsklage mit dem Einwand der materiell-rechtlichen (Mit-)Haftung des Klägers zu Fall zu bringen[48].

Hinweis: Die bloße *wirtschaftliche* Identität zwischen Titelschuldner und Drittwiderspruchskläger stellt dagegen keine taugliche Einwendung gegen das geltend gemachte Interventionsrecht des Dritten dar. Deshalb kann die Drittwiderspruchsklage nicht allein deshalb abgewiesen werden, weil der Titelschuldner zugleich der wirtschaftliche Eigentümer des Klägers (etwa der schuldende Alleingesellschafter und Geschäftsführer der klagenden GmbH[49]) ist.

c) Rechtsmissbrauch

Über diese Sonderfälle des arglistigen Drittwiderspruchsklägers hinaus kann der beklagte Gläubiger ausnahmsweise auch die allgemeine Arglisteinrede nach § 242 BGB geltend machen und einwenden, dass der Dritte sein Interventionsrecht in missbräuchlicher Weise erworben hat. Das mag der Fall sein, wenn der Dritte das Eigentum an der gepfändeten Sache vor Pfändung betrügerisch vom Schuldner erlangte (§§ 823 II, 826 BGB) oder der Dritte als Sicherungseigentümer die Annahme der ihm zur Erfüllung der gesicherten Forderung angebotenen Restzahlung ohne zureichenden Grund ablehnt[50]. 596

3. Darlegungs- und Beweislast

Die Darlegungs- und Beweislast richtet sich nach den allgemeinen Regeln. Folglich muss der Kläger grundsätzlich diejenigen Tatsachen behaupten und (soweit sie durch den Beklagten bestritten werden) beweisen, die das die Veräußerung hindernde Recht begründen (Rn. 544 ff); der Beklagte ist für das Vorliegen der das Interventionsrecht oder dessen Durchsetzbarkeit betreffenden Einwendungen (Rn. 592 ff) darlegungs- und beweispflichtig. 597

Gesetzliche Vermutungen und andere Beweislastregeln können diese Beweislastverteilung unabhängig von der Parteirolle der Beteiligten ändern. Von besonderer Bedeutung ist hierbei die Eigentumsvermutung nach § 1006 BGB. Sie kann dem Widerspruchskläger zur Begründung seines im Eigentum liegenden Interventionsrechtes zugute kommen, wenn er Besitzer der Sache war. Sie kann aber auch zugunsten des beklagten Zwangsvollstreckungsgläubigers eingreifen, wenn er behauptet, die Sache habe im Eigentum des besitzenden Titelschuldners gestanden. 598

Sind die Beteiligten verheiratet und leben sie im gesetzlichen Güterstand, bleibt im Verhältnis zu Dritten ferner die Beweislastregel aus § 1362 BGB zu beachten. Hiernach wird vermutet, dass ein Gegenstand in der gemeinsamen Ehewohnung im Eigentum des jeweiligen Titelschuldners steht, wenn die Ehegatten zum Zeitpunkt der 599

---

48 *Brox/Walker*, Rn. 1438.
49 BGH NJW 2004, 217 m. Anm. *Schäfer*, JA 2004, 348.
50 OLG Celle NJW 1960, 2196.

Pfändung nicht getrennt leben (§ 1362 I 2 BGB) und der Gegenstand nicht zum persönlichen Gebrauch eines Ehegatten bestimmt ist (§ 1362 II BGB). Ein Ehegatte, der Drittwiderspruchsklage erhebt, muss deshalb sein Eigentum an der gepfändeten Sache auch dann beweisen, wenn sie sich vor der Pfändung in seinem Besitz befand.

Hinweis: Die Vermutung aus § 1362 BGB ist mangels planwidriger Regelungslücke nicht entsprechend auf nichteheliche Lebensgemeinschaften anwendbar; der Gesetzgeber hat von einer § 1362 BGB entsprechenden Regelung bewusst abgesehen[51]. Zu § 739 ZPO vgl. Rn. 311 ff.

IV. Einstweilige Anordnungen

600 Die Klageerhebung hemmt die Vollstreckung nicht. Die Vollstreckung wird nach § 775 Nr. 1 ZPO grundsätzlich erst dann eingestellt, wenn eine vorläufig vollstreckbare Entscheidung vorliegt, aus der sich ein Grund für die Einstellung ergibt (Rn. 126 ff). Freilich kann schon vor Erlass dieser Entscheidung ein Bedürfnis an der Einstellung des Vollstreckungsverfahrens bestehen. In besonderen Fällen kann das Prozessgericht deshalb auf Antrag des Klägers oder von Amts wegen einstweilige Anordnungen zum Schutz des Klägers anordnen (§§ 769, 770, 771 III ZPO); in dringenden Fällen entscheidet auch das Vollstreckungsgericht (§ 769 II ZPO). Hier sind die gleichen vorläufigen Maßnahmen möglich wie bei der Vollstreckungsabwehrklage (Rn. 251). Regelmäßig wird die Anordnung auf Einstellung der Zwangsvollstreckung lauten. Anders als bei der Vollstreckungsabwehrklage kann eine bereits erfolgte Vollstreckungsmaßregel wegen der besonderen Schutzbedürftigkeit des Dritten auch ohne Sicherheitsleistung aufgehoben werden (§ 771 III 2 ZPO). Getroffene einstweilige Anordnungen werden mit der Entscheidung über die Drittwiderspruchsklage gegenstandslos.

Hinweis: Auch wenn sich die Drittwiderspruchsklage als unbegründet und damit die auf Einstellung der Zwangsvollstreckung gerichtete einstweilige Anordnung nach § 771 III ZPO als ungerechtfertigt erweist, trifft den antragstellenden Dritten keine verschuldensunabhängige Pflicht zum Ersatz der dem beklagten Vollstreckungsgläubiger entstandenen Schäden; § 717 II ZPO ist nicht entsprechend anwendbar. Vielmehr haftet der Dritte (im Fall der Abweisung der Drittwiderspruchsklage) allenfalls aus unerlaubter Handlung; leichte Fahrlässigkeit wirkt dabei noch nicht haftungsbegründend[52].

601 **Fall 9** (Zustimmung des Ehegatten zur Teilungsversteigerung):
Die mittlerweile getrennt lebenden Ehegatten M und F sind zu gleichen Teilen Miteigentümer eines Einfamilienhauses in Leipzig. M bot F an, seinen Anteil zu erwerben. F lehnte dies unter Hinweis auf den hohen Kaufpreis jedoch ab. Daraufhin beantragte M ohne Zustimmung der F die Teilungsversteigerung des Grundstücks zum Zwecke der Aufhebung der Gemeinschaft. Das Gericht ordnete die Teilungsversteigerung an. F beruft sich darauf, dass das Einfamilienhaus das gesamte Vermögen von M und F darstelle und eine Versteigerung wegen der aus § 1365 BGB folgenden Verfügungsbeschränkung unzulässig sei. Wie kann F die Teilungsversteigerung des Grundstücks verhindern?

---

51 BGH NJW 2007, 992 m. Anm. *Wellenhofer*, JuS 2007, 591.
52 BGH NJW 1985, 1959, 1961 f.

Lösungshinweise:
I. Rechtsschutzziel

F möchte verhindern, dass das Einfamilienhaus versteigert wird, da sie der Ansicht ist, eine solche Zwangsversteigerung sei im Hinblick auf ein ihr zustehenden Interventionsrecht unzulässig. Diesem Rechtsschutzziel wird insbesondere die Drittwiderspruchsklage nach § 771 ZPO gerecht.

II. Drittwiderspruchsklage (§ 771 ZPO)

Die Drittwiderspruchsklage müsste zulässig und begründet sein.

1. Zulässigkeit

a) Statthaftigkeit

Die Drittwiderspruchsklage nach § 771 ZPO müsste zunächst statthaft sein. Das ist nur dann der Fall, wenn ein am Zwangsvollstreckungsverfahren nicht beteiligter Dritter unter Berufung auf ein vermeintliches Interventionsrecht die Vollstreckung in einen bestimmten Gegenstand verhindern will. Die Statthaftigkeit der Klage ist im vorliegenden Fall aus zwei Gründen problematisch. Zum einen ist F an der Teilungsversteigerung nach § 753 BGB, §§ 180 ff ZVG keine gänzlich unbeteiligte Dritte, da sie als Miteigentümerin von der Auseinandersetzung der Gemeinschaft (§ 749 BGB) durch Teilungsversteigerung unmittelbar betroffen ist. Zudem ist die Teilungsversteigerung nach §§ 180 ff ZVG kein Zwangsvollstreckungsverfahren, sondern dient hier lediglich der Aufhebung einer Gemeinschaft (§ 749 BGB); sie erfolgt nach § 181 I ZVG ohne Titel, Klausel oder Zustellung und setzt nur den Antrag eines Miteigentümers voraus.

Gleichwohl kommt jedenfalls eine analoge Anwendung der Rechtsschutzmöglichkeit nach § 771 ZPO in Betracht. Eine planwidrige Regelungslücke liegt vor: Zwar hat der Gesetzgeber in §§ 180 ff ZVG keine Verweisung auf die Vorschrift des § 771 ZPO aufgenommen; doch ähnelt die Teilungsversteigerung rein tatsächlich einer Zwangsvollstreckungsmaßnahme, da auch die Gegenstände des auseinanderzusetzenden Vermögens durch eine Versteigerung verwertet werden, die auf Antrag durch staatliche Organe durchgeführt wird. Zudem ist die Klägerin schutzbedürftig, da ihre Rechte in gleicher Weise gefährdet werden können, wie durch eine in ihr (schuldnerfremdes) Vermögen betriebene Zwangsvollstreckung, der nach § 771 ZPO widersprochen werden kann. Wollte man der am Teilungsverfahren ohne eigenen Antrag beteiligten F diese Rechtsschutzmöglichkeit versagen, könnte das Einfamilienhaus allein auf Grundlage des anderen Ehegatten durch Zuschlag versteigert und beider Miteigentumsanteil an der Immobilie entzogen werden. Um diese ungewollte Schutzlücke zu schließen, ist allgemein anerkannt, dass derjenige Ehegatte, der aus materiell-rechtlichen, in der ehelichen Lebensgemeinschaft wurzelnden Gründen die Teilungsversteigerung verhindern will, zum Drittwiderspruch berechtigt ist[53]. Die Drittwiderspruchsklage ist folglich analog § 771 ZPO statthaft.

b) Zuständigkeit

Die Klage müsste beim zuständigen Gericht erhoben werden. Die sachliche Zuständigkeit richtet sich grundsätzlich nach dem Streitwert (§§ 23 Nr. 1, 71 I GVG). Doch könnte hier streitwertunabhängig nach § 23a I 1 Nr. 1 GVG, § 111 Nr. 9 FamFG das Familiengericht sachlich ausschließlich zuständig (§§ 23a I 2, 23b GVG) sein, wenn das behauptete Inter-

---

[53] Dazu *Zimmer/Pieper*, NJW 2007, 3104, 3105.

ventionsrecht aus §§ 1353, 1365 BGB seinen materiell-rechtlichen Ursprung im Familienrecht hat. Zwar handelt es sich bei der Drittwiderspruchsklage aus § 771 ZPO um eine prozessuale Gestaltungsklage, bei der der Streitgegenstand nicht das die Veräußerung hindernde Recht selbst, sondern allein die Unzulässigkeit der Zwangsvollstreckung in einen bestimmten Gegenstand ist. Für die Einordnung als Familiensache kommt es jedoch nicht auf die Rechtsnatur des Streitgegenstandes an; maßgeblich ist vielmehr, ob das der Durchführung einer Teilungsversteigerung entgegengehaltene Recht materiell-rechtlich als Güterrechtssache im Familienrecht wurzelt. Das ist hier der Fall. F begründet die Klage nach § 771 ZPO damit, dass die für die Versteigerungsanordnung erforderliche Zustimmung nach § 1365 I BGB fehle. Diese Begründung wurzelt im ehelichen Güterrecht und begründet nach § 23a I 1, 2 GVG, § 111 Nr. 9 FamFG die ausschließliche sachliche Zuständigkeit des Familiengerichts.

Ausschließlich örtlich zuständig ist analog §§ 771, 802 ZPO das Gericht, das über die Teilungsversteigerung entscheidet. Zur Entscheidung über die Teilungsversteigerung ist gleichfalls örtlich ausschließlich das Gericht berufen, in dessen Bezirk das Grundstück belegen ist (§§ 1 I, 180 ZVG[54]). Da das Grundstück in Leipzig liegt, ist das Amtsgericht Leipzig (Familiengericht) sachlich und örtlich ausschließlich zuständig.

c) Rechtsschutzbedürfnis

F ist rechtsschutzbedürftig, weil das Verfahren der Teilungsversteigerung bereits begonnen hat und noch nicht beendet wurde. Dass neben der Drittwiderspruchsklage womöglich eine Erinnerung nach § 766 ZPO statthaft wäre, beseitigt das Rechtsschutzbedürfnis einer Klage nach § 771 ZPO nicht. Die Klage ist daher zulässig.

2. Begründetheit

Die Klage ist begründet, wenn die Parteien sachbefugt sind und der Klägerin ein Interventionsrecht zusteht, dessen Geltendmachung nicht durch Einwendungen des Beklagten ausgeschlossen ist.

a) Sachbefugnis

Der Beklagte ist passivlegitimiert, da er das Auseinandersetzungsverfahren beantragt hat. Dass F als Mitglied der auseinanderzusetzenden Grundstücksgemeinschaft am Verfahren nicht gänzlich unbeteiligt ist, ist nicht nur hinsichtlich der Statthaftigkeit der Drittwiderspruchsklage unschädlich; die aus dem Miteigentum am Gegenstand der Teilungsversteigerung folgende Schutzbedürftigkeit begründet auch die Passivlegitimation der F. Obwohl F im Verfahren nach § 771 ZPO nicht eigentlich Dritte ist, ist auch sie sachbefugt.

b) Interventionsrecht

F müsste ein die Veräußerung hinderndes Recht am Grundstück zustehen. Sie beruft sich darauf, dass das Einfamilienhaus das gesamte Vermögen der Eheleute darstelle und der Antrag des M auf Anordnung der Teilungsversteigerung nach § 1365 BGB ihrer Zustimmung bedürfe. Fraglich ist also, ob das Zustimmungserfordernis nach § 1365 BGB ein taugliches Interventionsrecht nach § 771 ZPO begründet.

aa) Direkte Anwendung von § 1365 BGB. Bedenken gegen die Anwendbarkeit der Vorschrift des § 1365 I BGB bestehen freilich schon deshalb, weil weder der Antrag auf Anord-

---

54 Rechtsverordnungen nach § 1 II ZVG bestehen in den meisten Bundesländern; hierzu *Böttcher*, ZVG, § 1 Rn. 5.

nung der Teilungsversteigerung noch deren Durchführung eine Verfügung über das Grundstück oder eine rechtsgeschäftliche Verpflichtung hierzu darstellen. Antrag und Anordnung der Teilungsversteigerung haben vielmehr lediglich zur Folge, dass das Eigentum am Grundstück durch den im Zuschlag liegenden Hoheitsakt dem Ersteher zugewiesen wird (§ 90 ZVG). In unmittelbarer Anwendung folgt aus § 1365 BGB somit kein Interventionsrecht.

bb) Analoge Anwendung von § 1365 BGB

(1) Planwidrige Regelungslücke. Eine analoge Anwendung der Vorschrift setzt zunächst eine planwidrige Regelungslücke voraus. Das Gesetz sieht keine Regelung für den Fall vor, dass die Auseinandersetzung einer Miteigentumsgemeinschaft durch Teilungsversteigerung erfolgen muss und das Grundstück das gesamte Vermögen der Ehegatten darstellt. Eine Regelungslücke liegt somit vor.

Dass der Fall *planwidrig* ungeregelt blieb, lässt sich aus § 181 II 2 ZVG ableiten. Die Norm sieht ein Zustimmungserfordernis vor. Der Vormund oder Betreuer eines Miteigentümers darf hiernach einen Antrag auf Teilungsversteigerung nach § 180 ZVG nur mit Genehmigung des Familien- oder Betreuungsgerichts stellen. Die verfahrensrechtliche Regelung ist notwendig, weil die Vorschriften des materiellen Familienrechts in §§ 1821 I Nr. 1, 1908i I 1 BGB nur auf rechtsgeschäftliche Verfügungen anwendbar sind. Obwohl die Teilungsversteigerung gerade keine solche Verfügung darstellt, hat sie in gleicher Weise wie rechtsgeschäftliches Handeln einen Verlust des Eigentums am Grundstück zur Folge. Da sich die Frage eines Zustimmungserfordernisses nach § 1365 BGB auf die Teilungsversteigerung (die anders als § 1821 I Nr. 1 BGB nicht einen einzelnen Gegenstand, sondern das Vermögen als Ganzes erfasst) nicht aufdrängt, ist der unterbliebenen Ergänzung von § 181 ZVG keine gesetzgeberische Entscheidung für oder gegen die Anwendung von § 1365 BGB zu entnehmen.

(2) Ähnliche Interessenlage. Enthält das Gesetz eine planwidrige Regelungslücke, ist eine Analogie zulässig und geboten, wenn der zu beurteilende Sachverhalt so weit mit dem geregelten Tatbestand vergleichbar ist, dass angenommen werden kann, dass der Gesetzgeber bei einer von den gleichen Grundsätzen wie beim Erlass der herangezogenen Vorschrift geleiteten Interessenabwägung zum gleichen Ergebnis wie bei der Regelung des ähnlichen Sachverhalts gelangt wäre: § 1365 I BGB soll die wirtschaftliche Grundlage des ehelichen Zusammenlebens vor einseitigen Maßnahmen eines Ehegatten schützen und zugleich den Zugewinnausgleichsanspruch des anderen Ehegatten sichern. Dieser Zweck wäre gefährdet, wenn die von einem Ehegatten betriebene Teilungsversteigerung eines Grundstücks nicht der Zustimmung des anderen Ehegatten bedürfte. Der Teilungsversteigerungsantrag verursacht eine Rechtsänderung, die im Ergebnis der Veräußerung des Miteigentumsanteils gleichkommt und die mit § 1365 BGB verfolgten Schutzinteressen in ähnlicher Weise gefährdet. Der Antrag eines Gemeinschafters stellt die einzig erforderliche Rechtshandlung dar, um ein Teilungsversteigerungsverfahren zu betreiben und den Verlust des Gemeinschaftsanteils auch des anderen Ehegatten zu bewirken (§§ 90, 180 ZVG).

Stellt der Miteigentumsanteil an einem Grundstück das ganze Vermögen eines im gesetzlichen Güterstand lebenden Ehegatten dar, ist der Antrag dieses Ehegatten auf Anordnung der Teilungsversteigerung nach § 180 ZVG einer Verfügung oder rechtsgeschäftlichen Verpflichtung so weit vergleichbar, dass eine analoge Anwendung der Vorschrift des § 1365 I BGB auf den Anordnungsantrag geboten ist[55].

cc) Tatbestandsvoraussetzungen. Jenseits der Verfügungs- oder Verpflichtungsvoraussetzung ist der Tatbestand von § 1365 I BGB erfüllt: M und F leben im gesetzlichen Güter-

---

55   Zum Ganzen BGH NJW 2007, 3124, 1325 f m. Anm. *Wellenhofer*, JuS 2008, 181.

stand der Zugewinngemeinschaft (§ 1363 BGB); der Miteigentumsanteil des M an beider Grundstück macht nahezu dessen gesamtes Vermögen aus.

c) Einwendungen des Beklagten

Einwendungen des M gegen die Geltendmachung des aus dem Zustimmungserfordernis folgenden Interventionsrechts der F bestehen nicht. Allein aus dem Umstand, dass M der F vor Antragstellung seinen Miteigentumsanteil erfolglos zum Kauf angeboten hatte, kann M einen Missbrauchseinwand nicht ableiten. Das Aufhebungsinteresse des die Teilungsversteigerung beantragenden Ehegatten muss dabei nicht zurückstehen; vielmehr könnte er die Zustimmung des anderen Ehegatten analog § 1365 II BGB durch das Familiengericht ersetzen lassen, wenn dieser die Zustimmung ohne ausreichenden Grund verweigerte[56].

Ein Missbrauchseinwand erwächst auch nicht der mit Ehescheidung zu erwartenden Auseinandersetzung gemeinschaftlichen Vermögens: Jedenfalls solange eine Scheidung nicht beantragt ist, bedeutet das Beharren auf dem Zustimmungserfordernis keine rechtsmissbräuchliche Verhinderung der Auseinandersetzung, sondern gerade die mit § 1365 I BGB gesetzlich gewollte Sicherung eines späteren Zugewinnausgleichs.

3. Zwischenergebnis

Die Drittwiderspruchsklage der F ist folglich zulässig und begründet. Die Teilungsversteigerung wird nach § 771 I ZPO für unzulässig erklärt werden.

III. Vollstreckungserinnerung (§ 766 ZPO)

Mit der Erinnerung nach § 766 ZPO können nur formelle Fehler der Anordnung oder Durchführung des Versteigerungsverfahrens geltend gemacht werden. Der Versteigerung entgegenstehende und aus dem Grundbuch nicht ersichtliche materielle Rechte sind dagegen grundsätzlich durch Drittwiderspruchsklage (§ 771 ZPO) geltend zu machen. Zu diesen entgegenstehenden Rechten zählt das nicht im Grundbuch vermerkte Zustimmungserfordernis des Ehegatten aus § 1365 BGB.

Eine Ausnahme gilt zum einen dann, wenn das Vollstreckungsgericht die nicht im Grundbuch vermerkte Verfügungsbeschränkung kennt und deshalb nach § 28 II ZVG von Amts wegen zu beachten hat. Weiß das Gericht um Zustimmungserfordernis und fehlende Zustimmung, findet gegen die Verletzung von §§ 28 II, 180 ZVG die Erinnerung statt. Gleiches gilt nach neuerer Rechtsprechung, wenn die Verfügungsbeschränkung zwar nicht im Zeitpunkt der Anordnung der Teilungsversteigerung gerichtsbekannt war, aber im weiteren Versteigerungsverfahren unstreitig wird[57]. Da die Verpflichtung des Gerichts aus § 28 II ZVG in jeder Verfahrenslage gilt, berechtigt der unstreitige Verstoß gegen das Zustimmungserfordernis aus § 1365 BGB zur Erinnerung (§ 766 ZPO)[58].

IV. Ergebnis: F kann sich gegen die in das Grundstück betriebene Teilungsversteigerung wegen des Verstoßes gegen das Zustimmungserfordernis aus § 1365 BGB analog mit der Drittwiderspruchsklage wehren (§ 771 ZPO). Sobald das Zustimmungserfordernis nach § 1365 BGB analog im Versteigerungsverfahren unstreitig wird, kann F zudem wegen des Verstoßes gegen § 28 II ZVG Erinnerung einlegen (§ 766 ZPO).

---

56 BGH NJW 2007, 3124, 3126 Rn. 20.
57 BGH NJW 2007, 3124, 3125 Rn. 8.
58 Uneingeschränkt allein auf § 766 ZPO abstellend OLG Stuttgart FamRZ 2007, 1830.

V. Stoffzusammenfassung: Drittwiderspruchsklage (§ 771 ZPO)

I. Zulässigkeit

602

1. **Statthaftigkeit**
   - Kläger wendet sich gegen die Zwangsvollstreckung in einen bestimmten Gegenstand und kann geltend machen, dass ihm an diesem Gegenstand ein „die Vollstreckung hinderndes Recht" zusteht
   - regelmäßig abzugrenzen von Erinnerung (§ 766 ZPO), Vorzugsklage (§ 805 ZPO) und materiellen Leistungsklagen

2. **Zuständigkeit**
   a) örtlich ausschließlich das Gericht, in dessen Bezirk vollstreckt wird (§§ 771 I, 802 ZPO)
   b) sachlich nach dem geringeren Wert von Vollstreckungsforderung oder Vollstreckungsgegenstand (§§ 23 Nr. 1, 71 I GVG, § 6 ZPO); Ausnahme Familiensache: sachlich ausschließlich zuständig ist das Familiengericht (§ 23a I GVG, § 111 FamFG)

3. **Rechtsschutzbedürfnis**
   - sobald die Vollstreckung (mit der ersten Vollstreckungshandlung) begonnen hat
   - solange die Vollstreckung fortdauert

II. Begründetheit

1. **Interventionsrecht des Klägers** besteht, wenn Vollstreckungsgegenstand nicht zum Schuldnervermögen gehört und dessen Veräußerung rechtswidrig in den Rechtskreis des Klägers eingreifen würde; entscheidend ist eine wirtschaftliche Betrachtungsweise
   a) Sicherungseigentum
      - zugunsten des Sicherungsnehmers bei Pfändung durch Gläubiger des Sicherungsgebers (Eigentum)
      - zugunsten des Sicherungsgebers bei Pfändung durch Gläubiger des Sicherungsnehmers bis zur Verwertungsreife des Sicherungsgutes (Anwartschaftsrecht bei auflösend bedingter Sicherungsübereignung)
   b) Vorbehaltseigentum zugunsten des Vorbehaltsverkäufers (Eigentum) und des Vorbehaltskäufers (Anwartschaftsrecht)
   c) Sicherungs- und Verwaltungstreuhand zugunsten des Treugebers
   d) beschränkte dingliche Rechte bei Beeinträchtigung des dinglichen Rechts
   e) Forderungsinhaberschaft und schuldrechtliche Herausgabeansprüche
   f) berechtigter unmittelbarer und mittelbarer Besitz (str.)
   g) Leasingverträge zugunsten des Leasinggebers
   h) Insolvenzanfechtungsrecht (§§ 129 ff InsO)
   i) relatives Verfügungsverbot nach §§ 135 f BGB

2. **Keine Einwendungen des Beklagten**
   - ausnahmsweise ist Kläger nach Treu und Glauben (§ 242 BGB) zur Duldung der Zwangsvollstreckung verpflichtet
   - Einrede des Anfechtungsrechts bei anfechtbarem Rechtserwerb (§ 9 AnfG)
   - (Mit-)Haftung des Klägers
   - Rechtsmissbrauch oder unerlaubte Handlung gegenüber dem Beklagten

3. **Darlegungs- und Beweislast**
   - Ausnahmen von den allgemeinen Regeln bei gesetzlichen Vermutungen, etwa Eigentumsvermutung für den Besitzer (§ 1006 BGB) oder Eigentum des verheirateten Titelschuldners (§ 1362 BGB)

III. Einstweilige Anordnungen

- zum Schutz des Klägers auf dessen Antrag oder von Amts wegen durch das Prozessgericht (§§ 771 III, 769, 770, ZPO); in dringenden Fällen durch das Vollstreckungsgericht (§ 769 II ZPO)
- regelmäßig auf vorläufige Einstellung der Zwangsvollstreckung gerichtet; nur ausnahmsweise auf deren Aufhebung
- bei besonderer Schutzbedürftigkeit erfolgt Anordnung ohne Sicherheitsleistung (§ 771 III 2 ZPO)
- keine Ersatzpflicht des Antragstellers bei Abweisung der Klage

§ 10 Klage auf vorzugsweise Befriedigung (§ 805 ZPO)

Studienliteratur: *Brox/Walker*, Die Klage auf vorzugsweise Befriedigung, JA 1987, 57; *Jäckel*, Die Rechtsstellung Dritter in der Zwangsvollstreckung, JA 2010, 357; *Meuer*, Drittwiderspruchsklage und Klage auf vorzugsweise Befriedigung, JA 2005, 796.

Klausuren: *Huber*, Der praktische Fall – Vollstreckungsrecht: Vorrang des Vermieterpfandrechts?, JuS 2003, 568; *ders.*, Nochmals: Vorrang des Vermieterpfandrechts, JuS 2003, 596.

I. Zielrichtung

Der Inhaber eines besitzlosen Pfand- oder Vorzugsrechts (vgl. §§ 50, 51 InsO) kann der Pfändung von beweglichen Sachen wegen einer Geldforderung nicht widersprechen (§ 805 I Halbs. 1 ZPO). Er kann weder vom Vollstreckungs- und Pfändungspfandrechtsgläubiger die Freigabe der gepfändeten Sache verlangen noch deren Verwertung durch den Gerichtsvollzieher verhindern. Nach § 805 I Halbs. 2 ZPO kann er lediglich verlangen, dass er aus dem Erlös der durchgeführten Pfandverwertung bevorzugt befriedigt wird. Nur der verbleibende Rest wird an den Vollstreckungsgläubiger ausgekehrt. **603**

Der besondere Schutz aus § 805 ZPO ist notwendig, da zugunsten des Inhabers besitzloser Rechte mangels Gewahrsams § 809 ZPO nicht eingreift (Rn. 305 ff) und mangels Besitzberechtigung auch die Drittwiderspruchsklage nach § 771 ZPO ausscheidet (Rn. 582). Das Pfandrecht soll als Sicherungsrecht nicht die Veräußerung der Sache verhindern, sondern dem Pfandrechtsinhaber lediglich das Befriedigungsrecht einräumen.

Die Vorzugsklage beschränkt sich nach Wortlaut und systematischer Stellung auf Fälle der Forderungsvollstreckung in bewegliche Sachen. Bei der Pfändung von Forderungen oder sonstigen Rechten sowie bei der Vollstreckung zur Erwirkung der Herausgabe einer Sache findet allein die Klage aus § 771 ZPO statt[1]. **604**

Ebenso wie Vollstreckungsabwehrklage und Drittwiderspruchsklage ist die Vorzugsklage nach § 805 ZPO eine prozessuale Gestaltungsklage[2]. Sie wahrt ein prozessuales Recht des Vorzugsklägers auf Beteiligung am Verwertungserlös: Sie sichert ein Pfand- oder Vorzugsrecht *an* einem Pfandgegenstand, indem sie das Interesse des Rechtsinhabers an der Befriedigung der durch dieses Pfand- oder Vorzugsrecht gesicherten Forderung seinem Rang entsprechend *aus* der Pfandsache erfüllt. Der Klageantrag lautet dahin, den Kläger aus dem Reinerlös der genau bestimmten gepfändeten Sache in Höhe eines bestimmten Betrags vor dem Beklagten zu befriedigen. **605**

---

[1] MünchKommZPO/*Gruber*, § 805 Rn. 5; *Gaul/Schilken/Becker-Eberhard*, § 42 Rn. 7; unentschieden RGZ 87, 321, 322; vgl. aber Rn. 617.
[2] Thomas/Putzo/*Seiler*, ZPO, § 805 Rn. 1.

> **Aufbau: Klage auf vorzugsweise Befriedigung (§ 805 ZPO)**
> **I. Zulässigkeit**
>   1. Statthaftigkeit; Abgrenzung zu anderen Rechtsbehelfen
>   2. Zuständigkeit
>   3. Rechtsschutzbedürfnis
> **II. Begründetheit**
>   1. Pfand- oder Vorzugsrecht des Klägers
>   2. Vorrang des Pfand- oder Vorzugsrechts des Klägers
>   3. Keine Einwendungen des Beklagten

606 Die dem Antrag stattgebende Entscheidung räumt dem Kläger mit formeller Rechtskraft rechtsgestaltend das klageweise geltend gemachte Recht auf vorzugsweise Befriedigung ein. Mit rechtskräftiger Klageabweisung wird im Verhältnis von Kläger und beklagtem Vollstreckungsgläubiger das Nichtbestehen dieses Rechts festgestellt und hierdurch eine spätere Leistungsklage auf Herausgabe einer Bereicherung oder Schadensersatz ausgeschlossen (§ 322 BGB)[3].

II. Zulässigkeit

1. Statthaftigkeit

607 Die Klage nach § 805 ZPO ist statthaft, wenn der Kläger geltend machen kann, dass ihm ein Pfand- oder Vorzugsrecht an der gepfändeten Sache zusteht, dass dem (Pfändungs-)Pfandrecht des Vollstreckungsgläubigers im Rang vorgeht. Die Vorzugsklage scheidet nicht deshalb aus, weil sich die Pfandsache im Besitz des Klägers befindet. Zwar erfasst § 805 I 1 ZPO seinem Wortlaut nach besitzlose Pfandrechte. Nach allgemeiner Ansicht heißt dies jedoch nicht, dass der Kläger keinen Besitz an der Sache haben *darf*, sondern lediglich, dass er keinen Besitz an der Sache *braucht*.

608 Anders als bei der **Vollstreckungsabwehrklage** nach § 767 ZPO (Rn. 187 ff) wendet sich der Vorzugskläger nicht gegen die Vollstreckung aus einem bestimmten Titel, sondern verlangt lediglich, rangwahrend an der Erlösverteilung beteiligt zu werden. Aktivlegitimiert ist deshalb nicht der Vollstreckungsschuldner, sondern ein Dritter als Inhaber eines Pfand- oder Vorzugsrechts an der gepfändeten Sache.

609 Die **Erinnerung** nach § 766 ZPO (Rn. 483 ff) kann zwar auch von einem Dritten erhoben werden, doch ist sie nur dann statthaft, wenn der Kläger formelle Fehler des Vollstreckungsverfahrens geltend machen kann. Pfändet der Gerichtsvollzieher etwa unter Verstoß gegen § 809 ZPO eine nicht nur im Drittgewahrsam, sondern auch mit einem besitzlosen Pfandrecht belastete Sache, können Vorzugsklage und Vollstreckungserinnerung freilich nebeneinander einschlägig sein.

610 Ein typisches Klausurproblem liegt in der Abgrenzung der Vorzugsklage zur **Drittwiderspruchsklage** nach § 771 (Rn. 527 ff). Beide verfolgen unterschiedliche Rechtsschutzziele. Mit der Drittwiderspruchsklage begehrt der Kläger die Unzulässigerklä-

---
3 Zur objektiven Reichweite der Rechtskraft *Schwab*, Rn. 415 ff.

rung der Zwangsvollstreckung in einen bestimmten Vollstreckungsgegenstand. Die Klage nach § 805 ZPO lässt die Zwangsvollstreckung dagegen unberührt und dient nach deren ordnungsgemäßer Durchführung nur der bevorzugten Verteilung des Erlöses der Pfandverwertung. Die Vorzugsklage geht als speziellerer Rechtsbehelf der Drittwiderspruchsklage vor; steht dem Kläger ein Pfand- oder Vorzugsrecht, jedoch kein Interventionsrecht nach § 771 ZPO zu (Rn. 544 ff), ist eine Drittwiderspruchsklage ausgeschlossen. Umgekehrt kann der Inhaber eines Interventionsrechtes nach § 771 ZPO, etwa der Sicherungseigentümer oder der berechtigt besitzende Pfandrechtsgläubiger (deren Recht nicht durch Gewahrsamsverlust mit Pfändung erlischt[4]), wählen, ob er nach § 771 ZPO vorgeht oder anstelle der Drittwiderspruchsklage auf bevorzugte Erlösverteilung nach § 805 ZPO klagt; in Ansehung der auf Beteiligung am Verwertungserlös bezogenen Rechtsfolgen ist die Vorzugsklage ein „Minus" zu der die Verwertung hindernden Drittwiderspruchsklage[5]: Wenn er berechtigt ist, die Verwertung durch Unzulässigerklärung der Zwangsvollstreckung zu verhindern und den Vollstreckungsgegenstand damit dem Zugriff des Vollstreckungsgläubigers gänzlich zu entziehen, muss es ihm erst recht erlaubt sein, die Zwangsvollstreckung durchführen und lediglich nach § 805 ZPO sicherstellen zu lassen, dass er aus dem Verwertungserlös vorweg befriedigt und nur der verbleibende Erlös an den die Vollstreckung betreibenden (Pfändungspfandrechts-)Gläubiger ausgekehrt wird (Rn. 350 ff). Praktische Bedeutung erlangt dieses „Minus" zur Drittwiderspruchsklage etwa in den Fällen des § 51 Nr. 1 InsO, wenn der erwartete oder erreichte Verwertungserlös die (Rest-) Forderung des Sicherungseigentümers oder Sicherungszessionars deckt.

Klausurhinweis: Wenn durch Gläubiger des Schuldners in bewegliche Sachen vollstreckt wird, die der Schuldner zuvor einem Dritten zur Sicherheit übereignet hatte, ist streitig, ob der Dritte das Sicherungsgut nach § 771 ZPO der Vollstreckung entziehen oder lediglich nach § 805 ZPO auf bevorzugte Befriedigung klagen kann (Rn. 546 f). Diese Frage ist im Rahmen der Statthaftigkeit (der Drittwiderspruchsklage) zu klären.

Streiten die Parteien nicht um den Vorrang eines Pfand- oder Vorzugsrechts vor einem Pfändungspfandrecht, sondern um den Rang eines Pfändungspfandrechts vor einem anderen Pfändungspfandrecht, kann nicht nach § 805 ZPO geklagt werden. Vielmehr findet ein **Verteilungsverfahren** nach §§ 872 ff, 878 ZPO statt, das als speziellerer Rechtsbehelf beim Rangstreit unter Pfändungspfandrechten die Vorzugsklage verdrängt. 611

Materiell-rechtliche Klagen auf Herausgabe des gepfändeten Gegenstandes, auf Unterlassung der Pfändung oder Verwertung, auf Schadensersatz oder Bereicherungsausgleich sind für die Dauer des Vollstreckungsverfahrens mangels Rechtsschutzbedürfnisses grundsätzlich unstatthaft[6]; die Vorzugsklage bildet einen spezielleren und insoweit abschließenden Rechtsbehelf. 612

Hinweis: Bestreitet der Schuldner des Klägers (etwa der Mieter des aus dem Vermieterpfandrecht nach § 805 ZPO klagenden Vermieters) die Forderung des Klägers, dessen Pfand- oder Vorzugsrecht bzw. Vorrang oder widerspricht er einer Vorwegbefriedigung des Klägers vor

---

4 Stein/Jonas/*Münzberg*, ZPO, § 805 Rn. 16.
5 Zöller/*Stöber*, ZPO, § 805 Rn. 5; *Baur/Stürner/Bruns*, Rn. 46.31.
6 BGH NJW 1972, 1048, 1049.

dem Beklagten, kann die Vorzugsklage nach §§ 59 ff, 260 ZPO mit einer Klage aus materiellem Recht gegen den Schuldner verbunden werden; Vollstreckungsgläubiger und Schuldner werden hierdurch Streitgenossen (§ 805 III ZPO): Die Leistungsklage gegen den Schuldner ist nach überwiegender Auffassung auf Duldung der Zwangsvollstreckung zu richten[7]; genauer ist ein auf Duldung der bezifferten Befriedigung aus dem Vollstreckungserlös gerichteter Antrag. Der Leistungsantrag erlangt neben dem Sonderfall des § 1233 II BGB Bedeutung, wenn der Gerichtsvollzieher den Erlös hinterlegt hat und der Schuldner die Auszahlung an den Kläger dadurch blockiert, dass er dessen Empfangsberechtigung nicht anerkennt (§§ 12, 13 I, II 1 HinterlO).

2. Zuständigkeit

613 Örtlich ausschließlich zuständig ist nach §§ 805 II, 802 ZPO das Gericht, in dessen Bezirk die Zwangsvollstreckung stattgefunden hat. Die sachliche Zuständigkeit ist streitwertabhängig (§§ 23 Nr. 1, 71 I GVG); maßgeblich ist der jeweils geringste Betrag der Klägerforderung, d.h. der durch das Pfand- oder Vorzugsrecht gesicherten Forderung oder der Vollstreckungsforderung des die Pfändung betreibenden Vollstreckungsgläubigers oder des Werts der gepfändeten Sache. Auch die sachliche Zuständigkeit ist eine ausschließliche (§§ 805 II, 802 ZPO)[8].

3. Rechtsschutzbedürfnis

614 Das Rechtsschutzbedürfnis für die Vorzugsklage besteht nur zwischen Beginn und Ende der Zwangsvollstreckung, also von der Pfändung der beweglichen Sache bis zur Auskehr des Erlöses[9]. Vor der Inbesitznahme oder Siegelanlegung durch den Gerichtsvollzieher (§ 808 I, II ZPO; Rn. 315), steht der konkrete Vollstreckungsgegenstand noch nicht fest. Nach Erlösauskehr ist eine bevorzugte Befriedigung des Dritten ausgeschlossen; er ist auf materielle Schadensersatz- oder Bereicherungsklagen verwiesen („verlängerte Klage auf vorzugsweise Befriedigung"), für die das Gleiche gilt wie für die nach Wegfall des Rechtsschutzbedürfnisses bei Drittwiderspruchs- und Vollstreckungsabwehrklage möglichen Leistungsklagen (Rn. 640 ff, 622 ff).

Hinweis: Endet die Zwangsvollstreckung durch Erlösauskehr nach Rechtshängigkeit der Vorzugsklage, kann der Kläger seinen Klageantrag ohne weiteres auf eine Leistungsklage umstellen (§ 264 Nr. 3 ZPO).

Das Rechtsschutzbedürfnis fehlt, wenn der Kläger sein Befriedigungsinteresse auf einfachere Weise etwa dann erreichen kann, wenn er seine Vorwegbefriedigung mit Vollstreckungsgläubiger und Vollstreckungsschuldner vereinbart hat[10]. Auch ohne dass ein rechtskräftiges Urteil vorliegt, kann der Gerichtsvollzieher den Verwertungserlös an den Dritten auskehren, wenn alle Vollstreckungsbeteiligten einwilligen (vgl. § 170 Nr. 4 S. 1 GVGA).

---

7 Stein/Jonas/*Münzberg*, ZPO, § 805 Rn. 18; ferner Schuschke/Walker/*Walker*, § 805 Rn. 7.
8 Zöller/*Stöber*, ZPO, § 805 Rn. 8; Musielak/*Becker*, ZPO, § 805 Rn. 2.
9 Thomas/Putzo/*Seiler*, ZPO, § 805 Rn. 7.
10 *Brox/Walker*, Rn. 1457; a.A. *Gaul/Schilken/Becker-Eberhard*, § 42 Rn. 10.

III. Begründetheit

Die Vorzugsklage ist begründet, wenn dem sachbefugten Kläger ein Pfand- oder Vorzugsrecht an der gepfändeten Sache zusteht, das dem Pfändungspfandrecht des Beklagten (d.h. des Vollstreckungsgläubigers) vorgeht und der Beklagte gegen das Recht des Klägers keine Einwendungen geltend machen kann.

615

Hinweis: Der Kläger trägt die Darlegungs- und Beweislast für die gesicherte Forderung, das Pfand- oder Vorzugsrecht und dessen Vorrang[11]. Auch wenn der Kläger lediglich zu beweisen hat, dass das Recht entstanden, nicht aber auch, dass es nicht zwischenzeitlich erloschen ist[12], sind in gutachtlicher Klausurbearbeitung Entstehung *und* Fortbestand des Pfand- oder Vorzugsrechts zu prüfen.

1. Pfand- oder Vorzugsrecht des Klägers

Die Pfand- oder Vorzugsrechte, die nach § 805 I Halbs. 2 ZPO zur bevorzugten Befriedigung berechtigen, können gesetzlich oder vertraglich begründet sein. Von besonderer praktischer Bedeutung sind die besitzlosen **Pfandrechte** nach bürgerlichem und Handelsrecht und hierbei namentlich das Pfandrecht des Vermieters für bestehende und künftige Mietforderungen nach § 562 I BGB. Hinzu treten das allgemeine und das Landverpächterpfandrecht (§§ 581 II, 592 BGB) sowie das Pfandrecht des Gastwirtes (§ 704 BGB).

616

Hinweis: Genügen die nach Pfändung anderer Gläubiger noch vorhandenen Sachen des Mieters zur Befriedigung des Vermieters, scheidet dessen Vorzugsrecht aus (§ 562a S. 2 BGB). Sachen, die nach §§ 811, 812 ZPO unpfändbar sind, erfasst das Vermieterpfandrecht von vornherein nicht (§ 562 I 2 BGB); auf den Schutz aus § 562 I 2 BGB kann der Mieter ebenso wenig verzichten wie auf denjenigen aus § 811 ZPO. Mangels Verweises in § 592 S. 4 BGB ist der Umfang des Landverpächterpfandrechts nicht nach § 562d BGB begrenzt.

Das Werkunternehmerpfandrecht (§ 647 BGB), das Pfandrecht des Kommissionärs (§ 397 HGB), Frachtführers (§ 441 HGB), Spediteurs (§ 464 HGB) oder Lagerhalters (§ 475b HGB) berechtigen zum Besitz und erlauben dem Inhaber nach herrschender Ansicht die Drittwiderspruchsklage nach § 771 ZPO (Rn. 581); will er nur sein Interesse auf Vorwegbefriedigung durchsetzen, kann er alternativ den geringeren Rechtsschutz der Vorzugsklage nach § 805 ZPO wählen. Hinzu tritt bei einem Verstoß gegen § 809 ZPO die Erinnerung nach § 766 ZPO (Rn. 483 ff). Hat der berechtigt besitzende Pfandrechtsinhaber den Besitz freilich verloren, indem die Pfandsache ihm selbst, seinem Besitzmittler oder dem Gerichtsvollzieher abhanden gekommen ist, kann er, soweit das Pfandrecht trotz des Besitzverlustes fortbesteht, nur noch nach § 805 ZPO vorgehen[13].

617

Zu den **Vorzugsrechten** zählen vornehmlich diejenigen Rechte, die ihren Inhaber nach §§ 50, 51 Nrn. 2–4 InsO im Fall der Insolvenz des Schuldners zur abgesonderten

618

---

11 *Brox/Walker*, Rn. 1463.
12 BGH NJW 1986, 2426 m. Anm. *Baumgärtel*, JZ 1986, 688 f; *Gaul/Schilken/Becker-Eberhard*, § 42 Rn. 20.
13 Schuschke/Walker/*Walker*, § 805 Rn. 8.

Befriedigung berechtigen würden[14]. Hiervon erfasst sind Gläubiger, denen ein Zurückbehaltungsrecht wegen wertsteigernder Verwendungen auf die gepfändete Sache zusteht (§ 51 Nr. 2 InsO); dieses Recht kann bei Verwendungen nach §§ 994 ff BGB aus §§ 273, 1000 BGB folgen, für den Rücktrittschuldner ferner aus § 347 II BGB, den Verkäufer aus § 459 BGB, den Mieter aus § 539 BGB oder den Entleiher aus § 601 BGB. Gegen die Pfändung kann sich der nicht zur Herausgabe bereite, besitzende Verwender daneben wegen Verstoßes gegen § 809 ZPO mit der Erinnerung nach § 766 ZPO wehren (Rn. 483 ff). Gleiches gilt für den besitzenden Inhaber eines kaufmännischen Zurückbehaltungsrechts (§ 51 Nr. 3 InsO; §§ 369, 371 f HGB). Vorzugsberechtigt ist endlich die öffentliche Hand bei zoll- und steuerpflichtigen Sachen (§ 51 Nr. 4 InsO). Berechtigt das Vorzugsrecht zum Besitz einer Sache, kann deren Pfändung nach herrschender Ansicht zudem nach § 771 ZPO widersprochen werden (Rn. 581).

619 Richtet sich das Interesse des Inhabers eines **Interventionsrechts** nach § 771 ZPO (Rn. 544 ff) lediglich auf die Befriedigung der mit dem Interventionsrecht gesicherten Forderung gegen den Vollstreckungsschuldner, kann er aus dem Interventionsrecht (als Minus zur Aufhebung oder Einstellung der Zwangsvollstreckung) auf bevorzugte Befriedigung aus dem Verwertungserlös klagen (Rn. 617).

2. Vorrang

620 Das Pfand- oder Vorzugsrecht des Klägers muss dem Pfändungspfandrecht des beklagten Vollstreckungsgläubigers im Rang vorgehen. Der Rang von vertraglichen Pfandrechten, Pfändungs- und anderen gesetzlichen Pfandrechten bestimmt sich grundsätzlich allein nach der zeitlichen Reihenfolge ihrer Entstehung[15]. Allein aus § 804 III ZPO lässt sich der Vorrang des früher und außerhalb der Zwangsvollstreckungsverfahrens begründeten Pfandrechts freilich nicht ableiten, da die Vorschrift nur das Verhältnis mehrerer Pfändungspfandrechte untereinander regelt (Rn. 324 f). Doch geht nach § 804 II ZPO ein Pfändungspfandrecht nur denjenigen Pfand- oder Vorzugsrechten vor, die für den Fall der Insolvenz dem vertraglichen Faustpfandrechten nicht gleichgestellt sind. Diese Gleichstellung ergibt sich für vertragliche und gesetzliche Pfand- und Vorzugsrechte aus §§ 50, 51 InsO, deren Rangverhältnis zum Pfändungspfandrecht deshalb gleichfalls nach der zeitlichen Priorität zu entscheiden ist.

Vorrang vor dem früheren Pfändungspfandrecht haben später nach § 1208 BGB gutgläubig erworbene Vertragspfandrechte. Vorrang und Umfang des Vermieterpfandrechts sind nach §§ 562 II, 562d BGB beschränkt.

621 **Beispiel 68** (Vorzugsklage bei Vermieterpfandrecht): Wegen einer titulierten Forderung lässt Gläubiger G in der Wohnung des Schuldners S einen kostbaren Teppich pfänden. Der Wohnungsvermieter V, der seit Abschluss des Mietvertrages vor 16 Monaten von S keine Mietzahlungen erhalten hat, fragt, ob er gegen die Pfändung vorgehen kann.

---

14 Hierzu allgemein *Reischl*, Rn. 406 ff. Zu § 51 Nr. 1 InsO vgl. Rn. 546 f, 610.
15 BGH NJW 1969, 1347, 1349; NJW 1985, 863, 864; Zöller/*Stöber*, ZPO, § 804 Rn. 4.

Da die Pfändung in **Beispiel 68** nicht verfahrensfehlerhaft war, scheidet die Erinnerung (§ 766 ZPO) aus. Gegen die Vollstreckung könnte V allenfalls mit der Drittwiderspruchsklage vorgehen, wenn ihm ein die Veräußerung hinderndes Recht zustünde (§ 771 ZPO). Aufgrund der bestehenden Mietforderung des V gegen S erwarb V ein Vermieterpfandrecht an den in die Wohnung eingebrachten Sachen des S, mithin auch am gepfändeten Teppich. Dieses Vermieterpfandrecht ist besitzloses Pfandrecht (§§ 562 I 1, 562a BGB) und begründet kein Interventionsrecht: Aus der gesetzlichen Systematik folgt, dass § 771 ZPO lediglich für den besitzenden Pfandgläubiger gilt; das besitzlose Pfandrecht unterfällt § 805 I ZPO. V kann sich deshalb weder gegen die Pfändung noch gegen die Verwertung des Teppichs wehren; einzig statthaft wäre die Vorzugsklage, wenn das Recht des V im Rang dem Recht des G vorgeht und V deshalb verlangen kann, vor G aus dem Verwertungserlös befriedigt zu werden.

622

Mit Pfändung durch den Gerichtsvollzieher erlangte G am Teppich des S ein Pfändungspfandrecht (§ 804 ZPO). Nach § 804 II ZPO geht dieses Pfändungspfandrecht einem zuvor begründeten Pfandrecht nur dann vor, wenn dieses ältere Pfandrecht einem Faustpfandrecht für den Fall des Insolvenzverfahrens nicht gleichsteht. Diese Gleichstellung ordnet § 50 I InsO für das gesetzliche Pfandrecht an; § 50 II InsO erwähnt das Vermieterpfandrecht ausdrücklich. Das früher entstandene Vermieterpfandrecht des V geht dem später begründeten Pfändungspfandrecht des G folglich grundsätzlich vor. Zum Schutz anderer und ungesicherter Gläubiger des Mieters schränkt § 562d BGB den Vorrang des gesetzlichen Vermieterpfandrechts freilich insoweit ein, als es gegen ein später begründetes Pfandrecht nur wegen der Mietansprüche für einen Zeitraum geltend gemacht werden, der länger als ein Jahr zurückliegt. Gegen das später begründete Pfändungspfandrecht des G setzt sich hier das ältere Vermieterpfandrecht des V nur im Umfang der zwölf letzten Monatsmieten durch, wobei das Pfandrecht neben der Miete auch den (Verzugs-)Zinsanspruch sichert (§ 1210 BGB); V kann nur insoweit bevorzugte Befriedigung verlangen.

623

Hinweis: Für künftige Forderungen gilt die Einschränkung aus § 562 II BGB; für den Rang des Pfandrechts ist auch insoweit dessen Entstehungszeitpunkt maßgeblich (§§ 1209, 1257 BGB).

3. Keine Einwendungen des Beklagten

Der nach § 805 ZPO beklagte Vollstreckungsgläubiger kann sich in gleicher Weise gegen die Vorzugsklage wehren wie der nach § 771 ZPO beklagte Dritte. Er kann bestreiten, dass das geltend gemachte Recht besteht, einem anderen als dem Kläger zusteht oder einem Recht des Beklagten im Rang nachfolgt. Auch wenn die Voraussetzungen nach § 805 ZPO vorliegen, bleibt der Vorzugsklage der Erfolg versagt, wenn sich der Beklagte auf die Arglisteinrede stützen oder dartun kann, dass der Kläger nach materiellem Recht für die titulierte Vollstreckungsforderung (mit-)haftet (vgl. Rn. 595).

624

IV. Einstweilige Anordnungen

625 Anders als bei der Drittwiderspruchsklage (Rn. 600) kann der Vorzugskläger nicht die vorläufige Einstellung oder Aufhebung der Zwangsvollstreckung erreichen, da sich die Klage nach § 805 ZPO nicht gegen die Zulässigkeit der Zwangsvollstreckung, sondern lediglich auf eine Beteiligung des Klägers am Verwertungserlös richtet. Nach § 805 IV 1 ZPO kann das Gericht die Hinterlegung dieses Erlöses anordnen, wenn der Kläger sein vorrangiges Pfand- oder Vorzugsrecht glaubhaft macht (§ 294 ZPO). Für das Anordnungsverfahren gelten §§ 769, 770 ZPO entsprechend (§ 805 IV 2 ZPO). Getroffene einstweilige Anordnungen werden mit der Hauptsacheentscheidung ohne weiteres gegenstandslos.

626 **Fall 10** (Vorzugsklage bei Sicherungseigentum und Werkunternehmerpfandrecht):

Zur Sicherung eines Darlehens in Höhe von 10 000 Euro hatte Schuldner S dem Darlehensgeber D seinen Pkw mit gleichem Wert übereignet. Beide vereinbarten, dass das Eigentum am Wagen bei vollständiger Darlehenstilgung ohne weiteres an S zurückfallen und der Pkw bis dahin von S genutzt werden soll. Nachdem S das Darlehen in Höhe von 8000 Euro getilgt hatte, stellt er die Zahlung ein. Als sich der Wagen zur Reparatur in der Dresdner Werkstatt des W befindet, wird er dort wegen einer Titelforderung von 6000 Euro von einem Gläubiger G des S gepfändet. Auch auf die Reparaturrechnung des W in Höhe von 1000 Euro leistet S nicht. D und W fragen, wie sie sicherstellen können, dass sie zu ihrem Geld kommen.

Lösungshinweise:

I. Rechtsschutzziel

D ist Sicherungseigentümer; insoweit man das Sicherungseigentum als ein die Veräußerung hinderndes Recht nach § 771 I ZPO gelten lassen will, könnte sich D mit der Drittwiderspruchsklage gegen die Pfändung durch den Gläubiger G des Sicherungsgebers S wenden und die Zwangsvollstreckung für unzulässig erklären lassen. Freilich führte der Drittwiderspruch lediglich zur Aufhebung oder Einstellung der Zwangsvollstreckung (§ 775 Nr. 1 ZPO); die durch D erstrebte Befriedigung durch Zahlung auf die durch Übereignung des Pkw gesicherte (Rest-)Forderung kann durch ein Vorgehen nach § 771 ZPO nicht erreicht werden. Vielmehr kommt eine Klage auf vorzugsweise Befriedigung nach § 805 ZPO in Betracht, wenn sie zulässig und begründet ist. Gleiches gilt für das Interesse des W; auch dieses lässt sich nur durch Klage nach § 805 ZPO erfüllen.

II. Zulässigkeit

1. Statthaftigkeit

a) Pfändung einer beweglichen Sache wegen einer Geldforderung

Die Vorzugsklage müsste statthaft sein. Die Statthaftigkeit setzt nach Wortlaut und systematischer Stellung von § 805 I ZPO voraus, dass eine bewegliche Sache wegen einer Geldforderung gepfändet wurde. Das ist hier der Fall, da G wegen einer Zahlungsforderung in Höhe von 2000 Euro nach §§ 808, 809 ZPO den Pkw pfändet.

b) Geltendmachung eines Pfand- oder Vorzugsrechts

Voraussetzung der Statthaftigkeit ist nach § 805 I ZPO ferner, dass der Vorzugskläger nicht im Besitz der gepfändeten Sache ist und ein die bevorzugte Befriedigung aus dem Vollstreckungserlös erlaubendes Pfand- oder Vorzugsrecht geltend machen kann.

aa) Recht des D. Zwar hat D an der vertragsgemäß S überlassenen Pfandsache keinen Besitz erlangt, doch macht er auch kein Pfand- oder Vorzugsrecht, sondern sein Sicherungseigentum am gepfändeten Pkw geltend.

(1) Sicherungseigentum als Interventionsrecht nach § 771 ZPO. Ein Teil des Schrifttums behandelt das Sicherungseigentum als besitzloses Pfandrecht, das nicht zur Drittwiderspruchsklage nach § 771 ZPO, sondern wie nicht zum Besitz berechtigende Pfand- oder Vorzugsrechte nur zur Vorzugsklage nach § 805 ZPO berechtige. Mit guten Gründen lässt sich hiergegen einwenden, dass mit dem Eigentum im Außenverhältnis auch dann das Vollrecht übertragen wird, wenn dessen Ausübung im Innenverhältnis durch die Sicherungsabrede beschränkt ist. Zudem soll der Sicherungsnehmer nicht von vornherein auf die Erlösbeteiligung verwiesen sein, sondern Art und Zeitpunkt der Verwertung des Sicherungsgutes selbst bestimmen und die Zwangsvollstreckung durch andere Gläubiger deshalb verhindern können. Solange die gesicherte Forderung fortbesteht, stünde dem Sicherungseigentümer hiernach ein Interventionsrecht nach § 771 ZPO zu.

(2) Sicherungseigentum als Befriedigungsrecht nach § 805 ZPO. Doch kann die Frage hier unentschieden bleiben, da das Rechtsschutzinteresse des D gerade nicht darauf gerichtet ist, die Vollstreckung durch G zu verhindern, sondern lediglich darauf abzielt, die noch offene Forderung durch bevorzugten Zugriff auf den Verwertungserlös zu tilgen. Nach einer Ansicht ist hier die Vorzugsklage nach § 805 ZPO der einzig statthafte Rechtsbehelf; nach der herrschenden Gegenauffassung kommt die Vorzugsklage jedenfalls als mindere Form der Drittwiderspruchsklage nach § 771 ZPO in Betracht.

Nach letzterer Meinung muss es dem Inhaber des Interventionsrechts, das eine gegen den Vollstreckungsschuldner gerichtete Forderung sichert, überlassen bleiben, ob er die Verwertung des Sicherungsgutes durch Gläubiger des Sicherungsgebers verhindert oder sich lediglich an der Verteilung des Erlöses dieser Verwertung beteiligt. Indem durch privatrechtsgestaltenden Hoheitsakt dem Ersteher im Rahmen der Zwangsversteigerung das Eigentum am Sicherungsgut zugewiesen wird, verliert der Sicherungsnehmer zwar seine Sachbefugnis, doch bleibt er zum einen von den Versteigerungskosten verschont und kann zum anderen den Sicherungszweck dadurch beseitigen, dass er sich wegen der gesicherten Forderung aus dem Erlös befriedigt. Diese Befugnis gilt nicht nur für den besitzenden oder Rechtspfandgläubiger[16], sondern erst recht für den Sicherungseigentümer.

bb) Recht des W. Gleiches gilt im Ergebnis in Ansehung des Werkunterpfandrechts des W nach § 647 BGB. Dass S nicht Eigentümer des zu reparierenden Wagens, dieser also keine Sache des Bestellers war, ist unschädlich; W kann geltend machen, dass S aufgrund der sicherungsvertraglichen Abrede mit D ein *Anwartschaftsrecht* auf Rückübereignung des Pkw erlangt hat. Dieses Anwartschaftsrecht ist tauglicher Gegenstand des Werkunternehmerpfandrechts[17]. Mag dieses als Besitzpfandrecht auch zur Drittwiderspruchsklage nach § 771 ZPO berechtigen, kann der Pfandrechtsinhaber den geringeren Rechtsschutz aus § 805 ZPO wählen, wenn er lediglich sein Interesse auf Vorwegbefriedigung aus dem Verwertungserlös durchsetzen möchte.

---

16 Thomas/Putzo/*Seiler*, ZPO, § 805 Rn. 3; *Gaul/Schilken/Becker-Eberhard*, § 42 Rn. 8 f.
17 Jauernig/*Mansel*, BGB, § 647 Rn. 4; für das Vermieterpfandrecht BGH NJW 1965, 1475.

Hinzu tritt eine Verletzung des Gewahrsams des W. Da W nicht Titelschuldner ist, darf der Gerichtsvollzieher den während der Reparatur im Gewahrsam des W befindlichen Pkw nach § 809 ZPO nur dann pfänden, wenn er zu dessen Herausgabe bereit ist. Ein Verstoß gegen die Vorschrift berechtigte W zur Erinnerung (§ 766 ZPO); freilich wäre auch in diesem Fall eine Erfüllung der Werklohnforderung nur dadurch zu erreichen, dass W von der Erinnerung absieht und vorzugsweise Befriedigung zu erreichen sucht. Auf vorzugsweise Befriedigung gerichtete Klagen nach § 805 ZPO von D und von W sind folglich statthaft.

2. Zuständigkeit

Sachlich ausschließlich zuständig ist wegen der den Wert des Pkw (10 000 Euro) und der Vollstreckungsforderung (8000 Euro) jeweils unterschreitenden Forderungen des D und W (2000 Euro und 1000 Euro) das Amtsgericht (§§ 23 Nr. 1, 71 I GVG, § 6 ZPO). Da der Wagen in Dresden gepfändet wurde, ist das Amtsgericht Dresden ausschließlich örtlich zuständig (§§ 802, 805 II ZPO).

3. Rechtsschutzbedürfnis

D und W wären als Vorzugskläger rechtsschutzbedürftig, da die Vollstreckung durch Pfändung des Wagens begonnen hat, aber mangels Auskehr des Verwertungserlöses noch nicht beendet ist. Klagen von D und W nach § 805 ZPO wären zulässig.

III. Begründetheit

Die Vorzugsklage ist begründet, wenn D und W Befriedigungsrechte erlangt haben, die dem Pfändungspfandrecht des G im Rang vorgehen und G keine Einwendungen gegen die bevorzugte Befriedigung von D und W geltend machen kann.

1. Befriedigungsrecht des D

D und S haben sich durch Sicherungsvertrag geeinigt, dass der dem D übereignete Pkw dessen Darlehensforderung gegen S sichern und erst nach vollständiger Darlehenstilgung an S zurückfallen soll. D steht mit diesem Sicherungseigentum ein dem Pfand- oder Vorzugsrecht nach § 805 ZPO gleichstehendes Befriedigungsrecht zu.

2. Befriedigungsrecht des W

Auch das Werkunternehmerpfandrecht nach § 647 BGB verleiht W ein Befriedigungsrecht nach § 805 ZPO, wenn W noch immer Inhaber des Pfandrechts ist. Das Werkunternehmerpfandrecht erlischt wie jedes vertragliche oder gesetzliche Pfandrecht an beweglichen Sachen durch Rückgabe an Verpfänder oder Eigentümer (§§ 1253, 1257 BGB). Doch könnte die Wegnahme durch den Gerichtsvollzieher einer Rückgabe gleichstehen und das Pfandrecht zum Erlöschen gebracht haben. Die Pfändung des Pkw geschieht hier freilich weder zur Aushändigung an den Verpfänder S noch zur Übergabe an den Eigentümer D, sondern zum Zweck der Verwertung (§ 883 ZPO). Nimmt der Gerichtsvollzieher des G den Pkw weg (§§ 808 I, 809 ZPO), lässt dieser Verlust des W am Besitz des Wagens dessen Werkunternehmerpfandrecht folglich nicht erlöschen. Auch W steht ein Befriedigungsrecht nach § 805 ZPO zu.

3. Vorrang

Diese Rechte müssten dem Pfändungspfandrecht des G im Rang vorgehen. Fraglich ist zunächst, ob G überhaupt ein Pfandrecht am Pkw erlangt hat. Nach der herrschenden gemischt-privatrechtlich-öffentlich-rechtlichen Theorie erwirbt der Vollstreckungsgläubiger trotz wirksamer Verstrickung an schuldnerfremden Sachen kein Pfändungspfandrecht. Freilich würde D durch Erhebung der Vorzugsklage die durch G veranlasste Pfändung nachträglich genehmigen (§§ 184 I, 185 II 1 BGB analog) und damit der Begründung eines Pfändungspfandrechts und damit der Verwertung der Pfandsache insoweit zustimmen, als sie die bevorzugte Befriedigung des D aus dem Verwertungserlös erlaubt[18].

Der Rang der Befriedigungsrechte von D und W und des Pfändungspfandrechts des G bestimmt sich ausschließlich nach dem Zeitpunkt ihrer Entstehung (vgl. §§ 1209, 1257 BGB und § 804 III ZPO). Das früher entstandene Recht geht dem später entstandenen im Rang vor. Die Genehmigung des D wirkt wegen des Pfändungspfandrechts des G auf den Zeitpunkt der Pfändung durch den Gerichtsvollzieher zurück; das Pfändungspfandrecht des G gilt also als mit der Pfändung wirksam begründet. Jedoch war schon zuvor zunächst das im Sicherungseigentum des D liegende erstrangige und hernach das im Werkunternehmerpfandrecht des W liegende zweitrangige Befriedigungsrecht entstanden.

4. Einwendungen des G

Gegen die vorzugsweise Befriedigung des D könnte G nur dessen Arglist oder (Mit-)Haftung einwenden. Sie liegen nicht vor. Klagen von D und W nach § 805 ZPO wären folglich begründet.

IV. Ergebnis: D und W ist wegen der bestehenden Forderungen zur Klage auf vorzugsweise Befriedigung nach § 805 ZPO zu raten. Wegen der Gleichartigkeit der Ansprüche können die Klagen durch D und W gemeinschaftlich in Streitgenossenschaft gegen G erhoben werden (§§ 60, 61 ZPO).

V. Stoffzusammenfassung: Klage auf vorzugsweise Befriedigung (§ 805 ZPO)

I. **Zulässigkeit**
  1. **Statthaftigkeit**
     – Kläger verlangt als Inhaber eines besitzlosen Pfand- oder Vorzugsrechts an einer beweglichen Sache wegen einer Forderung gegen den Vollstreckungsschuldner, aus dem Erlös der Verwertung der Pfandsache vor dem Vollstreckungsgläubiger befriedigt zu werden
     – regelmäßig abzugrenzen von der Drittwiderspruchsklage (§ 771 ZPO) und materiellen Leistungsklagen; nach einer Mindermeinung berechtigt das Sicherungseigentum nur zur Klage nach § 805 ZPO
     – ein Rangstreit zwischen Pfändungspfandrechten ist nur im Verteilungsverfahren zu entscheiden §§ 872 ff, 878 ZPO
  2. **Zuständigkeit**
     a) örtlich ausschließlich das Gericht, in dessen Bezirk vollstreckt wird (§§ 805 II, 802 ZPO)

627

---

18 BGH NJW 1992, 2570, 2574; Stein/Jonas/*Münzberg*, ZPO, § 804 Rn. 15.

§ 10 Klage auf vorzugsweise Befriedigung (§ 805 ZPO)

b) sachlich ausschließlich nach dem geringeren Wert von Klägerforderung, Vollstreckungsforderung oder Vollstreckungsgegenstand (§§ 23 Nr. 1, 71 I GVG, § 6 ZPO)

3. **Rechtsschutzbedürfnis**
   – sobald die Vollstreckung (mit der ersten Vollstreckungshandlung) begonnen hat; solange die Vollstreckung fortdauert

II. **Begründetheit**
1. **Pfand- oder Vorzugsrecht des Klägers**
   a) Pfandrecht
      – vertragliche oder gesetzliche Pfandrechte, die den Inhaber nicht zum Besitz an der Pfandsache berechtigen, insbesondere das Vermieterpfandrecht (§ 562 BGB)
      – Besitzpfandrechte; bei berechtigtem Besitz nach h.M. alternativ Drittwiderspruchsklage (§ 771 ZPO); bei Verstoß gegen § 809 ZPO daneben Erinnerung (§ 766 ZPO)
   b) Vorzugsrecht nach §§ 50, 51 Nrn. 2–4 InsO; bei berechtigtem Besitz nach h.M. alternativ Drittwiderspruchsklage (§ 771 ZPO); bei Verstoß gegen § 809 ZPO daneben Erinnerung (§ 766 ZPO)
   c) Interventionsrecht nach § 771 ZPO, soweit es eine Forderung des Rechtsinhabers gegen den Vollstreckungsschuldner sichert

2. **Vorrang**
   – Pfand- oder Vorzugsrecht muss dem Pfändungspfandrecht des Beklagten im Rang vorgehen
   – Rang bestimmt sich grundsätzlich allein nach der zeitlichen Reihenfolge ihrer Entstehung (vgl. § 804 II, III ZPO, §§ 50, 51 InsO)
   – Beschränkung des Vorrangs des Vermieterpfandrechts nach § 562d BGB

3. **Keine Einwendungen des Beklagten**
   – ausnahmsweise scheidet eine bevorzugte Befriedigung aus, wenn der Kläger arglistig ist oder für die Vollstreckungsforderung (mit-)haftet

III. **Einstweilige Anordnungen**
   – Hinterlegung des Verwertungserlöses (§ 805 IV ZPO); Verfahren nach §§ 805 IV 2, 769, 770 ZPO

§ 11 Rechtsschutz nach Beendigung der Zwangsvollstreckung

Studienliteratur: *Büchler*, Klausurrelevante Ansprüche des Dritten nach Zwangsvollstreckung in schuldnerfremde Sachen, JuS 2011, 691 und 779; *Jäckel*, Die Rechtsstellung Dritter in der Zwangsvollstreckung, JA 2010, 357; *Stadler/Bensching*, Die Vollstreckung in schuldnerfremde Sachen, Jura 2002, 438.

Klausuren: *Hess/Vollkommer*, Die gepfändeten Teppiche, Jura 2001, 698; *Wittschier*, Der angeschlagene Reiterverein, JuS 2009, 841.

I. Interessenlage

Nach beendeter Vollstreckung fehlt einer Vollstreckungsabwehrklage (§ 767 ZPO, Rn. 187 ff) oder Drittwiderspruchsklage (§ 771 ZPO, Rn. 527 ff) das Rechtsschutzbedürfnis. Denn man kann die Vollstreckung dann nicht mehr „anhalten"; die auf Einstellung der Zwangsvollstreckung gerichteten Klagen würden ins Leere gehen. Aber durch eine unrechtmäßige Vollstreckung können bleibende Nachteile entstehen. Hiermit ist nicht ein **Fortsetzungsfeststellungsinteresse** gemeint. Ein solches kann es zwar auch im Zwangsvollstreckungsrecht geben, wenn besondere Umstände, wie eine schwere Grundrechtsbeeinträchtigung, vorliegen[1]. Dann kann ein Antrag etwa aus § 766 ZPO ausnahmsweise weiterverfolgt werden und das Rechtsschutzinteresse ist zu bejahen. Im Folgenden soll es aber um **Vermögensnachteile** gehen, die durch die fehlerhafte Vollstreckung entstanden sind.

628

Es muss für den Vollstreckungsschuldner (§ 767 ZPO) oder einen am Verfahren nicht beteiligten Dritten (§ 771 ZPO) die Möglichkeit geben, **vom Gläubiger** Ersatz für durch eine rechtswidrige Vollstreckung erlittene Vermögensverluste zu verlangen. Der **Ersteher** der verpfändeten und vom Gerichtsvollzieher verwerteten Sachen bleibt dagegen fast immer von Ansprüchen befreit. Er erwirbt Eigentum kraft Hoheitsakt und begeht weder eine Pflichtverletzung noch eine unerlaubte Handlung, es sei denn, er verstößt gegen ein Schutzgesetz (dann kommt § 823 II BGB in Betracht) oder handelt vorsätzlich und sittenwidrig (dann kommt § 826 BGB in Betracht).

629

Werden die materiellen Ansprüche gegen den Gläubiger nach Prozessende eingeklagt, wird die Klage gelegentlich als **„verlängerte Vollstreckungsabwehrklage"** oder **„verlängerte Drittwiderspruchsklage"** bezeichnet. Das ist nicht ganz überzeugend, weil es sich um normale materiell-rechtliche Ansprüche handelt, die mit der Leistungsklage geltend gemacht werden. Die Bezeichnung enthält jedoch durchaus passende Elemente. Denn erstens ist es wichtig, dass manche prozessualen Hindernisse, die im Gesetz nur für die zwangsvollstreckungsrechtlichen Rechtsbehelfe geregelt sind, entsprechend auf die Durchsetzbarkeit des materiellen Anspruchs ausstrahlen. Ein gutes Beispiel dafür ist § 767 II ZPO. Wer mit der Vollstreckungsabwehrklage nach § 767 II ZPO präkludiert ist, kann nicht einfach das Ende der Vollstreckung ab-

630

---

1 Dazu BGH NJW-RR 2010, 785.

warten und dann doch noch Klage erheben und die Begleichung aller Schäden verlangen.

Zweitens kann es vorkommen, dass der Schuldner schon Vollstreckungsabwehrklage erhoben hat und das Vollstreckungsverfahren erst danach beendet wird. Dann kann er als sachdienliche Klageänderung nach § 264 Nr. 3 ZPO seine Klage umstellen auf eine Leistungsklage, die beispielsweise auf Rückzahlung des Erlöses gerichtet sein würde, und der Name „verlängerte Vollstreckungsgegenklage" leuchtet unmittelbar ein.

Hinweis: Nach Erlösauskehr ist auch eine bevorzugte Befriedigung, die ein Dritter nach § 805 ZPO durchsetzen konnte, ausgeschlossen. Auch hier ist der Dritte daher auf materielle Schadensersatz- oder Bereicherungsklagen verwiesen. Diese Leistungsklage lässt sich „verlängerte Klage auf vorzugsweise Befriedigung" nennen. Sie ist in der Klausurpraxis von untergeordneter Bedeutung. Für sie gilt das Gleiche wie für die im Folgenden näher beschriebene „verlängerte" Vollstreckungsabwehr- und Drittwiderspruchsklage.

II. „Verlängerte Vollstreckungsabwehrklage"

1. Zielrichtung

631 Wenn der Schuldner während des Vollstreckungsverfahrens die Klage nach § 767 ZPO nicht eingelegt hat, darf daraus kein materieller Rechtsverlust resultieren. Denn es besteht weder eine Pflicht noch eine Obliegenheit zur Erhebung der prozessualen Gestaltungsklage. Vielmehr kann der Vollstreckungsschuldner seine Ansprüche auch nach dem Ende des Verfahrens noch geltend machen. Da der Schuldner eine Einwendung gegen den Anspruch des Gläubigers hat, erhielt dieser den Erlös ohne rechtlichen Grund[2]. Da der Schuldner nicht geleistet, sondern der Gläubiger den Erlös kraft Hoheitsakts erhalten hat, greift der Tatbestand der Eingriffskondiktion aus § 812 I 1 Fall 2 BGB ein.

Wichtig ist aber, dass der Anspruch auf Herausgabe des Versteigerungserlöses nur dann in Betracht kommt, wenn eine Vollstreckungsabwehrklage nach § 767 ZPO erfolgreich gewesen wäre.

632 **Beispiel 69** (Präklusion analog § 767 II ZPO): Gläubiger G lässt eine Waschmaschine bei Schuldner S wegen einer titulierten Forderung in Höhe von 2000 Euro pfänden. Während des Pfändungsvorgangs rechnet S gegen die titulierte Forderung mit einer Gegenforderung in Höhe von 2500 Euro auf. Die Aufrechnungslage hat bereits bei Schluss der letzten mündlichen Verhandlung bestanden. S versäumt es, rechtzeitig Vollstreckungsabwehrklage einzulegen und die Waschmaschine wird versteigert. Nunmehr verlangt S von G den Versteigerungserlös in Höhe von 1200 Euro heraus.

633 S kann in **Beispiel 69** einen Anspruch aus § 812 I 1 Fall 2 BGB geltend machen. Ein Rechtsgrund für das Behaltendürfen des Erlöses liegt nicht vor, wenn die Voraussetzungen der Vollstreckungsabwehrklage nach § 767 ZPO gegeben sind. In diesem

---

2 BGH NJW 1987, 3266; NJW-RR 1988, 957; näher *Schilken*, JuS 1991, 50.

Fall bestünde mangels titulierter Forderung – die durch eine wirksame Aufrechnung erloschen ist – das Pfändungspfandrecht und damit das materielle Befriedigungsrecht nicht mehr. Es ist aber noch etwas Wesentliches zu beachten: In **Beispiel 69** wäre die Vollstreckungsabwehrklage, wenn S sie rechtzeitig eingelegt hätte, nämlich nicht erfolgreich gewesen, da der Einwand der Aufrechnung nach § 767 II ZPO präkludiert gewesen wäre. Diese Präklusionsvorschrift muss nun auch für den Anspruch aus § 812 I BGB angewendet werden, um zu vermeiden, dass der Kläger mit der Erhebung einer Klage nach § 767 ZPO bewusst abwartet, um die Präklusionsvorschriften zu umgehen. Ein Anspruch aus § 812 I BGB scheidet hier daher letztlich aus.

In Bezug auf eine Aufrechnung BGH NJW 2009, 1671:

„Ist eine Vollstreckungsabwehrklage wegen Präklusion des Aufrechnungseinwandes abgewiesen worden, ist eine Klage auf Feststellung, dass die titulierte Forderung durch dieselbe Aufrechnung erloschen sei, unzulässig."

2. Mögliche Anspruchsgrundlagen

a) Vollstreckungsschuldner gegen Vollstreckungsgläubiger

Wenn nach dem Ende der Zwangsvollstreckung Ansprüche geltend gemacht werden, kommen zunächst im Grunde alle materiell-rechtlichen Anspruchsgrundlagen in Betracht. Von der Vertragsverletzung bzw. der Verletzung einer Sonderrechtsbeziehung zwischen Schuldner und Gläubiger über das Bereicherungsrecht bis zum Deliktsrecht scheinen sehr viele Normen zumindest „nahe liegend". Letztlich gibt es allerdings ganz typische Gründe, die zum Nichteingreifen der Anspruchsgrundlagen führen. Die wesentlichsten davon sollte man parat haben. Sie sind daher im Folgenden überblicksartig zusammengestellt. 634

Vertragliche Ansprüche des Schuldners gegen den Gläubiger aus §§ 280 I, 241 II BGB kommen stets in Betracht. Denn zwischen dem Schuldner und dem Gläubiger besteht eine Sonderrechtsverbindung – also ein Schuldverhältnis nach § 280 I BGB[3]. Wenn der Gläubiger weiter vollstreckt, obwohl er weiß oder fahrlässig nicht weiß, dass dem Schuldner eine Einwendung gegen den Anspruch zusteht, verletzt er schuldhaft eine Rücksichtnahmepflicht und ist schadensersatzpflichtig. 635

Deliktische Ansprüche zwischen Gläubiger und Schuldner werden oft schon ausscheiden, weil es an der Rechtsgutsverletzung fehlt. Wenn allerdings die Versteigerung erfolgt, obwohl der Gläubiger bereits wusste, dass dem titulierten Anspruch materiell-rechtliche Einwendungen entgegenstanden, liegt darin eine Eigentumsverletzung[4]. 636

Wenn die hohe Voraussetzung der „vorsätzlichen sittenwidrigen Schädigung" erfüllt ist, kann ein Anspruch aus § 826 BGB eingreifen. Die Tatsache, dass der Ersteher formaljuristisch rechtmäßig das Eigentum an dem Pfändungsgegenstand erworben hat, schließt die Anwendbarkeit des § 826 BGB nicht aus. Denn die Vorschrift kann auch dann eingreifen, wenn jemand eine formale Rechtsstellung in sittenwidriger Weise

---
3 BGH NJW 1985, 3080.
4 BGH WM 1977, 656.

missbraucht. Die bloße Bösgläubigkeit alleine begründet jedoch noch keine Sittenwidrigkeit iSd. § 826 BGB.

Hinweis: Dieser Anspruch auf Schadensersatz in Geld aus § 826 BGB wegen Schädigungen, die bei der Vollstreckung selbst erfolgen, ist nicht zu verwechseln mit dem oben besprochenen, praktisch relevanteren Anspruch wegen eines sittenwidrig erschlichenen Titels (Rn. 192).

637 Im **Bereicherungsrecht** kommen Ansprüche aus §§ 812 I und 816 I BGB in Betracht. Bei der näheren Prüfung des § 816 I BGB kommt man allerdings nicht weit, denn nicht der Gläubiger verfügt, sondern der Gerichtsvollzieher. Damit bleibt der Anspruch aus Eingriffskondiktion nach § 812 I 1 Fall 2 BGB, der wie gezeigt (Rn. 631 ff) im Regelfall durchgreift.

b) Vollstreckungsschuldner gegen den Ersteher

638 **Vertragliche Ansprüche** scheiden aus, da zwischen dem Ersteher und dem Vollstreckungsschuldner keine Sonderverbindung entsteht.

639 Auch ein Anspruch aus **§ 985 BGB** kommt nicht in Frage, weil der Ersteher durch die Ablieferung kraft Hoheitsakts Eigentümer geworden ist, und zwar nach ganz herrschender Ansicht selbst dann, wenn er bösgläubig war. Die Anwendung des § 1244 BGB scheidet wegen des hoheitlichen Charakters des Eigentumserwerbs ebenfalls aus (Rn. 346). Im Falle der Bösgläubigkeit können immerhin deliktische Ansprüche bestehen.

Ein Eigentumserwerb erfolgt nicht, wenn die Sache bei der Versteigerung nicht (mehr) verstrickt war (Rn. 344). In einem solchen Fall würde also der Anspruch aus § 985 BGB gegen den Erwerber durchgreifen.

III. „Verlängerte Drittwiderspruchsklage"

1. Zielrichtung

640 Wenn eine schuldnerfremde Sache verwertet worden ist, kann der Dritte nicht mehr mit der Drittwiderspruchsklage vorgehen. Er hat in aller Regel auch sein Eigentum verloren. Denn wenn eine schuldnerfremde Sache gepfändet und versteigert wird, führt der Zuschlag des Gerichtsvollziehers nach § 817 I ZPO zu einem öffentlich-rechtlichen Vertrag zwischen dem Ersteher und dem Staat[5] (Rn. 342). Durch die Ablieferung der Sache beim Ersteher wird dieser durch Hoheitsakt Eigentümer des Gegenstands (§ 817 II ZPO). Auf eine Gut- oder Bösgläubigkeit hinsichtlich der Eigentümerstellung des Vollstreckungsschuldners kommt es daher nicht an. Voraussetzung für den hoheitlichen Eigentumserwerb ist nur die Ablieferung der Sache unter Einhaltung der wesentlichen Verfahrensvorschriften.

641 Auch den Erlös kann der Dritte in der Regel nicht unmittelbar erhalten. Zwar geht man davon aus, dass er zwischenzeitlich wirklich Eigentümer des Erlöses ist (Rn. 350

---

5 Thomas/*Seiler*, ZPO, § 817 Rn. 2; a.A. (öffentlicher Akt eigener Art) etwa Stein/Jonas/*Münzberg*, § 817 ZPO Rn. 20; vgl. auch *Brox/Walker*, Rn. 405 ff.

und 353 ff). Aber wenn dem Vollstreckungsgläubiger der Erlös ausbezahlt wird, wird der Gläubiger, wiederum kraft Hoheitsakts, Eigentümer des Geldes (parallel § 817 ZPO).

2. Mögliche Anspruchsgrundlagen

a) Eigentümer (oder sonst nach § 771 ZPO berechtigter Dritter) gegen den Gläubiger

Auch hier kommt nach der Rechtsprechung ein **vertraglicher Anspruch** aus § 280 I BGB in Betracht, da auch zwischen dem Eigentümer der gepfändeten Sache und dem Gläubiger ein Sonderrechtsverhältnis angenommen wird. Das könnte man wegen des öffentlich-rechtlichen Charakters der Zwangsvollstreckung auch bezweifeln. Die Zwangsvollstreckung wird nicht vom Gläubiger betrieben, sondern von den Vollstreckungsorganen. Aber die Rechtsprechung stützt sich darauf, dass zwischen Gläubiger und Schuldner doch ein Pflichtenverhältnis entsteht. So hat der Eigentümer während des Vollstreckungsverfahrens einen Anspruch auf Beseitigung seiner Eigentumsbeeinträchtigung durch Freigabe des Pfändungsgegenstands[6]. Obwohl eine Sonderverbindung besteht, und § 278 BGB somit anwendbar ist, ist der Gerichtsvollzieher nicht Erfüllungsgehilfe des Gläubigers. Er ist Organ der Rechtspflege und hat nicht die Aufgabe, dem Gläubiger bei der Erfüllung seiner Sorgfaltspflichten zu helfen. Wenn der Gerichtsvollzieher ohne Wissen des Gläubigers schuldnerfremde Sachen pfändet und verwertet, kann dies dem Gläubiger deshalb nicht nach § 278 BGB zugerechnet werden. Anders ist es bei dem Handeln des Rechtsanwalts, der ohne weiteres Erfüllungsgehilfe des Gläubigers ist.

642

Ansprüche aus **Geschäftsführung ohne Auftrag** in Form der unberechtigten Eigengeschäftsführung (§ 687 II BGB) setzen voraus, dass der Gläubiger weiß, dass schuldnerfremde Sachen verwertet werden.

643

Deliktische Ansprüche greifen in aller Regel nicht durch, auch wenn es zu einer Rechtsgutverletzung gekommen ist (meist liegt eine Eigentumsverletzung bei dem Dritten vor). Der Gläubiger verletzt das Rechtsgut nicht unmittelbar, und das bedeutet, dass die Rechtswidrigkeit nicht indiziert ist, sondern positiv geprüft werden muss.

644

Es ist aber rechtswidrig, in das Eigentum eines Dritten einzugreifen, und sei es auch in einem ansonsten regelgerechten Vollstreckungsverfahren.

BGH NJW 1992, 2014:

„Der Grundsatz, dass ein subjektiv redliches Verhalten in einem gesetzlichen Rechtspflegeverfahren nicht schon durch die Beeinträchtigung von in § 823 I BGB geschützten Rechtsgütern seine Rechtswidrigkeit indiziert, findet keine Anwendung, wenn im Wege der Zwangsvollstreckung in Rechtsgüter am Vollstreckungsverfahren nicht beteiligter Dritter (hier: in das Sicherungseigentum eines weiteren Gläubigers des Vollstreckungsschuldners) eingegriffen wird."

---

6 BGH NJW 1972, 1048; NJW 1977, 384, 385.

Wer die Vollstreckung beantragt, handelt aber insofern meist nicht schuldhaft. Ein Verschulden des Gerichtsvollziehers gilt nicht nach § 831 BGB als Gläubigerverschulden, weil der Gerichtsvollzieher nicht als Verrichtungsgehilfe des Gläubigers angesehen werden kann. Das ließe sich mit seiner Position als Organ der Rechtspflege nicht vereinbaren. Nur wenn der Dritte nachweisen kann, dass der Gläubiger oder sein Anwalt die Fremdheit der Sache erkennen mussten (oder gar kannten), greift daher § 823 I BGB durch.

645 Ob zwischen dem Dritten und dem Gläubiger ein **Eigentümer-Besitzer-Verhältnis** angenommen werden kann, wenn eine fremde Sache versteigert wird, und somit ein Anspruch aus §§ 989, 990 BGB in Betracht kommt, ist sehr streitig. Teils wird gesagt, § 771 ZPO verhindere dies, denn er verdränge für die Zeit der Vollstreckung den materiellen Anspruch aus § 985 BGB[7].

646 In jedem Fall greift der **bereicherungsrechtliche Anspruch** aus § 812 I 1 Fall 2 BGB durch. Es liegt eine Eingriffskondiktion vor, weil der Gläubiger den Erlös ohne Rechtsgrund erhalten hat[8] (Rn. 631). Für die gemischte Theorie ergibt sich dies schon daraus, dass an schuldnerfremden Sachen kein Pfändungspfandrecht entsteht (Rn. 331), welches nach dieser Ansicht (überzeugend) als Grundlage für das Behaltendürfen des Erlöses anzusehen ist. Nach der öffentlich-rechtlichen Theorie muss eher vage auf die materiell-rechtliche Rechtslage abgestellt werden, welche aber jedenfalls keinen Rechtsgrund dafür bereithält, dass der Gläubiger den Erlös aus der Verwertung schuldnerfremder Sachen behalten dürfte. § 816 I 1 BGB scheidet mangels rechtsgeschäftlicher Verfügung aus[9] (Rn. 637).

b) Eigentümer gegen den Ersteher

647 Auch hier kommen Ansprüche des Eigentümers gegen den Ersteher kaum je in Betracht. Der Ersteher hat, unabhängig von Gutgläubigkeit, durch Hoheitsakt Eigentum an dem ersteigerten Gegenstand erhalten.

IV. Ansprüche gegen dritte Personen

648 Davon, dass auch dritte Personen nachteilig in die Zwangsvollstreckung eingreifen können, ist selten die Rede. Oben wurde ein solcher Fall dargestellt und gelöst (**Fall 5**, Rn. 354 ff). Dort sieht man gut, dass bei der Prüfung eines solchen Anspruchs keinesfalls nur materiell-rechtliche, sondern im Gegenteil hauptsächlich vollstreckungsrechtliche Fragen zu prüfen sind.

649 Fall 11 („Verlängerte Drittwiderspruchsklage"):
Variante a) Der Gerichtsvollzieher pfändet für Gläubiger G in der Wohnung des Schuldners S ein wertvolles Notebook, obwohl S gegen die Pfändung mit der Begründung protestiert, das Notebook gehöre seiner zurzeit im Urlaub weilenden Ehefrau F. Als F aus dem Urlaub wiederkommt, wurde das Notebook bereits an den Ersteher E zum Preis von 1200 Euro versteigert und abgeliefert. Die Versteigerungskosten betrugen 200 Euro. Die Differenz in

---

[7] Wie hier RGZ 108, 260; *Lackmann*, Rn. 579, 649; dagegen MünchKommZPO/*Gruber*, § 804 Rn. 37; *Stadler/Bensching*, Jura 2002, 443, 444.
[8] BGH NJW 1987, 1880.
[9] RGZ 156, 395, 399 f.

Höhe von 1000 Euro wurde bereits an G ausgezahlt.
Variante b) F hatte das Notebook durch ein anfechtbares Rechtsgeschäft von S erlangt.
Variante c) G ersteigerte das Notebook selbst.
F fragt jeweils nach ihren Rechten.

Lösungshinweise Fall 11a:
A. Ansprüche der F gegen den Ersteher
I. Ansprüche auf Herausgabe des Notebooks
1. § 985 BGB

Zunächst kommt ein Anspruch auf Herausgabe aus § 985 BGB in Betracht. Voraussetzung dafür wäre, dass F noch Eigentümerin des Notebooks ist. Der Ersteher erwirbt in der öffentlich-rechtlichen Zwangsversteigerung das Eigentum an der gepfändeten Sache nicht rechtsgeschäftlich, sondern durch Hoheitsakt, wenn die Sache nach § 817 II ZPO abgeliefert wurde und die Verfahrensvorschriften eingehalten worden sind (§§ 814, 817, 817a ZPO). F hat hier ihr Eigentum also dadurch verloren, dass E das Notebook durch Hoheitsakt (die Ablieferung) im Rahmen der Zwangsversteigerung erworben hat.

2. § 1007 I BGB

Ein Anspruch aus § 1007 I 2 BGB gegen E scheidet ebenfalls aus, weil der Ersteher Eigentum an dem Notebook erworben hat und ein Besitzer, der Eigentümer geworden ist, der „bessere Berechtigte" iSd. § 1007 II 1 Halbs. 2 BGB ist.

3. § 861 I BGB

Zu denken ist noch an einen Anspruch aus § 861 I BGB. F war ehemalige Besitzerin des Notebooks (§ 866 ZPO). E ist auch der aktuelle Besitzer. E hat den Besitz jedoch nicht durch verbotene Eigenmacht nach § 858 BGB erlangt. Da F selbst im Zeitpunkt der Ablieferung an E keine besitzrechtliche Position mehr an dem Notebook innehatte, kann in der Entgegennahme des Notebooks durch E auch keine verbotene Eigenmacht gesehen werden. Zudem liegt auch keine dem E möglicherweise als Nachfolger im Besitz nach § 858 II BGB zurechenbare verbotene Eigenmacht des Gerichtsvollziehers vor, da die Pfändung rechtmäßig war und somit die Wegnahme durch den Gerichtsvollzieher nach den Regeln der ZPO „gestattet" iSd. § 858 I BGB gewesen ist.

4. § 687 II BGB

Ein Anspruch aus § 687 II BGB entfällt ebenfalls, da der Erwerb des Eigentums kein Geschäft eines anderen (früheren) Eigentümers sein kann.

5. § 816 II BGB

§ 816 II BGB setzt zunächst eine (rechtsgeschäftliche) Leistung an einen Nichtberechtigten voraus. Bei der Versteigerung einer schuldnerfremden Sache liegt jedoch in der Eigentumsübertragung keine rechtsgeschäftliche Leistung, sondern ein Hoheitsakt des Staates, vertreten durch den Gerichtsvollzieher, vor. Deshalb scheidet eine direkte Anwendung der Norm aus. Für eine analoge Anwendung fehlt es an der planwidrigen Regelungslücke.

6. § 812 I 1 Fall 2 BGB

Letztlich scheidet auch ein Anspruch aus § 812 I 1 Fall 2 BGB auf Herausgabe des Notebooks aus. Zwar hat E Eigentum und Besitz an dem Notebook in sonstiger Weise, nämlich durch eine hoheitliche Handlung des Gerichtsvollziehers erlangt, der Zuschlag nach § 817 I ZPO stellt jedoch einen Rechtsgrund iSd. § 812 BGB dar[10]. Im Ergebnis bestehen also keine Ansprüche der F gegen E auf Herausgabe des Notebooks.

II. Schadensersatzansprüche

Zunächst könnte an §§ 823 I, 249 I BGB gedacht werden. Der Eigentumserwerb des Erstehers stellt eine Eigentumsverletzung der F als ursprünglicher Eigentümerin durch Entzug dar. Allerdings ist diese Eigentumsentziehung rechtmäßig, da sie auf einem rechtmäßigen Hoheitsakt des Staates basiert und dieser Verwaltungsakt einen Rechtfertigungsgrund darstellt.

Letztlich verbleibt daher nur ein Anspruch aus § 826 BGB. Es müssen zusätzliche sittenwidrige Umstände hinzutreten[11]. Solche Umstände sind hier nicht ersichtlich.

Folglich bestehen im Ergebnis keine Ansprüche gegen den Ersteher.

B. Ansprüche der F gegen den G

I. Schadensersatzansprüche

1. § 280 I BGB

Ein Schadensersatzanspruch könnte sich aus § 280 I BGB ergeben. Voraussetzung dafür ist zunächst, dass zwischen der F als ehemaliger Eigentümerin und dem G ein Schuldverhältnis als rechtliche Sonderbeziehung besteht. Da E während des Vollstreckungsverfahrens einen Anspruch auf Beseitigung seiner Eigentumsbeeinträchtigung durch Freigabe des Pfändungsgegenstands hat, kann ein solches Sonderrechtsverhältnis angenommen werden[12]. Aus diesem Schuldverhältnis müsste G eine Pflicht verletzt haben. G war verpflichtet, während der Vollstreckung „gewissenhaft" zu prüfen, inwieweit die gepfändete Sache auch zum Vermögen des S gehörte. Die Prüfungspflicht entsteht jedoch nur, wenn dem G gegenüber glaubhaft gemacht wurde, dass die Sache mit Rechten Dritter belastet sein könnte. Diesbezüglich sind hier im Sachverhalt keine Anhaltspunkte ersichtlich, so dass die Pflichtverletzung ausscheidet. (Demgegenüber kommt es nicht darauf an, dass der Gerichtsvollzieher von S einen Hinweis erhalten hatte. Der Gerichtsvollzieher prüft das Eigentum überhaupt nicht und durfte nach § 739 ZPO iVm. § 1362 BGB hier das Notebook pfänden.)

2. § 687 II BGB

Für einen Anspruch aus § 687 II BGB muss zunächst ein schuldnerfremdes Geschäft vorliegen. Die Verwertung der schuldnerfremden Sache stellt ein solches objektiv fremdes Geschäft dar. G hatte jedoch keine Kenntnis von seiner fehlenden Berechtigung zur Verwertung, da er laut Sachverhalt keine Kenntnis von der Fremdheit des Gegenstands hatte. Damit liegt ein Fremdgeschäftsführungswille nicht vor. Die Vorschriften über die Geschäftsführung ohne Auftrag sind nicht anwendbar (§ 687 I BGB).

---

10 *Baur/Stürner/Bruns*, Rn. 29.18.
11 BGH NJW 1979, 162, 163.
12 BGH NJW 1972, 1048, 1049; NJW 1977, 384, 385.

3. §§ 989, 990 BGB

Es könnte jedoch ein Anspruch aus §§ 989, 990 BGB vorliegen. Dann müsste zwischen G und F zum Zeitpunkt der Eigentumsverletzung eine Vindikationslage bestanden haben. Zum Zeitpunkt der Eigentumsverletzung (Rechtserwerb des Erstehers durch Hoheitsakt) war die Zwangsvollstreckung jedoch noch nicht beendet (noch keine Erlösauskehr an G). Die Vorschriften der §§ 985, 986 BGB waren also gegenüber dem vorrangigen Rechtsbehelf aus § 771 ZPO gesperrt. Deshalb kann auch kein Anspruch aus §§ 989, 990 BGB bestehen, da ansonsten die Sperrwirkung der materiellen Eigentumsansprüche wieder umgangen würde. Ein Anspruch aus §§ 989, 990 BGB scheidet aus.

4. § 823 I BGB

Des Weiteren kommt ein Anspruch aus § 823 I BGB in Betracht. Eine Eigentumsverletzung durch Eigentumsentzug ist hier der F gegenüber erfolgt. Diese Eigentumsverletzung ist auch rechtswidrig, weil nur das Vermögen des Schuldners dem rechtmäßigen Zugriff der Vollstreckungsgläubiger unterliegen kann[13]. Die Verletzung müsste aber auch schuldhaft gewesen sein. Verschulden liegt nur vor, wenn G das Eigentum des Dritten kannte oder bei verkehrsüblicher Sorgfalt kennen musste[14]. Hier liegen keine Anhaltspunkte für eine Kenntnis oder eine fahrlässige Nichtkenntnis des G vor, so dass der Anspruch aus § 823 I BGB ausscheidet.

II. Ansprüche auf Herausgabe des Versteigerungserlöses

1. § 816 I BGB

Ein Anspruch aus § 816 I BGB scheidet aus, weil der Gerichtsvollzieher nicht rechtsgeschäftlich verfügt.

2. § 812 I 1 Fall 2 BGB

Es könnte jedoch ein Anspruch aus § 812 I 1 Fall 2 BGB durchgreifen. G hat im Rahmen des Versteigerungsverfahrens Eigentum und Besitz an dem Erlös erlangt. Dies ist geschehen, indem der Gerichtsvollzieher den Erlös an G ausgezahlt hat. Fraglich ist aber, ob der Eingriff auf Kosten der F erfolgte. Das wäre jedenfalls dann der Fall, wenn F vor der Erlösauszahlung und Eigentumsübertragung an den G Eigentümer des Versteigerungserlöses gewesen ist. In der Tat führt die Versteigerung zunächst dazu, dass der Eigentümer der Sache kraft kraft dinglicher Surrogation nach § 1247 S. 2 BGB seinerseits Eigentum an dem Erlös erhält[15]. F hat durch die Versteigerung also Eigentum am Erlös erhalten. Dieses Eigentum wurde ihr erst durch die Übereignung an den Gläubiger entzogen. Daher erhielt G hier das „Erlangte" in sonstiger Weise und auf Kosten der F.

Fraglich ist des Weiteren, ob nicht ein Rechtsgrund vorliegt. Ein Rechtsgrund könnte sich aus einem Pfändungspfandrecht ergeben. Es muss also noch geprüft werden, ob hier ein Pfändungspfandrecht bestand. Nach der herrschenden gemischten privatrechtlich-öffentlich-rechtlichen Theorie müssen für die Entstehung des Pfändungspfandrechts sowohl die wesentlichen verfahrensrechtlichen Pfändungsvoraussetzungen wie auch die wesentlichen

---

13 BGH NJW 1971, 799, 800.
14 Unter diesen Voraussetzungen kann die Haftung aus § 823 I BGB auch den Prozessbevollmächtigten treffen, der für den Gläubiger die Vollstreckung betreibt; BGH NJW 1992, 2014.
15 RGZ 156, 399; Stein/Jonas/*Münzberg,* ZPO, § 803 Rn. 10.

materiell-rechtlichen Voraussetzungen eingehalten sein. Es kann deshalb an schuldnerfremden Sachen nicht entstehen[16]. Danach würde hier der Rechtsgrund fehlen.

Die öffentlich-rechtliche Theorie hingegen ist der Auffassung, dass für die Entstehung eines Pfändungspfandrechts die wirksame Verstrickung ausreiche, ohne dass weitere materiell-rechtliche Voraussetzungen vorliegen müssten[17]. Danach läge hier ein Pfändungspfandrecht vor. Dieses „prozessuale Pfändungspfandrecht" an einer schuldnerfremden Sache hat jedoch nach der öffentlich-rechtlichen Theorie kein endgültiges materielles Befriedigungsrecht, also keinen Rechtsgrund zum Behaltendürfen des Erlöses zur Folge[18]. Vielmehr muss für das Behaltendürfen des Erlöses die verwertete Sache dem Schuldner gehört haben. Für den Rechtsgrund iSd. § 812 I 1 Fall 2 BGB ist der unterschiedliche Ansatz der Theorien also ohne Belang. Die Voraussetzungen eines Anspruchs aus § 812 I 1 Fall 2 BGB liegen somit vor.

Rechtsfolge ist nach § 818 II BGB die Herausgabe des Erlangten. Das Erlangte ist der gesamte Bruttoerlös der Versteigerung, also 1200 Euro. In Höhe der Versteigerungskosten (200 Euro) ist der Gläubiger jedoch nach ganz herrschender Ansicht entreichert nach § 818 III BGB, da die Vollstreckungskosten Aufwendungen zum Erwerb des Erlöses darstellen[19]. Auf eine weitergehende Entreicherung kann sich der Gläubiger allerdings regelmäßig nicht berufen. Insbesondere kann nicht geltend gemacht werden, dass die titulierte Vollstreckungsforderung des Gläubigers gegen die Titelforderung nach § 819 I ZPO untergegangen ist. Denn nach herrschender Ansicht gilt § 819 ZPO nur für den Fall, dass eine schuldnereigene Sache versteigert worden ist. Die titulierte Forderung ist daher nicht erloschen. Der Gläubiger kann sich daher eine neue vollstreckbare Ausfertigung erteilen lassen (§ 733 ZPO) und dann die Zwangsvollstreckung erneut durchführen.

Lösungshinweise Fall 11b:

Nun muss beachtet werden, dass eine Drittwiderspruchsklage keinen Erfolg gehabt hätte, weil der Klage der Einwand der Mithaftung aus § 9 AnfG entgegenstand[20]. In diesem Fall muss auch die Bereicherungsklage ausgeschlossen sein, weil ansonsten durch ein bloßes Abwarten bis zum Ende des Zwangsversteigerungsverfahrens die Beschränkungen des § 771 ZPO umgangen werden könnten. Deshalb fordert die Rechtsprechung ganz generell, dass ein Anspruch aus § 812 I 1 Fall 2 BGB nur dann erfolgreich sein kann, wenn neben den genannten Voraussetzungen des Anspruchs auch eine Drittwiderspruchsklage erfolgreich gewesen wäre. Das wäre in der Abwandlung nicht der Fall gewesen, so dass dem Anspruch aus § 812 BGB ebenfalls der Einwand der Mithaftung entgegenzuhalten ist. Im Ergebnis scheidet der Anspruch daher aus[21].

Lösungshinweise Fall 11c:

Hier muss beachtet werden, dass der Gläubiger sozusagen „zwiegespalten" ist. Soweit er in seiner Position als Ersteher in Anspruch genommen wird, müssen die obigen Ansprüche geprüft und verneint werden. Soweit er als Gläubiger in Anspruch genommen wird, ändert sich in Hinblick auf die zu prüfenden Ansprüche ebenfalls wenig. Alleine im Rahmen des

---

16 RGZ 156, 399; BGHZ 23, 299; 56, 351; MünchKommZPO/*Gruber,* § 804 Rn. 19 m.N.
17 Stein/Jonas/*Münzberg,* ZPO, § 804 Rn. 1, 7; Zöller/*Stöber,* ZPO, § 804 Rn. 2 f.
18 Stein/Jonas/*Münzberg,* ZPO, § 804 Rn. 22.
19 BGH NJW 1976, 1090, 1091.
20 BGH NJW-RR 2004, 1220.
21 Vgl. BGH NJW 1993, 2622.

Bereicherungsanspruchs muss beachtet werden, dass das „Erlangte" gerade nicht Eigentum und Besitz am Geld, sondern die Befreiung von der Barzahlungspflicht nach § 817 II ZPO iVm. § 817 IV 1 ZPO darstellt[22]. Die Problematik des Rechtsgrunds im Sinne des § 812 BGB bleibt jedoch gleich.

V. Stoffzusammenfassung: Rechtsschutz nach Beendigung der Zwangsvollstreckung

I. „Verlängerte Vollstreckungsabwehrklage"   650
   1. **Allgemeines**
     – nach beendeter Vollstreckung in aller Regel kein Rechtsschutzbedürfnis für vollstreckungsrechtliche Rechtsbehelfe, Ausnahme **Fortsetzungsfeststellungsinteresse** (str., nicht denkbar bei § 767 ZPO)
     – daher nur noch Leistungsklage auf Geldersatz; wurde Vollstreckungsabwehrklage bereits erhoben, ist die Umstellung des Antrags nach § 264 Nr. 3 ZPO möglich.
     – wichtig: Einwände, die mit der Vollstreckungsabwehrklage nicht geltend gemacht werden konnten, weil diese verspätet waren (§ 767 II ZPO), können auch nicht später durch Leistungsklage ausgeglichen werden.
   2. **Überblick über die möglichen Anspruchsgrundlagen**
     a) Vollstreckungsschuldner gegen Vollstreckungsgläubiger
       – vertragliche Ansprüche des Schuldners gegen den Gläubiger aus §§ 280 I, 241 II BGB
       – deliktische Ansprüche: § 823 I BGB: Rechtsgutverletzung fraglich; wird jedoch bejaht, wenn der Gläubiger bewegliche Sachen des Schuldners versteigern lässt, obwohl er den Wegfall des Anspruchs kennt/kennen muss; § 826 BGB: mehr als bloße Bösgläubigkeit erforderlich
       – bereicherungsrechtliche Ansprüche: nicht § 816 I BGB (keine rechtsgeschäftliche Verfügung!), aber Eingriffskondiktion nach § 812 I 1 Fall 2 BGB
     b) Vollstreckungsschuldner gegen den Ersteher
       – **vertragliche Ansprüche**: keine, da keine Sonderverbindung
       – **§ 985 BGB**: nein, da Ersteher kraft Hoheitsakt Eigentümer wird; Ausnahme nur, wenn die Sache bei der Versteigerung nicht (mehr) verstrickt war
II. „Verlängerte Drittwiderspruchsklage"
   1. **Allgemeines**
     – nach beendeter Vollstreckung kein Rechtsschutzbedürfnis für Drittwiderspruchsklage
     – daher nur noch Leistungsklage auf Geldersatz; wurde Drittwiderspruchsklage bereits erhoben, ist die Umstellung des Antrags nach § 264 Nr. 3 ZPO möglich
   2. **Mögliche Anspruchsgrundlagen**
     a) Eigentümer („Dritter") gegen den Gläubiger
       – § 280 I BGB, da auch zwischen dem Eigentümer der gepfändeten Sache und dem Gläubiger ein Sonderrechtsverhältnis angenommen wird

---

22 Zum Ersatzanspruch aus § 817 III ZPO vgl. Rn. 354.

- **GoA** in Form der unberechtigten Eigengeschäftsführung (§ 687 II BGB) setzt voraus, dass der Gläubiger weiß, dass schuldnerfremde Sachen verwertet werden
- **deliktische Ansprüche** greifen nur durch, wenn der Gläubiger wusste oder wissen musste, dass die Sache im Eigentum eines Dritten stand (sonst kein Verschulden)
- **Eigentümer-Besitzer-Verhältnis** streitig; teils wird gesagt, § 771 ZPO verhindere dies
- In jedem Fall greift der **bereicherungsrechtliche Anspruch** aus § 812 I 1 Fall 2 BGB durch.

b) **Eigentümer gegen den Ersteher**
- Ansprüche des Eigentümers gegen den Ersteher kommen kaum je in Betracht. Der Ersteher hat, unabhängig von Gutgläubigkeit, durch Hoheitsakt Eigentum an dem ersteigerten Gegenstand erhalten.

§ 12 Zwangsvollstreckung wegen sonstiger Ansprüche

Studienliteratur: *Becker-Eberhard*, Die Räumungsvollstreckung gegen Ehegatten und sonstige Hausgenossen, FamRZ 1994, 1296; *Guntau*, Fälle zum Vollstreckungsrecht nach §§ 887–890 ZPO, JuS 1983, 687, 782, 939; *Hein*, Die Zwangsvollstreckung zur Herausgabe von Sachen, JuS 2012, 902; *Huber*, Aus der Praxis: „Billiger" Erfüllungseinwand in der Handlungsvollstreckung, JuS 2005, 521; *Jost*, Duldung der Zwangsvollstreckung?, Jura 2001, 153; *Schuschke*, Sechs Stolpersteine auf dem Weg zur Zwangsräumung einer Mietwohnung, JuS 2008, 977.

Aktenvortrag: *Jäckel*, Aktenvortrag – Zivilrecht: Unsachgemäße Räumungsvollstreckung, JuS 2010, 535.

I. Systematik

Bei der Zwangsvollstreckung wegen anderer Ansprüche als Geldforderungen ist der Vollstreckungsgegenstand regelmäßig schon durch den Titel identifiziert. Richtet sich die Vollstreckung auf die **Herausgabe einer Sache** (§§ 883 ff ZPO), wird auf die Sache nicht zugegriffen, um den Vollstreckungsgläubiger nach deren Verwertung aus dem Verwertungserlös zu befriedigen (§§ 803 ff ZPO, Rn. 350 ff); vielmehr folgt die Befriedigung aus der Verschaffung der Sache selbst. Ohne jeden Zugriff auf eine körperliche Sache wird die **Erwirkung einer Handlung, Duldung oder Unterlassung** (§§ 887 ff ZPO, Rn. 674 ff) dadurch vollstreckt, dass entweder der Vollstreckungsschuldner durch Zwangs- und Ordnungsmittel dazu angehalten wird, einen bestimmten Verhaltenserfolg selbst zu bewirken oder der Vollstreckungsgläubiger ermächtigt wird, diesen Erfolg auf Kosten des Schuldners anderweit herbeizuführen. Liegt der Vollstreckungserfolg in der **Abgabe einer Willenserklärung** (§§ 894 ff ZPO, Rn. 690 ff), wird nicht auf den Schuldner eingewirkt, sondern die Abgabe mit dem rechtskräftigen Urteil fingiert. 651

Übersicht 6: Zwangsvollstreckung wegen sonstiger Ansprüche

In den Fällen der §§ 883–890 ZPO ist der Vollstreckungsgläubiger trotz des erstrittenen Herausgabe- oder Erwirkungstitels weiterhin berechtigt, das Interesse an der titulierten Individualleistung durch Schadensersatz zu regulieren. Dies wird in § 893 I ZPO klargestellt. Die Vorschrift begründet eine besondere Zuständigkeit, jedoch kei- 652 nen besonderen verfahrensrechtlichen Ersatzanspruch, sondern verweist insofern lediglich auf materiell-rechtlich bestehende Ansprüche. Liegen die materiellen Tatbestandsvoraussetzungen und insbesondere der erfolglose Ablauf einer zur Leistung oder Nacherfüllung gesetzten Frist vor, kann der Vollstreckungsgläubiger vor dem Prozessgericht erster Instanz (§ 893 II ZPO) auf Zahlung von Schadensersatz statt der (titulierten) Leistung klagen; Anspruchsgrundlage ist §§ 280 I, III, 281 BGB, soweit nicht besonderes Gewährleistungsrecht eingreift (vgl. etwa § 536a I BGB).

Hinweis: Wird die nach § 281 I 1 BGB erforderliche Frist erst in der Berufungsinstanz gesetzt, sind Fristsetzung und Fristablauf der Berufungsentscheidung nur dann zugrunde zu legen, wenn sie unstreitig sind; andernfalls ist der Berufungskläger mit diesem neuen Sachvortrag nach §§ 529 I, 531 II ZPO präkludiert[1].

§ 893 ZPO erfasst nur dasjenige Interesse, mit dem ausschließlich die Verletzung der titulierten Leistungspflicht reguliert wird. Die Vorschrift gilt deshalb nur für den Anspruch auf Schadensersatz statt der (titulierten) Herausgabe und statt der (titulierten) Handlung, Duldung oder Unterlassung[2] sowie den an dessen Stelle tretenden Aufwendungsersatzanspruch (§ 284 BGB). Soweit der Vollstreckungsgläubiger daneben Schadensersatz wegen einer Nebenpflichtverletzung (§§ 280 I, III, 282 BGB) oder der Verzögerung der (titulierten) Leistung (§§ 280 I, II, 286 BGB) verlangt, er wegen der Verletzung der (titulierten) Leistungspflicht den Rücktritt (§ 323 BGB) oder gegebenenfalls die Minderung erklärt (§§ 441, 536, 638 BGB) oder die Selbstvornahmekosten regulieren will (§§ 536a II, 637 BGB; vgl. Fall 12, Rn. 695), ist § 893 ZPO nicht anwendbar. Es gelten deshalb die allgemeinen Zuständigkeitsregeln.

Wie die systematische Stellung von § 893 ZPO andeutet, findet die Vorschrift (entgegen ihrem ungenauen Wortlaut) im Fall des § 894 ZPO *keine* Anwendung: Die Fiktion der Abgabe einer Willenserklärung erfüllt das Leistungsinteresse an dieser Abgabe vollständig und lässt nur für solche Ersatzansprüche Raum, die neben der Leistung bestehen können, aber § 893 ZPO deshalb nicht unterfallen[3].

II. Zwangsvollstreckung zur Erwirkung der Herausgabe von Sachen

653 Zuständiges **Vollstreckungsorgan** ist bei der Erwirkung der Herausgabe von Sachen der Gerichtsvollzieher. Neben den allgemeinen Vollstreckungsvoraussetzungen (Rn. 72 ff) ist es erforderlich, dass der Titel auf die Herausgabe einer bestimmten beweglichen Sache (§ 883 ZPO), einer Sachmenge (§ 884 ZPO) oder einer bestimmten unbeweglichen Sache (§ 885 ZPO) lautet; nach dem Herausgabegegenstand sind folglich drei Fälle zu unterscheiden.

1. Herausgabe einer bestimmten beweglichen Sache

654 Ist die Herausgabe einer bestimmten beweglichen Sache geschuldet, nimmt der Gerichtsvollzieher dem Schuldner die Sache weg und übergibt sie dem Gläubiger (§ 883

---

1 BGH NJW 2009, 2532; *Skamel*, NJW 2010, 271, 272 f.
2 MünchKommZPO/*Gruber*, § 893 Rn. 5; Schuschke/Walker/*Sturhahn*, § 893 Rn. 2; a.A. Musielak/*Lackmann*, ZPO, § 893 Rn. 1.
3 RGZ 76, 409, 412.

I ZPO). Voraussetzung hierfür ist, dass sich die Sache im Gewahrsam des Schuldners oder eines zur Herausgabe bereiten Dritten befindet.

Hinweis: Soll wegen eines titulierten Anspruchs nur auf Vorlage der Sache vollstreckt werden, geht der Gerichtsvollzieher gleichfalls nach §§ 883, 886 ZPO vor, liefert sie aber nicht ab, sondern legt die Sache dem Gläubiger nur zur Einsichtnahme vor. Hat das Familiengericht nach § 1632 I, III BGB die Herausgabe eines Kindes an die Eltern oder einen Elternteil angeordnet, gilt nicht § 883 ZPO entsprechend, sondern finden §§ 88–94 FamFG Anwendung.

Hat ein nicht zur Herausgabe bereiter **Dritter** die Sache in Gewahrsam, muss der Gläubiger den Herausgabeanspruch des Schuldners gegen diesen Dritten pfänden und an sich zur Einziehung überweisen lassen (§§ 886, 829, 835 ZPO). Auch in diesem Fall ist die Sache an den Gläubiger abzuliefern; insbesondere findet keine Verwertung nach § 846 ZPO statt, da nicht wegen einer Geldforderung in den Herausgabeanspruch vollstreckt wird, sondern der titulierte Herausgabeanspruch des Gläubigers allein durch Sachherausgabe befriedigt wird. 655

Muss der Gerichtsvollzieher gegen den Willen des Schuldners eine **Wohnung** betreten und durchsuchen, bedarf es in der Regel einer richterlichen Durchsuchungsanordnung (§ 758a I ZPO). Das kann nur ganz ausnahmsweise anders sein, wenn die Notwendigkeit zum Betreten der Wohnung schon aus dem Titel zwingend abgeleitet werden kann.

Beispiel 70 (Erforderlichkeit einer Durchsuchungsanordnung): Gläubiger G hatte den mit Schuldner S geschlossen Telekommunikationsvertrag gekündigt und einen Titel erwirkt, in dem S aufgegeben wurde, die von G zur Verfügung gestellte Telefonanlage herauszugeben und einem Mitarbeiter des G Zutritt zum Keller zu gestatten, um dort die Telefonleitung abstellen und die Anlage demontieren zu können. S verweigert dem Gerichtsvollzieher unter Hinweis auf eine fehlende Anordnung nach § 758a ZPO den Zutritt. Zu Recht? 656

In **Beispiel 70** wird die Herausgabe der im Keller angebrachten Telefonanlage als Herausgabe einer beweglichen Sache durch Wegnahme nach § 883 ZPO vollstreckt. Verweigert S den Zutritt, ist auch beim Betreten der zur Wohnung gehörenden Betriebs- und Kellerräume grundsätzlich eine besondere richterliche Durchsuchungsanordnung erforderlich (§ 758a I 1 ZPO). Hier freilich ist die Vollstreckungsmaßnahme nicht auf eine Durchsuchung nach §§ 758, 758a ZPO gerichtet: Da der von G beauftragte Mitarbeiter weiß, wo die Telefonanlage angebracht ist, und sie deshalb zielgerichtet aufsuchen kann, wird die durch Art. 13 I GG geschützte Geheimsphäre des S nicht dadurch verletzt, dass dessen Räume durchsucht werden. Mit Blick auf das bereits titulierte Zutrittsrecht des G bedarf es einer besonderen richterlichen Ermächtigung nach § 758a I ZPO deshalb nicht. 657

Für das Abstellen einer Gasleitung BGH NJW 2006, 3352, 3353 Rn. 8:

„*Eine Durchsuchung liegt vielmehr nur dann vor, wenn ein Betreten der ziel- und zweckgerichteten Suche nach Personen oder Sachen oder zur Ermittlung eines nicht bereits offenkundigen Sachverhalts, d.h. dem Aufspüren dessen dient, was der Wohnungsinhaber von sich aus nicht herausgeben oder offenlegen will (…).*"

Findet der Gerichtsvollzieher die herauszugebende Sache nicht vor und besteht Ungewissheit über deren Verbleib, so hat der Schuldner auf Antrag des Gläubigers eidesstattlich zu 658 versichern, dass er die Sache weder besitzt noch weiß, wo sie sich befindet (§§ 883 II, 802e ff ZPO, Rn. 478 f). Im Übrigen kann der Gläubiger auf Schadensersatz statt der (dem Schuldner unmöglichen) Leistung klagen (§ 893 ZPO, §§ 280 I, III, 283 BGB; Rn. 652).

Anders als bei der Zwangsvollstreckung wegen einer Geldforderung in einen Herausgabeanspruch finden bei der Vollstreckung wegen eines Herausgabeanspruchs die Pfändungsvorschriften der §§ 811 ff ZPO keine Anwendung (Rn. 320 ff, 368).

2. Herausgabe einer bestimmten Menge vertretbarer Sachen

659 Auch wenn der Schuldner eine bestimmte Menge vertretbarer Sachen nach § 91 BGB oder Wertpapiere herauszugeben hat, es sich bei der titulierten Verpflichtung also um eine Gattungs- oder Vorratsschuld handelt, wird der Gerichtsvollzieher dem Schuldner eine aus Gattung oder Vorrat stammende Sache wegnehmen und dem Gläubiger übergeben (§ 884 ZPO).

660 Mit der Wegnahme der geschuldeten Sache konkretisiert sich die zuvor auf die Gattung oder den Vorrat des Schuldners gerichtete Herausgabeforderung des Gläubigers auf die weggenommene Sache (§ 243 II BGB). Mit dieser Konkretisierung geht in Ansehung der ehemaligen Gattungssache die Leistungsgefahr auf den Vollstreckungsgläubiger über; folgt der Herausgabeanspruch aus Kaufvertrag, bewirkt die Wegnahme der Kaufsache durch den Gerichtsvollzieher nach § 446 BGB, § 897 I ZPO zugleich den Übergang der Preisgefahr.

661 **Beispiel 71** (Übergang von Leistungs- und Preisgefahr): Käufer G hatte bei Verkäufer S ein Dutzend Papierrollen bestellt, die S selbst herstellt und in großer Zahl vorrätig hält. Als S nicht liefert, erwirkt G, dass S verurteilt wird, an G ein Dutzend der verkauften Papierrollen zu liefern. Das Urteil wird ohne Sicherheitsleistung für vorläufig vollstreckbar erklärt. Noch vor Eintritt der Rechtskraft nimmt der von G beauftragte Gerichtsvollzieher dem S drei Papierrollen weg, um sie dem G abzuliefern. Bei dem Transport kommt es zu einem vom Dritten D verursachten Verkehrsunfall, bei dem die Rollen zerstört werden. G verlangt nun, dass S neuerlich liefert, jedenfalls aber den bereits geleisteten Kaufpreis zurückzahlt. Zu Recht?

662 In **Beispiel 71** war S aufgrund des titulierten Anspruchs aus §§ 433 I 1, 651 BGB zunächst zur Übergabe und Übereignung von zwölf Papierrollen verpflichtet. Diese Pflicht hat S noch nicht erfüllt. Die Rollen wurden nicht an G übergeben; auch fehlt es an der für eine Übereignung notwendigen dinglichen Einigung, die hier mangels Rechtskrafteintritts auch noch nicht nach § 894 ZPO fingiert wurde (Rn. 690). Doch könnte S nach § 275 I BGB von der Leistungspflicht befreit worden sein: Schuldete S zunächst Leistung aus seinem gesamten Vorrat an Papierrollen, hat sich diese Pflicht nach § 243 II BGB auf die durch den Gerichtsvollzieher nach § 883 ZPO weggenommenen Rollen mittlerer Art und Güte beschränkt. Als diese zerstört wurden, erlosch die auf deren Übergabe und Übereignung gerichtete Verpflichtung des S (§ 275 I BGB). G kann eine neuerliche Lieferung nicht verlangen. Weiteren Vollstreckungsversuchen aus dem noch immer vorhandenen Titel kann S mit der Vollstreckungsabwehrklage begegnen (§ 767 ZPO, Rn. 187 ff).

Nach Untergang der Papierrollen kommt ein Rückzahlungsanspruch des G gegen S aus §§ 326 I 1 Halbs. 1, IV, 346 I BGB in Betracht. Soweit der Schuldner nach § 275 I–III BGB von der Leistungspflicht befreit wurde, erlosch nach § 326 I 1 Halbs. 1 BGB ohne weiteres der Gegenleistungsanspruch des Gläubigers; einer Rücktrittserklärung des G bedurfte es nicht. Der bereits geleistete, nach dem Untergang der Rollen aber nicht (mehr) geschuldete Kaufpreis kann deshalb grundsätzlich nach §§ 326 V, 346–348 BGB zurückverlangt werden. Eine Ausnahme zum damit beschriebenen Schicksal der Gegenleistung läge freilich dann vor, wenn die Gegenleistungsgefahr (Preisgefahr) schon vor dem Untergang der Papierrollen und dem Erlöschen des Leistungsanspruchs auf G übergegangen war. So liegt es hier: Wird der Schuldner zur Übertragung des Eigentums oder zur Bestellung eines Rechts an einer beweglichen Sache verurteilt, gilt die Übergabe der Sache als mit der Wegnahme durch den Gerichtsvollzieher erfolgt (§ 897 I ZPO). Bereits diese Übergabe bewirkt den Übergang der Preisgefahr (§§ 446 I, 651 BGB). Voraussetzung der Übergabefiktion in § 897 ZPO ist lediglich, dass die Wegnahme im Rahmen einer ordnungsgemäßen Herausgabevollstreckung nach §§ 883, 884 ZPO erfolgt. Das ist beim Handeln des Gerichtsvollziehers für G der Fall. Dass das Urteil noch nicht rechtskräftig war, ist dabei unerheblich, denn es war für vorläufig vollstreckbar erklärt worden. G hat gegen S keinen Zahlungsanspruch; allenfalls kann er von S die Abtretung dessen Ansprüche gegen D verlangen (§ 285 BGB).

663

Findet der Gerichtsvollzieher keine zur Erfüllung des Herausgabeanspruchs taugliche Gattungssache, scheidet eine eidesstattliche Versicherung mangels Verweises in § 884 ZPO auf § 883 II ZPO aus. Der Gläubiger ist auf den Schadensersatzanspruch verwiesen (§ 893 ZPO, Rn. 652).

3. Herausgabe von Grundstücken

Hat der Schuldner ein Grundstück herauszugeben, setzt der Gerichtsvollzieher den Schuldner aus dem Besitz des Grundstücks und weist den Gläubiger in den Grundstücksbesitz ein (§ 885 ZPO). Hierzu kann der Gerichtsvollzieher Gewalt anwenden (§ 758 III ZPO).

664

Hinweis: Stellt der Gerichtsvollzieher, etwa im Fall einer brachliegenden Fläche fest, dass eine Räumung nicht erforderlich ist, kann er den Gläubiger durch Protokollerklärung in den Besitz einweisen, auch wenn er in Ermangelung von Grenzsteinen die genauen Grenzen des Grundstücks an Ort und Stelle nicht bestimmen kann[4].

Für die Räumung einer **Wohnung** bedarf es keiner richterlichen Durchsuchungsanordnung (§ 758a II ZPO), denn bereits der Räumungstitel schafft die umfassende Befugnis, die Wohnung betreten zu dürfen. Jedoch gelten bei der Herausgabevollstreckung bei von Schuldner und Dritten gemietetem Wohnraum Besonderheiten, die dessen existenzieller Bedeutung für den Mieter geschuldet sind: Ist nicht schon im Urteil eine Räumungsfrist vorgesehen (§ 721 I ZPO), kann der Schuldner bei Titulierung eines künftigen Räumungsanspruchs auch noch nachträglich eine Räumungsfrist

665

---

[4] BGH NJW-RR 2009, 445, 446 Rn. 12.

oder deren Verlängerung beantragen (§ 721 II, III ZPO)[5]. Wird sie gewährt, führt die Frist als besondere Vollstreckungsvoraussetzung nach § 751 I ZPO zur zeitweisen Unzulässigkeit der Zwangsvollstreckung (Rn. 126 ff). Selbst nach Ablauf der Räumungsfrist ist Vollstreckungsschutz nach § 765a ZPO möglich (Rn. 50 ff). Für den Gläubiger kann der Weg bis zur Räumung deshalb auch bei Vorliegen eines auf sofortige Herausgabe gerichteten Titels sehr lang werden[6].

666 **Beispiel 72** (Wohnungsräumung): Wegen beträchtlicher Mietrückstände hatte Vermieter G gegen Mieter S einen auf Räumung der Wohnung und Zahlung der Mietrückstände gerichteten Titel erwirkt. Als der Gerichtsvollzieher erscheint, verlässt S die Wohnung und lässt neben seinen wertlosen Möbeln einen wertvollen Perserteppich zurück. Was wird der Gerichtsvollzieher tun?

667 Möbel, die als bewegliche Sachen nicht Gegenstand der auf Herausgabe der Wohnung gerichteten Vollstreckung sind, werden nach § 885 II ZPO vom Gerichtsvollzieher aus der Wohnung entfernt und dem Schuldner zur Verfügung gestellt. Eine Verwertung der Möbel zum Zweck der Befriedigung des Mietgläubigers G scheitert oftmals schon an § 811 ZPO. In **Beispiel 72** hat sie wegen des geringen Vollstreckungswerts jedenfalls nach § 803 II ZPO zu unterbleiben. Ist S bei der Räumung nicht anwesend, werden die Möbel auf dessen Kosten untergestellt (§ 885 III ZPO).

Hinweis: Mit der Wegschaffung und Verwahrung kann ein Dritter beauftragt werden. Hierzu schließt der Gerichtsvollzieher einen privatrechtlichen Vertrag, der den Justizfiskus verpflichtet[7]. Um die Räumungs- und Einlagerungskosten zu verringern, werden verschiedene Vorschläge diskutiert: Der Gerichtsvollzieher muss sich nicht auf das Angebot des Vollstreckungsgläubigers einlassen, die Räumung und Verwahrung auf dessen Kosten durchführen zu lassen (sog. Frankfurter Modell)[8]. Doch kann der Räumungsgläubiger etwa wegen eines ihm zustehenden Vermieterpfandrechts den Vollstreckungsauftrag auf eine Teilräumung beschränken, worauf lediglich der Vollstreckungsschuldner aus der Wohnung verwiesen, nicht aber dessen Mobiliar entfernt wird (sog. Berliner Modell)[9]. Immerhin die Einlagerungskosten können vermieden werden, wenn zunächst nur der Schuldner aus dem Besitz der Wohnung gesetzt und diesem Gelegenheit gegeben wird, binnen zwei Wochen eine neue Wohnung zu finden, in die der Gerichtsvollzieher die Möbel ohne zwischenzeitliche Einlagerung verbringen kann (sog. Hamburger Modell)[10].

§ 885 II–IV ZPO ist auch dann anwendbar, wenn sich Tiere auf dem zu räumenden Grundstück befinden; dies gilt selbst dann, wenn durch das Räumungsverfahren erhebliche Kosten entstehen. Belange des Tierschutzes können etwa dadurch gewahrt werden, dass der Gerichtsvollzieher die Tiere in einem Tierheim unterbringt (§ 885 III 1 ZPO)[11]. Zum Pfändungsschutz bei Haustieren vgl. Rn. 498 f.

668 Den wertvollen Perserteppich in **Beispiel 72** wird der Gerichtsvollzieher dagegen nach § 808 I ZPO dadurch pfänden, dass er ihn mitnimmt, und später nach §§ 814 ff

---

5 Zöller/*Stöber*, ZPO, § 721 Rn. 8 f.
6 Dazu ausführlich *Schuschke*, JuS 2008, 977.
7 BGH NJW 1999, 2597 m. Anm. *Berger*, JZ 2000, 361; anders noch RGZ 145, 204.
8 Schuschke/Walker/*Walker*, § 885 Rn. 24.
9 BGH NJW 2006, 848, 849 Rn. 13 ff m. Anm. *Flatow*, NJW 2006, 1396; BGH NJW 2006, 3273.
10 Zum Ganzen *Brox/Walker*, Rn. 1057a–1057c m.N.
11 BGH NJW 2012, 2889 Rn. 19.

ZPO durch Versteigerung verwertet. Die für diese Maßnahme der Forderungsvollstreckung nach § 758a I 1 ZPO grundsätzlich erforderliche richterliche Durchsuchungsanordnung ist hier ausnahmsweise entbehrlich, da der Gerichtsvollzieher im Rahmen der Herausgabevollstreckung auch den Zahlungstitel des Herausgabegläubigers ohne zusätzliche Erlaubnis vollstrecken darf[12]. Gleiches würde gelten, wenn der Titel kein Urteil, sondern ein Prozessvergleich ist[13], da der Vergleich zugleich das Einverständnis bedeutet, die Wohnung betreten zu dürfen.

Bei der Vollstreckung von Räumungsurteilen ist streitig, wie der auf Herausgabe lautende Titel gestaltet sein muss, wenn die Räume von **mehreren Personen** bewohnt werden. Da der Gerichtsvollzieher nur die Gewahrsamsverhältnisse zu prüfen hat, kann nicht auf die vertragliche Berechtigung der Bewohner abgestellt werden. Mit der Rechtsprechung muss vielmehr danach entschieden werden, ob der vom Gerichtsvollzieher angetroffene Bewohner (Mit-)Besitzer der Wohnung ist. Aus einem Räumungstitel gegen den Mieter einer Wohnung kann deshalb *nicht* gegen einen im Titel nicht aufgeführten Dritten vollstreckt werden, wenn dieser (wenigstens) Mitbesitzer der Wohnung ist[14] (Rn. 91 ff). Dies gilt selbst dann, wenn der Verdacht besteht, dem Dritten sei der Besitz nur eingeräumt worden, um die Zwangsräumung zu vereiteln[15] (Rn. 99). Grundsätzlich ist deshalb ein gegen jeden **Mitbewohner** gerichteter Titel notwendig. Gleiches gilt im Fall der **Untervermietung** unabhängig von der Erlaubnis durch den Vermieter (Rn. 97).

669

Hinweis: Ist der Räumungsschuldner von Obdachlosigkeit bedroht, kann die Polizei- oder Ordnungsbehörde den Vollstreckungsgläubiger als Nichtstörer verpflichten (vgl. § 7 SächsPolG, § 6 PolG NRW) und den Schuldner wieder in die Wohnung einweisen. Die Einweisung beseitigt nicht die Vollstreckungsfähigkeit des Titels, führt aber zur einstweiligen Einstellung der Zwangsvollstreckung. Nach Ablauf der Einweisungszeit kann der Gläubiger aus dem ursprünglichen Titel neuerlich die Räumung betreiben; nach Wegfall der Einweisungsgründe erwächst ihm gegen Behörde oder Behördenträger ein Folgenbeseitigungsanspruch auf Verweisung des Schuldners, dessen Nichterfüllung zur Amtshaftung führt (Art. 34 GG, § 839 BGB)[16].

Beschädigt der eingewiesene Schuldner die Wohnung während der Einweisungszeit, haftet hierfür grundsätzlich nur der Eingewiesene selbst. Nach Auffassung der Rechtsprechung scheide in wertender Beurteilung ein unmittelbarer Zusammenhang zwischen der behördlichen Einweisung und der Beschädigung der Rechtsgüter des unbeteiligten Polizeipflichtigen aus. Obwohl die Einweisung zwischen Behörde und zwangsweise herangezogenem Wohnungseigentümer ein polizeirechtliches Schuldverhältnis begründet[17], liege hierin keine Rechtsbeziehung, die eine Anwendung des Rechtsgedankens von § 278 BGB erlaube[18]. Eine Haftung der Behörde komme nur dann in Betracht, wenn sich in der Beschädigung der Wohnung gerade die mit der

---

12 Stein/Jonas/*Münzberg*, ZPO, § 758a Rn. 16.
13 Thomas/Putzo/*Seiler*, ZPO, § 758a Rn. 6; *Jauernig/Berger*, § 8 Rn. 18; zu einem Beschluss über die Anordnung der Zwangsverwaltung BGH NJW-RR 2011, 1095.
14 BGH NJW 2004, 3041 m. Anm. *K. Schmidt*, JuS 2004, 1114; *Jäckel*, JA 2005, 89; ferner BGH NJW-RR 2003, 1450, 1451 m. Anm. *K. Schmidt*, JuS 2004, 349.
15 BGH NJW 2008, 3287 m. Anm. *K. Schmidt*, JuS 2009, 91.
16 BGH NJW 1995, 2918 m. Anm. *Stangl*, JA 1996, 753; *Rüfner*, JuS 1997, 309.
17 BGH NJW 1995, 2918, 2919.
18 BGH NJW-RR 2006, 802 f Rn. 7, 9.

Einweisung verbundenen spezifischen Gefahren etwa deshalb verwirklicht hätten, weil schon vor dem Räumungsprozess erhebliche Spannungen zwischen Vermieter und Mieter bestanden haben[19].

4. Übereignung

670 Wird der Schuldner zur Übereignung einer beweglichen Sache verpflichtet, liegt eine doppelte Verurteilung vor. Sie verpflichtet den Schuldner zur Übergabe der Sache und zur Abgabe der auf den Eigentumsübergang gerichteten Willenserklärung nach § 929 S. 1 BGB. Der Titel wird in zwei Schritten vollstreckt: Die Herausgabe erfolgt gemäß § 897 I ZPO durch Wegnahme und Übergabe der Sache an den Gläubiger durch den Gerichtsvollzieher nach §§ 883, 884 ZPO. Die Abgabe der Willenserklärung wird nach § 894 ZPO fingiert (Rn. 690).

671 **Beispiel 73** (Gewahrsamsvermutung bei Herausgabevollstreckung): Käufer G hatte von Verkäufer S ein Gemälde gekauft und den Kaufpreis sofort gezahlt. Da S die Erfüllung des Vertrags verweigerte, erwirkte G einen auf Übereignung des Bildes lautenden Titel. Als der von G beauftragte Gerichtsvollzieher das Gemälde aus der Wohnung des S mitnehmen will, verweigert dessen Ehefrau F die Herausgabe mit dem Hinweis, sie sei Eigentümerin. Wird der Gerichtsvollzieher das Bild mitnehmen?

672 In **Beispiel 73** wird S durch den auf Übereignung gerichteten Titel des G zur Übergabe des Gemäldes und zur Abgabe der auf Übereignung gerichteten dinglichen Willenserklärung verpflichtet. Die Übergabe wird nach §§ 883, 897 BGB dadurch ersetzt, dass der Gerichtsvollzieher das Bild dem S zum Zweck der Ablieferung an G wegnimmt. Nach § 886 ZPO darf der Gerichtsvollzieher jedoch nur im Alleingewahrsam des Schuldners stehende Sachen wegnehmen (§ 886 ZPO). Da auf den Schuldnergewahrsam abzustellen ist, bleibt die Gewahrsamsvermutung aus § 739 ZPO zu beachten. Die Norm findet sich in den allgemeinen Vorschriften zur Zwangsvollstreckung und ist nicht nur im Rahmen der Forderungsvollstreckung anwendbar (hierzu Rn. 311 ff). Weil zugunsten des G nach § 1362 I 1 BGB vermutet wird, dass S Allein*eigentümer* des Bildes ist, wird nach § 739 I ZPO auch dessen Allein*gewahrsam* vermutet. Der Gerichtsvollzieher wird F das Gemälde wegnehmen. F kann ihr Eigentum nur im Wege der Drittwiderspruchsklage geltend machen (§ 771 ZPO, Rn. 527 ff). Denn nach § 766 ZPO erinnerungsbefugt (Rn. 494 ff) wäre sie nur dann, wenn der Gerichtsvollzieher einen Fehler gemacht, etwa das Bild entgegen der Eigentumsvermutung aus § 739 ZPO, § 1362 BGB weggenommen hätte, obwohl es nach § 1362 II BGB im Alleingewahrsam der F stand[20].

673 Anders als bei beweglichen Sachen ist bei unbeweglichen Sachen zum Zweck der Übereignung keine Übergabe, sondern neben der dinglichen Einigung die Grundbucheintragung erforderlich (§§ 873, 925 BGB). Wenn auch hier auf Herausgabe vollstreckt werden soll (§ 885 ZPO), ist deshalb eine besondere Herausgabeverurteilung notwendig.

---

19 BGH NJW 1996, 315, 316.
20 Thomas/Putzo/*Seiler*, ZPO, § 739 Rn. 10.

III. Zwangsvollstreckung von Handlungs-, Duldungs- und Unterlassungsansprüchen

Handlungen, die nicht darin bestehen, eine Forderung zu zahlen, eine Sache herauszugeben oder eine Willenserklärung abzugeben, werden nach §§ 887 ff ZPO vollstreckt. Die Art der Zwangsvollstreckung unterscheidet sich danach, ob eine vertretbare Handlung (§ 887 ZPO) oder eine unvertretbare Handlung (§ 888 ZPO) erzwungen werden soll. Für die Zwangsvollstreckung der Verpflichtung zur Duldung oder Unterlassung gilt § 890 ZPO.

674

Ausschließlich zuständig ist in allen diesen Fällen das Prozessgericht des ersten Rechtszuges (§§ 887 I, 888 I, 890, 802 ZPO). Anders als bei anderen Vollstreckungsmaßnahmen ist der Schuldner vor der Anordnung anzuhören (§ 891 S. 2 ZPO); eine Entscheidung ergeht regelmäßig durch Beschluss (§ 891 S. 1 ZPO).

675

Hinweis: Auch die Abgabe einer Willenserklärung stellt eine Handlung dar. Da das rechtskräftige Urteil die Abgabe fingiert (§ 894 S. 1 ZPO, Rn. 690 f), ist eine Vollstreckung aber entbehrlich; insoweit § 894 ZPO eingreift, geht die Vorschrift der Regelung in § 888 ZPO vor.

1. Vertretbare Handlungen

Vertretbar ist eine Handlung dann, wenn sie nicht nur durch den Schuldner selbst, sondern auch durch einen Dritten vorgenommen werden kann und es dem Gläubiger aus rechtlichen und tatsächlichen Gründen gleichgültig ist, ob der Schuldner in Person handelt[21]. Hierzu zählt etwa die Vornahme einer werkvertraglich geschuldeten Reparatur, die nicht die besonderen Fähigkeiten des Schuldners erfordert; auch die Abnahme der Kaufsache oder die Erbringung verschiedener Dienstleistungen muss nicht zwingend durch den Schuldner bewirkt werden und ist deshalb vertretbar.

676

Vertretbare Handlungen werden dadurch erwirkt, dass der Gläubiger auf Antrag durch das Prozessgericht zur **Ersatzvornahme** ermächtigt wird (§ 887 I ZPO). Der Gläubiger kann die Handlung dann auf Kosten des Schuldners durch einen beliebigen Dritten vornehmen lassen. Ähnlich dem Vorschussanspruch bei werkvertraglicher Selbstvornahme nach § 637 III BGB kann der Gläubiger beantragen, den Schuldner zur **Vorauszahlung der Kosten** zu verpflichten (§ 887 II ZPO). Diese Art der Vollstreckung ist einfacher, als den Schuldner zur Vornahme der Handlung zu zwingen. Bei vertretbaren Handlungen erreicht das Vollstreckungsrecht dabei die gleichen Rechtsfolgen wie die vereinzelt schon im materiellen Recht vorgesehenen Ersatzvornahme- und Kostenerstattungsansprüche:

677

Beispiel 74 (Nacherfüllung als vertretbare Handlung): Besteller G lässt in seiner Garage von Werkunternehmer S ein Garagentor einbauen. Nach Abschluss der Arbeiten und Zahlung des Werklohns stellt G fest, dass das Tor nicht wie vereinbart funktioniert. Welche Rechtsschutzmöglichkeiten hat G?

678

---

21 *Jauernig/Berger*, § 27 Rn. 3 ff.

679 In **Beispiel 74** hat G als Werkbesteller wegen des Mangels einen Anspruch auf Nacherfüllung nach § 635 I BGB. Beseitigt S den Mangel auch nach Fristsetzung nicht oder nicht ordnungsgemäß, kann G den Mangel *nach* Fristablauf selbst beseitigen und hierfür auf der Grundlage des materiellen Rechts einen Vorschuss verlangen (§ 637 III BGB). Erwirkt G die Verurteilung des S zur Zahlung dieses Vorschusses, kann G aus einem Zahlungstitel vollstrecken (§§ 803 ff ZPO). Klagt G gegen S dagegen zunächst auf Nacherfüllung und stellt im Erkenntnisverfahren noch keinen Zahlungsantrag, kann er den hierauf erwirkten Titel nur nach § 887 ZPO dadurch vollstrecken, dass er bei dem Prozessgericht seine Ermächtigung zur Ersatzvornahme beantragt. Das Prozessgericht handelt hier als Vollstreckungsgericht. Die Ermächtigung zur Ersatzvornahme wird nicht schon im Urteil (im Erkenntnisverfahren) ausgesprochen, das S nur die Nacherfüllung aufgibt; vielmehr muss G (im Vollstreckungsverfahren) einen zusätzlichen Beschluss nach § 887 I ZPO erwirken. Gleiches gilt, wenn er für die Ersatzvornahme einen Vorschuss begehrt; nach § 887 II ZPO kann G wegen des auf Nacherfüllung lautenden Titels von S die Vorauszahlung der Nacherfüllungskosten verlangen.

2. Unvertretbare Handlungen

680 Unvertretbar ist eine Handlung, die aus rechtlichen oder tatsächlichen Gründen nur durch den Schuldner vorgenommen werden kann oder darf und es dem Gläubiger deshalb darauf ankommt, dass gerade der Schuldner und nicht ein Dritter handelt[22].

681 Die unvertretbare Handlung wird durch die Anordnung von **Zwangsgeld** oder **Zwangshaft** erwirkt (§ 888 I 1 ZPO). Zwangsgeld und Zwangshaft sind dabei keine Unrechtssanktion mit Strafcharakter, sondern lediglich Beugemittel. Auch bei der Zwangsgeldanordnung wird die Zwangshaft für den Fall angedroht, dass das Zwangsgeld nicht beigetrieben werden kann.

682 Die Vollstreckung nach § 888 ZPO setzt voraus, dass die Handlung ausschließlich vom Willen des Schuldners abhängt und keinen besonderen Aufwand erfordert. Zwangsmaßnahmen scheiden aus, wenn ein Dritter unfreiwillig mitwirken oder die Handlung dulden muss[23]. Unzulässig ist die Vollstreckung etwa dann, wenn der Vermieter eine Handlung an einer im Mieterbesitz befindlichen Sache vornehmen soll; dies würde eine Duldung durch den Mieter voraussetzen, der als Dritter nicht durch einen allein gegen den Vermieter ergangenen Titel verpflichtet werden kann.

683 Ausgeschlossen ist die Vollstreckung nach § 888 I ZPO für eine Leistung von unvertretbaren Diensten aus einem Dienstvertrag (§ 611 BGB). Ob die Leistung eines Arbeitnehmers stets unvertretbare Handlung ist, ist umstritten[24]. Ein Vollstreckungsverbot nach § 888 III ZPO lässt sich unter Hinweis auf die regelmäßig streng persönliche Verpflichtung des Arbeitnehmers und die Gefahr der Verletzung dessen grundrechtlich geschützter Persönlichkeitsrechte begründen. Gleiches gilt für Leistungen aus Auftrag und Geschäftsbesorgungsvertrag (§§ 662, 675 BGB). Als unvertretbare

---

22 *Jauernig/Berger*, § 27 Rn. 12.
23 BGH NJW-RR 2009, 443, 444; Thomas/Putzo/*Seiler*, ZPO, § 887 Rn. 1a.
24 Hierzu Stein/Jonas/*Brehm*, ZPO, § 888 Rn. 41.

Handlung vollstreckbar ist etwa die Verpflichtung zur Auskunftserteilung oder Rechnungslegung.

Unzulässig ist eine Vollstreckung nach § 888 ZPO auch dann, wenn die geschuldete Handlung besondere künstlerische oder wissenschaftliche Fertigkeiten erfordert, die nicht wider den Schuldnerwillen erzwungen werden können.

Beispiel 75 (Vollstreckungsausschluss bei unvertretbarer Handlung): Autor S verpflichtet sich gegenüber dem Verlag G, binnen Jahresfrist einen Roman vorzulegen. Wie kann G gegen den untätigen S vollstrecken? 684

Kommt S in **Beispiel 75** seiner ausschließlich künstlerischen Tätigkeit nicht vereinbarungsgemäß nach, kann G seinen Anspruch nicht gegen den Willen des S vollstrecken. Setzt die geschuldete unvertretbare Handlung die dem Vollstreckungsschuldner eigentümlichen künstlerischen oder wissenschaftlichen Fähigkeiten voraus, kann die Vornahme dieser Handlung nicht nach § 888 I ZPO erzwungen werden. G ist nach § 893 ZPO auf eine Schadensersatzklage verwiesen. 685

3. Zwangsvollstreckung von Unterlassungsansprüchen

Die Verpflichtung zur Duldung oder Unterlassung wird nach § 890 ZPO vollstreckt. Auf Antrag des Gläubigers ordnet das Prozessgericht durch Beschluss wegen jeder Zuwiderhandlung **Ordnungsgeld** oder **Ordnungshaft** an (§ 890 I 1 ZPO). Ordnungshaft kann auch für den Fall angedroht werden, dass das Ordnungsgeld nicht beigetrieben werden kann. 686

Anders als Zwangsgeld und Zwangshaft (Rn. 681 ff) sind Ordnungsgeld und Ordnungshaft Sanktionsmittel für Verstöße gegen eine titulierte Duldungs- oder Unterlassungspflicht. Aus Gründen der Verhältnismäßigkeit ist deshalb gewohnheitsrechtlich anerkannt, dass Ordnungsgeld und Ordnungshaft nur verhängt werden können, wenn der Schuldner die Zuwiderhandlung **selbst** begangen und **verschuldet** hat. Abzustellen ist dabei auf ein individuelles Verschulden, nicht den typisierten Maßstab nach § 276 BGB. Die Zurechnung des Verschuldens eines Erfüllungsgehilfen nach § 278 BGB genügt nicht. Ausreichen kann ein Organisations- oder Überwachungsverschulden, mit dem § 831 BGB die Beweislastumkehr verknüpft. 687

Zur Reichweite des Verschuldensgrundsatzes bei § 890 ZPO BVerfG NJW 1991, 3139:

„Die Verhängung eines Ordnungsgeldes aufgrund dieser Vorschrift [§ 890 I ZPO] setzt daher Verschulden auf Seiten des Schuldners voraus. (...)

Ein Beweis des ersten Anscheins reicht für eine Verurteilung im Strafverfahren grundsätzlich nicht aus. Aus dem strafähnlichen Charakter des in § 890 ZPO vorgesehenen Ordnungsgeldes ergibt sich aber keine Verpflichtung der Zivilgerichte, bei der Anwendung dieser Norm die strafprozessualen Beweisanforderungen zugrunde zu legen. Der strafähnliche Charakter des Ordnungsgeldes ändert nichts daran, dass es sich um die Durchsetzung privatrechtlicher Verpflichtungen in einem Verfahren zwischen privaten Parteien handelt. (...) Es ist daher nicht zu beanstanden, dass auch im Verfahren nach § 890 I ZPO dem Vorliegen eines Sachverhalts, der nach der Lebenserfahrung auf eine bestimmte Ursache oder einen bestimmten Geschehensablauf hinweist, unter dem Gesichtspunkt des

Anscheinsbeweises Bedeutung zugemessen wird. Es ist ersichtlich, dass sich ein Verschulden i. S. von § 890 I ZPO auf diese Weise nicht feststellen ließe. Der Vollstreckungsschuldner wird durch die Zulassung dieser Beweisführung nicht unzumutbar benachteiligt."

Eine **Abgrenzung von Handlungs- und Unterlassungsverpflichtungen** ist insbesondere dann schwierig, wenn sich der Unterlassungsanspruch aus der Grundform des Unterlassens und aus einem Handeln zusammensetzt.

688 **Beispiel 76** (Unterlassungsvollstreckung): Obwohl Gastwirt S durch Urteil zugunsten des Konkurrenten G untersagt wurde, seine Wirtschaft „Gasthaus zur Post" zu nennen, hängt er ein entsprechendes Schild an der Hausfassade auf. Wie kann G vollstrecken?

689 Da die Beseitigung des rechtswidrigen Zustandes in **Beispiel 76** voraussetzt, dass S das Schild abnimmt und es unterlässt, künftig ein Schild gleichen Namens aufzuhängen, wird vorgeschlagen, wahlweise nach § 890 ZPO oder §§ 887 f ZPO nicht nur wegen des Namensgebrauchs, sondern auch wegen des unterlassenen Abhängens zu vollstrecken[25]. Zwar setzt der auf Unterlassung *zukünftiger* Beeinträchtigungen gerichtete Anspruch eine *bestehende* Beeinträchtigung voraus, doch ist der auf Unterlassung zukünftigen Namensgebrauchs gerichtete Anspruch von dem Anspruch auf Beseitigung der gegenwärtigen Nutzung zu unterscheiden. Nicht erst im Vollstreckungs-, sondern schon im Erkenntnisverfahren ist der Gläubiger gehalten, einen bestimmten Antrag zu stellen (§ 253 II Nr. 2 ZPO)[26]. Hat G nur einen auf Unterlassung des Namensgebrauchs gerichteten Titel erwirkt, kann dieser Titel auch dann nur nach § 890 ZPO vollstreckt werden, wenn die Beseitigung der Namensrechtsverletzung mit der Beseitigung des Schildes eine (vertretbare) Handlung erfordert[27]. Ein Abhängen des Schildes kann aufgrund des Unterlassungstitels nur durch Androhung von Ordnungsgeld oder Ordnungshaft erzwungen werden. Eine Vollstreckung durch Ersatzvornahme nach § 887 ZPO setzt dagegen voraus, dass der Titel S dazu verpflichtet, das Schild abzuhängen.

Hinweis: Hängt der auf Unterlassung verklagte Schuldner das Schild erst nach Rechtshängigkeit aber vor Urteilserlass auf, bedeutet die Erweiterung um oder die Umstellung auf einen Beseitigungsantrag eine nach § 264 Nr. 3 ZPO zulässige Klageänderung.

IV. Erwirken einer Willenserklärung

690 Die Abgabe einer Willenserklärung bedeutet die Vornahme einer unvertretbaren Handlung. Gleichwohl wird sie nicht nach § 888 ZPO erwirkt, sondern nach § 894 ZPO fingiert. Aufgrund der gesetzlichen **Fiktion** gilt die Willenserklärung, zu deren Abgabe der Schuldner verurteilt wurde, als abgegeben, sobald das Urteil formell rechtskräftig geworden ist (§ 894 I 1 ZPO). Ein Vollstreckungsverfahren findet nicht statt.

---

25 Vgl. Thomas/Putzo/*Seiler*, ZPO, § 890 Rn. 4.
26 Dazu *Schwab*, Rn. 174 ff.
27 Vgl. *Jauernig/Berger*, § 27 Rn. 26.

Voraussetzung der Fiktionswirkung ist das Vorliegen eines rechtskräftigen Titels. Prozessvergleiche (§ 794 I Nr. 1 ZPO) oder notarielle Urkunden (§ 794 I Nr. 5 ZPO), die nicht in Rechtskraft erwachsen können, müssen deshalb nach § 888 ZPO vollstreckt werden. Unter § 894 ZPO fallen neben rechtskräftigen Endurteilen (§ 704 ZPO) auch rechtskräftige Entscheidungen, die Schiedssprüche für vollstreckbar erklären (§ 794 I Nr. 4a ZPO).

Das rechtskräftige Urteil steht der vom Schuldner abgegeben Erklärung gleich. Es ersetzt die nach bürgerlichem Recht erforderliche Form der Erklärung. Die Erklärung gilt mit dem Urteil nicht nur als abgegeben, sondern gegenüber dem Gläubiger, der mit Erlass des Urteils hiervon Kenntnis nehmen kann, auch als zugegangen[28]. 691

Beispiel 77 (Vollstreckung des Übereignungsanspruchs): Verkäufer S hat an Käufer G ein Gemälde verkauft, das sich im unmittelbaren Besitz des S befindet, aber im Eigentum des E steht. G erwirkt, dass S Zug um Zug gegen Zahlung des vereinbarten Kaufpreises zur Übereignung des Gemäldes verurteilt wird. Kann der gutgläubige G im Wege der Zwangsvollstreckung Eigentum erwerben? 692

Die Übereignung einer beweglichen Sache setzt nach § 929 S. 1 BGB Übergabe und dingliche Einigung voraus. Die Übergabe wird nach § 883 I ZPO erzwungen, indem der Gerichtsvollzieher dem Schuldner die Sache wegnimmt; die Einigungserklärung wird nach § 894 I 1 ZPO fingiert. Grundsätzlich erfordert die Fiktion des § 894 ZPO abweichend von den allgemeinen Vollstreckungsvoraussetzungen (Rn. 72 ff) weder die Zustellung des Urteils noch die Erteilung einer vollstreckbaren Ausfertigung. In **Beispiel 77** ist die Einigungserklärung des S aber nur Zug um Zug gegen Kaufpreiszahlung zu leisten und damit von einer Gegenleistung abhängig. Um dieses aus § 320 I BGB folgende funktionelle Synallagma auch im Vollstreckungsverfahren zu erhalten, ordnet § 894 I 2 ZPO an, dass die Erklärungsfiktion erst bei Erteilung der vollstreckbaren Ausfertigung eintritt und verweist auf § 726 ZPO: Eine qualifizierte Klausel ist im Fall einer Zug um Zug zu bewirkenden Leistung grundsätzlich nicht erforderlich, da das Vollstreckungsorgan die Leistungsbewirkung prüft (Rn. 107 ff). Da die Fiktion nach § 894 ZPO aber ohne Beteiligung eines Vollstreckungsorgans eintritt, setzt § 726 II ZPO ausnahmsweise den Nachweis der Befriedigung oder des Annahmeverzugs des Schuldners voraus, wenn der Schuldner zur Abgabe einer Willenserklärung verurteilt wurde. 693

Liegt der Nachweis der Erfüllung der Gegenleistungspflicht durch den Gläubiger vor und hat der Rechtspfleger die Klausel erteilt, finden in Ansehung der rechtsgeschäftlichen Übereignung, die sich hier nach §§ 894, 897 ZPO vollzieht, nach § 897 ZPO die Vorschriften über den Erwerb vom Nichtberechtigten nach §§ 932–936 BGB Anwendung. Einem Gutglaubenserwerb steht zunächst nicht § 935 BGB entgegen; bei der Wegnahme durch den Gerichtsvollzieher aufgrund eines vollstreckbaren Titels ersetzt die hoheitliche Maßnahme den Herausgabewillen und schließt ein Abhandenkommen aus[29]. Da G ferner weder wusste noch grob fahrlässig nicht wusste, dass das Gemälde nicht im Eigentum des S stand, kann G nach §§ 897, 898 ZPO iVm. §§ 929 S. 1, 932 694

---
28 Stein/Jonas/*Brehm*, ZPO, § 894 Rn. 23.
29 BGH NJW 1952, 738, 739; Jauernig/*Berger*, BGB, § 935 Rn. 4.

BGB mit der Ablieferung des verkauften Gemäldes durch den Gerichtsvollzieher Eigentum erwerben.

Hinweis: Ob auch der Gerichtsvollzieher in gutem Glauben ist, ist unerheblich; er ist bei der Wegnahme nach § 883 ZPO als hoheitlich handelndes Vollstreckungsorgan nicht der Vertreter des Vollstreckungsgläubigers, so dass § 166 BGB keine Anwendung findet[30].

695 **Fall 12** (Erfüllungseinwand bei vertretbarer Handlung):
Bauunternehmer S ist verurteilt worden, einen im Urteil näher bezeichneten Mangel an dem für G errichteten Bauwerk zu beseitigen. S nimmt nach dem Eintritt der Rechtskraft Reparaturarbeiten vor, mit deren Ergebnis G jedoch nicht zufrieden ist. Da S ein weiteres Tätigwerden ablehnt, beseitigt G den Mangel ohne weiteres selbst und verlangt die hierfür aufgewendeten Kosten im Vollstreckungsverfahren von S nach § 887 II ZPO ersetzt. S wendet unter Beweisantritt ein, dass er den Mangel behoben und die ihm im Urteil aufgegebene Verpflichtung damit erfüllt habe; zudem sei § 887 II ZPO bei eigenmächtiger Selbstvornahme nicht einschlägig. Kann G die Kosten ersetzt verlangen?

Lösungshinweise:
G könnte gegen S einen Anspruch haben auf Ersatz der zur Reparatur des Bauwerks durch G aufgewendeten Kosten aus § 887 II ZPO.

1. Erfüllungseinwand des S

Ein Anspruch aus § 887 II ZPO setzt zunächst voraus, dass der Schuldner seine aus dem Urteil folgende Pflicht zu einer vertretbaren Handlung nach § 887 I ZPO nicht erfüllt hat. Dies hat S hier unter Beweisantritt bestritten. Ob dieses Bestreiten der Erfüllung erheblich und also beweisbedürftig ist, war in der obergerichtlichen Rechtsprechung stark umstritten.

Nach einer in der früheren Rechtsprechung vertretenen Mindermeinung darf bei dem Erfüllungseinwand des Schuldners der funktionale Vorrang der Vollstreckungsabwehrklage nicht unbeachtet bleiben; materiell-rechtliche Einwendungen sollten deshalb nur nach § 767 ZPO geltend gemacht werden können; im Vollstreckungsverfahren sollten sie dagegen unerheblich sein[31]. Eine vermittelnde Auffassung will allenfalls unstreitige Einwendungen oder solche berücksichtigt wissen, die mit präsenten Beweismitteln bewiesen werden können[32].

Diesen Auffassungen hat der BGH mit Hinweis auf Wortlaut und Sinn der gesetzlichen Vorschrift eine Absage erteilt. Schon der Wortlaut von § 887 I ZPO verdeutliche, dass die Nichterfüllung der titulierten Verpflichtung Tatbestandsmerkmal des Erlasses eines Ermächtigungsbeschlusses sei. Zudem sei es prozessökonomisch wenig sinnvoll, den Schuldner mit dem Erfüllungseinwand auf ein Verfahren nach § 767 ZPO zu verweisen, da auch hier nicht anders als im Ermächtigungsverfahren nach § 887 ZPO Beweis erhoben werden müsste und das Prozessgericht zuständig wäre. Etwas anderes solle nur dann gelten, wenn der Schuldner die Unzumutbarkeit oder Erfolgsuntauglichkeit der Verpflichtung vortrage. Hierüber könne nur nach § 767 ZPO entschieden werden[33].

Der Erfüllungseinwand des S kann folglich berücksichtigt werden; fraglich bleibt, ob er erheblich ist. Dies wäre dann nicht der Fall, wenn schon der Klagevortrag des G unschlüssig

---
30 Thomas/Putzo/*Seiler*, ZPO, § 898 Rn. 2.
31 OLG München MDR 2000, 907; OLG Düsseldorf MDR 1996, 309, 310.
32 OLG Bamberg Rpfleger 1983, 79.
33 BGH NJW 2005, 367, 369 m. Anm. *Jäckel*, JA 2005, 328; *Becker-Eberhard*, LMK 2005, 30 f; ferner BGH NJW-RR 2007, 213; auch zum Kostenrisiko *Huber*, JuS 2005, 521.

ist und den geltend gemachten Ersatzanspruch nicht zu begründen vermag. Fraglich ist also, ob G einen Anspruch hat.

2. Ersatzanspruch des G

a) § 887 II ZPO

G stützt seinen Anspruch auf § 887 II ZPO. Doch kann der Vollstreckungsgläubiger, der die dem Schuldner obliegende vertretbare Handlung ohne weiteres eigenmächtig durchgeführt hat, ohne das Verfahren nach §§ 887, 891 ZPO zu beachten, die ihm hierdurch entstandenen Kosten nicht im Vollstreckungsverfahren ersetzt verlangen. Insbesondere darf die Anhörung des Schuldners nicht fehlen. Eine solche Anhörung des S fand vor der Selbstvornahme nicht statt. Ein Anspruch aus § 887 ZPO scheidet daher aus.

Dazu BGH NJW-RR 2007, 213, 214 Rn. 18:
„Die dort [in § 887 ZPO] getroffene Regelung soll einen gerechten Ausgleich zwischen dem Interesse des Gläubigers an einer erfolgreichen Vollstreckung und dem ihm gegenüberstehenden Interesse des Schuldners an einem möglichst geringen Eingriff in seine Rechte herstellen (…). Ein solcher Interessenausgleich setzt voraus, dass dem Schuldner, der einen titulierten Anspruch des Gläubigers auf Vornahme einer vertretbaren Handlung nicht erfüllt, die Folgen seines weiteren Untätigseins vor Augen geführt werden. Dementsprechend ist der Schuldner vor dem Ergehen einer nach § 887 ZPO zu erlassenden Entscheidung gemäß § 891 S. 2 ZPO zwingend zu hören."

b) Materielle Ansprüche

Doch auch wenn G den Ersatzanspruch nicht auf § 887 ZPO stützen kann, ist es ihm unbenommen, die entstandenen Kosten aus Werkvertrag, Geschäftsführung ohne Auftrag oder ungerechtfertigter Bereicherung zu verlangen.

aa) Ein werkvertraglicher Ersatzanspruch aus § 637 I BGB scheidet freilich aus, da G vor der Selbstvornahme S nicht durch Fristsetzung zur Reparatur aufgefordert hatte.

bb) Um den mit der notwendigen Fristsetzung erreichten Vorrang der Nacherfüllung zu sichern, müssen auch alle anderen Ersatzansprüche ausscheiden, wenn der Nacherfüllungsgläubiger vor Fristablauf eigenmächtig tätig wird: Auch ein Anspruch auf Schadensersatz statt der (Nacherfüllungs-)Leistung nach §§ 634 Nr. 4, 280 I, III, 281 I BGB setzt einen erfolglosen Fristablauf voraus. Aus dem gleichen Grund entfallen Ansprüche auf Ersatz der auf die Selbstvornahme gemachten Aufwendungen gemäß §§ 670, 683 S. 1 BGB, § 812 I BGB und § 823 BGB. Wegen des durch die Fristsetzung bewirkten Vorrangs der Abwendungsbefugnis des zur Nacherfüllung verpflichteten Werkunternehmers besteht endlich auch kein Anspruch, die durch G aufgewandten Kosten auf die durch S ersparten Reparaturaufwendungen anzurechnen; zu Recht lehnen Rechtsprechung und herrschende Literatur eine analoge Anwendung von § 326 II 2 BGB ab[34].

Mit dieser Zurückweisung eines Ersatzanspruches desjenigen Gläubigers, der die (auch titulierte) Nacherfüllung im Wege eigenmächtiger Selbstvornahme vor Fristablauf herstellt, wird ein Gleichlauf der materiell- und prozessrechtlichen Ansprüche erreicht. Denn auch die Einwendungen aus der Nichteinhaltung des in §§ 887, 891 ZPO vorgesehenen Verfahrens begründen anspruchsausschließende Einwendungen des Schuldners[35]. In beiden Fällen soll dem Schuldner vor einer Kostenregulierung Gelegenheit zum Tätigwerden gegeben

---

34 Palandt/*Sprau*, BGB, § 637 Rn. 5; zum Kaufrecht BGH NJW 2005, 1348.
35 BGH NJW-RR 2007, 213, 214.

werden: in diesem Fall durch die Anhörung im Ermächtigungsverfahren, in jenem Fall durch die Nacherfüllungsfrist. G kann die zum Zweck der Reparatur aufgewandten Kosten folglich nicht von S ersetzt verlangen.

V. Stoffzusammenfassung: Zwangsvollstreckung wegen sonstiger Ansprüche

I. **Zwangsvollstreckung zur Erwirkung der Herausgabe von Sachen** 696
   – lässt materielle Ansprüche unberührt, statt oder neben der titulierten Leistung Schadensersatz zu verlangen; für Klagen auf Schadensersatz statt der titulierten Leistung ist das Prozessgericht erster Instanz zuständig (§ 893 II ZPO)
   1. **Vollstreckungsorgan** ist der Gerichtsvollzieher (§§ 883 I, 884, 885 I 1 ZPO)
   2. **Herausgabe einer bestimmten Sache** (§ 883 ZPO)
      – durch Wegnahme und Ablieferung an den Gläubiger, wenn sich die Sache im Gewahrsam des Schuldners oder eines zur Herausgabe bereiten Dritten befindet
      – bei fehlender Herausgabebereitschaft ist der Herausgabeanspruch des Schuldners gegen den Dritten zu pfänden und an den Gläubiger zu überweisen (§§ 886, 829, 835 ZPO)
      – Betreten der Wohnung setzt grundsätzlich Durchsuchungsanordnung voraus (§ 758a ZPO)
   3. **Herausgabe einer bestimmten Menge vertretbarer Sachen** (§ 884 ZPO, § 91 BGB)
      – durch Wegnahme und Ablieferung an den Gläubiger, wenn sich die Sache im Gewahrsam des Schuldners oder eines zur Herausgabe bereiten Dritten befindet
      – Wegnahme führt zur Konkretisierung von Gattungs- und Vorratsschuld (§ 243 II BGB) und fingiert die Übergabe an den Gläubiger (§ 897 ZPO); bewirkt Übergang der Leistungsgefahr und im Kaufrecht der Gegenleistungsgefahr (§§ 446 f BGB)
   4. **Herausgabe von Grundstücken** (§ 885 ZPO
      – durch Entsetzung des Schuldners aus und Einweisung des Gläubigers in den Grundstücksbesitz
      – Räumung nur gegen den Titelschuldner

II. **Zwangsvollstreckung von Handlungs-, Duldungs- und Unterlassungsansprüchen**
   1. Ausschließlich zuständiges **Vollstreckungsorgan** ist das Prozessgericht erster Instanz (§§ 887 I, 888 I, 890, 802 ZPO)
   2. **Vertretbare Handlungen** (§ 887 ZPO), die nicht allein durch den Schuldner, sondern auch durch einen Dritten vorgenommen werden können
      – durch Ermächtigung des Gläubigers zur Ersatzvornahme (§ 887 I ZPO) auf Kosten des Schuldners (§ 887 II ZPO)
   3. **Unvertretbare Handlung** (§ 888 ZPO), die nur durch den Schuldner vorgenommen werden kann
      – Erzwingung durch Anordnung von Zwangsgeld und Zwangshaft (§ 888 I 1 ZPO)
   4. **Duldung und Unterlassung** (§ 890 ZPO)
      – Erzwingung durch Anordnung von Ordnungsgeld und Ordnungshaft für jede Zuwiderhandlung (§ 890 I 1 ZPO); Schuldner muss Zuwiderhandlung selbst begangen und verschuldet haben

III. **Erwirken einer Willenserklärung** (§ 894 ZPO)
   – durch Fiktion der Abgabe der Willenserklärung mit Eintritt der Rechtskraft des Urteils (§ 704 I ZPO) oder Entscheidung, die einen Schiedsspruch für vollstreckbar erklärt (§ 794 I Nr. 4a ZPO)

§ 13 Einstweiliger Rechtsschutz

Studienliteratur: *Herr,* Aus der Praxis: Die überraschende Zwangshypothek, JuS 2002, 1010; *Heuer/Schubert,* Vorläufiger Rechtsschutz durch Eilverfahren: Arrest und einstweilige Verfügung, JA 2005, 202; *Kanowski,* Arrest und einstweilige Verfügung (§§ 916 f ZPO) neben einem bereits vorliegenden Titel, JuS 2001, 482; *Keller,* Der einstweilige Rechtsschutz im Zivilprozess, Jura 2007, 241, 327; *Mathäser,* Die Dogmatik des Arrestgrundes, JuS 1995, 442; *Meller-Hannich,* Die Sicherung der Zwangsvollstreckung durch Arrest wegen künftiger Forderungen, ZZP 115 (2002), 161; *Schreiber,* Arrest und einstweilige Verfügung, Jura 2000, 492; *Wahle,* Fälle zum einstweiligen Rechtsschutz, JA 2003, 791.

Klausur: *Klees/Wolter,* Die misslungene Sequestration, Jura 2007, 864.

697 Da es zumeist geraume Zeit dauert, bis der Gläubiger einen Vollstreckungstitel erlangt oder nach Erlangung des Titels konkrete Vollstreckungsmaßnahmen betreiben kann, besteht ein Bedürfnis nach rascher Sicherung eigener Ansprüche oder der schnellen Regelung von Rechtsverhältnissen. Ein solches Sicherungsbedürfnis kann auch der Schuldner haben, der sich etwa vor Eintritt der Rechtskraft der Zwangsvollstreckung aus einem für vorläufig vollstreckbar erklärten Titel ausgesetzt sieht. Diesen Bedürfnissen der Verfahrensbeteiligten kann durch verschieden ausgestaltete einstweilige Maßnahmen im Zwangsvollstreckungsverfahren (Rn. 698 ff) und im Erkenntnisverfahren (Rn. 703 ff) begegnet werden.

I. Einstweiliger Rechtsschutz im Zwangsvollstreckungsverfahren

1. Allgemeines

698 Der vorläufigen Sicherung der Beteiligten des Zwangsvollstreckungsverfahrens dienen zunächst die Vorschriften der **vorläufigen Vollstreckbarkeit**: Wird vor Eintritt formeller Rechtskraft aus einem für vorläufig vollstreckbar erklärten Urteil vollstreckt (§ 704 ZPO), hat der Vollstreckungsgläubiger grundsätzlich Sicherheit zu leisten (§ 709 S. 1 ZPO). Nur ausnahmsweise darf aus einem noch nicht rechtskräftigen Titel ohne Sicherheitsleistung vollstreckt werden, wenn das Schutzbedürfnis des Schuldners wegen der besonderen Art der Entscheidung (§ 708 Nrn. 1–10 ZPO) oder des geringen Vollstreckungsbetrages (§ 708 Nr. 11 ZPO) unberücksichtigt bleibt (Rn. 74 f). In Fällen nach § 708 Nrn. 4–11 ZPO kann der Schuldner die (unbesicherte) Vollstreckung durch eigene Sicherheitsleistung abwenden (§ 711 ZPO); im Übrigen besteht eine Abwendungsbefugnis nur unter den engen Voraussetzungen von § 712 ZPO.

699 Wird gegen die vorläufig vollstreckbare Entscheidung ein **Rechtsbehelf** eingelegt, kann die Sicherheitsleistung angeordnet oder die Zwangsvollstreckung eingestellt werden (§§ 707, 719 ZPO). Dies ist notwendig, da Rechtsbehelfe des Schuldners gegen die Zwangsvollstreckung grundsätzlich keine aufschiebende Wirkung haben. Endlich kann dem Gläubiger, der zur Sicherheitsleistung verpflichtet, aber nicht imstande ist, individueller Schutz nach § 710 ZPO gewährt werden.

Einstweiliger Rechtsschutz besteht zudem gegen einzelne **Zwangsvollstreckungsmaßnahmen**. Im Rahmen der Vollstreckung wegen Geldforderungen kann die Verwertung gepfändeter Gegenstände etwa dann durch Gerichtsvollzieher oder Vollstreckungsgericht vorläufig aufgeschoben werden, wenn Gerichtsvollzieher und Schuldner eine Zahlungsvereinbarung geschlossen haben (§ 802b II, III ZPO; Rn. 476 f). Einstweiliger Vollstreckungsschutz steht dem Schuldner ferner in besonderen Härtefällen zu (§ 765a ZPO, Rn. 50 ff).

700

2. Einstweilige Anordnung

Abweichend von §§ 707, 719 ZPO haben einstweilige Rechtsschutzmaßnahmen in §§ 769, 770 ZPO bzw. § 732 II ZPO eine besondere Regelung für den Fall erfahren, dass sich ein Verfahrensbeteiligter gegen die Zwangsvollstreckung mit den Rechtsbehelfen der Vollstreckungsabwehrklage (§ 767 ZPO, Rn. 251), Vollstreckungserinnerung (§ 766 I 2 ZPO, Rn. 512), Drittwiderspruchsklage (§ 771 III ZPO, Rn. 600) oder Vorzugsklage (§ 805 IV ZPO, Rn. 625) wehrt.

701

Schon vor der Entscheidung über diese Rechtsbehelfe kann das Gericht eine **einstweilige Anordnung** erlassen und insbesondere festlegen, dass die Vollstreckung gegen oder ohne Sicherheitsleistung einzustellen oder nur gegen Sicherheitsleistung fortzusetzen ist (§§ 732 II, 769 I 1 ZPO). Der Anordnungsbeschluss ist analog § 707 II 2 ZPO unanfechtbar[1]. Im Fall des § 732 II ZPO verlieren die Anordnungen ihre Wirkung mit Erlass der Entscheidung nach § 732 I ZPO. Im Fall des § 769 ZPO können die Anordnungen in dem auf den Rechtsbehelf ergehenden Urteil aufrecht erhalten werden (§ 770 ZPO).

702

II. Einstweiliger Rechtsschutz im Erkenntnisverfahren: Arrest und einstweilige Verfügung

1. Allgemeines

Hat der (vermeintliche) Gläubiger noch keinen Vollstreckungstitel erwirkt und sind seine Rechte bis zur Titulierung des Anspruchs gefährdet, kann er eine künftige Vollstreckung durch Arrest und einstweilige Verfügung nach §§ 916 ff ZPO sichern; Arrestbefehl und einstweilige Verfügung verschaffen ihm einen vorläufigen vollstreckbaren Titel. Liegt bereits ein vollstreckbarer Titel vor, scheidet einstweiliger Rechtsschutz nach §§ 916 ff ZPO mangels Arrest- bzw. Verfügungsgrundes deshalb grundsätzlich aus.

703

Hinweis: Ausnahmsweise besteht auch bei vorliegendem Titel ein Bedürfnis nach einstweiliger Sicherung. Dies gilt zunächst beim Vorliegen eines persönlichen Arrestgrundes (Rn. 712). Arrest und einstweilige Verfügung können ferner dann ergehen, wenn bereits titulierte Ansprüche erst künftig fällig werden und deshalb gegenwärtig noch nicht vollstreckt werden können (vgl. §§ 257, 751 ZPO; Rn. 105, 665) oder ein ausländisches und im Ausland vollstreckbares Urteil erst durch ein Exequaturverfahren nach §§ 722 f ZPO für vollstreckbar erklärt werden

---

1 MünchKommZPO/*Wolfsteiner*, § 732 Rn. 19.

muss, um es auch in Deutschland vollstrecken zu können[2]. Auch dass ein (noch nicht rechtskräftiges) Urteil nur gegen Sicherheitsleistung vollstreckbar (§ 709 ZPO, Rn. 76) und der Gläubiger nicht imstande ist, die Sicherheitsleistung aufzubringen, soll trotz §§ 709, 720a ZPO ein Sicherungsbedürfnis begründen können[3].

704 Arrest und einstweilige Verfügung unterscheiden sich nach Ihrem Sicherungsgegenstand: Mit dem Arrest wird eine künftige Zwangsvollstreckung wegen einer Geldforderung oder wegen eines Anspruchs gesichert, der in eine Geldforderung übergehen kann (§ 916 ZPO); die einstweilige Verfügung erlaubt eine vorläufige Sicherung oder Regelung anderer Ansprüche und Rechte (§§ 935, 940 ZPO).

Materiell-rechtlich von erheblicher Bedeutung ist die **Verjährungsfolge**: Schon die Zustellung des Antrags auf Erlass eines Arrests oder einer einstweiligen Verfügung hemmt die Verjährung des zu sichernden Anspruchs (§ 204 I Nr. 9 BGB).

2. Arrest

a) Arrestanspruch, Arrestgrund

705 Der Arrest setzt einen Arrestanspruch und einen Arrestgrund voraus. Der **Arrestanspruch** ist nichts anderes als der materiell-rechtliche Anspruch. Hierbei muss es sich um eine Geldforderung oder einen Anspruch handeln, der in eine Geldforderung übergehen kann (§ 916 I ZPO).

706 **Beispiel 78** (Arrestanspruch): S hatte von G ein Fahrrad gekauft und nach Übergabe wegen dessen Mangelhaftigkeit den Rücktritt erklärt. S behauptet, dass er das Fahrrad nicht zurückgeben könne, weil es bei einem Unfall zerstört worden sei. Er räumt ein, dass er den Unfall grob fahrlässig verursacht habe, dieser Mangel an Aufmerksamkeit aber seiner üblichen Sorgfalt entspreche. G will seinen Herausgabeanspruch durch Arrest sichern lassen.

707 In **Beispiel 78** kommt als zu sichernder Arrestanspruch des G ein Rückgewähranspruch aus § 346 I 1 BGB in Betracht. Dieser ist zwar nicht auf Geldleistung, sondern auf Herausgabe gerichtet, doch könnte er iSd. § 916 I Fall 2 ZPO nach § 346 II 1 Nr. 3 BGB in eine Geldforderung übergehen. Ein auf Geldzahlung gerichteter Wertersatzanspruch des S würde wegen des auf der Mangelhaftigkeit des Fahrrads beruhenden gesetzlichen Rücktrittsrechtes aus §§ 434, 437 Nr. 2 BGB freilich nach § 346 III 1 Nr. 3 BGB ausscheiden, wenn die zurückzugewährende Sache untergegangen ist, obwohl S die in seinen eigenen Angelegenheiten übliche Sorgfalt beobachtete. Schon nach dem Vortrag des S aber scheidet eine Leistungsbefreiung aus, da S auch im Rahmen der gesetzlichen Rücktrittsprivilegierung nicht von der Haftung wegen grober Fahrlässigkeit befreit ist (§ 277 BGB). Der Herausgabeanspruch des G aus § 346 I BGB kann folglich in eine Geldforderung aus § 346 II BGB übergehen und deshalb durch Arrest gesichert werden, wenn ein Arrestgrund hinzutritt (Rn. 709 ff).

---

2 MünchKommZPO/*Drescher*, § 917 Rn. 15 m.N.
3 Stein/Jonas/*Grunsky*, ZPO, § 917 Rn. 25; *Kannowski*, JuS 2001, 482, 483 m.N.; a.A. *Gaul/Schilken/Becker-Eberhard*, § 75 Rn. 6.

Tauglich Arrestansprüche sind auch **bedingte und betagte Forderungen** (§ 916 II BGB). **Künftige Ansprüche** dagegen können nur dann durch Arrest gesichert werden, wenn sie Gegenstand einer Feststellungsklage oder einer Klage auf künftige Leistung (§§ 257 ff ZPO) sein können[4]. In allen anderen Fällen wäre eine Hauptsacheklage aussichtslos, weshalb auch eine Arrestanordnung ausscheiden muss.

708

Neben dem sicherungsfähigen Anspruch muss ein **Arrestgrund** vorliegen, d.h. es muss objektiv zu besorgen sein, dass ohne die Verhängung des Arrests die künftige Zwangsvollstreckung wegen des Anspruchs gefährdet ist (§ 917 ZPO). Dieser Grund eines **dinglichen Arrests** ist bei allen nachteiligen Einwirkungen auf das Schuldnervermögen gegeben, ohne dass es darauf ankäme, ob die Vermögensverschlechterung vom Schuldner, von einem Dritten oder durch Zufall bewirkt wird. So liegt ein Arrestgrund vor, wenn der Schuldner Vermögen beiseite schafft, ohne wirtschaftliche Gegenleistung verschleudert oder dem Gläubiger gegenüber verschleiert. Umstritten ist die Frage, ob auch der Zugriff konkurrierender Gläubiger einen Arrestgrund zu begründen vermag.

709

> **Beispiel 79** (Arrestgrund): G beantragt den Arrest mit der Begründung, dass S zahlungsunfähig sei und ein anderer Gläubiger einen konkreten Vollstreckungsversuch unternehmen wolle. Hat der Arrestantrag Aussicht auf Erfolg?

710

In **Beispiel 79** liegt in der schlechten Vermögenslage des S allein kein zureichender Arrestgrund; erforderlich ist vielmehr eine weitere Verschlechterung des Schuldnervermögens. Dass diese hier nur daraus folgen kann, dass ein anderer Gläubiger Zugriff auf das Vermögen des S nimmt, genügt nach herrschender Ansicht nicht. Der Arrest solle lediglich eine Vermögensverschlechterung hindern, nicht aber die Lage des einen Gläubigers auf Kosten konkurrierender Gläubiger verbessern[5]. Dies trifft von vornherein nur auf konkurrierende *ungesicherte* Gläubiger zu, ist aber auch mit Blick auf das Verfahren der einstweiligen Verfügung zweifelhaft: Hat sich ein Schuldner etwa mehreren Gläubigern zur Bestellung einer erstrangigen Sicherungsgrundschuld verpflichtet, kann jeder Gläubiger den Bestellungsanspruch durch Vormerkungseintragung nach § 885 BGB einstweilig sichern und jeden anderen Gläubiger hierdurch verdrängen, ohne dass die Anspruchsgefährdung glaubhaft gemacht werden müsste[6] (vgl. Rn. 713).

711

Neben dem dinglichen Arrest hat der **persönliche Sicherheitsarrest** kaum praktische Bedeutung. Hier wird die künftige Vollstreckung dadurch gesichert, dass der Schuldner verhaftet oder anderen freiheitsbeschränkenden Maßnahmen unterworfen wird. Zum Arrestgrund aus § 916 ZPO muss nach § 918 ZPO hinzutreten, dass der Zugriff auf die Person des Schuldners erforderlich ist und eine zureichende Vermögenssicherung insbesondere nicht durch dinglichen Arrest erreicht werden kann. Der persönliche Arrest nach § 918 ZPO ist damit subsidiär zur Vermögensarrestierung nach § 916 ZPO.

712

---

[4] MünchKommZPO/*Drescher*, § 916 Rn. 10.
[5] BGH NJW 2006, 321, 324.
[6] Berger/*Skamel*, Kap. 4 Rn. 18 ff.

b) Verfahren

713 Das Arrestverfahren kommt durch ein **Arrestgesuch** in Gang. Darin hat der Gläubiger Arrestanspruch und Arrestgrund schlüssig darzulegen und glaubhaft zu machen (§ 920 I, II ZPO). Die **Glaubhaftmachung** erfolgt regelmäßig mittels eidesstattlicher Versicherung (§ 294 ZPO). Der Gläubiger muss keinen vollen Beweis erbringen; das Gericht prüft den Antrag nur summarisch.

Hinweis: Die Glaubhaftmachung erlaubt eine Beweismaßreduzierung. Anders als nach § 286 I ZPO genügt für die richterliche Überzeugung von einer Tatsache die überwiegende Wahrscheinlichkeit. Es muss also wahrscheinlicher sein, dass Arrestanspruch und Arrestgrund bestehen als umgekehrt[7]. Soweit Sicherheit geleistet wurde, ist die Glaubhaftmachung ausnahmsweise entbehrlich (§ 921 S. 1 ZPO). Wie im Regelverfahren bedürfen Tatsachen von vornherein keiner Glaubhaftmachung, soweit sie offenkundig (§ 291 ZPO) sind, vermutet (§ 292 ZPO) oder, bei Anhörung des Schuldners (Rn. 715), zugestanden (§ 288 ZPO) werden bzw. unbestritten bleiben (§ 138 III ZPO).

714 Ausschließlich zuständig für die Anordnung des Arrests ist nach §§ 919, 802 ZPO sowohl das Gericht der Hauptsache (§ 943 ZPO) als auch das Amtsgericht, in dessen Bezirk sich der zu arrestierende Gegenstand oder Schuldner befindet. Der Antragsteller kann unter beiden Gerichtsständen wählen (§ 35 ZPO).

715 Das Gericht kann ohne mündliche Verhandlung durch Beschluss (Arrestbefehl) entscheiden (§ 922 ZPO). Ordnet das Gericht eine mündliche Verhandlung an, ergeht eine Entscheidung über das Arrestgesuch durch Urteil (§ 922 ZPO). Gegen den stattgebenden Beschluss kann der Schuldner fristungebunden Widerspruch (§ 924 ZPO), der Gläubiger gegen den ablehnenden Beschluss sofortige Beschwerde (§ 567 ZPO) einlegen. Gegen das Urteil ist die Berufung statthaft. Eine Revision findet wegen § 542 II 1 ZPO jedoch nicht statt. Auch wenn ohne vorherige mündliche Verhandlung durch Beschluss entschieden wurde, begrenzt § 542 II 1 ZPO den Instanzenzug; die Rechtsbeschwerde zum BGH ist ausgeschlossen[8].

Hinweis: Der Ausschluss von Revision und Rechtsbeschwerde steht einer Vereinheitlichung der Rechtsprechung durch den BGH entgegen; hieraus folgt eine Rechtszersplitterung zwischen den OLG-Bezirken. Der BGH beurteilt das Arrestverfahren allenfalls als Vorfrage in Entscheidungen über den Ersatzanspruch aus § 945 ZPO (dazu Rn. 730 ff).

716 Der Schuldner kann nach § 926 ZPO die Aufhebung des Arrests verlangen, wenn der Gläubiger nicht binnen einer durch das Gericht gesetzten Frist Hauptsacheklage erhoben hat; der Schuldner kann den Gläubiger damit durch gerichtliche Fristsetzung vor die Wahl stellen, die mit dem Arrest erreichte vorläufige Vollstreckungssicherung zu verlieren oder sich einen endgültigen Vollstreckungstitel zu erstreiten. Eine Aufhebung des Arrests kommt ferner dann in Betracht, wenn seit seiner Anordnung die tatsächlichen oder rechtlichen Voraussetzungen entfallen sind (§ 927 ZPO).

---

7 Musielak/*Huber*, § 920 Rn. 9.
8 BGH NJW 2003, 1531; NJW-RR 2003, 1075; BAG NJW 2003, 1621 f.

c) Vollziehung

Der Arrest wird entsprechend den Vorschriften zur Zwangsvollstreckung vollzogen (§ 928 ZPO). Der Arrestbefehl ist sofort und ohne Vollstreckbarerklärung vollstreckbar. Er bedarf einer Vollstreckungsklausel nur im Fall der Titelumschreibung (§ 929 I ZPO). Vergleichbar den besonderen Fällen der ohne Sicherheitsleistung vorläufig vollstreckbaren Titel (§§ 708 Nrn. 4–11, 711 ZPO; Rn. 74 f) kann der Schuldner die Vollziehung des Arrests durch Sicherheitsleistung abwenden (§ 923 ZPO).

717

Die Eilbedürftigkeit des Arrests zeigt sich in der Vollziehungsfrist. Wird der Arrest nicht binnen Monatsfrist seit Verkündung des Arrestbefehls oder Zustellung an den Gläubiger vollzogen, wird die Vollziehung unstatthaft (§ 929 II ZPO); Vollstreckungsmaßnahmen nach Fristablauf sind unwirksam[9].

718

Der Arrest dient ausschließlich dazu, die spätere Vollstreckung aus einem Hauptsachetitel zu sichern; weder soll der Pfandgegenstand verwertet, noch der Gläubiger über die bloße Sicherung hinaus befriedigt werden. Der dingliche Arrest wird bei beweglichen Sachen durch Pfändung vollzogen (§ 930 I 1 ZPO), die dem Gläubiger ein Pfändungspfandrecht an der gepfändeten Sache verschafft (sog. Arrestpfandrecht, §§ 804, 930 I 2 ZPO; Rn. 328 ff); gepfändetes Geld wird hinterlegt (§ 930 II ZPO).

719

Hinweis: Soll zur Sicherung einer späteren Forderungsvollstreckung ein Grundstück oder grundstücksgleiches Recht arrestiert werden, geschieht dies durch Eintragung einer Sicherungshypothek ins Grundbuch (§ 932 ZPO); bereits der Eintragungsantrag gilt als Arrestvollziehung (§ 932 III ZPO).

Auch der Arrest in Forderungen wird durch Pfändung vollzogen. Zuständig für den Erlass des Pfändungsbeschlusses ist ausschließlich das (erstinstanzliche) Vollstreckungsgericht (§ 930 I 3 ZPO); dies gilt auch dann, wenn der Arrestbefehl in zweiter Instanz erging.

Erlangt der Gläubiger im Hauptsacheverfahren einen Vollstreckungstitel, wandelt sich das Arrestpfandrecht in ein Vollstreckungspfandrecht, das nunmehr nicht lediglich der Sicherung, sondern auch der Verwertung dient. Dessen Rang bestimmt sich, soweit der Arrest nicht zwischenzeitlich aufgehoben wurde, nach dem Zeitpunkt der Arrestvollziehung[10].

720

3. Einstweilige Verfügung

Soweit §§ 935, 937 ff ZPO keine abweichenden Regelungen treffen, sind auf das Verfahren zur Anordnung einer einstweiligen Verfügung die Vorschriften des Arrestverfahrens nach §§ 916 ff ZPO entsprechend anwendbar (§ 936 ZPO).

721

a) Verfügungsarten

Ein Individualanspruch, der nicht auf Geldzahlung gerichtet ist, kann durch **Sicherungsverfügung** gesichert werden (§ 935 ZPO). Handelt es sich um einen Anspruch, der im Fall einer Pflichtverletzung in eine Geldforderung übergehen kann, kann der Gläubiger wählen, ob er den (nicht auf Geldleistung gerichteten) Individualanspruch

722

---
9 BGH NJW 1991, 496, 497; Zöller/*Vollkommer*, ZPO, § 929 Rn. 20.
10 *Brox/Walker*, Rn. 1542 ff.

durch einstweilige Verfügung oder den (auf Geldleistung gerichteten) Sekundäranspruch durch Arrest (Rn. 705 ff) sichern will. Sicherungsfähig sind etwa Herausgabe- oder Verschaffungs-, Duldungs- und Unterlassungsansprüche. Neben dem Bestehen eines **Verfügungsanspruchs** ist erforderlich, dass ein **Verfügungsgrund** vorliegt, d.h. eine künftige Rechtsdurchsetzung ohne Verfügungserlass vereitelt oder wesentlich erschwert werden würde. Das Vorliegen dieser beiden Voraussetzungen hat der Gläubiger glaubhaft zu machen (§§ 920 II, 936 ZPO).

Hinweis: Ausnahmsweise ist die Glaubhaftmachung des Verfügungsgrundes entbehrlich. Dies gilt etwa im Fall der Eintragung einer Auflassungsvormerkung (§ 885 I 2 BGB) oder eines Widerspruchs nach § 899 II 2 BGB; die Gefährdung der Durchsetzung des Verfügungsanspruchs wird hier mangels anderer dinglicher Sicherung vermutet, da dem Berechtigten bei fehlender oder fehlerhafter Grundbucheintragung wegen §§ 892, 893 BGB der endgültige Rechtsverlust droht. Auch über einen wettbewerbsrechtlichen Unterlassungsanspruch kann eine Verfügung nach § 12 II UWG ohne Glaubhaftmachung des Verfügungsgrundes ergehen, womit die rasche Verfolgung von Wettbewerbsverstößen erleichtert werden soll[11].

723 Zur notwendigen Regelung eines einstweiligen Zustandes kann eine **Regelungsverfügung** erlassen werden (§ 940 ZPO). Auch hier aber kann es nur um die vorläufige Sicherung einer gegenwärtigen oder künftigen Rechtsdurchsetzung gehen; sie darf nicht zur Befriedigung durch eine dem Hauptsacheverfahren vorbehaltenen Entscheidung dienen.

724 Von diesem Grundsatz macht die **Leistungsverfügung** (Befriedigungsverfügung) eine eng begrenzte Ausnahme, indem sie zur vorläufigen Befriedigung des Gläubigers führt. Eine gesetzliche Regelung dieser Durchbrechung des im Verfahren des einstweiligen Rechtsschutzes geltenden allgemeinen Verbotes einer Vorwegnahme der Hauptsache findet sich etwa in § 247 FamFG; durch die Rechtsprechung wurde sie namentlich im Unterhaltsrecht fortentwickelt, da es hier auf die rasche Zahlung dringend benötigter Geldbeträge ankommt. Anerkannt ist die Zulässigkeit einer Regelungsverfügung auch in anderen Bereichen der Daseinsfürsorge, etwa bei der Versorgung mit elektrischem Strom, Wasser oder Heizung, und in Bereichen, die ein schnelles Handeln erforderlich machen, etwa im Wettbewerbsrecht und im gewerblichen Rechtsschutz (vgl. § 24b III MarkenG, § 140b III PatG, § 42a VI 2 UrhG, § 12 III UWG, wonach sogar eine unbefristete Befriedigung zulässig ist).

725 **Beispiel 80** (Verfügungsgrund bei Doppelvermietung): Schuldner S vermietete dieselben Gewerberäume an die Gläubiger G_1 und G_2. G_1 begehrt nun eine einstweilige Verfügung des Inhalts, dass S es unterlassen soll, die Gewerberäume an G_2 zu übergeben. Mit Erfolg?

726 Parallel zur Frage, inwiefern der Vollstreckungszugriff konkurrierender Gläubiger einen Arrestgrund darstellt (Rn. 709 ff), stellt sich im Rahmen des Verfügungsgrundes das Problem des Doppelverkaufs oder der Doppelvermietung. Nach herrschender Ansicht scheidet ein Verfügungsgrund hier aus. Die Privatautonomie gewähre dem schuldvertraglich gebundenen Schuldner die Freiheit, die dem einen Gläubiger versprochene Leistung (regelmäßig unter Begründung einer Ersatzhaftung nach §§ 280 I, III, 283 BGB) an einen anderen Gläubiger zu bewirken. Diese Freiheit dürfe nicht

---

11 Schuschke/Walker/*Schuschke*, § 935 Rn. 22.

durch den Erlass einer einstweiligen Verfügung vereitelt und damit die Rechte des einen Gläubigers vor denen des anderen Gläubigers bevorzugt gesichert werden[12]. In **Beispiel 80** müsste der Verfügungsantrag des G_1 deshalb zurückgewiesen werden.

b) Verfahren

Das Verfügungsverfahren entspricht der Regelung des Arrestverfahrens (§ 936 ZPO). Wurden Verfügungsanspruch und Verfügungsgrund im Verfügungsgesuch glaubhaft gemacht (§§ 936, 920 II ZPO), entscheidet das Gericht nach freiem Ermessen über Art und Inhalt einer Anordnung der einstweiligen Verfügung (§ 938 I ZPO). Sie darf nicht über den Verfügungsantrag (§ 308 I 1 ZPO) und insbesondere nicht über den in der Hauptsache zu verfolgenden Leistungsanspruch hinausgehen oder den Gläubiger befriedigen. So kann der Grundbuchberichtigungsanspruch aus § 894 BGB durch Widerspruch (§ 899 BGB), der Übereignungsanspruch des Käufers aus § 433 I 1 BGB durch ein relatives Veräußerungsverbot (§ 938 II ZPO, §§ 135, 136 BGB) und dessen Auflassungsanspruch durch Vormerkung gesichert (§ 938 II ZPO, §§ 883 I, 885 I 2 BGB), eine Erfüllung dieser Ansprüche im Verfügungsverfahren dagegen nicht erreicht werden.

727

Anders als bei der Arrestanordnung ist für die Anordnung einer einstweiligen Verfügung in der Regel das Gericht der Hauptsache ausschließlich zuständig (§§ 937 I, 943, 802 ZPO). Unabhängig hiervon kann das Amtsgericht in dringenden Fällen entscheiden (§ 942 I ZPO).

728

c) Vollziehung

Auch für die Vollziehung der einstweiligen Verfügung gelten die Arrestvorschriften entsprechend (§§ 936, 928 ff ZPO). Bei der Leistungsverfügung, die anders als Sicherungs- und Regelungsverfügung ausnahmsweise auf die Befriedigung des Gläubigers gerichtet ist (Rn. 724), sind §§ 930–932 ZPO dagegen nicht anwendbar, weil diese Vorschriften dem Gläubiger lediglich eine Sicherung verschaffen. Vielmehr folgt die Vollziehung hier nach § 928 ZPO den allgemeinen Regeln der Zwangsvollstreckung[13].

729

4. Schadensersatzpflicht

Erweist sich die im einstweiligen Rechtsschutz angeordnete Maßnahme als unberechtigt und erleidet der Schuldner hierdurch einen Schaden, kann er nach §§ 280 ff, 823 ff BGB Ersatz verlangen, wenn die Schädigung schuldhaft und rechtswidrig war und in Ansehung von § 823 I BGB nicht lediglich zu einem Vermögensschaden geführt hat.

730

Wegen dieser materiellen Schwächen tritt der Schadensersatzanspruch aus § 945 ZPO hinzu. Er setzt weder Verschulden noch Rechtswidrigkeit voraus und begründet damit eine reine Risikohaftung. Auch braucht die einstweilige Maßnahme nicht vollzogen worden sein; ihre Anordnung genügt. Zu ersetzen ist der durch die bloße An-

731

---
12 KG NJW-RR 2007, 1167 m.N. auch zur Gegenansicht; a.A. OLG Hamm NJW-RR 2004, 521.
13 *Brox/Walker*, Rn. 1664.

ordnung wie der durch die Vollziehung entstandene Schaden des Schuldners. Der Schadensersatzanspruch ist im Hauptsacheverfahren zu verfolgen[14].

732 Fall 13 (Schadensersatz nach § 945 ZPO):
Gläubiger G erwirkte gegen Schuldner S einen vollstreckbaren Zahlungstitel. S leistete nicht, übertrug jedoch seiner Ehefrau F gegen Einräumung eines lebenslangen Wohnrechts seinen hälftigen Anteil an einem beiden Eheleuten gehörenden Hausgrundstück. Nach Eintragung der F ins Grundbuch verkaufte sie das Grundstück an den Käufer K weiter und bewilligte zu dessen Gunsten eine Auflassungsvormerkung, die ebenfalls eingetragen wurde. Da die Vollstreckungsversuche des G erfolglos blieben, erwirkte G unter Hinweis auf die vermeintlich anfechtbare Vermögensverschiebung des S auf F eine einstweilige Verfügung, die ins Grundbuch eingetragen und mit welcher F verboten wurde, über den von S übertragenen Grundstücksanteil zu verfügen. Wegen dieses zwischenzeitlichen Verfügungsverbotes lehnte es der Notar trotz des Vorliegens aller notwendigen Unterlagen und Erklärungen ab, den Grundstückskaufvertrag zu vollziehen und den durch K auf das Notaranderkonto gezahlten Kaufpreis an F weiterzuleiten. Im Hauptsacheverfahren zwischen G und F wurde die Anfechtungsklage des G rechtskräftig abgewiesen, da die Anteilsübertragung an F schon deshalb nicht gläubigerbenachteiligend war, weil der Anteil des S wertausschöpfend belastet war. Hierauf bewilligte G die Löschung des Verfügungsverbotes. F verlangt nun Schadensersatz in Höhe des aus der verzögerten Weiterleitung des Kaufpreises entstandenen Zinsschadens. Zu Recht?

Lösungshinweise:
Der Zinsschaden wäre aus § 945 ZPO zu ersetzen, wenn sich die einstweilige Verfügung als ungerechtfertigt erwiesen hätte. Die durch G erklärte Löschungsbewilligung ist dabei ohne Belang. Entscheidend ist vielmehr, dass die rechtlichen und tatsächlichen Entscheidungen im Zeitpunkt des Verfügungserlasses nicht vorlagen. Diese Frage ist nach dem im Schluss der mündlichen Verhandlung im Schadensersatzprozess vorliegenden Sachverhalt zu entscheiden.

I. Anspruch dem Grunde nach

1. Bindungswirkung der Entscheidung im Hauptsacheprozess

Hier wurde im zwischen den Parteien geführten Hauptsacheprozess festgestellt, dass in der Vermögensübertragung des S an F keine gläubigerbenachteiligende Handlung liegt. An diese vorangegangene Entscheidung im Hauptsacheprozess ist das Gericht, das über den Schadensersatzanspruch zu entscheiden hat, im Umfang der materiellen Rechtkraft gebunden (§ 322 I ZPO). Die Bindungswirkung besteht dabei nur in Ansehung des Verfügungsanspruchs, nicht hinsichtlich des Verfügungsgrundes, über den das Hauptsacheurteil nicht entschieden hatte[15].

2. Entscheidung über den Verfügungsanspruch

Hier hatte das Hauptsachegericht entschieden, dass die Vermögensverschiebung (unabhängig von der subjektiven Benachteiligungsabsicht) objektiv keine Gläubigerbenachteiligung aufwies und ein Anfechtungsgrund (in Betracht käme § 3 I AnfG) deshalb ausscheidet. In

---

14 Thomas/Putzo/*Seiler*, ZPO, § 945 Rn. 12.
15 Vgl. Thomas/Putzo/*Seiler*, ZPO, § 945 Rn. 8.

materielle Rechtskraft erwuchs diese Entscheidung insoweit, als der durch G gegenüber F geltend gemachte Rückgewähranspruch aus § 11 AnfG und damit der die einstweilige Verfügung tragende Verfügungsanspruch nicht besteht. Die einstweilige Verfügung zur Sicherung der Vollstreckung aus diesem Anspruch war deshalb ungerechtfertigt.

II. Anspruch der Höhe nach

1. Kausalzusammenhang

Fraglich bleibt jedoch, ob Verfügungserlass oder Verfügungsvollziehung kausal für die Entstehung des geltend gemachten Zinsschadens waren. Der Umfang der Ersatzpflicht bestimmt sich nach §§ 249 ff BGB[16]. Problematisch ist hier, dass der Erlass einer einstweiligen Verfügung *nach* Eintragung der Auflassungsvormerkung zugunsten des K erfolgte. In der Weigerung des Notars, den Kaufvertrag zu vollziehen, könnte ein den Kausalzusammenhang unterbrechendes Handeln eines Dritten liegen: Eine Vormerkung wird grundsätzlich schon mit dem Eingang des auf sie bezogenen Eintragungsantrags nach § 883 BGB bindend. Hier war die Vormerkung sogar schon in das Grundbuch eingetragen worden, bevor die einstweilige Verfügung in das Grundbuch gelangte. Letztere konnte einen Rechtserwerb des vormerkungsberechtigten K deshalb nach § 883 II BGB nicht mehr verhindern[17]. Die Vorschrift des § 883 II 2 BGB verweist ausdrücklich zwar nur auf Verfügungen zur Arrestvollziehung, doch fallen auch einstweilige Verfügungen nach § 935 ZPO unter den Oberbegriff der im Wege der Zwangsvollstreckung erfolgten Verfügungen[18]. Der Notar verweigerte den Vollzug der Auflassung und die Weiterreichung des Kaufpreisbetrages deshalb zu Unrecht.

Freilich bleibt zu beachten, dass es zu dem Fehler des Notars (und des Grundbuchamts) überhaupt nur deshalb kommen konnte, weil G durch sein prozessuales Vorgehen eine risikobehaftete Lage geschaffen hat. Diese hätte sich allenfalls dann nicht ausgewirkt, wenn G die rangwahrende Wirkung der Vormerkung anerkannt hätte. Das hat er nicht getan; daneben ist der Fehler des Notars nicht so ungewöhnlich, als dass er außerhalb der Lebenserwartung läge. Das fehlerhafte Dazwischentreten des Notars unterbricht den Kausalzusammenhang deshalb nicht.

2. Mitverschulden

Fraglich bleibt ferner, ob F ein den Umfang der Ersatzpflicht verringerndes Mitverschulden trifft (§ 254 I BGB). Nach der Rechtsprechung des BGH ist ein Ausschluss oder eine Minderung des Schadensersatzanspruchs aus § 945 ZPO wegen Mitverschuldens nach § 254 BGB dann in Betracht zu ziehen, wenn ein schuldhaftes Verhalten des Arrestbeklagten dem Arrestkläger zur Ausbringung des Arrests Anlass gegeben hatte. Im Falle einer einstweiligen Verfügung gilt Entsprechendes[19]. Hier hatte F durch den Anteilserwerb den Eindruck der (mittelbaren) Gläubigerbenachteiligung erweckt und auch nicht etwa dadurch entkräftet, dass sie auf die Belastungen des Grundstücksanteils hingewiesen hätte. Dies mag ein überwiegendes Verschulden begründen.

Hinzu tritt, dass F sich weder gegen die Weigerung des Notars noch durch Widerspruch gegen die einstweilige Verfügung wendete. Das überwiegende Verschulden schließt eine Ersatzpflicht des G folglich aus (§ 254 I BGB). Ein Anspruch der F aus § 945 ZPO besteht nicht.

---

16 BGH NJW 2006, 2767, 2768 Rn. 19.
17 BGH NJW 1958, 2013, 2014 m. Anm. *Rahn*, NJW 1959, 97; *Seufert*, NJW 1959, 527.
18 MünchKommBGB/*Kohler*, § 883 Rn. 60; ausdrücklich *Espenhain*, JuS 1981, 438, 440 m.N.
19 BGH NJW 2006, 2557, 2559.

III. Stoffzusammenfassung: Arrest und einstweilige Verfügung

733 I. **Einstweiliger Rechtsschutz durch Arrest und einstweilige Verfügung**
- grundsätzlich nur, solange kein vollstreckbarer Hauptsachetitel vorliegt
- Antrag führt zur Verjährungshemmung (§ 204 I Nr. 9 BGB)
- Vorliegen der Arrest- und Verfügungsvoraussetzungen

II. **Arrest (§§ 916 ff ZPO)**
1. **Arrestanspruch**
   - Geldforderung oder ein Anspruch, der in eine Geldforderung übergehen kann (§ 916 I ZPO)
   - auch bedingte und betagte Forderungen (§ 916 II ZPO); in den Grenzen von §§ 257 ff ZPO ausnahmsweise auch künftige Ansprüche
2. **Arrestgrund** liegt vor, wenn die Gefahr besteht, dass ohne die Verhängung des Arrests die künftige Zwangsvollstreckung wegen des Arrestanspruchs gefährdet ist (§ 917 ZPO)
   a) dinglicher Arrest
      - Arrestgrund bei allen nachteiligen Einwirkungen durch Schuldner, Dritte oder Zufall auf das Schuldnervermögen; str. beim Vollstreckungszugriff konkurrierender Gläubiger
   b) persönlicher Sicherheitsarrest (§ 918 ZPO)
      - zum Arrestgrund muss hinzutreten, dass ohne Zugriff auf die Person des Schuldners eine Sicherung nicht erreicht werden kann; subsidiär zum dinglichen Arrest
3. **Verfahren**
   - Arrestanspruch und Arrestgrund sind durch den Antragsteller glaubhaft zu machen (§ 920 II ZPO)
   - ausschließlich zuständig sind nach Wahl des Antragstellers (§ 35 ZPO) das Gericht der Hauptsache (§ 943 ZPO) oder das Amtsgericht, in dessen Bezirk sich Gegenstand oder Person befinden (§§ 917, 802 ZPO)
4. **Vollziehung (§§ 928 ff ZPO)**
   - auf Sicherung des Gläubigers beschränkt
   - innerhalb der Vollziehungsfrist von einem Monat seit Verkündung oder Zustellung des Arrestbefehls (§ 929 II ZPO)

III. **Einstweilige Verfügung (§§ 935 ff ZPO)**
1. **Verfügungsanspruch**
   - jeder Individualanspruch, der nicht auf Geldzahlung gerichtet ist
   - bei Ansprüchen, die in eine Geldforderung übergehen können, kann der Individualanspruch durch einstweilige Verfügung und der Sekundäranspruch (Geldforderung) durch Arrest gesichert werden
2. **Verfügungsgrund** liegt vor, wenn eine künftige Rechtsdurchsetzung ohne Verfügungserlass vereitelt oder wesentlich erschwert werden würde
3. **Verfügungsarten**
   a) Sicherungsverfügung (§ 935 ZPO) zur Sicherung eines Anspruchs
   b) Regelungsverfügung (§ 940 ZPO) zur Regelung eines einstweiligen Zustandes
   c) Leistungsverfügung erlaubt ausnahmsweise die einstweilige Befriedigung des Gläubigers

4. **Verfahren**
   - nach den Vorschriften des Arrestverfahrens (§ 936 ZPO)
   - Verfügungsanspruch und Verfügungsgrund sind durch den Antragsteller glaubhaft zu machen (§§ 936, 920 II ZPO); Ausnahmen etwa in § 885 I 2 BGB, § 12 II UWG
   - ausschließlich zuständig ist das Gericht der Hauptsache (§§ 937 I, 943, 802 ZPO); in dringenden Fällen ausnahmsweise das Amtsgericht (§ 942 I ZPO)
5. **Vollziehung**
   - nach den Vorschriften des Arrestverfahrens (§§ 936, 928 ff ZPO)

IV. **Schadensersatz** bei ungerechtfertigter Anordnung von Arrest oder einstweiliger Verfügung (§ 945 ZPO)

Sachverzeichnis

Die Angaben beziehen sich auf die Randnummern. Hauptfundstellen sind *kursiv* gesetzt.

Abänderungsklage 206
Ablieferung 346
Ablösungsrecht *461 ff.*, 581, 583
Absonderung 39, 335 ff., 444, 547, 618
Abtretung 162 f., 185, 204 f., 216, 255, 271, 380, 387 ff., 439 f., 577 ff.
Abtretungsausschluss 134, 361 ff.
Abwendungsbefugnis
– durch Sicherheitsleistung 75, 698, 717
– materiell-rechtliche 695
Akteneinsicht 654
Amtsgericht 62 f., 170, 356, 434, 479, 519, 601, 714, 728
Amtspflichtverletzung, Amtshaftung 6, 342, 669
Anerkenntnis
 s. Schuldanerkenntnis
Anerkenntnisurteil 75
Anfechtungsrecht, AnfG 588 f., 594
Anhörung
– anderer Beteiligter 516
– bei Versteigerung 454
– des Schuldners 150, 377, 487 ff., 517 f., 695
Ansatz der Vollstreckungskosten
 s. Kostenansatz
Anschlusspfändung *323 ff.*, 327, 513
Anteilsrechte 412, *423 ff.*, 601
Antrag
 s. Vollstreckungsantrag
Anwaltszwang 52, 67, 170
Anwartschaftsrecht 412, *427 f.*, 552 ff., 557, 560 f., 569, 626
Arbeitseinkommen 42, 46, 54
– künftiges 364, 708 f.
– Pfändungsschutz 369, 371
Arglist
 s. Rechtsmissbrauch
Arrest 705 ff.
– Anordnung 714 f.
– Arrestanspruch 705 ff.
– Arrestbefehl 715
– Arrestgrund, dinglicher 709 ff.

– Arrestgrund, persönlicher 712
– Aufhebung 716
– Vollziehung 717 ff.
Arrestatorium *376*, 578
Arten der Zwangsvollstreckung 9, 56 ff.
Aufhebung der Zwangsvollstreckung 14, *126 ff.*, 339, 484, 503, 553, 600, 626
Ausfallhaftung 354
Ausgleichsansprüche, materiell-rechtliche 192, 536, 540, 614, *628 ff.*
Auskunftspflicht des Drittschuldners
 s. Drittschuldner
Auskunftspflicht des Schuldners 382, 475, 483 f.
Ausschließliche Zuständigkeit
 s. Zuständigkeit, ausschließliche
Aussonderung 547, 568
Austauschpfändung 322

Bagatellforderung 86, 443
Bankguthaben 371, *397 ff.*, 568
Bargebot 346, *450 ff.*
Bargeld 348
Befriedigungsverfügung
 s. Leistungsverfügung
Bereicherungsausgleich
 s. Ausgleichsansprüche, materiell-rechtliche
Berliner Modell 667
Beschlagnahme 296 f., *326*, 378, 394, *442 ff.*, 471 f., 573, 576
Beschränkt persönliche Dienstbarkeit 422, 574
Beschwerde
 s. auch Grundbuch-
– bei Ablehnung der Klauselerteilung 19, *135 ff.*, 151, 185
– Grundbuch-
 s. Grundbuchbeschwerde
– sofortige 19, 135 ff., 446, 470, 490 f., *515 ff.*, 715
Bestandteile
– ehemalige 296

253

- Scheinbestandteile
  s. Scheinbestandteile
- unwesentliche   430 f.
- wesentliche   294, 430 ff., 458, 474
BGB-Gesellschaft
  s. Gesellschaft bürgerlichen Rechts
Bremer Modell   667
Briefhypothek   298, *396*, 400, 416
Brüssel-I-Verordnung, Brüssel-II-Verordnung   84
Buchhypothek   396
Bürgschaft   595

Computerprogramme
  s. Software

Deckungsprinzip   449
Deutsche Gerichtsbarkeit   68, 327
Dingliche Surrogation   *350*, 428, *457*, 539, 649
Dinglicher Gläubiger   431, *447*
Dinglicher Titel   442, 573
Dispositionskredit   399
Dispositionsmaxime   40, 67, 120
Domain
  s. Internet-Domain
Doppelnatur des Prozessvergleichs   78
Doppelpfändung   *428 ff.*, 561
Drittgewahrsam
  s. Gewahrsam eines Dritten
Drittschuldner   *15*, 21, 56, 60, 357 f., 419 ff.
- Drittschuldnererklärung   375, *392 ff.*
- Einreden und Einwendungen des   390 ff.
- Forderung gegen den   *362 ff.*, 489, 577 f.
- Herausgabeanspruch gegen den   403 ff.
- Pfändung der Forderung gegen den   373 ff.
- Rechtsstellung und Schutz   383 ff.
- sonstige Rechte gegen den   413 ff.
- Überweisung der Forderung gegen den   379 ff.
Drittschuldnerklage
  s. Einziehungsklage
Drittwiderspruchsklage   21, *527 ff.*
- Begründetheit   543 ff.
- Einstweilige Anordnungen   600
- Entscheidung   529

- Interventionsrecht des Beklagten   544 ff.
- Rechtsnatur   529
- Zielrichtung   527 ff.
- Zulässigkeit   530 ff.
Durchsuchungsanordnung   47, 51, 304, 309 f., 459, *655 ff.*, 665, 668

EheGVO   84
Eidesstattliche Versicherung   48, 61, 382, 479, 658, 663, 713
Eigentümergrundschuld   *418*, 437 ff.
Eigentumsvermutung   311, 313 f., 598 f.
Eigentumsvorbehalt   291 f., 322, *427 f.*, *557 ff.*, 587
Einfache Klausel   *103 ff.*, 109, 112, 119, 129, *135 ff.*, 167, 174, 177
Einstellung der Zwangsvollstreckung   14, *126 ff.*, 191, 251, 339, 446, 484, 503, 529, 553, 600, 626
Einstweilige Anordnungen   698 ff.
- bei der Drittwiderspruchsklage   600
- bei der Grundbuchbeschwerde   525
- bei der Klage auf vorzugsweise Befriedigung   625
- bei der Klauselerinnerung   184
- bei der Klauselgegenklage   166
- bei der sofortigen Beschwerde   522
- bei der Vollstreckungsabwehrklage   251
- bei der Vollstreckungserinnerung   512
Einstweilige Einstellung
  s. Einstweilige Anordnungen
Einstweilige Verfügung   703 f., *721 ff.*
- Anordnung   727 f.
- Verfügungsanspruch und Verfügungsgrund   722 ff.
- Verfügungsarten   722 ff.
- Vollziehung   729
Einstweiliger Rechtsschutz   697 ff.
- im Erkenntnisverfahren   703 ff.
- im Zwangsvollstreckungsverfahren
  s. Einstweilige Anordnungen
- Schadensersatz   730 ff.
Einwendungen
- des Beklagten gegen ein Interventionsrecht des Klägers, Drittwiderspruchsklage   *592 ff.*, 601
- des Beklagten gegen ein Pfand- oder Vorzugsrecht des Klägers, Vorzugsklage   624 ff.

- des Drittschuldners
  s. *Drittschuldner, Einreden und Einwendungen des*
- formelle 132, 167, 181, 483 ff., 493
- gegen den titulierten Anspruch, Vollstreckungsabwehrklage 187 ff.
- gegen die Art und Weise der Zwangsvollstreckung, Vollstreckungserinnerung 483 ff.
- gegen die Klauselerteilung 132, 153, 157, 164, 174
- gegen die Wirksamkeit des Titels, Titelgegenklage 258 ff., 284 ff.
- Gestaltungsrechte 226 ff.
- Interventionsrecht des Klägers, Drittwiderspruchsklage *543 ff.*, 601
- nach Aufrechnung 234 ff.
- nach dem Ende der Zwangsvollstreckung 631 ff., 640 ff., 649
- nach Rücktritt 247 ff.
- Pfand- oder Vorzugsrecht des Klägers, Vorzugsklage 607 ff., *615 ff.*
- Präklusion
  s. *Einwendungsausschluss*

Einwendungsausschluss, Vollstreckungsabwehrklage 20, 194 f., *219 ff.*, 256

Einziehungsklage *391*, 393 f.

Endurteil 73 ff.
- rechtskräftig 690
- vorläufig vollstreckbar 74 ff.

Entstrickung 339

Erbe 101, 115, 149, 153, 591

Erbenbesitz 305

Erbengemeinschaft 424

Erinnerung
  s. *Vollstreckungserinnerung*

Erinnerungsbefugnis, Vollstreckungserinnerung
- des Gläubigers 494
- des Schuldners 494 f.
- Dritter 497 ff.

Erkenntnisverfahren 2 f., 7, *32 ff.*, 67 ff., 74, 88, 98, 121, 187, 222 f., 236 f., 443, 508, 679, 689, *703 ff.*

Erlös 13, 295, 318 f., 330 ff., 343 ff., 432, 444 ff., 457, 492, 534, 603, 630 ff., 641 ff., 651

Erlösauskehr *350 ff.*, 538 ff., 614, 649

Erlösverteilung 352 f., 513, 547 f., *603 ff.*, 626

Erstattungsansprüche
  s. *Ausgleichsansprüche*

Erwerbstreuhand
  s. *Treuhand, uneigentliche*

Erwirkung von Duldung, Handlung, Unterlassung 674 ff.

Erzeugnisse 296 f., 474

Erzwingungshaft
  s. *Haft*

EuGVVO 84

Fahrnisvollstreckung
  s. *Mobiliarvollstreckung*

Familiengericht 207, 536, 601, 654

Finanzierungsleasing
  s. *Interventionsrecht, Leasingverträge*

Forderungspfändung
- Antrag 372
- besondere Formen der 396 ff.
- Gegenstand 361 ff.
- Pfändungsbeschluss 373 ff.
- Überweisungsbeschluss 379 ff.

Formalisierung 40, 98 f., 106, 120, 177, 202 f., 322, 528

Fortsetzung der Zwangsvollstreckung 254, 448, 534, 540

Fortsetzungsfeststellungsinteresse 628

Früchte 296, 301, 572

Funktionale Zuständigkeit
  s. *Zuständigkeit, funktionale*

Geld
  s. *Bargeld*

Gemeinschaft 412, 424, 446, 501

Gerichtsvollzieher 10 ff., 42, 47, 50 f., *61*, 77, 91 ff., 118, 122, 125, 135 f., 200 ff., 247 ff., 286, *293*, 295 ff., *303 ff.*, 313 ff., *339*, *341 ff.*, 354, 377 f., 396, *406 ff.*, 427 f., *474 f.*, *483 ff.*, 505, 512 f., 527, 532 f., 561, 565, 570 f., 586, 603, 609, 612 ff., 626 ff., 637 ff., 649, *653 ff.*, *664 ff.*, *670 ff.*, 693 f., 700

Geringstes Gebot *449 f.*, 452 ff., 457, 613

Gesamtvollstreckung
  s. *Insolvenzverfahren*

Gesellschaft bürgerlichen Rechts *89 f.*, 361, 423 f.

Gewahrsam
- bei Ehegatten und Lebenspartnern *311 ff.*, 671 f.

255

Sachverzeichnis

– bei nichtehelicher Lebensgemeinschaft 312
– des Gläubigers 305 f.
– des Schuldners 12, *305*, 474, 499, 527
– eines Dritten 13, 60, 305, *307 f.*, 532 f., 565, 609, 626, 654 f.
– eines herausgabebereiten Dritten 13, 305, *308 ff.*, 533, 654 f.
– Gewahrsamsvermutung 311, 313, 671 f.
– Mitgewahrsam 310, 669
Girovertrag 54, 371, *398*
GmbH *425*, 530, 595
Grundbuchamt *64*, 435, 484, 491, 525 f., 719, 732
Grundbuchbeschwerde 440, 491, *524 ff.*
Grundbucheintrag 262, 372, 396, 410, 416 ff., 435 f., 439 f., 442 ff., 455, 466, 601, 673, 722, 727, 732
Grunddienstbarkeit 422, 574
Grundschuld 261 ff., 271, 275 f., 298, 372, *415 ff.*, 437 ff., 442, 457, 463 ff., 569, 711
Grundschuldbrief 298, 416, 418
Grundstückszubehör *295 ff.*, *301 f.*, 430 f., 455, *474*, 492, *570 ff.*

Haft 48, 58, 479, 681, 686 ff.
Haftungsverband
 s. Grundstückszubehör
Hamburger Modell 667
Heilung
– fehlerhafter Pfändung 122, 182, 315, 325, 333 f., 506, *513*
– fehlerhafter Zustellung 122, 333 f.
Herausgabeanspruch
– als Interventionsrecht, Drittwiderspruchsklage *579*, *581*, 583, 586
– Zwangsvollstreckung in den 292 f., 322, 396, *403 ff.*
Herausgabevollstreckung 653 ff.
– Herausgabeanspruch *655*, 658, 660, 663, 706 f.
– in bewegliche Sachen 654 ff.
– in Grundstücke 664 ff.
– Übereignung 670
Hilfspfändung 298 f., 402
Höchstgebot 341, 346, 354, 454
Höchstpersönliche Rechte 362, 399, 412, 683
Hypothekenbrief 298, *396*, 400, 416

Immaterialgüterrecht 300, 412, *426*
Immobiliarvollstreckung 430 ff.
Inhaberpapiere 298
Inhibitorium 376
Insolvenzgericht 39, 495, 517
Insolvenzverfahren 37 ff., 367, 495, 547, 620, 623
– Absonderungsrecht
 s. Absonderung
– Aussonderungsrecht
 s. Aussonderung
– Eröffnung 38 f., 128, 332, *335 ff.*, 393 ff.
– Insolvenzanfechtung 588 f.
– Rückschlagsperre 335, 337, 395
Internet-Domain 426
Internetversteigerung *340 f.*, 347
Interventionsklage
 s. auch Drittwiderspruchsklage
– Anfechtungsrechte 588 f.
– beschränkte dingliche Rechte 569 ff.
– Besitz 582 f.
– Herausgabeansprüche 579, 581
– Leasingverträge 584 f.
– schuldrechtliche Ansprüche 576 ff.
– Sicherungseigentum 545 ff.
– Treuhand 562 ff.
– Veräußerungsverbot 590 f.
– Verschaffungsansprüche 579 f.
– Vorbehaltseigentum 558 ff.

Kalendertag *105*, *107*, *123*, 135 ff., 402, 510
Klage auf vorzugsweise Befriedigung 603 ff.
– Begründetheit 615 ff.
– Einstweilige Anordnungen 625
– Einwendungen des Beklagten 624
– Pfand- oder Vorzugsrecht des Klägers 616 ff.
– Vorrang des Pfand- oder Vorzugsrechts 620 ff.
– Zulässigkeit 607 ff.
Klauselerinnerung 167, 169
– Begründetheit 181 ff.
– Einstweilige Anordnungen 184
– Zulässigkeit 170 ff.
Klauselerteilung 10, 13, 17, *100 ff.*
– einfache Klausel 104 f.
– qualifizierte Klausel 106 ff.

- sofortige Beschwerde   135 ff.
- und gutgläubiger Erwerb   116 f.
Klauselerteilungsklage   139 ff.
- Begründetheit   152 f.
- Zulässigkeit   146 ff.
Klauselgegenklage   154 ff.
- Begründetheit   161 ff.
- Einstweilige Anordnungen   166
- Zulässigkeit   157 ff.
Klauselrechtsbehelfe   131 ff., 185
Kommanditgesellschaft   423
Kontokorrent   371, *397 f.*
Kosten
  s. Verfahrenskosten
Kostenansatz   496, 517
Kostenfestsetzungsbeschluss   221, 513
Künftige Ansprüche   364, 375, 397 f., 616, 623, 665, 703, 708
Künftige Leistung   708

Leasingverträge
  s. Interventionsrecht, Leasingverträge
Leistungsverfügung   724 ff., 729
Löschungsanspruch, Grundbuch   457, 526, 732
Löschungsprinzip   450

Mahnbescheid   82
Mehrgebot   450, 452
Meistgebot
  s. Höchstgebot
Mindestbargebot, Mindestgebot   *341*, 346, 450, *453*
Minimalforderung
  s. Bagatellforderung
Mobiliarvollstreckung   293 ff.
Mündliche Verhandlung   163, 194 f., 219, 225, 228 ff., 243, 255, 632, 715

Nießbrauch   100, 104, 106, 129, 138, 170 f., 175 f.
Notarielle Unterwerfungserklärung
  s. Unterwerfungserklärung

Offenbarungseid
  s. Eidesstattliche Versicherung
Offenbarungspflicht des Schuldners
  s. Vermögensauskunft
Offene Handelsgesellschaft   *423*, 530
Öffentliches Recht   6, 40 f., 88, 340, 349, 640, 642

Operating-Leasing
  s. Interventionsrecht, Leasingverträge
Orderpapiere   298
Ordnungsgeld   17, *686 f.*, 689
Ordnungshaft   48, *686 f.*, 689
Örtliche Zuständigkeit
  s. Zuständigkeit, örtliche

P-Konto
  s. Pfändungsschutzkonto
Parteifähigkeit   68, 89, 508
Persönlicher Gläubiger   448, 573
Persönlicher Titel   442, 447
Pfandrechtstheorien   328 ff., 332 ff.
- gemischt-privatrechtlich-öffentlich-rechtliche Theorie   *331*, 334, 337 f., 343 f., 513, 626, 646, 649
- öffentlich-rechtliche Theorie   *330*, 334, 337 f., 344 f., 646, 649
- privatrechtliche Theorie   329
Pfandsiegel   122, *315 ff.*, 324 f., 327, 339, 503, 614
Pfändungsbeschluss   373 ff.
Pfändungspfandrecht   326
- Rang   *36*, *325*, *352*, 368, 378, 409, 496, 513, 561, 620
Pfändungsprotokoll   323, 428
Pfändungsschutz   40, 48 ff., 56, 292, *320 ff.*, 344, *369 ff.*, 403, 497, 499, 616, 658, 667
- bei gläubigereigenen Sachen   *321 f.*, 375
Pfändungsschutzkonto   371
Pfändungsverbot
  s. Pfändungsschutz
Pfändungsvorgang   303 ff.
- am rechten Ort   305 ff.
- Benachrichtigung   327, 378
- in rechtem Umfang   318 ff.
- in rechter Art und Weise   315 ff.
- Kenntlichmachung
  s. Pfandsiegel
- Mitnahme   315
- zur rechten Zeit   *304*, 511
Präklusion
  s. Einwendungsausschluss
Prioritätsprinzip   *36*, *40*, 352, 620
Prozessfähigkeit   *68*, 508
Prozessführungsbefugnis   68 f., 354, 508
Prozessgericht   17, 30, 40, *63*, 67, 144, 147, 158, 166, 170, 207, 210, 251, 491, 518, 599, 652, 675 ff., 686

257

Prozesshandlung 79
Prozessstandschaft 69 f.
Prozessvergleich 78, 109, 111, *210, 212*, 221, 668, 690

Qualifizierte Klausel *104 ff.*, 112, 119, 129, 137, 139 ff., 154 ff., 165 ff., 174 f., 204 f., 258, 693
– titelergänzende 107
– titelübertragende 113 ff.
– titelumschreibende 113 ff.
– Zuständigkeit 106

Räumung 50 ff., 88, *90 ff.*, 217 f., 242, 420 ff., 459 ff., 502 f., *664 ff.*
Reallast 416, 574
Rechtliches Gehör 35, 40, 488
Rechtsbehelfe in der Zwangsvollstreckung, Übersicht 18 ff.
Rechtsbeschwerde 470, 522, 715
Rechtskraft
– entgegenstehende 159
– formelle 33, 74
– materielle 115
– und Vollstreckungsabwehrklage 187 ff., 219 ff.
Rechtsmissbrauch 593, 596, 636
Rechtsnachfolge 87, 101, 106, *113 ff.*, *161 ff.*, 204, 271
– nach Rechtshängigkeit 115 ff., 440
– Nachweis 141 ff., 165
Rechtspfändung 403 ff.
Rechtspfändungstheorie 428
Rechtspfleger 19, 100, 103, *106 ff.*, 135 ff., 170 ff., 178, 185, 356, 434, 488, 500, 515, *522 f.*, 694
– als Organ der Zwangsvollstreckung 62
– Klauselerteilung 100, 106 ff.
– Regelbefugnisse 476 ff.
– sofortige Beschwerde 137
Rechtspflegererinnerung 515, *522 ff.*
Rechtsschutzbedürfnis 44, 51, 151, 180, 198, *211 ff.*, 284, 381, 443, *501 ff.*, 520, 535, *597 ff.*, *614 ff.*
Regelungsverfügung 723
Rektapapiere 298
Religionsfreiheit 48, 320
Rentenschuld 298, 416

Sachliche Zuständigkeit
 s. Zuständigkeit, sachliche

Sachpfändung 298, 300, *427 f.*
Sammelverwahrung 299
Schadensersatz 74, 185, 234, 345, 392, 528, 612, 614, 634 ff., 649, 652, 658, 663, 685, 695, 730 ff.
– nach § 717 II ZPO 73 74, 600
– nach § 823 BGB 353 354, 469, 596, 629, 649, 695, 726, 730
Scheck 298
Scheinbestandteile 297, 474
Schiedsspruch 690
Schließfach 310
Schuldanerkenntnis 109, 263
Schuldnerverzeichnis, Schwarze Liste 482
Selbstvornahme, Kosten der 652, 677, 695
Sequester 410
Sicherheitsarrest, persönlicher 712
Sicherheitsleistung *74 ff.*, 83, 105, 109, 127, 166, 184, 251, 378, 510, 512, 600, 661, 698 ff., 717
Sicherungseigentum 322, 337, *544 ff.*, 564, 596, 610, 626
Sicherungsgrundschuld 276, 417, 464 ff., 711
Sicherungshypothek 81, 432 f., *435 ff.*
Sicherungstreuhand
 s. Treuhand, eigennützige
Sicherungsverfügung 722
Sicherungsvollstreckung 77, 378
Sofortige Beschwerde 19, 135 ff., 185, 446, 470, 488 f.
– Begründetheit 520 ff.
– Zulässigkeit *515 ff.*, 715
Software 300
Sozialer Pfändungsschutz 320 ff., 343, 369, 403, 616
Sozialleistungsansprüche 370
Sparguthaben 400 ff.
Synallagma 123 ff., 693

Teilungsplan 353, 472
Teilungsversteigerung 446, 601
Tiere 498 f., 667
Titel, Übersicht 73 ff.
Titelgegenklage 258 ff.
Titelherausgabe 182
Titelumschreibung 103, 113 ff.
– auf den Testamentsvollstrecker 113
– bei Nacherbfolge 113
Tod 101, 115, 139, 254 f.

Treuhand 562 ff.
- eigennützige, Sicherungstreuhand 464, *545 ff., 563 ff.*
- uneigennützige, Verwaltungstreuhand *563*, 568
- uneigentliche, Erwerbstreuhand 567

Übernahmeprinzip 450
Überpfändung 44, *318 f.*, 327, *365 ff.*, 510
Überweisung 356, *379 ff.*
- an Zahlungs statt zum Nennwert 380
- zur Einziehung 381
Überweisungsbeschluss 15, 356 ff., *379 ff.*
Überziehungskredit 399
Unabtretbarkeit
  s. Abtretungsausschluss
Unpfändbarkeit
- Tier 498 f.
- von beweglichen Sachen 291 f., 295, 320 ff., 343 ff., 499, 616
- von Forderungen 54, 361 ff., 370 ff., 399, 403
- Zubehör 474
Unterwerfungsklausel, notarielle 4, 79 ff., 104, 109, 129, 174 ff., 261 ff.
Unvertretbare Handlungen 674, 680 ff., 690, 695
Urkundsbeamter 19, 104, 110, 129, 135, 169, 183, 258

Veräußerung hinderndes Recht
  s. Interventionsrecht
Verfahrenskosten 7, 13, 195, 286, 352, 355
- und Bargebot 450
- und Erinnerung 503
Verfahrensprinzipien 40 ff.
Verfahrensvoraussetzungen 67 ff.
Verfallklausel 111 f.
Verfassungsrecht 3, 5, *41 ff.*
Vergleich
  s. Prozessvergleich
Verhältnismäßigkeit *43 ff.*, 687
Verkauf, freihändiger 348 f., 402, 424 f., 446, 548
Vermögensauskunft *478 f.*, 482
Vermögensrechte, selbstständige 412 ff.
Vermögensverzeichnis 480
Versäumnisurteil 75, 83, 219, 286, 438
Verschaffungsansprüche 526 f.

Versteigerung
  s. Zwangsversteigerung
Verstrickung 13, *326 ff.*, 334, 336 ff., 344, 378, 407, 428, 578, 626
Verstrickungsbruch 326
Verteilung des Versteigerungserlöses 334, 352, 409, 457, 470, 513, 547, 608, 610
Verteilungsverfahren 352 f., 457, 611
Vertretbare Handlungen 676 ff.
Verwaltungstreuhand
  s. Treuhand, uneigennützige
Verwertung 13, 39, 43, 249, 263, 300, 307 f., 329 ff., 338, *340 ff.*, 354, 379, 407 ff., 414 ff., 421, 427, 431, 448 f., 492, 511, 514, 524 ff., 534, 547 ff., 574, 591, 603, 610, 622, 626, 646, 651, 667
- bei Anwartschaftsrecht 427
- beweglicher Sachen 340 ff.
- unbeweglicher Sachen 431, 448 f., 492
- von Forderungen 379 ff.
- von Wertpapieren 299, *348*
Verwertungsart, andere *348 f.*, 402, 414
Verwertungserlös
  s. Erlös
Verwertungsreife 551, 556
Vollpfändung 367
Vollstreckbare Ausfertigung 10, 100
Vollstreckbare Urkunde 33, 79 ff., 129, 145, 148, 158, 209, 220, 244, 261 ff., 690
Vollstreckbarer Anwaltsvergleich 78
Vollstreckung
- Begriff 1
- Verfahren, Überblick 2 ff.
Vollstreckung wegen einer Geldforderung 8, 13, 56, *288 ff.*
- in bewegliche Sachen 283 ff.
- in Geldforderungen 356 ff.
- in sonstige Vermögensrechte 403 ff.
Vollstreckung wegen sonstiger Ansprüche 15, 17, *651 ff.*
- zur Erwirkung der Herausgabe von Grundstücken 664 ff.
- zur Erwirkung der Herausgabe von Sachen 653 ff.
- zur Erwirkung von Duldung oder Unterlassung 674 ff.
- zur Erwirkung von Handlungen 676 ff.
Vollstreckungsabwehrklage 20, 29, 78, 81, 117, 153, *187 ff.*, 493, 614, 628, 662, 701

259

- Abgrenzung 192 ff.
- Begründetheit 215 ff.
- doppelte 244 ff.
- Einstweilige Anordnungen 251
- Entscheidung 190 f.
- Präklusion 219 ff., 226 ff.
- Rechtsnatur 188
- Sonderformen 252 ff.
- verlängerte 631
- Zulässigkeit 198 ff.
Vollstreckungsantrag 34, 487
Vollstreckungsaufschub 112, *477*
Vollstreckungsbescheid 82 *f.*, 102, 148, 208, 219, 239
Vollstreckungserinnerung 19 f., 39, 199, *483 ff.*, 517 ff., 523, 525, 527, 601, 609, 701
- Begründetheit 505 ff.
- Einstweilige Anordnungen 512
- Zulässigkeit 485 ff.
Vollstreckungsgericht 15, 19, 52, *62*, 67, 251, 298 f., 356, 373, 402 f., 414, 431, 442 f., 445 ff., 471, 482, 484 ff., 500, 506, 512, 517 f., 523, 578, 600, 679, 719
Vollstreckungsgläubiger, Begriff 7
Vollstreckungshindernisse 126, *200 ff.*, 251, 446, 513
Vollstreckungsklausel
 s. Klauselerteilung
Vollstreckungskosten
 s. Verfahrenskosten
Vollstreckungsmaßnahmen 17, *19*, 44, 75, 251, 298, 395, 443, 459, 486 ff., 490 ff., 502 ff., 511, 514, 518, 520, 529, 657, 697, 718
- Anfechtbarkeit 122
- Nichtigkeit 122
Vollstreckungsorgane, Überblick 61 ff.
Vollstreckungsschuldner, Begriff 7
Vollstreckungsschutzantrag 50 ff.
Vollstreckungsstandschaft 69 ff.
Vollstreckungstitel 73 ff.
Vollstreckungsversuch 662, 710, 732
Vollstreckungsvertrag 200 ff., 493
Vollstreckungsvoraussetzungen
- allgemeine 67 ff.
- besondere 123 ff.
Vollziehung der einstweiligen Verfügung 729
Vollziehung des Arrests 717

Vorbehaltseigentum
 s. Eigentumsvorbehalt
Vorläufige Vollstreckbarkeit 33, *74 ff.*, 83, 123, 251, 286, 438 f., 600, 661, *697 ff.*
- gegen Sicherheitsleistung 74 ff.
- ohne Sicherheitsleistung 75 f., 661, 717
Vorpfändung 378, 514
Vorrangiges Recht 324 ff., *449 f.*
- Pfandrecht 324 ff.
- Vorzugsrecht 492, *603 ff.*
Vorwegpfändung 322
Vorzugsklage
 s. Klage auf vorzugsweise Befriedigung

Wechsel 298
Wertpapiere *298 f.*, 315, 348, 659
Widerruf
- aus Verbrauchervertragsrecht 239 ff.
- eines Gebots 354
- eines Vergleichs 78, 109 f.
Widerspruchsklage
 s. Drittwiderspruchsklage
Wiederholte Vollstreckungsabwehrklage
 s. Vollstreckungsabwehrklage, doppelte
Wohngemeinschaft 308, 312
Wohnungsdurchsuchung
 s. Durchsuchungsanordnung

Zahlungsplan 476
Zahlungsvereinbarung *476 f.*, 700
Zeugnisfunktion der Klausel 101
Zug-um-Zug-Leistung 105, *123 ff.*, 191, 201, 203, 248, 293, 409, *692 f.*
Zuschlag
- bei unbeweglichen Sachen 455 ff.
- Wirkungen 302, *341 ff.*
Zuschlagsbeschluss 455
Zuschlagsgebot
 s. Höchstgebot
Zuständigkeit
- ausschließliche 147, 158, 170, 207, 356, 500, 536, 613, 675, 714, 719, 728
- funktionale 62, 356, 434, 500
- Organe, Überblick 61 ff.
- örtliche 147 f., 207, 209, 283, 327, 356, 536, 613
- sachliche 147 f., 207, 209, 283, 286, 536, 601, 613
Zustellung 118 ff.
- im Parteibetrieb 118, 377

– Verzicht 120
– von Amts wegen 118, 377
Zustellungsmängel 122
Zwangsgeld 17, *681*, 687
Zwangshaft 48, 58, *681*, 687
Zwangshypothek 81, 432 f., *435 ff.*
Zwangsmonopol des Staates 2

Zwangsversteigerung 43, 81, 263, 302, 354, 409, 421, 432 ff., *442 ff.*, 473 ff., 554, 562
– Internetversteigerung *340 ff.*, 347
– Präsenzversteigerung 340 ff.
– Termin 346, 354
Zwangsverwaltung 43, 62, 421, 432 ff., *471 ff.*, 564, 573 ff., 601, 649
Zwangsvollstreckung
  s. Vollstreckung

Fit für die Zivilstation!

- Stationspraxis: Anleitung zur Fallbearbeitung, Tipps für den Sitzungsdienst, Musterakten
- Assessorprüfung: Klausurtechnik und -taktik, Aktenvortrag
- Grundlagen, Examenswissen, Beispiele, Formulierungshilfen

Kurt Schellhammer
Die Arbeitsmethode des Zivilrichters
für Rechtsreferendare und junge Praktiker
mit Fällen und einer Musterakte
17. Auflage 2013. Ca. € 33,99

Prof. Dr. Martin Schwab
Zivilprozessrecht
4. Auflage 2012. € 24,95

Prof. Dr. Walter Zimmermann
ZPO-Fallrepetitorium
Grundlagen - Examenswissen -
Referendariatspraxis
9. Auflage 2012. € 30,95

Prof. Dr. Susanne A. Benner
Referendarklausurenkurs Zivilrecht
Die Anwaltsklausur im Assessorexamen
2009. € 29,–

Alle Bände der Reihen und weitere Infos unter: **www.cfmueller-campus.de/shop**

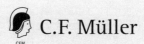

C.F. Müller   Jura auf den ⬤ gebracht